广昌至吉安高速
绿色公路建设研究与实践

GUANGCHANG ZHI
JI'AN GAOSU
LÜSE GONGLU JIANSHE YANJIU YU
SHIJIAN

李柏殿 张劲泉 主编

人民交通出版社股份有限公司
北京

内 容 提 要

本书介绍了沈海高速公路莆田至炎陵联络线广昌至吉安段(简称“广吉高速公路”)绿色公路建设典型示范工程建设过程中所取得的创新性研究成果。全书聚焦资源利用、安全服务和信息化等重点领域,从高起点的谋划布局、高境界的工程设计、高品质的标准施工及高层次的环境保护入手,全方位创新驱动解决关键问题,探索了一条适合江西省省情的绿色公路建设之路,形成了一套可复制、可推广的绿色公路建设经验,打造出了绿色公路建设典型示范工程的“江西样板”。本书共分7章:第1章介绍了建设背景;第2章介绍了项目概况;第3章总结了功能型橡胶沥青路面典型结构与材料技术;第4章总结了多雨地区双层排水沥青路面关键技术;第5章总结了大体积泡沫轻质土发泡机理及控温技术;第6章总结了悬浇混凝土梁桥BIM技术;第7章提出了高速公路绿色服务区建设技术体系及标准。

本书可供高速公路设计、施工、检测和建设管理人员借鉴使用,也可供相关院校师生学习参考。

图书在版编目(CIP)数据

广昌至吉安高速绿色公路建设研究与实践 / 李柏殿,张劲泉主编. — 北京 : 人民交通出版社股份有限公司,2022.6

ISBN 978-7-114-17990-7

Ⅰ.①广… Ⅱ.①李… ②张… Ⅲ.①高速公路—道路施工—研究—江西 Ⅳ.①U415.1

中国版本图书馆CIP数据核字(2022)第086887号

书　　名:**广昌至吉安高速绿色公路建设研究与实践**
著 作 者:李柏殿　张劲泉
责任编辑:崔　建
责任校对:赵媛媛
责任印制:刘高彤
出版发行:人民交通出版社股份有限公司
地　　址:(100011)北京市朝阳区安定门外外馆斜街3号
网　　址:http://www.ccpcl.com.cn
销售电话:(010)59757973
总 经 销:人民交通出版社股份有限公司发行部
经　　销:各地新华书店
印　　刷:北京建宏印刷有限公司
开　　本:787×1092　1/16
印　　张:18.25
字　　数:443千
版　　次:2022年6月　第1版
印　　次:2022年6月　第1次印刷
书　　号:ISBN 978-7-114-17990-7
定　　价:98.00元
(有印刷、装订质量问题的图书由本公司负责调换)

《广昌至吉安高速绿色公路建设研究与实践》

编 委 会

主　　编：李柏殿　张劲泉

副 主 编：张龙生　邵社刚　李　刚

编　　委：王　丹　郭乔明　强蓉蓉　韩根生　曾　武

倪　栋　梁　华　黄晓明　田　波　干旭东

张华萍　刘志强　朱海涛　胡子全　廖焕旺

梁天闻　陈　勇　夏立爽　袁旻忞　王　健

刘启伟　赵　静

PREFACE | 序

绿色是生命的象征、大自然的底色，更代表了美好生活的希望、人民群众的期盼。党的“十八大”提出了社会主义建设“五位一体”总体布局，要求将生态文明建设放在突出位置；党的十八届五中全会提出了“创新、协调、绿色、开放、共享”五大发展理念；党的“十九大”将“坚持人与自然和谐共生”列为习近平新时代中国特色社会主义思想的基本方略之一；2018 年全国生态环境大会确立了习近平生态文明思想，强调了生态文明建设是关系中华民族永续发展的根本大计，吹响了我国从交通大国向交通强国转变的号角。2019 年 9 月，中共中央、国务院正式印发《交通强国建设纲要》，提出到 2035 年，智能、平安、绿色、共享交通发展水平明显提高；到本世纪中叶，基础设施绿色化水平位居世界前列。

交通运输业不仅要做发展的“先行官”，更应做绿色发展的“先行官”。绿色公路建设是贯彻生态文明战略、践行绿色发展理念、助力美丽中国建设的必然要求，也是支撑交通强国建设、实现行业转型升级的关键举措，具有重要的战略意义。实现行业转型升级，要求我们要加快转变交通运输发展方式，进一步提升服务水平，不断满足经济社会发展和人民群众对交通运输服务的需求；要深入实施创新驱动发展战略，把科技创新摆在交通运输现代化建设全局的突出位置，加快提升科技创新能力，特别是交通运输资源能源节约、清洁和可再生能源利用、生态保护、污染防治、环境事故应急处置等重点领域建设。2016 年 5 月，广吉高速公路被交通运输部列为第一批绿色公路建设典型示范工程；江西省交通运输厅也明确提出，要把广吉高速公路建成“全国高速公路建设的示范路、品质工程建设的示范路、绿色公路建设的示范路”。广吉高速公路积极贯彻落实《关于实施绿色公路建设的意见》（交办公路〔2016〕93 号）等文件要求，在工程建设全过程贯彻落实“绿色公路”建设理念，以绿为魂、以质为核，聚焦工程建设特点和难点，开展了多项科技攻关和绿色公路建设技术集成应用示范，取得了突出成效，将自身打造成为绿色公路和品质工程建设的“江西样板”，赢得了业内和社会的广泛认可。

本书是对广吉高速绿色公路建设研究与实践的经验总结和精华凝练，可为江西省绿色公路乃至全国其他类似绿色公路建造提供技术参考和管理借鉴。固基修道，履方致远。让我们砥砺前行，共同期待我国绿色公路建设发展的绿色前景和美好未来！

FOREWORD | 前言

绿色公路建设是贯彻生态文明战略、践行绿色发展理念、助力美丽中国建设的必然要求，也是支撑交通强国建设、实现行业转型升级的关键举措。绿色公路建设的核心是节约资源占用、减少能源消耗、降低污染物排放、保护生态环境。

广吉高速公路在建设过程中，积极贯彻落实《交通运输部办公厅关于实施绿色公路建设的指导意见》（交办公路〔2016〕93 号）等文件要求，在项目规划、建设、运营等各个环节，积极开展科技攻关与技术实践，形成系统性科技成果。

本书采取理论与实践相结合的方式，从研究与实践两个层面介绍了广吉高速公路绿色公路示范工程建设经验，为指导和推动交通行业绿色公路示范工程创建提供参考和借鉴。

本书共分为 7 章，分别为：建设背景、项目概况、功能型橡胶沥青路面典型结构与材料技术、多雨地区双层排水沥青路面关键技术、大体积泡沫轻质土发泡机理及控温技术、悬浇混凝土梁桥 BIM 技术、高速公路绿色服务区建设技术体系及标准。

本书主要用于指导绿色公路示范工程策划和建设，也可为科研人员开展绿色公路相关技术研究提供参考和借鉴。由于绿色公路创建为全过程、多学科的交叉领域，涉及面广，专业性强，且相关支撑技术处于不断更新和发展阶段，加之编者水平所限，书中不足之处在所难免，敬请读者批评指正。

本书编委会

2021 年 8 月

CONTENTS | 目录

Chapter 1

第1章

建设背景

建设沈海高速公路莆田至炎陵联络线广昌至吉安段(简称"广吉高速公路")是践行绿色公路建设理念的迫切需要,是实现高速公路建设转型升级的迫切需要,也是建设江西省生态文明试验区的迫切需要。

广吉高速绿色公路建设是转型发展的内在动力。"十二五"时期,江西省高速公路建设快马加鞭,成果辉煌,2014 年在全国第三个实现了"县县通高速",2016 年高速公路建设基本完成 6000km。与此同时,高速公路建设水平大幅提升,景婺黄高速公路荣获中国土木工程"詹天佑奖",永武高速公路被交通运输部授予"安全绿色交通科技示范路"称号,昌樟高速公路改扩建工程被交通运输部确定为"绿色循环低碳主题性示范公路",福银高速公路九江长江公路大桥同获"詹天佑奖"和"鲁班奖"殊荣。

2017 年江西省政府提出,"十三五"时期,江西高速公路建设必须发展升级,提质增效。这表明江西高速公路建设转型发展大幕已经开启。广吉高速公路作为"十三五"时期江西省线路最长、投资最多、开工最早的新建高速公路项目,江西省交通运输厅要求广吉高速公路项目要建设成"全国高速公路建设的示范路、品质工程建设的示范路、绿色公路建设的示范路"。

广吉高速绿色公路建设是绿色交通、品质工程的时代要求。随着经济社会进一步发展,高速公路建设的标准进一步提高,建设绿色公路和品质工程成为大势所趋。交通运输部提出,在公路基本功能的基础上,以绿色目标为向导,以建立一个通达有序、安全舒适、环保节能的公路系统为目标,并将时代功能"和谐"渗透其中,改善社会交通需求的公平性,降低交通建设维护成本,提高公路运输服务安全性、舒适性与流畅性。广吉高速公路作为交通运输部首批绿色公路建设典型示范工程,必须践行绿色公路的理念,进一步优化资源配置,减少能源消耗,降低建设成本,实现转型升级,促进公路建设的可持续发展。

广吉高速绿色公路建设是生态文明试验区的重要举措。中共中央办公厅、国务院办公厅于 2017 年 10 月印发了《国家生态文明试验区(江西)实施方案》,江西省国家生态文明试验区已经上升为国家战略,是江西省第一个全境列入的国家战略。将广吉高速公路融入生态文明试验区建设,打造绿色生态公路,既要保护好绿水青山,又要促进绿水青山产生巨大的经济效益、生态效益、社会效益,探索中部地区绿色崛起的新路径。探索建设绿色生态公路,把经济发展、生态保护与脱贫攻坚有机结合起来,实现生态保护与脱贫攻坚双赢,推动生态文明共建共享,探索公路与自然和谐发展的新格局。

根据交通运输部办公厅《关于开展绿色公路建设典型示范工程建设的通知》(公路函〔2016〕466 号),广吉高速公路为交通运输部开展的绿色公路建设第一批典型示范工程之一。为了贯彻落实绿色发展理念,解决在江西地区如何进行绿色公路建设、促进绿色技术发展进步、做好示范效应的问题,对制约工程建设的关键技术问题开展专项技术研究。

Chapter 2

第2章

项目概况

2.1 工程简介

广吉高速公路是国家公路网沈海高速公路第七条联络线福建莆田至湖南炎陵(G1517)中的一段,也是江西高速公路网"四纵六横八射"主骨架中第三横的中段。项目途经抚州、赣州、吉安等三市的6个县(区),路线总长189.276km,由广吉主线和吉安支线组成。主线起点在广昌南枢纽与船广高速公路对接,途经抚州市广昌县、赣州市宁都县和吉安市的永丰县、吉水县、青原区、泰和县,终点在泰和北枢纽与石吉高速公路相连,全长156.085km;吉安支线以青原枢纽为起点,终于吉水枢纽与抚吉高速公路相连,全长33.191km,项目概算126.24亿元。

广吉高速公路全线路基土石方4128万m^3;设桥梁158座,总长35159延米,桥梁比为18.7%;设枢纽互通4个、互通立交11个、服务区3个和停车区1个。

2.1.1 技术标准

广吉高速公路全线按全封闭、全立交双向四车道高速公路设计,主线青原枢纽以西约19km路段设计速度为100km/h,路基宽度为26m;主线青原枢纽以东和吉安支线共170km路段设计速度为80km/h,路基宽度为24.5m;路面采用沥青混凝土路面,设计年限15年,设计标准轴载BZZ-100kN;设计荷载为公路-Ⅰ级;设计洪水频率:特大桥为1/300,大、中、小桥涵及路基为1/100。全线设置安全、监控、通信、收费、供电照明及服务等交通工程及沿线设施。

2.1.2 区域特点

广吉高速公路地处江南过湿区,地貌单元复杂,沿线有赣中红砂岩丘陵岗地地形、雩山山地地形、吉泰盆地地形,夏季高温多雨、冬季寒冷少雨,极易形成区域性气候,雨、雾天数量较多,跨水体较多较大。道路沿线红纱岩分布广泛,途经多处居民区和河流,空气、水、声环境敏感点多。

项目途经的区域自然环境优美、生态环境良好,赣江、梅江、盱江流经该区域,"绿色、红色、古色"旅游资源丰富。沿线有青原山、翠微峰、百里莲花带等风景名胜,有革命摇篮井冈山、"宁都起义"指挥部旧址等红色胜地,还有钓源古村、渼陂古村、梅冈古村、杨依古村、欧阳修纪念馆、宋代雁塔等人文古迹。井冈山精神、苏区精神发源于此,庐陵文化、客家文化、茶文化在这里交相辉映。

2.2 总体框架

绿色公路建设应该根据项目实际及地域、气候特点,有针对性地采取方式和措施,因地制宜、量体裁衣,探索在江西如何实现"绿色公路"。为实现"绿色公路"建设目标,广吉高速公路从高起点的谋划布局、高境界的工程设计、高品质的标准施工及高层次的环境保护入手,通过全方位的创新驱动来建设,全面提升建设水平。广吉高速绿色公路建设典型示范工程框架图,如图2.2-1所示。

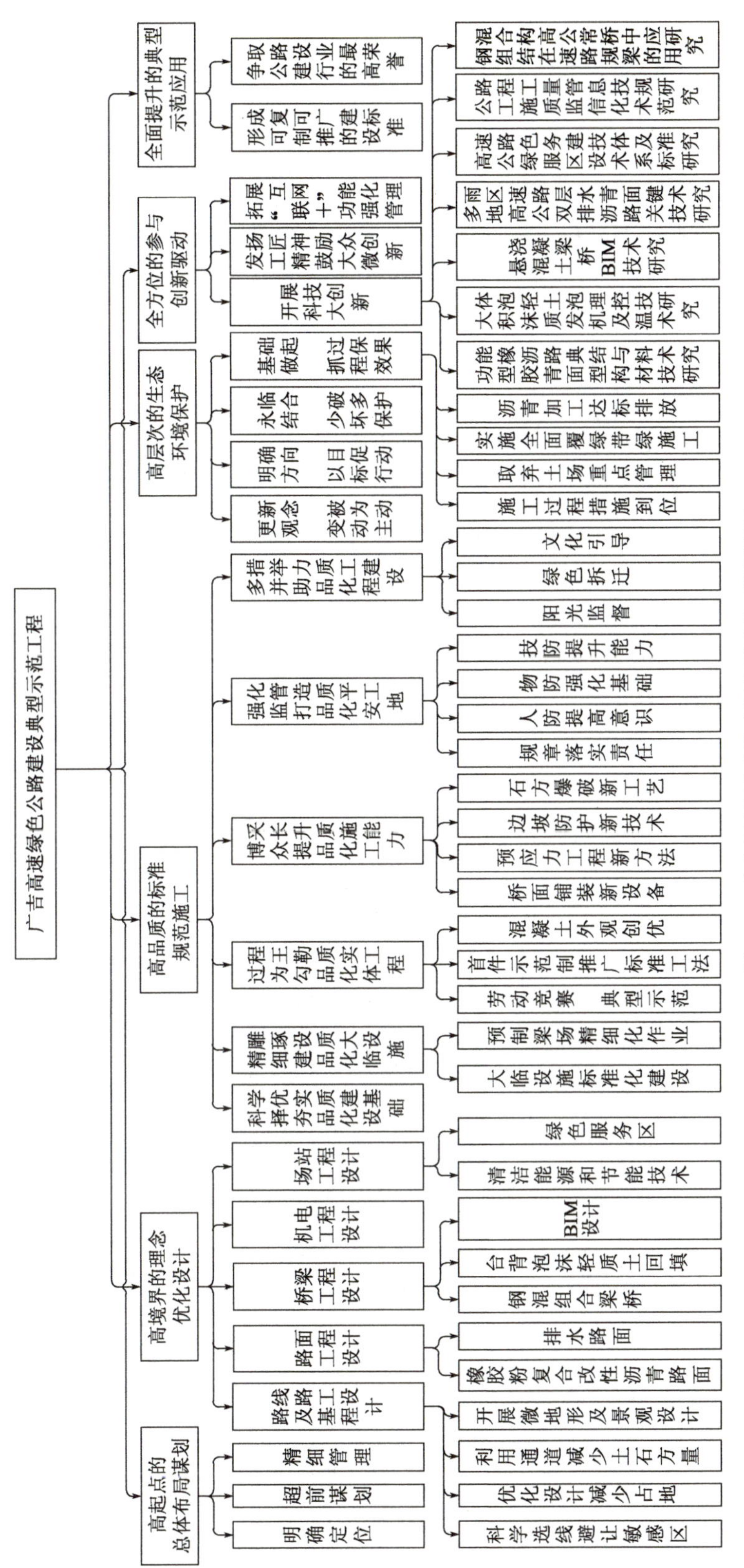

图2.2-1 广吉高速绿色公路建设典型示范工程框架图

2.2.1 高起点的总体布局谋划

2.2.1.1 明确定位

按照绿色公路建设的战略部署及生态文明试验区的总体要求,结合项目特点,对项目建设进行综合统筹,总体规划,科学定位,用于指导贯彻项目建设全过程,争创国家级公路交通优质工程。

项目愿景:广崇明德,吉铸典范。

指导思想:牢固树立五大发展理念,贯彻落实绿色公路建设,努力打造生态文明示范公路,实现公路建设健康可持续发展。

建设理念:智慧创新,绿色品质,匠心独运,追求卓越。

建设目标:齐心琢精细,诚心育精英,恒心树精品。

2.2.1.2 超前谋划

广吉高速公路立项设计之初就紧扣"绿色""品质"的内涵,未雨绸缪,提前布局,做好顶层设计。多方调研绿色公路建设的成功经验,既学习江西省以往项目,也"走出去"学习兄弟省区市好的做法,为项目实施"绿色公路"进行超前谋划;要求设计单位在工程设计中贯彻落实"绿色公路"理念,优化和完善设计;邀请相关科研院所进行专题咨询,精心编制了《广吉高速公路项目绿色公路建设典型示范工程实施方案》并报江西省交通运输厅批准,全面指导本项目践行绿色公路建设理念。

2.2.1.3 精细管理

项目成立了江西省高速公路投资集团有限责任公司广昌至吉安高速公路建设项目办公室,并实行项目法人责任制,承担广昌至吉安高速公路建设的组织实施。项目办公室下设 5 个部门 3 个管理处,具体设置如图 2.2-2 所示。

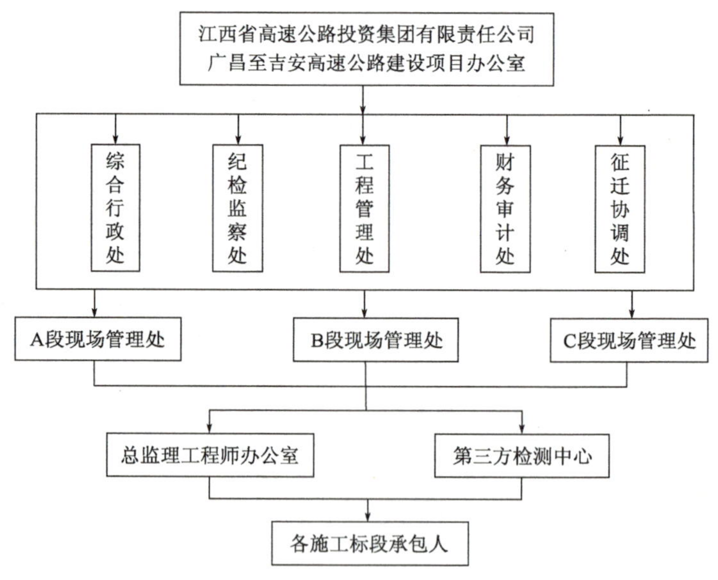

图 2.2-2 项目办公室设置

项目办公室总结、借鉴省内外高速公路项目的先进经验,结合项目特点编制完成项目管理的纲领性文件——“一纲五册”,分别是:《项目管理大纲》《安全管理手册》《质量管理手册》《廉政工作手册》《标准化管理实施手册》及《绿色公路建设实践手册》(图2.2-3),系统阐明项目的管理理念、体系、制度和流程,细化建设绿色公路的管理细节,为实现绿色公路和品质工程奠定了坚实基础。

图2.2-3 “一纲五册”

2.2.2 高境界的理念优化设计

设计单位在工程设计中更新设计理念,贯彻落实“绿色公路”理念,在设计中综合考虑资源利用、生态环保、周期成本等因素,优化和完善设计。

(1)科学选线,优化布线,尽量避让风景名胜区等生态敏感区,尽最大可能减少环境破坏。全线避让了青原山省级森林公园、凌云山省级自然保护区、宁都章福山县级自然保护区、宁都礁石岭丹霞地貌县级自然保护区等生态敏感区4处,避让抚河源头水(盱江)一级水源保护区及取水口15处,绕避或基本绕避了铀矿、稀土矿等矿区或矿产地15处。

(2)优化路线、线形和路基横断面设计。尽量将路线布设在丘陵地带,避开成片的耕地。在路线方案比选时,将占用土地和耕地数量作为评价方案优劣的重要指标。在环境及技术条件可能的情况下,选用少占土地和耕地的路线方案,尽量采取低路堤和浅路堑方案,避免大开大挖。在集中占地的互通立交、服务区等位置选择上,避开耕地,尽量减少对农村用地的占用,并严按照国家有关规定控制建设规模。在通过基本农田及经济作物区的高填深挖路段,在技术经济比较的基础上,尽量考虑设置挡墙、护坡、护脚等防护设施,缩短边坡长度,节约用地。通过初步设计、施工图设计这两个阶段的设计优化,项目永久性用地由1419.27hm^2减少至1312.6hm^2,减少了106.67hm^2;其中耕地由334.33hm^2减少至310.07hm^2,减少了17.6hm^2;未占用基本农田。

(3)运用零弃方构想,实施“零挖方,少弃方”专项行动,减少高填深挖,最大限度减少弃方和借方。调整和优化线位布设,充分利用昌厦路、G105线、S319线、S215线等通道资源,减少纵、横向便道数量。取消了3座浅埋偏压隧道。认真勘察、仔细计算，合理调配土石方，在经济运距内充分利用移挖作填，严格控制土石方工程量。土石方量由4252万m^3减少至3981万m^3，减少了271万m^3。

广吉高速公路吉安支线路线优化后，避绕村庄，减少拆迁量，取消隧道，减少土石方量，靠近青原区富滩工业园北部，有利于建设期的通道资源利用和营运期工业园的交通初入，得到了地方政府的大力支持。

（4）根据地形特点，在边坡开展微地形及景观设计，使道路与周边自然和谐统一，最大化地利用沿线自然资源进行景观设计。通过土石方填挖综合利用分析，对土体基本特性进行试验，并尽可能利用开挖土体填筑路基。条件允许时放缓高填路基边坡坡率，提高路基安全稳定性。高填路基上游坡脚经常会有弃渣或雨水聚集，根据实际情况进行湿地再造，提升区域生态系统功能和景观协调度。

A3标1号梁场路侧有一处很宽阔地带，在进场时就规划当梁制完成后梁场进行破碎恢复的废渣将此处征下作为堆放点，并在过程中备好表层土以备绿化，结合地势进行微地形处理（图2.2-4、图2.2-5）。

a)A3标1号梁场路侧微地形处理

b)B2标微地形景观

图2.2-4　微地形景观

a)湿地再造

b)高填路基缓坡

图2.2-5　湿地再造及高填路基缓坡修筑

2.2.3 高品质的标准规范施工

2.2.3.1 科学择优，夯实品质化建设基础

1)创新“择优”选择承包人

广吉高速公路项目主体工程施工招标的报价得分只要求精确到小数点后两位，在报价得分相同的投标人中，根据投标人近三年的江西省信用评价得分由高到低进行第二次排名，因此近三年信用评价得分高者排名更靠前，中标概率大大增加。广吉高速公路项目主体工程施工共招标20个标段，其中5个标段的第一中标候选人发生变化，第一中标候选人的近三年信用评价得分的平均分由78.19分上升至86.69分，中标价格略有下降。

2)合理划分施工标段

(1)相较江西省以往项目，广吉高速公路项目的主体工程施工标段划分更具规模，标段的平均招标限价达4亿元，通过合理化扩大标段规模，总体降低了施工企业管理成本，提高了中标单位的重视程度及资源投入。

(2)将房建工程纳入路面标段一并招标，克服了以往项目房建工程管理力量和建设时间不足的弊端，充分利用场站永久用地达到了节约土地资源的效果。

3)实行机电工程设计、施工、维护总承包

将广吉高速公路项目机电工程的施工图设计、工程施工、5年的系统维护工作一体化发包。这样做一是保证了设计的合理性、可靠性及经济性；二是避免了设计和施工需要再次的技术交底和联合设计，设计和施工直接结合，提高了施工质量；三是减少了日常运营维护工作量，保障了机电系统长期、稳定运行，提高了机电系统的运行效率。

2.2.3.2 精雕细琢，建设品质化大临设施

1)大临设施标准化建设

“工欲善其事，必先利其器”，高标准的大临设施建设是尖兵利器。在大临设施建设上，严格遵循《项目管理大纲》的要求，把临时性工程按永久性工程标准打造，并进行对大临设施的检查评比工作，在减少自然破坏的同时，又保持实用、精致、美观。自开工以来，工地实验室、混凝土拌和站、钢筋加工场和预制梁场等大临设施的标准化建设使标准化理念深入人心，标准化建设成效显著。花园式院落、标准化场区，成为广吉高速公路项目中一道亮丽的风景(图2.2-6)。

图2.2-6 大临设施标准化建设

2)预制梁场精细化作业

从预应力工程入手,优化施工工艺,打造品质化预制梁场(图2.2-7)。

图2.2-7　预制梁场精细化作业

在锚下预应力检测和压浆饱满度检测没有相关国家标准的情况下,通过邀请省外专家授课和切割实体梁段的方式,寻取总结预应力张拉和压浆的最优工艺。

在梁场推行预制梁不锈钢模板和不锈钢底座,采用预应力索整体编束牵引工艺,参照广东省标准控制张拉预应力筋伸长量及回缩量量测,引进张拉力检测设备检测锚下张拉力,推广单根循环的预应力孔道压浆工艺并对其进行检测,封锚采用立模浇筑混凝土等。

2.2.3.3　过程为王,匀勒品质化实体工程

1)以劳动竞赛为切入点,推动典型示范全面创优

(1)落实管理目标风险金制度。建设方出资合同价的1%,施工方出资0.5%,共同设立风险金,总额为10617万元。风险金根据阶段和双月考核评比、专项劳动竞赛及缺陷责任期工作完成情况的结果进行兑现。同时,监理单位实行风险金制度,建设方和监理单位各出合同价的0.3%和0.2%,总额为610万元。根据监理单位的工作质量和所监理施工单位的考评成绩,兑现风险金。

(2)坚持开展劳动竞赛活动。通过发掘劳动竞赛的深层意义,使劳动竞赛成为参建单位创建品牌、参建者建功立业的大舞台,许多参建单位以此为契机,查缺补漏,不断完善和超越自我,在广吉高速公路项目和行业中崭露头角(图2.2-8)。通过开展管理段观摩、全线观摩及首件观摩等多种观摩形式,形成"比学赶超"氛围,充分挖掘典型示范的作用,引导全线施工单位向品质工程迈进。

图2.2-8　典型示范　全面创优

2017 年 10 月，广吉高速公路项目开展了“质量月”焊接技术比武竞赛（图 2.2-9）和“最美班组”竞赛活动（图 2.2-10）。在焊接技术比武竞赛中，来自广吉高速公路各参建单位共 19 名选手进行了现场比拼，评委组对各参赛选手的焊接成果进行了严格检查，分别从焊接效率、焊接质量、安全生产、文明施工、焊材消耗 5 个方面进行评判打分。在“最美班组”竞赛中，项目办要求各路基施工单位推选一个桥梁预制班组（包括钢筋工、模板工、振捣工等操作人员），对最近一段时间内生产的预制梁参加评选，根据包括班组人员精神状态、A 级率、最佳梁片、文明施工等因素打分排名。

图 2.2-9 广吉高速公路“质量月”焊接技术比武竞赛

图 2.2-10 广吉高速公路“最美班组”竞赛活动

2）以首件示范制为关键点，全线推广标准工法

（1）将工业化、工厂化模式引入广吉高速公路建设，形成“首件工程示范制”，出台首件制管理办法，所有分项工程按“以工程保分项、以分项保分部、以分部保单位、以单位保总体”的质量创优保障原则，施工方案经项目办、监理、施工单位共同评审选定最优方案，形成首件工程实施方案及总结。

（2）在全线实施该方案并及时总结，将达标的首件工程作为实体示范工程，选取最优质量管理手段、工艺工法，形成标准工法和总结，在全线分项工程中推广（图 2.2-11）。

（3）在推广过程中加强后续工序控制，实现“超前控制，做好首件，典型示范，带动全面”的目标。

广吉高速公路项目共 45 个首件工程，目前已完成 29 项首件工程的方案评审，下发了 29 项全线施工的统一标准，完成了 10 余项首件实体总结，其中，已检桩基 I 类桩比例 93.2%，首件工程示范制成效显著，及时预防和纠正了后续生产中的不规范行为和可能产生的各种质量隐患，对优质的绿色施工首件工程进行了全线推广，使绿色公路建设更加科学合理。

图 2.2-11　全线推广"首件工程示范制"标准工法

3）以混凝土外观为突破点，精心打造品质工程

将品质理念贯彻到项目建设中，集成以往项目成功做法，结合本项目特点，总结形成《混凝土外观创优实施细则》《边坡创优实施细则》，从制度观念上带动全线开展质量创优工作。

在"混凝土外观质量分级评定办法""边坡质量评级"基础上，构建集经理部、现场监督小组、工区负责人和施工班组长为一体的评优机制，在第一时间进行等级评价，及时总结，兑现奖惩，通过经济手段和物质奖励达到激励作用，选取典型，发挥引领，使外观创优直抵人心。最后，选取全线 10 项共 40 余处列为精品示范工程，从施工方案制定到评审，从技术交底到现场施工，从实施完成到成品保护，都优中选优，实施完成后从进度、质量、安全、外观、成品保护、标准化施工、文明施工和科技创新 8 个方面进行竞赛考核，进一步达到示范引领的目的，建设有质量、有形象的品质工程。项目部分品质工程实例如图 2.2-12 ~ 图 2.2-14 所示。

图 2.2-12　全线开展混凝土外观创优活动

2.2.3.4　博采众长，提升品质化施工能力

1）桥面铺装新设备

在桥面铺装施工中引进"悬挂式桁架分体辊轴激光摊铺机"设备（图 2.2-15），提高桥面铺装的施工效率和质量，相较传统桥面施工工艺，新设备、新工艺优势明显。

图 2.2-13 新泽西墙

图 2.2-14 上边坡框格梁

图 2.2-15 悬挂式桁架分体辊轴激光摊铺机

原桥面铺装施工需要振动梁、提浆辊和找平三道工序，工人 17 名，新设备将摊铺、振捣、找平合成一道工艺，仅需工人 7 名；新设备靠前轴来频繁击打和挤压混凝土，后轴前后反复运动和旋转，保证混凝土密实度和强度；设备整体刚度高，不易变形，保证铺装混凝土的平整度；新工艺设备具有调节功能，适应性强，可以循环利用达 3 个项目以上，实现资源的最大化利用。

广吉高速公路项目桥面铺装观摩交流会如图 2.2-16 所示 。

2）预应力工程新方法

在桥梁预制梁引进广东省的“桥梁后张预应力筋伸长量及回缩量量测方法”工艺，精准计算和有效控制张拉力。通过安装带测量标尺的专用夹具，采用标尺测量法，统一记录和计算表格，规范预应力筋回缩量（含锚具变形）测量及计算方法，保证预应力张拉的精准控制。在预应力张拉检测中引进“张拉应力检测仪”设备及技术，完善检测内容，确保张拉质量。

图 2.2-16　广吉高速公路项目桥面铺装观摩交流会

3）边坡防护新技术

引进三联边坡生态防护技术，替代原部分框格锚杆的工程防护设计，共计 16500m^2，更好地实现了环境保护和工程防护的协调统一。三联生态防护技术是针对边坡生态防护和修复的技术难点，形成的一项集安全防护与生态修复为一体的坡面生态防护技术，由物理防护、抗蚀防护和植被生态修复防护三重措施联合（“三联”）防护边坡。第一联物理防护由固网锚杆加镀锌机编金属网组成，第二联抗蚀防护采用专有生物黏结配方材料合理配比后构成，第三联植被生态防护是通过生境系统构建、植物群落系统构建和物质循环系统构建，形成的自维持、自循环的完整植被生态系统。

三联防护施工流程图如图 2.2-17 所示，三联防护示意图如图 2.2-18 所示，三联防护效果图如图 2.2-19 所示。

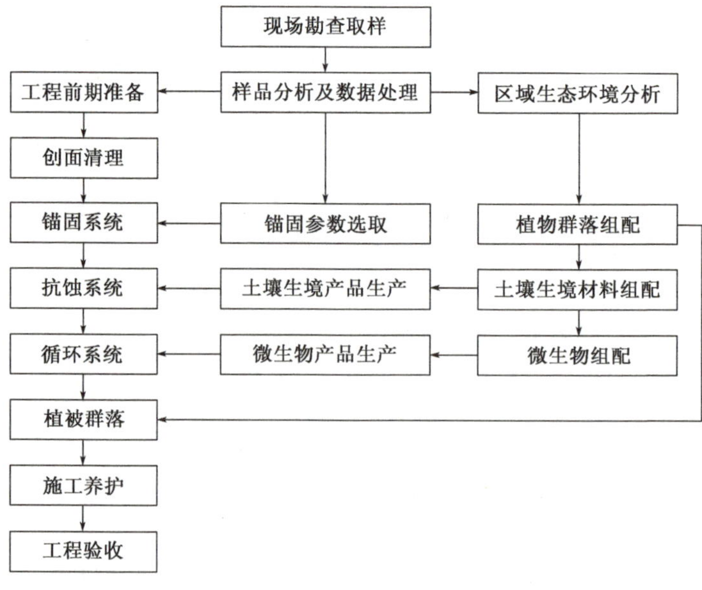

图 2.2-17　三联防护施工流程图

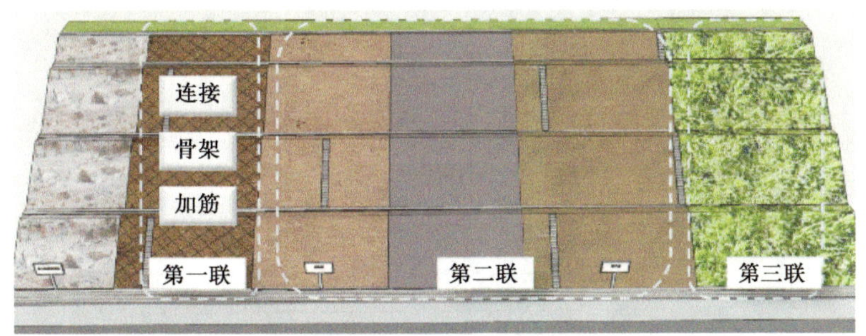

图 2.2-18 三联防护示意图

图 2.2-19 三联防护效果图

4)石方爆破新工艺

在石方爆破施工时采用水压爆破工艺,提高施工水平,达到节能环保的目的。水压爆破就是向炮孔中一定位置注入一定量的水,最后用炮泥回填堵塞炮孔,利用水的不可压缩的特征,用水进行径向耦合和体积耦合,无损失地传递爆炸能量,有利于围岩的破碎和减少炸药消耗。由于在水中传播的冲击波不可压缩,因此爆炸能量无损失地经过水传递到炮眼围岩中,这种无能量损失的应力波十分有利于岩石破碎,水在爆炸气体膨胀作用下产生的"水楔"效应有利于岩石进一步破碎。此外,炮眼处的水还可以起到雾化降尘作用,由于炮泥比土坚实,密度大,还含有一定的水分,故抑制膨胀气体冲出炮眼口的效果要比土好得多,而且大大降低了灰尘对环境的污染。

2.2.3.5 强化监管,打造品质化平安工地

1)"规章"落实责任

以"规章"为基础,落实企业主体责任,健全安全责任体系。制定了《广吉高速公路安全管理手册》,建立了安全生产目标和保证体系,明确了安全生产管理机构与职责,制订了安全管理制度,落实了安全生产防范重点与措施(图 2.2-20);编制了项目应急救援预案、"平安工地"创建实施方案等规章制度,完成了项目总体风险评估等规划性方案和盖"系"梁施工、爆破作业、临时用电等管理办法。

图 2.2-20　戴鞋套施工

2)“人防”增强意识

以“人防”为中心，增强安全防范意识，加强安全技能培训。创办安全体验馆(图 2.2-21)，让一线工人在“游乐式”的环境中，体验安全防护用品使用及出现危险时瞬间的感受，增强施工现场的切身感受，使施工现场各种禁忌和安全隐患潜移默化地进入体验者的意识。开展了江西省交通建设一线作业人员岗前培训教材“进工棚活动”，真正教育到每一个人，把安全知识贯彻到每一个角落，把“要我安全”转变为“我要安全”，变“事后处理”为“事前预防”。

a)　b)　c)　d)

图 2.2-21　广吉高速公路项目安全体验馆

3)“物防”强化基础

以“物防”为根本,提高安全生产水平,打造标准化工地。做到投入到位、责任到位、整改到位的“三到位”。以“‘平安工地’创建”“安全生产大排查集中行动”“施工安全专项整治”“防范遏制重特大事故信息报送”等专项活动为抓手,改善现场施工环境,提高防护措施标准。对一时难以整改的隐患或重大隐患实行挂牌督办,制订整改方案,做到隐患整改责任、措施、时限、资金、预案“五落实”。

4)“技防”提升能力

以“技防”为重点,编制《江西省广昌至吉安高速公路工程手册》和《广吉高速公路质量管理手册》,明确工程质量检查程序、方法和手段,提高安全防范技术措施,健全应急救援体系,规定工程质量事故的处理方法和步骤。探索新的安全管理模式,改进安全管理办法,提高安全生产防护措施和标准。推广泥浆池采用统一的装配式护栏;涵洞施工安装上下楼梯;预制梁场门式起重机用电采用触滑线、液压夹轨器,轨道采用专用轨道夹片;特大桥设立门禁监控系统;关键部位安装视频监控;同时,在氧气乙炔瓶运输车、T梁登高梯、张拉安全防护台车等细节方面做了有益尝试。健全完善应急救援体系,组织开展应急演练,形成协调统一、上下联动、反应迅速、处置及时的应急工作机制。

广吉高速公路项目安全防范技术措施如图2.2-22所示。

a) b) c) d)

图2.2-22 广吉高速公路项目安全防范技术措施

2.2.3.6 多措并举,助力品质化工程建设

1)阳光监督

清正廉洁是事业成功的保证,防止腐败对广吉高速公路项目的侵蚀,呵护好广吉高速公路这抹“绿”色,需要“阳光监督”。项目办一是明确责任主体,构建“预防腐”的工作体系;二是完善规章制度,建立“不能腐”的长效机制;三是开展廉政教育,营造“不想腐”的良好氛围;四是强化执纪问责,形成“不敢腐”的强大震慑。

项目办纪委和宁都县纪委联合开展了共创“绿色公路　廉洁项目　和谐高速”活动。活动以“共享信息、共同预防、共创廉洁”为宗旨,以诚信、廉洁、高效、共赢为目标,以预防职务犯罪、共建廉洁项目为主体,着力构建共同参与、共同预防、共同监督和共同治理相结合的工作格局。为保障共创活动实效,双方纪委重点围绕信息共享、定期会商、互相监督、联合查处四个方面形成联动机制,通过深入宣传共创活动、定期交流工作情况、共同压实项目参建单位和沿线乡镇相关单位的主体责任、强化日常监管和责任追究等措施,搭建廉政共建平台,着力防范廉政风险,确保“工程优质、干部廉洁”(图2.2-23)。

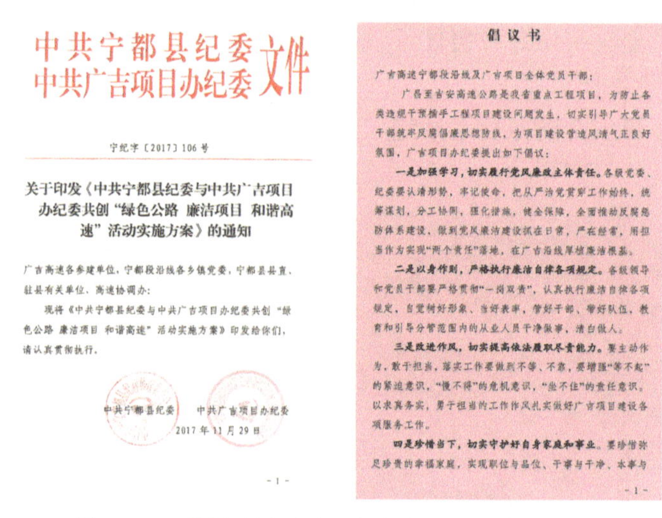

中共宁都县纪委
中共广吉项目办纪委文件

宁纪字〔2017〕106号

关于印发《中共宁都县纪委与中共广吉项目办纪委共创“绿色公路 廉洁项目 和谐高速”活动实施方案》的通知

广吉高速各参建单位,宁都段沿线各乡镇党委,宁都县县直、驻县有关单位、高速协调办:

现将《中共宁都县纪委与中共广吉项目办纪委共创“绿色公路 廉洁项目 和谐高速”活动实施方案》印发给你们,请认真贯彻执行。

中共宁都县纪委　中共广吉项目办纪委
2017年11月29日

-1-

倡议书

广吉高速宁都段沿线及广吉项目全体党员干部:

广昌至吉安高速公路是我省重点工程项目,为防止各类违规干预插手工程项目建设问题发生,切实引导广大党员干部筑牢反腐倡廉思想防线,为项目建设营造风清气正良好氛围,广吉项目办纪委提出如下倡议:

一是加强学习,切实履行党风廉政主体责任。各级党委、纪委要认清形势,牢记使命,把从严治党贯穿工作始终,统筹谋划,分工协同,强化措施,健全保障,全面推动反腐惩防体系建设,做到党风廉洁建设抓在日常,严在经常,用担当作为实现“两个责任”落地,在广吉沿线厚植廉洁根基。

二是以身作则,严格执行廉洁自律各项规定。各级领导和党员干部要严格贯彻“一岗双责”,认真执行廉洁自律各项规定,自觉树好形象、当好表率,管好干部、带好队伍,教育和引导分管范围内的从业人员干净做事,清白做人。

三是改进作风,切实提高依法履职尽责能力。要主动作为,敢于担当,落实工作要做到不等、不靠,要增强“等不起”的紧迫意识,“慢不得”的危机意识,“坐不住”的责任意识,以求真务实,勇于担当的工作作风扎实做好广吉项目建设各项服务工作。

四是珍惜当下,切实守护好自身家庭和事业。要珍惜弥足珍贵的幸福家庭,实现职位与品位、干事与干净、本事与

-1-

图2.2-23　共创“绿色公路　廉洁项目　和谐高速”活动

2)绿色拆迁

征地拆迁,一边是群众的利益,一边是政策的“红线”,被人们形容为天下“第一难”。征拆拿什么让人民满意?广吉高速公路项目办是这样诠释这个问题:以人为本、绿色征拆。

(1)“公开、公平、公正”争取群众支持。广吉高速公路整个征迁工作执行的是公开、公平、公正的拆迁政策,阳光操作、公开透明。依据江西省政府制定的《广昌至吉安高速公路等四个重点项目征地和房屋征收补偿及规费缴交标准的通知》和有关要求,项目办和地方各级政府严格落实补偿政策,确保各项补偿及时足额兑现。项目办和地方政府将相关征地拆迁政策及补偿标准张贴到每个村小组,对各项补偿费用标准和征地面积、地上附着物数量进行公告,确保被征地农民有知情权、参与权和监督权。同时将有关征拆的政策法规上传到广吉高速公路网,接受大家的监督。

(2)“以人为本”解决百姓实际问题。在建设过程中,建设者们始终将修建高速公路与兴

建新农村有机结合，力所能及地把施工的短期行为变为脱贫致富的长期战略规划。永丰县上固乡红线内95%以上属于茂密的森林，上万立方米树林、毛竹砍伐完至少需要5个月，B1标项目部在茂密的森林里打通7条共2.5km的施工便道，与当地百姓共同使用，车辆可以直接进入林区装运木材，为村民节约了数十万元的运输成本。吉水县文峰镇果园主刘传宝的100多亩井冈蜜橘园和泰和县澄江镇罗运民的80多亩杨梅园在施工红线范围内，项目办指导施工单位调整了施工时间，允许摘完水果后清表，此举给果园主带来26万元的收入。

3）文化引导

进一步加大绿色公路建设理念的宣传推广力度，发挥参建各方的主动性和积极性，使绿色公路和品质工程的理念深入人心。发挥理念、文化的感染力和引导力，实行学习教育积分制，采取讲座、互联网、手机App、微信等多种载体或渠道的方式开展宣传，已举办各类讲座和座谈会10余次，参会人员500多人次，开展绿色公路建设摄影活动2期，征文活动1期，问卷调查1次。此外，项目网站还开设了“绿色公路”及“微创新”专栏，让全体参建人员在“建设绿色路、品质路、示范路”的氛围中提高自身综合素质，增强创优的自觉性和自主性，将广崇明德、吉铸典范的理念内化于心、外化于行，为建设绿色、品质的广吉高速公路贡献力量。

2017年10月，广吉高速公路项目办组织开展了以“品质工程　绿色公路”为主题的演讲比赛，广吉高速公路各参建单位共32名选手参加，参赛选手通过结合自身岗位和工作实际，根据自己的所见所闻、所思所想，从不同角度、不同层次、阐述了自己对绿色公路、品质工程的理解和感悟，取得了良好效果，为质量月活动的开展奠定了坚实的思想基础。J2总监办陈伟伟等12人分别荣获一、二、三等奖（图2.2-24）。

图2.2-24　文化活动

2.2.4 高层次的生态环境保护

为做到高层次的生态环境保护,项目办将广吉高速公路项目的环境保护工作放眼全省甚至全国范围,思考如何将高速公路环保更好地与江西省国家生态文明试验区相结合,让工作更上一层楼。

2.2.4.1 更新观念,变被动为主动

1)更新观念

将原来对环境保护和水土保持工作持有的满足于完成任务、保证项目竣工验收的被动应付观念,变成积极主动地邀请环境保护和水土保持行业的单位来共同参与"绿色公路"建设。

2)跨行业引进技术

根据项目建设需要,有针对性地引进市政工程建设、环境保护和水土保持行业的专业机构和先进技术,提升公路建设行业的环保和水保水平。

2.2.4.2 明确方向,以目标促行动

广吉高速公路项目在环保、水保工作方面确定了两个目标:一是争取环境保护行业的全国性荣誉或授牌;二是争取水利部的"国家水土保持生态文明工程"荣誉称号。通过主动接受更高层次的监督和检验,促使参建单位重视环保工作、狠抓施工环保,整体提升高速公路建设的环保意识和工作质量。

1)委托专业机构进行监测和监理

江西省环境保护科学研究院进行环境保护监理,监理内容包括环境管理监理、施工期环境保护达标监理、环保设施监理和生态保护措施监理;江西省交通运输科学研究院对施工期进行环境监测;江西省水土保持科学研究院对施工期和缺陷责任期进行水土保持监测。

2)结合项目定期检查和考评落实工作要求

通过制订详细的实施方案,明确路线图、责任人和时间表,让参建单位了解和熟悉环保、水保工作要求(图2.2-25);监理和监测单位每两个月提交一份监理和监测工作报告,指出存在的问题,提出整改要求;项目办督促施工单位及时解决存在的问题,在双月考评中检查施工单位环保、水保的执行情况并进行相应奖惩。

2.2.4.3 永临结合,少破坏多保护

1)永临结合减少占地

将服务区、收费所站、互通暂时不用的永久用地提供给施工单位作为临时用地,这样既可减少征用临时用地,又可降低工程成本(图2.2-26)。全线28个预制梁场,有26个设置在主线范围内(图2.2-27);混凝土拌和站、钢筋加工车间、小构预制厂及项目经理部设在新圩养护工区和新圩互通内;在占地约55亩的原木材厂内,利用原有办公楼、钢筋棚及空地,进行项目经理部、混凝土拌和站、小构预制厂、钢筋加工场"四合一"建设(图2.2-28)。

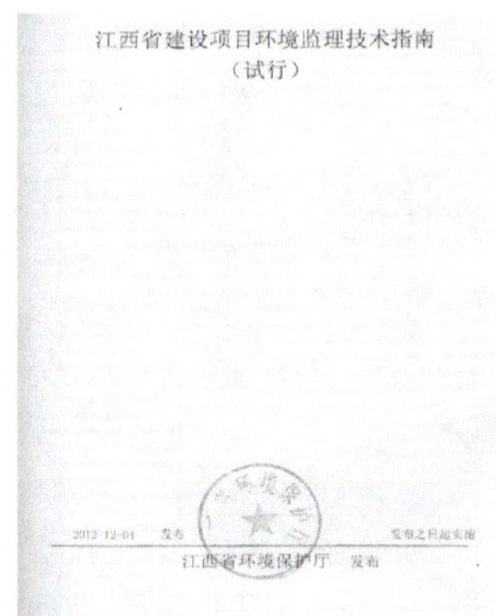

江西省建设项目环境监理技术指南

（试行）

2012-12-04 发布　　　　发布之日起实施

江西省环境保护厅　发布

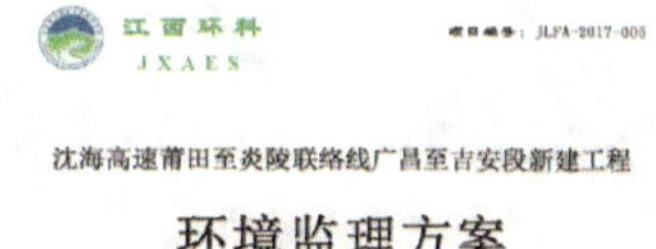

江西环科

JXAES

项目编号：JLPA-2017-005

沈海高速莆田至炎陵联络线广昌至吉安段新建工程

环境监理方案

建设单位：江西省高速公路投资集团有限责任公司

监理单位：江西省环境保护科学研究院

编制日期：二〇一七年三月

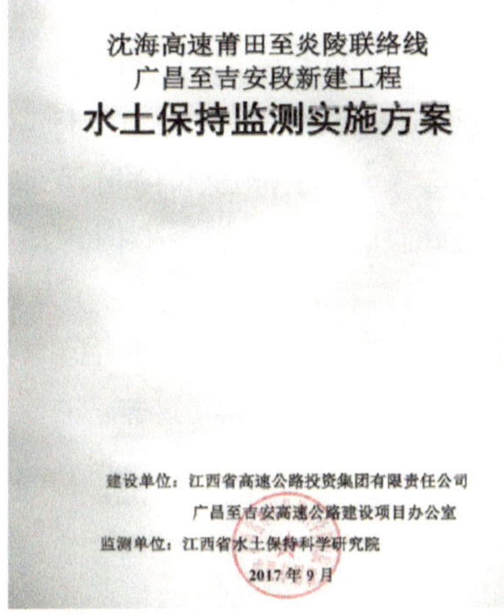

沈海高速莆田至炎陵联络线

广昌至吉安段新建工程

水土保持监测实施方案

建设单位：江西省高速公路投资集团有限责任公司

广昌至吉安高速公路建设项目办公室

监测单位：江西省水土保持科学研究院

2017年9月

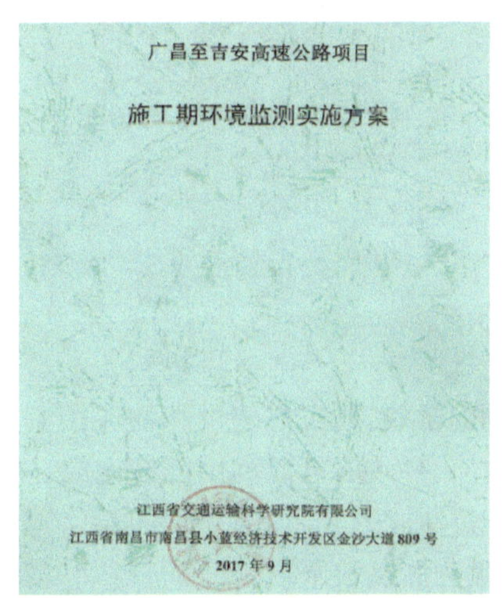

广昌至吉安高速公路项目

施工期环境监测实施方案

江西省交通运输科学研究院有限公司

江西省南昌市南昌县小蓝经济技术开发区金沙大道809号

2017年9月

图 2.2-25　环水保措施方案

a)

b)

图 2.2-26　设置在主线的预制梁场

图 2.2-27　永临结合

图 2.2-28　“四合一”建设

鼓励施工单位的办公区生活区租住民房、厂房等进行改造装修，全线有 5 个监理单位和 15 个施工单位选用租住房屋，节约用地近 150 亩（图 2.2-29）。

图 2.2-29　废弃工厂改做小构预制场

2）综合利用规划用地

BP1 标段的 1 号黑白站的临时用地，按填挖平衡的原则填筑了约 50 万 m^3 的土石方，面积约 130 亩（图 2.2-30）；B2 标段的项目经理部及混凝土拌和站的临时用地约 21 亩，小构预制场及钢筋加工车间约 32 亩，使用主线路基约 6 万 m^3 的弃方填筑而成（图 2.2-31）。这 3 处土地，原本是永丰县上固乡政府规划的学校、新农村建设和物流中心的建设用地，施工单位撤场后，场站的临时用地归还给上固乡政府，乡政府可以利用已经完成“三通一平”和边坡绿化的土地进行基础设施建设，节省建设资金超过 700 万元。此举即贯彻了“绿色公路”理念，节约了土地资源，又以实际行动造福了当地百姓，助力脱贫攻坚。

图 2.2-30　BP1 标段永临结合

图 2.2-31　B2 标段永临结合

3）临时便道永临结合

精准规划施工便道，尽可能利用原有村道、当地劳作的小路进行加宽和硬化，尽量不新开便道，少征临时用地，做到与当地村道较好结合，一举两得。新修及加宽改造便道 49 条，其中原有道路加宽改造34条。施工便道建设与“四好农村路”建设规划相衔接。全线约110km的便道今后保留为农村公路。

2.2.4.4　基础做起,抓过程保效果

1)施工过程措施到位

一是混凝土拌和站、水稳拌和站、沥青拌和站、路基土方施工工区配备全自动喷雾除尘机和洒水车,拌和场出入口必须设置洗车池,力争做到“无尘工地”。二是针对广吉高速公路多次跨越盱江、梅江、上固河、孤江、泷江、赣江的情况,跨河施工基本做到搭设钢便桥以减少河道淤塞,桩基施工的泥浆不准泄入河中,必须专车运走并专门处理;三是石方爆破方案专项审查,并尝试了“水压爆破”的绿色施工技术。

本项目30多次跨越上固河,且有几个乡镇的饮用水取水口就处在上固河流域,项目在桩基施工期间开展上固河环境保护专项活动,在风险金中设立了奖金60万元用于鼓励参建单位重视上固河的环境保护工作,并专项投入300多万元用于改造和保护取水口相关设施,避免了因施工而影响沿线百姓的正常生活。

2)取(弃)土场重点管理

本项目以施工单位为主、环保及水保单位参与,对取(弃)土场的恢复进行专项设计,引导施工单位重视相关工作;在项目管理风险金中设立取(弃)土场恢复的专项,督促施工单位保质保量完成取(弃)土场的恢复;取(弃)土场恢复按首件工程示范来确定恢复标准,然后在全线进行标准化推广。

(1)弃土(渣)场生态防护。广吉高速公路在弃渣场上游沿等高线设置截水沟,两侧设排水沟;必要时在排水沟汇入下游河道之前应设置沉砂池。弃土(渣)结束后随即进行植被恢复,植被恢复设计以防护遮挡为主(图2.2-32)。

图2.2-32　弃土填平区植被恢复

(2)取料场区生态防护。取料场顺势开挖,尽量减少占地。可绿化取土场削坡、平整及覆土后采取绿化措施,植被选择以乡土物种为主。

广吉高速公路项目自开工伊始便结合水保、环保对全线取弃土场及填平区采取台账式跟踪管理。全线取弃土场共计89处,面积9万m^2,分三个层次全面打造,第一层次视线范围外的做到防排设施完善,全面复绿,水土保持到位;第二层次是路侧场地尽量做到树、灌、草花结合，适当提升；第三层次是对个别取弃土场进行重点打造，达到景观效果，或者与地方扶贫项目相结合，为当地百姓实现经济效益。

K82+900取土场为最大的取土场，取土共计20万m^3，原设计要求复绿即可。取土场专项调查设计时，考虑坡脚地形开阔、雨水丰富、利于百姓种植，经过与当地政府部门对接，打造为杨梅林，占地8亩，计划栽种500株。按照一株挂果50kg、20元/kg计算，每年收入5万~6万元，不仅复绿，而且富民（图2.2-33）。这是广吉高速公路建设中诸多绿色建造事例的一个缩影。

图2.2-33 取土场生态修复打造为杨梅园

临路侧的取弃土场由于不是主体工程，在以往的项目中往往重视不够，存在堆放随意、开挖随意、使用完之后复绿处理不到位等问题，对整条路景观的呈现影响比较大。广吉高速公路项目办在施工过程中要求各单位按设计及规范严格执行，严格按照主线要求进行，并因地制宜提出几种绿化提升方案，在实施过程中结合地形条件及当地人文特色选择使用不同设计（图2.2-34）。

①翠屏式设计。针对比较宽大的弃土场，在临路侧10m范围内依次以乔灌搭配种植四排苗木营造一排层次分明的绿色屏障。

②行道树式设计。针对比较窄长的弃土场，在临路侧以高大灌木加特色球类形成一道形似“铁将军”把手的行道。

③自成一体的小品设计。针对比较小的空旷地带，以主树+球+红枫+花灌木等营造小品，使其自成一体，独成特色。

④营造花海，炫美多姿。在比较空旷且视野开阔地带使花成片成海，使其美得炫目，美出风采。

a)翠屏式设计

b)行道树式的设计

图 2.2-34

c)自成一体的小品设计

d)营造花海，炫美多姿

图2.2-34 取弃土场生态防护

3)路基边坡带绿施工

(1)在路基标段划分时，明确路基上、下边坡的绿化工程由路基标段负责施工。

(2)在路基土石方施工时，项目办要求承包人同步完成绿化工程，挖方边坡做到“开挖一级、绿化一级、防护一级”，填方边坡在路基成型后即刻施工防护和绿化，设置在主线的预制梁场应在梁场建设期就完成相应路段的绿化，保证全线做到“带绿施工”。

(3)坚持在边坡施工过程中做到过渡圆顺，并与原有山体自然相接，尽量做到自然天成，减少凿作痕迹。在修筑边坡过程中要求采取“三个圆弧化”(顶部圆弧化、边坡坡脚圆弧化、边坡端面的圆弧化)推行标准圆弧化边坡。有的高填高挖地段边坡超过40m，形成了深挖路堑和高填路堤边坡，在修筑和验收边坡过程中，现场监理人员采用专业坡度尺辅以卫星定位测量，逐级测量边坡的坡率，确保坡率、轮廓线符合设计要求。在对坡顶、坡脚修整时，结合机械、人工修整，使边坡圆弧与原山体自然过渡、完美融合。

(4)将原本只有一种方案的碎落台及路堤侧的单调设计运用更先进的“植物物群落，高低搭配，层次搭配，红绿搭配”工程美学设计理念变更为五种不同的形式，让广吉高速公路更加美丽。

(5)除挑选一部分边坡纳入景观绿化标作为重点特色边坡打造外，还在全线挑选一些边坡，以杜鹃花、火棘作为替代产品代替常规的马尾松和木荷进行普通边坡效果提升。

(6)边坡带绿施工，采用近自然植被护坡、边坡防护清表层自然修复等技术，通车前边坡全部覆绿。边坡覆绿尽量采用铁芒萁、葛藤等本土植物。清表的种植土做到全利用，共利用表土575万m^2。

广吉高速公路梁场绿化实例如图2.2-35所示，拌和站带绿施工如图2.2-36所示。

4)沥青加工达标排放

(1)橡胶沥青加工设备增加环保处理措施。

针对橡胶沥青加工环节异味严重、硫化物气体排放严重超标等问题，在加工站采用沥青废气收集、VOCs(挥发性有机物)技术治理、蓄热直燃焚烧及废热回收利用等环保处理措施，提高能源利用效率，控制异味气体及恶臭物质含量，做到达标排放。

图 2.2-35　梁场绿化实例

图 2.2-36　拌和站带绿施工

（2）尝试采用环保型沥青混合料拌和站。

借鉴市政工程建设的经验，引进环保型沥青搅拌设备，通过集料配供、干燥及引风设备的全封闭收集和集中处理，沥青、油烟气及粉尘的全收集，搅拌主楼、装料斗及溢料斗的全封闭等措施，提高拌和站的环保水平（图 2.2-37）。

a)封闭式冷集料配供系统

b)全裹覆干燥滚筒

图　2.2-37

c)沥青、烟气和粉尘收集系统

d)环保型沥青混合料拌和站

图 2.2-37 环保型沥青混合料拌和站

AP1 标沥青混凝土拌和站设于主线 K21 + 500 左侧 20m 处，占地 90 亩左右；需生产沥青混凝土 176661m^3，其中橡胶沥青混凝土近 10 万 m^3。该站选用的是全新国产 5000 型环保拌和楼，以煤改气技术代替重油燃烧技术，降低污染排放；采用封闭式配料传输系统以及粉尘收集系统，减少对周边环境的影响。

2.2.5 全方位的参与创新驱动

广吉高速公路各参建单位一方面结合绿色公路发展的新趋势进行大创新，开展科研攻关；另一方面发动全员进行微创新，集思广益，改进或改善工法、工序、设备等，以“小改进”实现“大成效”。

2.2.5.1 发扬工匠精神 鼓励大众微创新

为落实“绿色公路”建设理念，确保“绿色公路建设”实施效果，广吉高速公路项目办结合项目工作实际组织开展了以“匠心聚力，打造绿色公路品质工程”为主题的“微创新”成果总结与评选活动。在大创新的驱使下，项目办及各参建单位各种微创新层出不穷。微创新是一种渐进式创新，是在原有产品或技术（平台）的基础上做进一步的微调，它通常是对产品原有能力的拓展和延伸。它不强调突破式、激进式、全面的技术变革，而寻求“单点突破”，力图在某个方面进行革新，强调在不断试错中对产品、流程、服务、管理等进行稳步改进。

广吉高速公路项目各参建单位在总结前期施工经验的基础上，充分发挥主观能动性，开展有针对性的创新工作，涌现出 120 余项小微创新，其中 48 项入围参加了“微创新”评选活动（表 2.2-1）。这些“微创新”实践成果的总结既体现了广吉高速公路项目参建人员对工程质量的高度重视，也凝聚了广吉高速公路项目全体参建人员对品质工程孜孜不倦的追求。通过项目办和总监办组成的评委组评出了 6 项微创新一、二、三等奖（包括门式起重机滑触线、液压夹轨器、整体编束穿索、桥面封闭预留槽、安全体验馆、框格定型钢模等）和 8 项微创新优秀奖。

入围参选的“微创新”技术　　表 2.2-1

序号	“微创新”技术名称	序号	“微创新”技术名称
1	门式起重机安全悬浮滑接输电装置	25	梁场钢筋加工
2	预应力钢绞线整体穿束	26	门式起重机声光报警装置
3	液压夹轨器在门式起重机运行过程中的应用	27	混凝土标准试块制作车间
4	桥面封闭式伸缩缝预留槽	28	LED 电子屏
5	框格梁定型轻质钢模	29	智能喷淋养生车
6	安全教育体验馆	30	梁场室外空调
7	预应力管道防水措施	31	预应力张拉中的小皮球
8	安全教育讲台	32	T 梁运输安全固定
9	水循环工程洗车机	33	桩基钢筋笼定位
10	T 梁雨棚	34	播撒翠绿
11	泰和北赣江特大桥监控系统	35	利用山泉水养鱼
12	园林式场站建设	36	养生土工布,布袋压边
13	滴灌养生	37	标准化档案资料室
14	移动卫生间、防暑棚、垃圾桶进工地	38	石方松动爆破
15	墩柱混凝土垫块安装器	39	公路原有植被保护措施
16	现浇桥塑胶模板应用	40	灌注桩超声波成孔质量检测
17	自动冲钻设备在钻孔灌注桩施工中的应用	41	混凝土搅拌前粗集料水洗
18	张拉防护棚架在 T 梁预应力张拉过程中的应用	42	梁板外观“微创新”工艺
19	自动喷淋系统在 T 梁混凝土养生过程中的应用	43	横向排水管施工新工艺
20	橡胶止浆条在预制 T 梁过程中的应用	44	装载机铲斗滑轮
21	全站仪外置蓝牙配合测量软件现场测量	45	拌和站水沟盖板
22	花池式防撞墩	46	小型构件预制采用自动喂料机
23	台阶式黑白站	47	碎石盲沟加铺塑料薄膜
24	水稳拌和站微除尘装置	48	工控模块 PLC 控制最佳含水量

通过开展此次活动,“绿色”“品质”工程建设理念更加深入人心。“微创新”成果的推广应用,切实解决了部分制约项目质量提升的痛点问题,对于提升项目从业人员的责任意识和集体荣誉感、提高项目整体质量水平和保障项目工程实体质量等方面起到了积极作用。

1)门式起重机安全悬浮滑接输电装置

采用安全悬浮滑接输电装置(图 2.2-38),整个输电桁架长 200m,高 2m,使梁场电缆线全封闭式布设,不受日晒雨淋侵蚀,消除了传统行吊电缆用大转盘圈着走容易造成的电缆损伤,既能避免漏电短路问题发生,又可使梁场整齐美观。

2)预应力钢绞线整体穿束

采用牵引拉线网套将多根钢绞线整体束紧后,用穿束机进行整体穿束,可有效避免多根钢绞线在波纹管内发生缠绕,保证钢绞线张拉应力分布均匀,并在钢绞线进口处设置水平导向轮,将钢绞线滚送至波纹管内,防止钢绞线牵引过程中摩阻过大造成的断丝损伤(图 2.2-39)。

a)悬浮输电桁架

b)滑接输电装置

图 2.2-38 门式起重机安全悬浮滑接输电装置

a)牵引网套束紧钢绞线整体穿束

b)钢绞线牵引导向轮

图 2.2-39 预应力钢绞线整体穿束

3)液压夹轨器

液压夹轨器(图 2.2-40)是防止门式起重机沿轨道方向自由运动的安全装置。与传统的手动夹轨器相比,液压夹轨器与主机形成联动系统,当主机关闭时,夹轨器自动夹紧钢轨,拖住主机,保证主机不被大风刮走,防滑力达 120kN。当主机开动使用时,则以液压装置使夹钳张开,以保证主机在轨道上自由行走。遇到大风暴雨天气,门式起重机安装液压夹轨器,可保证大型、特种设备的使用安全,充分起到极端恶劣天气安全防范工作。故该液压夹轨器在门式起重机运行过程中的安全性和实用性高,具有推广价值。

图 2.2-40 液压夹轨器

4)桥面封闭式伸缩缝预留槽

为有效保护伸缩缝预埋钢筋,防止伸缩缝预留槽内杂物堆积,在预留槽内采用方木进行支撑木模板,模板顶部采用土工布包裹碎石,最后浇筑 10cm 厚混凝土(为方便日后凿除,需在与桥面铺装接触面填塞 1cm 厚泡沫板进行隔离),对伸缩缝预留槽实行了全封闭,既有效保护了槽内不受污染,也方便了伸缩缝安装前的车辆通行(图 2.2-41)。

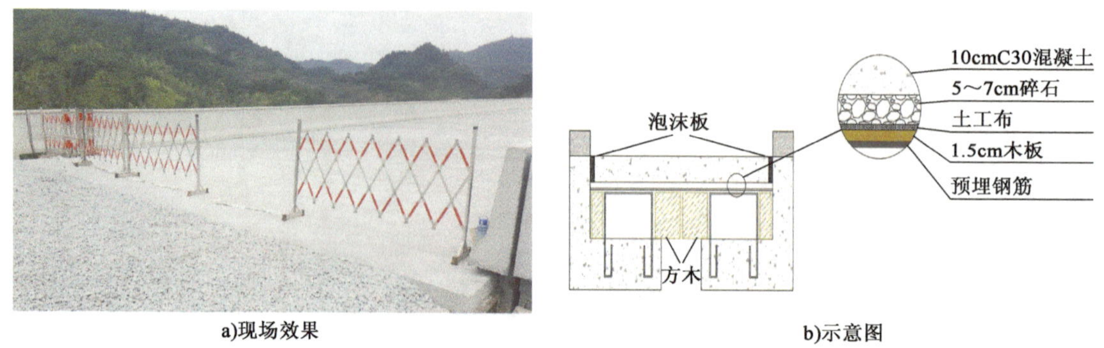

a)现场效果　　b)示意图

图 2.2-41　桥面封闭式伸缩缝预留槽

5)框格梁定型轻质钢模

框格梁定型轻质钢模模板大面采用 2mm 厚钢板,边角及背部采用镀锌方管作为加强肋进行焊接,模板转角拼缝之间采用 5mm 斜切钢板(45°)搭接;与传统钢模相比,既减轻了模板自身重量,又加强了安装后的整体稳定性,提高了工作效率,也方便现场施工;与木模相比,不仅能提高利用率,更能保证混凝土外观平整,线形顺直(图 2.2-42)。

图 2.2-42　框格梁定型轻质钢模

6)安全教育体验馆

安全教育体验馆(图 2.2-43)包括现场急救演示区、安全帽撞击体验区、安全带体验区、综合用电体验区、灭火器体验区、劳保用品展示区 6 个展区。现场急救演示区使得工人懂得了针对受伤人员的急救措施;安全帽撞击体验区让工人熟知安全帽的正确佩戴方法以及佩戴安全帽的重要性和必要性;安全带体验区将安全带的使用环境及正确的使用方法融合于体验活动中;综合用电体验区通过综合用电体验,使工人学习各种开关、开关箱及各种电线的规格说明使用,进一步普及施工现场中安全用电知识;灭火器体验区让施工人员充分了解发生火灾时如何正确使用消防器材,增强其消防意识,杜绝火灾隐患;劳保用品展示区增强了职工自觉佩戴劳保用品、加强自身保护的意识,使施工人员熟知各种劳保用品及其正确的使用方法和使用环境,使其充分认识到劳动防护用品是安全生产工作的一个重要组成部分。安全教育体验馆内的各类安全教育体验均增强了施工人员的安全意识。

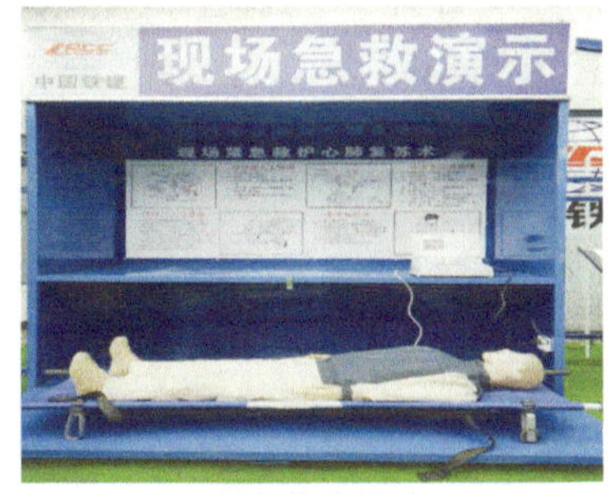

a)现场急救演示区

b)安全帽撞击体验区

c)安全带体验区

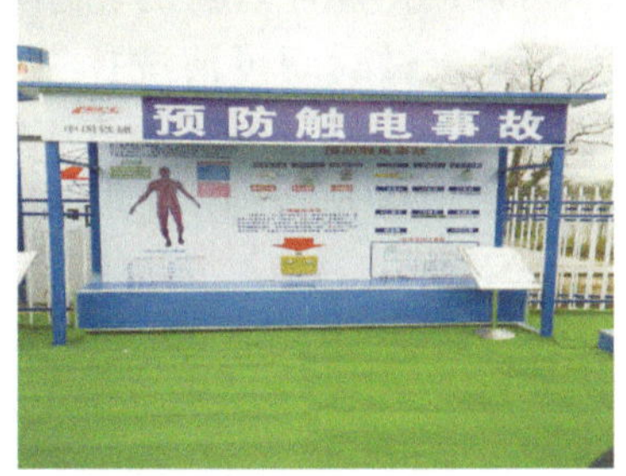

d)综合用电体验区

e)灭火器体验区

f)劳保用品展示区

图2.2-43 安全教育体验馆

7)预应力管道防水措施

在梁体养护过程中,预应力管道要采用相应的防水措施,以避免养护水进入预应力管道,造成后期压浆不饱满等病害。一般做法是采用橡胶塞或者钢板进行临时封堵,操作费时费力。现采用橡胶气球对预应力孔道进行封堵防水,方便快捷,成本低廉,可循环使用,通过不同颜色的气球区分不同的混凝土龄期(图2.2-44)。

a)预应力管道防水球

b)薄钢梁片预应力管道防水措施

图2.2-44 预应力管道防水措施

8)安全教育讲台

赣江特大桥跨越赣江,工人长期处于水上作业环境中,安全风险大。项目办设置安全教育讲台(图2.2-45),由安全教育人员设计好当日安全教育视频(视频内容以漫画、动漫

图 2.2-45　安全教育讲台

形式诠释安全教育），每日在现场施工人员水上作业开工前 15min，组织当日施工人员到安全教育宣讲台前，观看 LED 屏上针对当日施工内容可能存在安全隐患相关的漫画或动漫内容，教育人员并辅以讲解。通过生动、形象、直观的安全教育方式，使现场施工人员充分理解安全生产的重要性。

9）水循环工程洗车机

该设备利用 360°高压水嘴对车辆的轮胎与底盘进行冲洗，超大的水流量瞬间可清洗掉类似渣土车等工程车辆底盘上的渣土、轮胎上的淤泥等。设备采用机械感应，自动控制无须人工操作，清洗用水循环利用，大量节约水资源。本设备可拆装，方便转场，可以满足各种工地和施工场所使用需求（图 2.2-46）。

a)

b)

图 2.2-46　水循环工程洗车机

10）T 梁雨棚

T 梁雨棚是指在 T 梁施工时，如果浇筑混凝土过程中突遇大雨来袭，可及时把雨棚打开，从而有效避免已浇筑的混凝土被雨水冲刷而影响质量，使施工不受雨季影响（图 2.2-47）。

a)

b)

图 2.2-47　T 梁雨棚

11)泰和北赣江特大桥监控系统

在赣江特大桥入口安装读卡器,每位施工人员按“一人一卡”原则,头戴安全帽进入施工现场。在主桥施工现场安装高清摄像机,实时监控现场的各种情况,并且通过传输设备及时传送到后端的监控电脑上,监管人员在监控室就可以对桥梁施工人员状态进行动态监控。此外,也可以通过下载手机 App,利用手机端实时监控现场动态。在岗亭上方设置 LED 显示屏,实时动态更新特大桥施工进度、施工现场环境以及现场施工作业人员数量,特大桥施工现场情况一目了然。特大桥两岸均设置安装视频监控系统,实现特大桥全桥施工状态的信息化管理(图 2.2-48)。

图 2.2-48 泰和北赣江特大桥监控系统

12)园林式场站建设

如图 2.2-49 所示,项目建设过程中秉承绿色公路理念,在项目部 1 号黑白站建设时,依据永临结合的方针,选取一碎石加工场地作为 1 号黑白站场站用地。对场地进行合理规划,场地布局紧凑,环形道路交通顺畅,对场站既有绿地最大限度予以保留,将既有水塘作为沉淀循环用水池,并种植水生植物净化水质。将场区内废弃职工宿舍改造为工区实验室,将废弃洗车池改造为景观水池,边角空地绿化覆盖。场站内加设喷雾除尘设备及道路喷淋洒水系统,保证场区内无扬尘。黑白站拌和楼选用新型环保站,减少地表扰动和环境破坏。项目结束后,既有场地交还给石料加工场继续使用,做到永临结合。

场站建设未占用林地和耕地,带动了该石料加工场发展,其所生产的石料经检测合格,直接提供给 1 号站使用,降低了运输成本。对厂区内的绿化及水池予以保留,减少了对环境的扰动。增加的喷雾除尘设备减少了扬尘,避免了对周边环境的污染。项目结束后,场站交由石料加工成继续使用,不用复垦,节约资源。

13)滴灌养生

在需养生路段每隔 30m 放置一个容量为不小于 500L 的塑料蓄水桶,蓄水桶底部对称设置两个内径为 25mm 出水口,出水口各安置一道阀门,用于控制出水量。每个蓄水桶通过内径为 30 ~ 32mm 塑料软管连接,塑料软管自蓄水桶由近及远设置不同孔径的滴水口,滴水口为贯穿式(双面口),防止因为水管滚动方向而堵塞。靠近蓄水桶 5m 内孔径为 3mm,5 ~ 10m 范围内孔径为 4mm,10 ~ 15m 范围内孔径为 6mm。施工完路段将上述装置放于横坡高侧边缘,关闭蓄水桶阀门将水桶加满水,采用塑料薄膜覆盖养生,薄膜搭接宽度不少于 10cm,采用木方压实整齐,薄膜覆盖到位,不得将养生结构层暴露,将塑料软管置于薄膜下方,边部压牢。开启蓄水桶水阀,终凝时间内控制出水量不大于 300L/h,防止水滴速度过快导致局部水泥被冲刷影响外观质量及局部强度;终凝时间过后完全打开阀门,保证养生水分充足。

a)对既有绿地进行最大限度保留

b)实验室由废弃职工宿舍改造而成

c)增加除尘设备、洗车设备，减少对环境的扰动

d)对边角地带进行绿化覆盖，带绿施工

图 2.2-49 园林式场站建设

滴灌养生避免施工结束后未达到设计强度而需洒水设备的重载养生，有效地保护结构层的板结。以塑料薄膜覆盖养生减少水分的蒸发流失，保水性好，持续滴灌避免出现养生缺水现象。滴灌养生用水量较水车洒水养生节约至少40%的用水量。养生充足保证了结构层的强度。

14）移动卫生间、防暑棚、垃圾桶进工地

传统施工现场，大量施工人员因无临时如厕而烦恼，随地大小便现象造成施工现场环境脏乱差，影响文明施工形象。为改变这一状况，项目办提前制订了路面无污染施工方案。路面施工开始前，事先设置移动卫生间、防暑棚、垃圾桶，施工中产生的垃圾集中存放，现场人员大小便入厕，施工间隙可到防暑棚做短暂休息，确保现场干净、整洁、无污染，规范施工讲文明（图2.2-50）。

a)移动卫生间　　b)防暑棚、垃圾桶

图2.2-50　施工环保设施

2.2.5.2　拓展“互联网+”功能强化管理

1）项目管理信息化

针对项目里程长、管理难度大的特点，运用“互联网+”信息化监管技术，加快信息沟通速度，提升项目管理水平，目前已上线移动考勤、工程进度监控、路基压实监控、视频监控等系统，充分发挥了信息化管理的辅助作用（图2.2-51）。项目办、项目办与监理单位、项目办与监理单位及施工单位均建立了微信群，方便及时沟通、及时反馈，保障了信息畅通，提高了工作效率。

a)项目管理App　　b)视频监控系统

图2.2-51　项目管理信息化系统

2)质量控制智能化

广吉高速公路项目已在全部路面标段实现了路面施工质量的智能化实时监控(图2.2-52),基质沥青运输、改性沥青加工和运输、混合料实拌配合比、混合料运输和摊铺、现场碾压时间及遍数等,均实现了实时监控。选取了3个标段的预制梁场和混凝土拌和站,探索对预制梁的生产进行实时监控,包括对混凝土实拌配合比、预应力张拉和预应力管道压浆的实时监控。根据有关科研成果,项目引进了公路路基智能压实和实时监控技术,对提高和保证公路施工质量、提升工程耐久性具有重要作用。

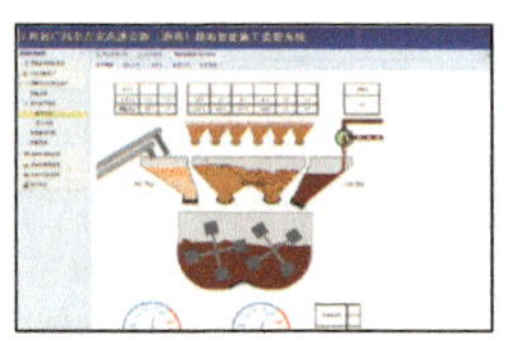

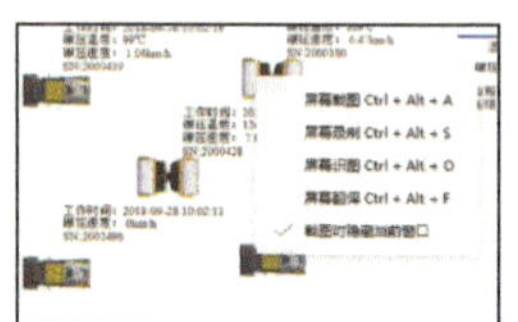

a)路面质量监测信息化

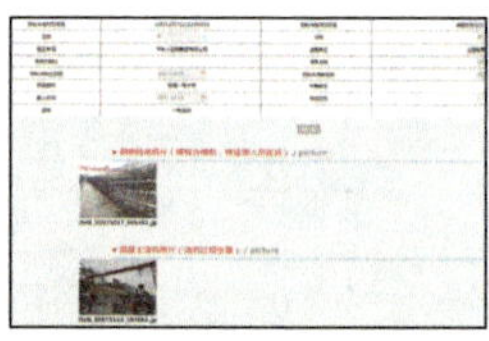
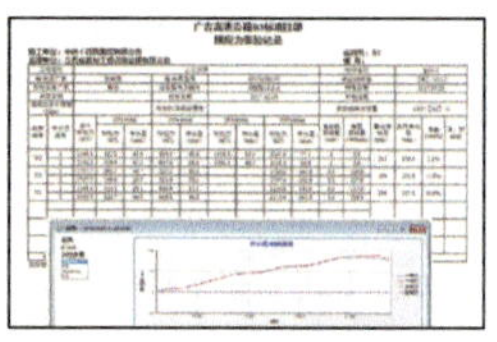

b)智能梁场

c)路基土石方施工监控

图2.2-52 智能化质量控制

2.3 建设过程

1)第一阶段:设计阶段

2016年5月,广吉高速公路项目被交通运输部列为第一批绿色公路建设典型示范工程;江西省交通运输厅领导在项目调研时也明确提出,要把广吉高速公路建成"全国高速公路建设的示范路、品质工程建设的示范路、绿色公路建设的示范路"。广吉高速公路积极贯彻落实《交通运输部办公厅关于实施绿色公路建设的指导意见》(交办公路〔2016〕93号)等文件要求,根据项目特点和实际需要,在初步设计阶段全面贯彻落实"绿色公路"建设理念,在设计中综合考虑资源节约、生态环保、节能高效等因素,积极开展线形优化、装配化设计等工作,最大限度地控制资源占用、降低能源消耗、减少污染排放、保护生态环境,注重建设品质提升与运行效率提高,打造人与自然和谐共生的高速公路。

2)第二阶段:动员部署阶段

启动和完成绿色公路建设典型示范工程实施方案的编制,进行广泛发动和具体部署。2016年11月23日,江西省交通运输厅主持召开专家评审会,专家们就广吉项目绿色公路建设主要任务、重点攻关项目等进行了充分讨论,一致认为项目符合交通运输部的绿色公路建设理念,符合江西建设生态文明先行示范区的国家战略,一致同意通过《广昌至吉安高速公路绿色公路建设典型示范工程实施方案》。

3)第三阶段:重点实施阶段

2016年11月至今,以绿色公路创建总体思路和目标为指引,按照项目实施方案有序组织开展相关工作,所有参建单位按照建设单位的统一部署,在项目建成通车前稳步推进,全面落实绿色公路建设,过程中注重阶段性总结提升和典型推广及成果展示。

4)第四阶段:经验总结与提升阶段

有序开展绿色公路建设成果展示和典型经验总结,积极开展科研和地方标准项目,形成一套可复制、可推广的江西省绿色高速公路建设标准和经验,为行业内绿色公路创建发挥示范引领作用。

2.4 研究内容

绿色公路技术的研究及工程示范要满足有共性特征、地方特色的要求;要结合区域和工程特点和需求。江西的区域特点有:①绿色生态是江西的特色和品牌。②自然气候上,江西多山区、多雨,对道路结构和行车安全产生隐患。③经济社会环境上,煤炭资源丰富,火力易产生粉尘污染;红色、绿色、人文旅游资源丰富。工程面临问题有:①沿线边坡挡墙多、高填方多、水系多;且局部路段山体陡峭,地质条件较差,对填方、边坡防护设计、施工和养护管理都存在一定困难。沿线水系多,跨径桥梁多。②建设项目路线长,山区施工监管困难。③山区弯道多、坡道多、多雨、多区域性气候(暴雨、团雾等),影响行车安全性。④对公路提供的运输服务质量要求越来越高。沿线有旅游景区多、矿产资源丰富。对服务要求也不尽相同,如何提供全方位、多元化、个性化、智能化服务,建立服务平台、提供出行信息、拓展公路功能是新问题。

因此,项目研究以广吉高速公路为依托工程,以广吉高速公路为代表的江西地区绿色公路建设技术中需要开展科技攻关的部分为主要内容。这些内容符合绿色主题;结合区域和工程特点和需求;适宜于广吉高速公路绿色示范应用。

总体来说,聚焦资源利用、安全服务和信息化等重点领域解决关键问题。①统筹资源利用:开展超大体积泡沫轻质土发泡机理及控温技术研究,解决广吉高速高填方的台背回填问题,并高掺Ⅱ级粉煤灰、实现江西火力发电产生的大量低品质粉煤灰再利用。功能型橡胶沥青路面典型结构与材料技术研究及示范应用,提高路面结构材料耐久性,实现废旧轮胎再利用。②安全服务:推广排水路面应用,提高广吉高速公路环境下的行车安全性;开展高速公路绿色服务区建设技术体系及标准研究,提供多元化服务。③管理与信息化:响应绿色公路指导意见，积极应用建筑信息模型（BIM）新技术在悬浇混凝土梁桥的研究及应用。通过技术研究和示范应用，进行绿色公路建设的示范应用与集成创新，促进科技成果转化与应用，提升公路建设管理水平，建成一条绿色路、品质路、科技路；形成一套适合江西省省情的可复制、可推广的绿色公路建设经验，打造绿色公路建设典型示范工程的“江西样板”。本书将具体研究与实践内容在后续章节中详细论述。

Chapter 3

第3章

功能型橡胶沥青路面典型结构与材料技术

橡胶粉改性沥青具有优异的减少反射裂缝,可增加雨天抗滑性能和减少路面噪声性能,还可解决废旧轮胎的回收处理问题,不仅在降低路面噪声、延缓反射裂缝、抵抗重交通和不良气候等方面具有明显优势,而且在节约社会资源和环境保护方面都有巨大的社会意义和经济价值。

橡胶粉改性沥青单位成品的成本通常高于普通沥青和大多数改性沥青,与改性 SMA 价格相当。但使用橡胶沥青的成本和经济效益是必须考虑橡胶沥青在减薄面层厚度、延长路面的使用寿命和降低养护维修成本方面的因素,在全寿命周期内,其经济效益及社会效益优于普通沥青及大多数改性沥青。在环保效益方面,橡胶粉改性沥青的优势则更为明显,在废旧橡胶制品回收再利用及抑制交通噪声等方面有显著的贡献。

3.1 基于功能化的橡胶沥青路面结构优化设计

橡胶沥青路面材料参数与普通沥青路面参数有所不同,如动态复模量较大,且相位角也大;橡胶沥青应力吸收层在路面结构层中的应用,改善了沥青路面结构层间的连结状况,路面结构服役的整体性增强。根据橡胶沥青路面的这些特点,进行路面结构设计与优化研究;根据路面结构不同层位功能特点,对路面结构层位进行针对性设计,以提高路面耐久性。

3.1.1 橡胶沥青路面功能化设计原则

橡胶沥青路面功能化设计原则包含以下四个方面。

1)结构组合的功能化(functionalization)

结构组合的功能化主要是指:明确路面结构各个组合层次的功能,根据路面结构使用的需求,将不同功能的结构层次有机地组合在一起,实现全寿命周期内技术经济最优化的目标。

由于路面结构服役行为的非线性,不仅不同材料结构层的功能不同,而且同一种材料在结构中不同位置的服役功能也不同。即不同结构层的组合关系也影响相应各个结构层的使用功能。从各结构层使用功能的定性描述到具体技术指标的量化表征,是结构组合功能化设计的发展方向。

2)材料设计的均衡化(equalization)

材料设计的均衡化主要是指根据材料结构层的使用功能需求,通过材料组成优化设计,实现材料性能的均衡化。

在实际工程中,路面材料使用性能的需求是多元化的,如沥青混合料,既要有良好的高温性能、水稳定性能,也要有良好的低温性能和抗疲劳性能。然而没有一种混合料能同时实现这些性能的最佳效果。事实上,这些材料性能的需求并不是一样的,而是有侧重的。在满足诸多基本性能的前提下,以材料的结构功能为重点,突出某一个或某几个性能,这就是材料的均衡化设计。

3)工艺操作的均一化(uniformity)

工艺操作的均一化主要是指降低施工过程中质量的变异性,确保材料施工质量的均匀性。

路面工程是所有土木工程中,施工变异性最大、工程可靠性最低的,这也是导致路面使用寿命不足的主要工程原因。通过对原材料、混合料生产、现场摊铺碾压等关键工艺环节的质量控制,降低施工质量的变异性,是实现工艺操作均一化的主要对策。

4)质量控制的过程化(proceduring)

质量控制的过程化主要是指按照工艺操作流程,通过规范化的现场和室内试验手段量化检测、评价每个施工节点的质量。

在整个施工过程中不存在质量控制盲点,质量控制结果可再现、可追溯,是质量过程化控制的两个关键内容。施工工艺的现代化、施工能力的提升,在加快施工进度、提高施工质量的同时,也会带来施工过程中质量控制的盲点,这是在施工质量控制中应引起重视的问题。

3.1.2 基于承力体系的沥青路面功能化设计方法

根据路面结构对交通荷载为主的外力的传导原理,存在传力体系和承力体系两种不同的结构形式。所谓的承力体系模式就是行车荷载施加于路面结构的外力,全部或绝大部分由路面的上部结构本身承担,而传力结构则是将外力荷载逐层传递、扩散,最终由下部结构承担。鉴于江西省乃至全国的高速公路主要以半刚性基层为主,本项目主要针对以半刚性基层为代表的承力体系结构进行路面结构功能化设计。

3.1.2.1 承力体系路面结构设计的基本原理

路面结构内部具有足够厚度和强度的承重结构层,用以承受交通荷载的作用。这种承重层一般采用半刚性材料或刚性材料等对环境温度、湿度敏感性较小的整体性材料。

承重层上面铺设较薄的沥青混凝土结构层作为表面功能层。承力体系的路面结构中,沥青面层厚度有限,即所谓的“强基薄面”结构,沥青混凝土结构的承重效果也是有限的,半刚性材料或刚性材料结构层承接其上沥青混合料结构层传递而来的交通荷载应力或应变,并充分消化,只有小部分再传递给其下面的土基。因此,半刚性材料和刚性材料组成路面结构主要承重层,其使用品质和疲劳损伤是衡量整个路面结构使用耐久性的关键指标,这个结构层的疲劳损伤是整个路面结构疲劳损伤的控制性指标。提高承重层的承重能力是这种结构设计的首要考虑的问题。

沥青混凝土结构层主要的承重来自水平方面的剪切力。对于半刚性材料结构层,如何缓解高温条件下沥青混凝土承受的剪应力,提高其抗剪能力,目前国内技术界分歧较大。一方面是提高半刚性材料结构层的强度,以缓解沥青面层内部的剪应力;另一方面是降低半刚性材料结构层的强度。

按照线弹性力学模型分析,当半刚性材料结构层的强度降低时,沥青面层内部的最大剪应力(即第一主应力与第三主应力差值的一半)将会降低。但这种理论分析存在一些问题,一是这种力学分析是采用线弹性模型分析的垂直荷载,线弹性模型是否适用?水平荷载如何考虑?二是这个最大剪应力评价时没有考虑三向应力状态,这是采用第三强度理论评价时的局限,且这个最大剪应力的方向不清晰,是否是沥青面层抗剪能力评价时所关注的剪应力?因此,降低半刚性材料强度,提高沥青面层抗剪能力的结论需要慎重考虑。可以说,对于这方面的力学分析尚不完备,仍需要进一步研究。

但从工程实践角度看，一些实际工程的案例给予我们很多启示。如水泥混凝土的桥面铺装案例，2003年广东省105国道沙口大桥4cm的桥面铺装、杭州钱塘三桥3cm的桥面铺装，十多年也没有产生剪切破坏。之所以能够在重载交通环境下保持铺装结构层的稳定、耐久，主要的因素并不是强度低，相反，恰恰是强度高。

对于承力体系的路面结构，关键在于提高承力结构层的整体刚度水平，减少半刚性材料结构层层底弯拉应力，提高其抗疲劳性能是其结构设计的关键问题。由此采取的技术对策主要有：一是提高半刚性材料自身的抗疲劳能力，即提高弯拉强度；二是增加半刚性材料或刚性材料结构层的数量，增加承重层的厚度，通过荷载扩散消解其层底的弯拉应力；三是改善各层之间的结合状态，使承重层整体受力。

3.1.2.2 承力结构层的设置及相关技术问题

提高承力结构层的刚度水平，主要从提高其厚度、强度这两方面考虑。

1）厚度

从我国半刚性基层沥青路面发展30多年的历程看，早期半刚性材料结构层的厚度仅有20～30cm，不足以抵抗冻胀翻浆和软土路基的作用，之后逐渐发展到3层半刚性材料结构层。这是目前我国高速公路较为普遍采用的半刚性材料结构层形式，厚度为50～60cm。但从长期使用性能优越的技术要求看，这个结构层厚度略显偏薄，不足以承受超长服役周期下重荷载作用。

我国早期修建的京津塘高速公路，原设计为4层半刚性材料结构层，但实施过程中采用了3层，通车9年后，沙庆林院士调查发现，有些路段出现了纵向的疲劳裂缝。2012年，沙庆林院士提出的重载交通长寿命沥青路面结构形式，运用到广东云罗高速公路试验路，其半刚性材料结构层厚度为4层80cm，与之相邻路段采用的是3层半刚性材料结构层。由于当地地下水位较高，路基稳定性差，使用4年后，3层半刚性材料结构层的路段出现了一些不规则的横向和纵向裂缝，而4层结构的试验路段没有显著的裂缝。由此说明，增加半刚性材料结构层的厚度有利于提高整体路面结构的稳定性和耐久性。

2）强度

大量的试验表明，对于同一种类型的半刚性材料，弯拉强度、抗压强度和回弹模量这三个主要的力学参数是正相关的。提高材料的抗疲劳能力，提高弯拉强度，就意味着提高材料的抗压强度和回弹模量。因此在施工过程中提高材料的7d无侧限抗压强度水平，是符合提高材料抗疲劳性能的要求的。

从半刚性沥青路面承重力学体系的分析看，提高半刚性材料的强度，是提高半刚性材料结构层整体刚度水平的必要措施之一。如果材料的强度较低，通过增加结构层厚度提高刚度，一方面需要消耗过多的地材，工程成本、社会成本消耗较大；另一方面，强度低导致整体性降低，不利于承载结构体系的行程，同时会带来一些副作用。

一般来说，提高半刚性材料结构层强度主要有以下几个优势：①有助于提高结构层的整体承载能力；②有利于改善沥青面层与基层的层间结合状态；③可提高基层的抗冲刷能力。

大量的试验表明，对于同一种无机结合料稳定材料，强度越高，回弹响应模量越大，单位体积下承载能力越高。因此，从提高路面结构承载能力耐久性的角度看，提高强度是毋庸置疑的有效措施。

此外,由于半刚性材料的强度提高,混合料中碎石的胶结越稳固,有利于改善其与沥青混凝土结构层的层间抗剪强度。

大量工程表明,当路面产生唧浆类水损坏时,半刚性基层会产生严重的冲刷。这种冲刷一般分为两种情况:一是在半刚性基层施工结束后,基层表面没有进行彻底清扫,表面留有较多的浮浆,容易产生唧浆类病害;二是基层表面清理比较彻底,但仍会产生唧浆。前者是施工操作问题,而后者就与基层强度有一定关系。工程实践表明,产生严重唧浆后,往往是基层表面几厘米冲刷、松散,而基层的中、下部结构状态受到自身强度高低的影响,有的松散,有的还能保持较好的整体性。基层强度越高,整体性保持越好,这样为后期的养护维修带来较好的条件。

需要指出的是,这与排水性的半刚性基层不能混为一谈。有人指出,基层采用空隙率较大的排水基层,这样不容易产生冲刷等水损坏。这是个似是而非的命题,第一,基层排水,水往哪里排?第二,有多少水需要通过排水性的半刚性基层排?第三,当路面结构内部水需要半刚性基层排出时,其使用寿命怎样?多空隙的半刚性基层不同于多空隙的水泥混凝土或者级配碎石结构层。

大量的试验表明,当半刚性材料的空隙率增加时,其抗压强度、抗疲劳能力都会大幅下降,因此为了基层排水而增加混合料的空隙率,将会严重损伤半刚性材料结构层的耐久性。如果要保持其耐久性,现有的半刚性材料技术是无法实现的,只有采用多空隙的水泥混凝土,尽管其强度相比一般水泥混凝土大幅降低,但仍可与半刚性材料相比。因此,从技术角度看,不存在多空隙的半刚性材料结构层。

级配碎石可作为半刚性材料结构层的过渡层,减小冲刷,这是国外工程界早已证明的措施。但是这将改变半刚性基层沥青路面的受力体系。半刚性材料结构层的承重作用需求将会下降,沥青面层的服役功能需求将会提升。考虑到沥青混凝土自身的力学特点,此时沥青面层需要加厚,或者只适用于中、轻交通的使用状态。

总之,当半刚性基层顶面直接铺设沥青面层时,为了抵抗水损坏,半刚性基层需要具备足够的强度。

3)沥青混凝土结构层的设置

对于承力体系的沥青路面结构中的沥青混凝土结构层,其主要功能是:①保护下部结构,扩散荷载应力、改善下部结构的温湿度环境;②提供耐久、舒适、环保的行驶表面。

因此,沥青混凝土结构层的厚度一般不必过厚。当沥青混凝土层过厚时,不仅会大幅增加工程造价,而且会改变整个结构的受力体系,不能充分发挥承力结构层耐久、经济的技术优势,同时对沥青混凝土结构层本身附加其他的技术要求,增加了设计难度。

在实际工程中,基于不同工程的实际需求,沥青混凝土结构层可分为1层、2层和3层3种情况,相应的厚度分为不大于5cm、6~9cm、10~18cm。沥青面层划分层次的主要目的是完善面层的总体功能。

(1)1层结构。

一般来说,可以铺筑1层沥青混凝土,但有两个问题需要注意:一是面层的平整度水平能否保障,即行驶的舒适性是否能满足要求;二是面层的耐久性。对于第一个问题,单层沥青混凝土结构层的平整度水平主要取决于下层的平整度。如果下层平整度良好,或者整体工程对平整度要求不高,可以采用单层沥青混凝土结构,反之,一般需要两层沥青混凝土铺装结构。

对于第二个问题,则比较复杂。因为沥青面层与下面的结构层,无论是半刚性基层,还是刚性基层,层间一般处于滑动或半滑动状态,行车荷载的应力状态难以有效传递到下面的结构层中,从而导致单层的沥青混凝土过早损坏。此外,还涉及裂缝问题。

对于一些特殊工程,如受到恒载限制的桥面铺装工程、受到高程限定的"白 + 黑"工程,只能铺设单层沥青混凝土。关键的措施是改善沥青混凝土层与下面结构层的层间结合状态,通过铣刨工艺,将"软连接"改成"硬连接"。这就要求下面结构层具有良好的强度水平,能够承受铣刨而不松散。

通过以上分析可以认为,在大多数情况下铺设 2 层沥青混凝土结构比 1 层更加合理、安全,至少平整度和层间状态可得以改善。

(2)2 层结构。

2 层结构中常用的结构组合有 4cm + 5cm、4cm + 6cm、5cm + 6cm 等。上面一层当采用 AC13 型级配时一般铺设 4cm,当采用 AC16 型级配时铺设 5cm,当然也可铺设 4cm。下层一般采用 AC20 型级配,铺设厚度为 5 ~ 6cm。当然,下面层也可采用 AC25 型混合料,铺设厚度可以达到 7 ~ 10cm。这样 2 层沥青混凝土结构的厚度范围为 9 ~ 15cm。顺便说明,下面层采用 AC25 型级配与 AC20 型级配相比,前者的高温稳定性和抗裂性能优于后者,但是施工的变异性较大,易导致离析、渗水,为此需要采用专门的措施消除这种不利影响,如设置防水黏结功能层。

对于这种结构组合,还有一种功能化的优化方案,即下面层细粒式、超密实型、富油型的沥青混凝土,又可称为应力吸收层混凝土。混合料的公称最大粒径不超过 10mm,空隙率不大于 2.5%,摊铺厚度一般为 2.0 ~ 2.5cm。这种沥青混凝土具有以下技术特点:①具有较强的变形适应性,可提高整个沥青混凝土结构层的抗疲劳能力,主要是消除从下到上产生的疲劳开裂;②具有良好的密水性,起到结构防水层效果;③由于富含沥青,其与下面的半刚性、刚性结构层和上面的沥青混凝土结构层均有良好的黏结作用;④相对于洒铺改性沥青的防水黏结层,不仅防止基层反射裂缝的效果好,改善面层平整度的效果显著,而且施工操作比较方便,易于大规模施工。

这种结构设计的技术难点在于,如何控制这种应力吸收层沥青混凝土的强度指标(主要是抗剪切能力)。因为这种混凝土结构层上面仅有 4 ~ 5cm 的上面层,在行车荷载作用下,特别是超重荷载作用时,必然受到较大的应力作用。此外,这种混凝土为了突出变形适应性,油石比较高,导致抗剪切能力较差。如何平衡这一矛盾,是这种沥青混凝土设计的技术重点。

此外,这种应力吸收层混凝土还可采用浇注式沥青混凝土 GA 或 MA,厚度控制在 2cm 为宜。这样,双层沥青混凝土结构层厚度由 9 ~ 15cm 减少到 6 ~ 7.5cm。

(3)3 层结构。

对于较重要的高等级公路,如高速公路,一般采用 3 层沥青混凝土结构,有 4cm + 5cm + 6cm、4cm + 6cm + 6cm、4cm + 5cm + 7cm、4cm + 6cm + 8、4cm + 7cm + 7cm、4cm + 6cm + 9cm、4cm + 7cm + 8cm 等多种组合方式,大致为上面层为 AC13、AC16 型混凝土,中面层为 AC20 型混凝土,下面层为 AC25 型混凝土。这些结构组合是我国高速公路沥青路面常见的沥青混凝土结构层组合。其优点在于:①这种结构在我国高速公路建设中应用最多,习惯性的认可度高,这本身就是优势;②这种结构进一步改善了 2 层铺装结构的平整度及与半刚性基层的层间结合状态。一般来说,沥青面层越厚,层间结合状态对沥青面层受力状态的影响越弱,当然付出的经济成本越高。

其不利的方面在于:①沥青面层越厚,沥青面层本身的不确定性越高,或者说,导致路面产生病害成因的沥青面层的比重越高,由此会带来更高的经济成本;②这种结构的功能化层次不清晰,中、下面层渗水性突出,易导致整个面层结构的水损坏,可进一步优化。

从功能化角度看,3 层结构的下面层应与 2 层结构的下面层类似,采用细粒式的应力吸收层混凝土,起到黏结、防水、抗疲劳的作用,而不宜采用通常使用的粗粒式沥青混凝土。尽管从单位厚度造价角度看,细粒式应力吸收层混凝土高于粗粒式沥青混凝土,但是总体造假前者明显小于后者,具有显著的经济性。铺装厚度为 2 ~ 3cm。

3 层结构的中面层可采用中、粗粒式的 AC20、AC25 型的沥青混凝土,厚度为 6 ~ 10cm,作为沥青面层的主要抗剪、抗压的结构层。而上面层可采用具有良好抗滑性能的 AC10、AC13 和 AC16 型密实型混凝土或者多空隙的 OGFC 型混凝土,铺装厚度为 2.55cm。

这样 3 层铺装结构推荐的厚度范围为 10.5 ~ 18cm。顺便指出,由于在应力吸收层上面设有强度较高的中面层,对于其薄弱的抗车辙能力具有较大改善,其保险性能好于上文中的 2 层结构。国内有试验表明,下层动稳定度为 500 次/mm 的 MA 与动稳定度近 10000 次/mm 的 SMA 组合后,整体的动稳定度为 3500 ~ 4000 次/mm。

3.1.2.3 层间结合的处理

路面结构是由多种不同材料组合而成的层状结构体,为了有效地传递荷载,提高路面结构整体的受力状态,不同结构层之间的层间结合问题尤显重要。

从理论上讲,任何两种不同材料之间的结合状态都是有条件的。即所谓应力连续或者应变连续,不可能同时连续。也就是说,即使两个结构层之间处在理论上的连续,在层间的界面上也会存在应力差或应变差。同时,要考虑到实际路面材料的非线性特性,所谓的连续都是在某一个应力状态下,当荷载发生变化,或材料力学性能产生变化,其层间结合状态也产生变化。因此,客观地说,路面材料层之间不存在完全的连续状态,当然也不存在完全的滑动状态。

另外,从荷载扩散角度看,结构层位越靠上,荷载水平越大,层间结合状态对路面整体受力状态的影响也越大。

对于实际工程而言,路面材料的结合存在同质材料和异质材料两种情况的结合两种情况。所谓同质材料结合是指以沥青类为主要结合料的材料结合或者以无机结合料为稳定材料的材料结合。异质材料结合是指以沥青类为主要结合料的材料与以无机结合料为稳定材料的材料的结合,即所谓半刚性基层与沥青面层的结合。由于材料本身特性的影响,同质材料之间的结合比异质材料之间的结合容易,在实际工程中,异质材料之间的结合问题是工程中的难点和重点问题,也是半刚性基层沥青路面病害产生的主要原因之一。层间结合原理示意图如图 3.1-1所示。

为了深入研究层间结合问题,在“十五”期间,交通部公路科学研究所提出“三材两界”的层间结合的物理力学模型,根据材料本构关系和物性特点,提出了同质材料层间软结合以及异质材料层间软、硬结合的层间结合功能层的设计理论与方法,提高了路面结构的整体性,改善了路面结构的受力状态,延长了路面服役周期(图 3.1-2)。

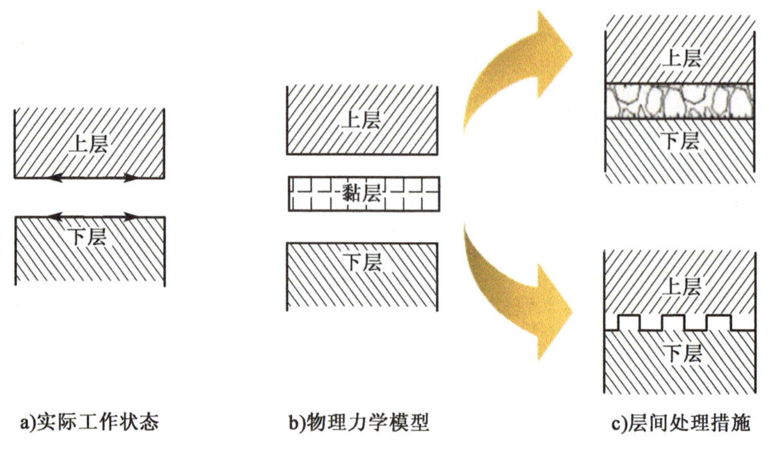

图 3.1-1　层间结合原理示意图

图 3.1-2　层间结合的主要技术对策

对于软结合措施,经过十多年工程的检验和证明,采用热洒布沥青(包括改性沥青、橡胶沥青)和碎石是一个有效改善层间结合状态的措施。国外一般称为应力吸收层(膜),国内更习惯称之为“防水黏结层”。它可设置于半刚性基层顶面,也可设置于沥青面层之间,在桥面铺装工程中使用效果更佳。特别对于薄沥青面层路面结构,这个功能层的设置尤为重要。

对于硬结合措施,是指通过机械措施,对下承层表面形成较大的构造纹理,在铺设上面结构层时,使一部分上面层材料嵌入下承层中,从而在两种材料的结合面中形成较大的嵌挤能力,达到层间结合的目的。常见的工程措施有:在水泥混凝土桥面或者水泥混凝土路面加铺沥青面层时,对水泥混凝土进行铣刨处理;在路基或底基层(稳定细粒土)碾压时,最后采用新型羊足碾碾压,在表面形成较深的纹理等。

3.1.2.4　基于承力体系的功能型橡胶沥青路面推荐典型结构

基于以上分析,结合我国不同地区半刚性基层沥青路面使用经验和橡胶沥青混合料的性能特性,以长寿命为目标,推荐几种承力体系的典型路面结构。

1)推荐典型结构一:半刚性基层结构

沥青面层 12~15cm,分 3 层铺筑;基层和底基层均采用强度较高的半刚性材料,厚度为 76~80cm,分 4 层铺筑,如图 3.1-3 所示。

推荐结构一中各层结构、材料及关键工艺如下。

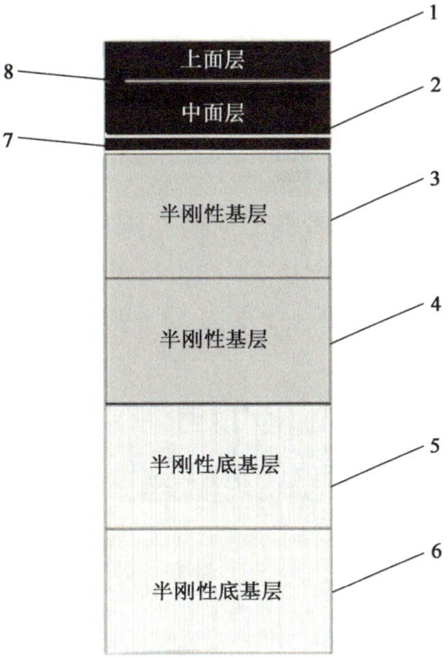

(1)良好的构造深度、密实性和高温稳定性是上面层沥青混凝土的技术要求,沥青面层的上面层应采用公称最大粒径为13.2mm或16mm的粗集料断级配密实型橡胶沥青混凝土,厚度4~5cm。

(2)沥青面层的中面层应采用公称最大粒径为19mm或26.5mm的粗集料断级配密实型沥青混凝土,厚度8~10cm。沥青胶结料宜采用低标号沥青或橡胶沥青或其他改性沥青,形成高模量沥青混凝土,一方面可显著改善沥青面层的抗车辙能力,另一方面也可有效改善沥青面层的受力状态,在一定程度上提高承载能力。一般来说,中面层采用低标号沥青比使用SBS改性沥青使沥青混凝土具有更好的承载能力和高温稳定性,且造价低、易于质量控制。低标号沥青在北方重冰冻地区宜选择50号,在其他地区宜选择30号。

(3)下面层采用细粒式的富油型的橡胶沥青应力吸收层混凝土,厚度2~3cm。这种结构对抵抗路面裂缝有一定帮助。应力吸收层混凝土的公称最大粒径为9.5mm或4.75mm,北方冰冻地区宜采用公称最大粒径为9.5mm的沥青混凝土。

(4)上、下面层之间应设置改性沥青防水黏结层,沥青洒布量宜为1.8~2.0kg/m^2,当沥青黏度较高时,可适当提升洒布量0.2~0.4kg/m^2。同时,撒布13.2~19mm的单一粒径碎石,撒布量为满铺的60%~70%。

图3.1-3 加强型半刚性基层结构

1-4~5cm橡胶沥青混凝土;2-8~10cm橡胶沥青或改性沥青或高模量沥青混凝土;3-18~20cm高强度无机结合料稳定级配碎(砾)石混合料;4-18~20cm无机结合料稳定级配碎(砾)石混合料;5-18~20cm无机结合料稳定材料;6-18~20cm无机结合料稳定材料;7-2~3cm橡胶沥青应力吸收层;8-改性沥青防水黏结层Ⅰ

严格控制防水黏结层的施工工艺、保障施工质量是设置这两层防水黏结层是否成功的关键。

(5)半刚性基层的总厚度宜为38~40cm,分两层铺筑。应采用水泥、水泥粉煤灰或石灰粉煤灰稳定级配碎石或破碎砾石材料,其强度标准应满足Ⅰ级要求。宜采用与下面层沥青混凝土相同品质、规格的碎石。

(6)半刚性底基层的总厚度宜为38~40cm,分两层铺筑。可采用无机结合料稳定碎石、砂砾或稳定土。使用稳定碎石或砂砾时,其强度标准应满足Ⅱ级要求;使用稳定土时,其强度标准应满足Ⅰ级要求。

(7)应采取必要的工程措施保障半刚性材料结构层之间的有效结合。

(8)由于该结构具有较厚的半刚性材料结构层,具有较强的结构稳定性,因此具有广泛的土基状态适用性,对土基强度的要求并不高。推荐结构一可直接放置于土基回弹模量大于40MPa的路基上,土基模量大于100MPa时,可减少一层底基层。

(9)该结构的工艺要求较高,在工艺设计时尤为强调半刚性基层和防水黏结层的施工要求。推荐结构一的工艺设计应注意以下问题:

①半刚性材料基层施工时,应重视基层的强度和平整度水平,不应有轮迹产生,宜采用重

型双钢轮压路机和胶轮压路机的组合方式碾压；

②基层顶面用力吸收层施工前，应清理基层表面，配置空气压缩机、钢丝清扫车等清扫设备；

③应按防水黏结层施工的工艺要求进行施工；

④防水黏结层施工后应尽快铺设上层的沥青混凝土，不宜超过1d；在未铺设沥青混凝土前应封闭交通。

2）推荐典型结构二：刚性基层结构

沥青面层12～15cm，分2～3层铺筑；基层采用刚性材料，厚度为24～26cm；底基层采用半刚性材料，厚度为38～40cm，分两层铺筑，如图3.1-4所示。

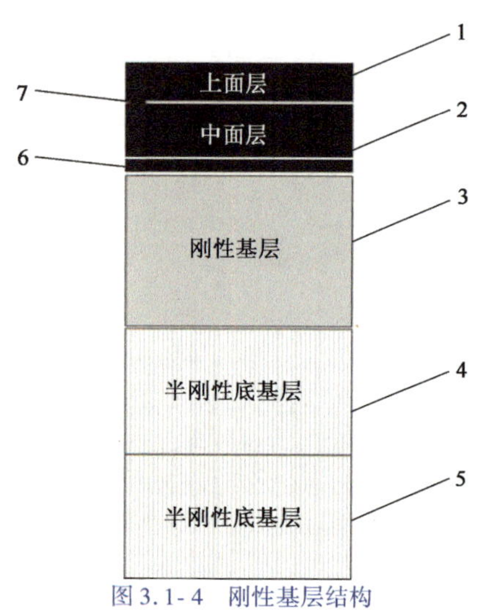

图3.1-4 刚性基层结构

1-4～5cm橡胶沥青混凝土；2-8～10cm改性沥青或高模量沥青混凝土；3-24～26cm水泥混凝土、贫混凝土或连续配筋混凝土；4-18～20cm无机结合料稳定材料；5-18～20cm无机结合料稳定材料；6-2～3cm橡胶沥青应力吸收层；7-改性沥青防水黏结层Ⅰ

从结构的整体功能角度看，该结构与推荐结构一基本一样，基层和底基层为路面的主要承重层，沥青面层主要起使用功能的作用。因此，该结构的沥青面层推荐厚度与结构一相同。

这种结构实际上与我国目前普遍使用的“白加黑”结构形式十分类似。近十年来，不论是新建工程还是大修改造工程，在处治后的水泥路面上和新铺设的刚性基层上加铺12cm左右沥青面层的方案使用比较广泛，并取得了较好的路用效果。

与半刚性基层相比，刚性基层的强度更高，整体稳定性和承载能力更好，特别对铺设沥青面层时更有利于处治层间状态。此外，对非连续配筋混凝土基层，横缝、纵缝比较多、密，因此其抗反射裂缝问题应引起重视，采取必要的措施延缓或减少反射裂缝的产生。

推荐结构二中各层结构、材料及关键工艺如下。

（1）良好的构造深度、密实性和高温稳定性是上面层沥青混凝土的技术要求，沥青面层的上面层应采用公称最大粒径为13.2mm或16mm的粗集料断级配密实型橡胶沥青混凝土，厚度4～5cm。

（2）沥青面层的中面层应采用公称最大粒径为19mm或26.5mm的粗集料断级配密实型沥青混凝土，厚度8～10cm。沥青胶结料宜采用低标号沥青或橡胶沥青或其他改性沥青，形成高模量沥青混凝土，一方面可显著改善沥青面层的抗车辙能力，另一方面也可有效改善沥青面层的受力状态，在一定程度上提高承载能力。一般来说，中面层采用低标号沥青比使用SBS改性沥青使沥青混凝土具有更好的承载能力和高温稳定性，且造价低、易于质量控制。低标号沥青在北方重冰冻地区宜选择50号，在其他地区宜选择30号。

（3）下面层采用细粒式的富油型的橡胶沥青应力吸收层混凝土，厚度2～3cm。这种结构对抵抗路面裂缝有一定帮助。应力吸收层混凝土的公称最大粒径为9.5mm或4.75mm，北方冰冻地区宜采用公称最大粒径为9.5mm的沥青混凝土。

（4）上、下面层之间应设置改性沥青防水黏结层，沥青洒布量宜为1.8～2.0kg/m^2；当沥青黏度较高时，可适当提升洒布量0.2～0.4kg/m^2。同时，撒布13.2～19mm的单一粒径碎石，撒布量为满铺的60%～70%。

(5)当采用水泥混凝土、连续配筋混凝土和湿贫混凝土等浇筑式成型的刚性基层时，为了保证刚性基层与沥青面层之间的有效结合，对其表面进行铣刨或拉毛处理是必要的，铣刨深度宜为5～10mm。而对碾压成型的干贫混凝土基层，则应采用与半刚性基层相同的处理方式。

(6)刚性基层可采用水泥混凝土、贫混凝土或连续配筋混凝土，厚度宜为24～26cm。

(7)半刚性材料底基层的总厚度宜为38～40cm，分两层铺筑。可采用无机结合料稳定碎石或砂砾，其强度标准应满足Ⅱ级要求。

(8)应保障半刚性材料结构层之间的有效结合。

(9)推荐结构二可直接放置于强度大于40MPa的路基上。

(10)推荐结构二的工艺设计时应注意刚性基层施工后，应掌握好切缝时机，控制切缝宽度，并及时用沥青灌封。

3)推荐结构三：承力过渡型半刚性基层结构

沥青面层12～15cm，分两层铺筑；设置一层沥青混凝土基层，厚度宜为10cm；其下为半刚性材料基层，厚度为38～40cm，分两层铺筑；底基层可选择一层或两层半刚性材料铺筑，如图3.1-5所示。

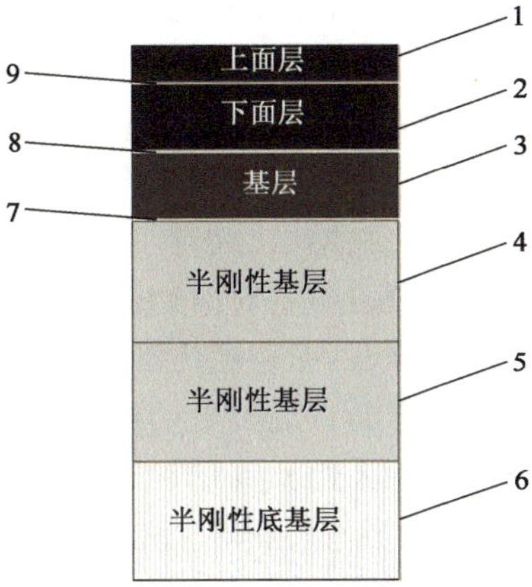

图3.1-5　承力过渡型半刚性基层结构
1-4～5cm橡胶沥青混凝土；2-8～10cm高模量沥青混凝土；3-8～10cm粗粒式沥青混凝土；4-18～20cm无机结合料稳定级配碎(砾)石混合料；5-18～20cm无机结合料稳定级配碎(砾)石混合料；6-18～20cm无机结合料稳定材料；7-改性乳化沥青黏层；8-改性乳化沥青黏层；9-改性沥青防水黏结层Ⅰ

本结构是近些年来我国高速公路使用比较多的结构形式。与2000年前后修建高速公路的沥青面层相比，普遍增加4cm左右。与推荐结构一相比，尽管整体结构层厚度减少10cm左右，但是其工程造价并没有降低，反而增加10%左右，主要是沥青混凝土结构层厚度增加的原因。

这种结构抗反射裂缝的能力大大增强，原则上不应该再产生所谓的反射裂缝，但是也带来沥青面层车辙的增加和整体承载能力的减弱(因为仅设置了三层半刚性材料结构层)。为消除这些技术隐患，本结构强调下面层采用高模量沥青混凝土，同时也推荐沥青混凝土基层采用低标号的高模量沥青混凝土。此外，这种结构适用的路基状态也有所提高。

推荐结构三中各层结构、材料及关键工艺如下。

(1)沥青面层上面层应采用公称最大粒径为13.2mm或16mm的粗集料断级配密实型橡胶沥青混凝土，厚度4～5cm。

(2)沥青面层下面层应采用公称最大粒径为19mm或26.5mm的粗集料断级配密实型沥青混凝土，厚度8～10cm。沥青胶结料宜采用低标号沥青，形成高模量沥青混凝土，或采用改性沥青。沥青标号在北方重冰冻地区不宜超过50号，在其他地区不宜超过30号。

(3)上、下面层之间宜设置改性沥青防水黏结层Ⅰ，沥青洒布量宜为1.8～2.0kg/m^2；沥青黏度较高时，可适当提升洒布量0.2～0.4kg/m^2。同时，撒布13.2～19mm的单一粒径碎石，撒布量为满铺的60%～70%。

(4)沥青混凝土基层宜采用公称最大粒径为26.5mm或31.5mm的粗集料断级配密实型沥青

混凝土,厚度宜为10cm,不宜超过15cm。沥青标号在北方重冰冻地区不宜超过70号,在其他地区不宜超过50号,宜选择针入度为20~30的低标号沥青。宜选择与下面层相同的沥青标号。

对基层沥青混凝土类型的选择,再次强调应该密实,不应指望开级配结构的排水功能在这个结构层位的发挥。首先是水往哪里排的问题,理论设想水通过横、纵坡向外排,但是在排的过程中将会侵蚀下部的结构层,同时由于路基变形等原因,容易造成积水,这些都会对整体的路面结构产生不利影响。其次,到底能有多少水需要通过这个结构层排放。在实际工程中如果有大量的水通过这个结构层排放,那么这个路面结构本身无法保持耐久。最后,混合料空隙率的增加,将导致其强度和疲劳寿命的大幅衰减,不利于整体结构层的耐久。

由于基层的主要功能还应该是承重、抗车辙,因此推荐使用针入度水平比较低的沥青。

(5)沥青混凝土下面层与基层之间应设置改性乳化沥青黏层。

(6)沥青混凝土基层与半刚性基层之间宜设置乳化沥青下封层,在有条件的地区可设置沥青防水黏结层,沥青胶结料可采用非改性沥青或改性沥青。对非改性沥青,沥青洒布量宜为2.0~2.2kg/m²;对改性沥青,沥青洒布量宜为2.2~2.4kg/m²。同时,撒布19~26.5mm的单一粒径碎石,撒布量为满铺的55%~65%。

由于沥青混凝土结构层厚度的增加,其与半刚性基层之间的层间剪应力问题弱化,因此可使用改性乳化沥青下封层的方案,当然有条件的工程仍宜使用沥青防水黏结层的方案。

(7)半刚性材料基层的总厚度宜为38~40cm,分两层铺筑。应采用水泥、水泥粉煤灰或石灰粉煤灰稳定级配碎石或破碎砾石材料,其强度标准应满足Ⅱ级要求。

(8)半刚性材料底基层的总厚度宜为19~20cm,一层铺筑;也可根据路基状态,铺筑两层底基层,总厚度为36~40cm。可采用无机结合料稳定碎石、砂砾或稳定土。使用稳定碎石或砂砾时,其强度标准应满足Ⅱ级要求;使用稳定细粒土一层铺筑时,其强度标准应满足Ⅰ级要求,两层铺筑时,其强度标准应满足Ⅱ级要求。两层铺筑时,宜采用相同材料。

(9)应保障半刚性材料结构层之间的有效结合。

(10)有两层底基层时,推荐结构三可直接放置于强度大于40MPa的路基上。有一层底基层时,推荐结构三应放置于强度大于50MPa的路基上。

根据结构层整体承载能力的不同,选择不同的路基适用条件。反过来,在路基状态比较好时,可优化结构层设计,如只设置一层底基层。

(11)推荐结构三的工艺设计应注意以下问题:

①半刚性材料基层宜采用重型双钢轮压路机和胶轮压路机的组合方式碾压。

②黏层油洒布应在基层养生结束,经质量验收合格后施工,且施工结束后应实行交通管制,尽快铺设上层沥青混凝土。

③沥青混凝土基层施工时应保证混合料摊铺的均匀性,尽量减少离析,其压实设备数量应比上面两层多1台。

④由于用于基层的沥青混凝土的公称最大粒径较大,在施工过程中难免造成离析,在满足施工质量要求的前提下,宜尽快施工下面层覆盖,防止由于自然降水,导致水渗入基层,造成质量隐患。施工路段较长时,可采用交替摊铺的方式施工。

⑤下面层施工结束后,为便于施工车辆的通行,可适当开放交通。

3.1.2.5　典型结构的力学验算

1)结构计算方法

根据《公路沥青路面设计规范》(JTG D50—2017)中的相关规定,对本项目所提出的三种典型路面结构使用寿命进行计算。

《公路沥青路面设计规范》(JTG D50—2017)仿照美国 MEPDG2002 的设计体系,摒弃了上一版规范中的弯沉和应力指标,重新构造了沥青混合料层、半刚性基层的疲劳模型,增补了车辙模型和路基顶面应变模型。

2)计算结构及参数取值

推荐的三种典型结构的基本情况见表 3.1-1。

推荐的三种典型结构的基本情况　　表 3.1-1

<table>
<tr><th>层位</th><th>推荐结构一</th><th>推荐结构二</th><th>推荐结构三</th></tr>
<tr><td rowspan="3">面层</td><td>4cm 橡胶沥青混凝土 ARAC13</td><td>4cm 橡胶沥青混凝土 ARAC13</td><td>4cm 橡胶沥青混凝土 ARAC13</td></tr>
<tr><td>8cm 改性沥青混凝土 SBSAC25</td><td>8cm 改性沥青混凝土 SBSAC25</td><td rowspan="2">8cm 高模量沥青混凝土 HMAC25</td></tr>
<tr><td>2cm 橡胶沥青应力吸收层 ARAC10</td><td>2cm 橡胶沥青应力吸收层 ARAC10</td></tr>
<tr><td rowspan="2">基层</td><td>18cm 水泥稳定级配碎石 CBG</td><td rowspan="2">24cm 水泥混凝土 CC</td><td>8cm 高模量沥青混凝土 HMAC25</td></tr>
<tr><td>18cm 水泥稳定级配碎石 CBG</td><td>18cm 水泥稳定级配碎石 CBG</td></tr>
<tr><td rowspan="2">底基层</td><td>18cm 水泥稳定土 CS</td><td>18cm 水泥稳定级配碎石 CBG</td><td>18 cm 水泥稳定级配碎石 CBG</td></tr>
<tr><td>18cm 水泥稳定土 CS</td><td>18cm 水泥稳定土 CS</td><td>18cm 水泥稳定土 CS</td></tr>
</table>

(1)模量与泊松比。

路面材料的模量与泊松比根据《公路沥青路面设计规范》(JTG D50—2017)的相关规定进行取值。推荐结构一、二、三中路面材料的模量与泊松比分别见表 3.1-2 ~ 表 3.1-4。

推荐结构一中路面材料模量与泊松比　　表 3.1-2

材 料 类 型	厚度(mm)	模量(MPa)	泊 松 比
ARAC13	40	11000	0.25
SBSAC25	80	11000	0.25
ARAC10	20	6000	0.25
CBG	180	12000	0.2
CBG	180	12000	0.2
CS	180	3000	0.25
CS	180	3000	0.25
路基	—	40	0.35

推荐结构二中路面材料模量与泊松比　　表 3.1-3

材料类型	厚度(mm)	模量(MPa)	泊松比
ARAC13	40	11000	0.25
SBSAC25	80	11000	0.25
ARAC10	20	6000	0.25
CC	240	20000	0.15
CBG	180	12000	0.2
CS	180	3000	0.25
路基	—	40	0.35

推荐结构三中路面材料模量与泊松比　　表 3.1-4

材料类型	厚度(mm)	模量(MPa)	泊松比
ARAC13	40	11000	0.25
HMAC25	80	12000	0.2
HMAC25	100	12000	0.2
CBG	180	12000	0.2
CBG	180	12000	0.2
CS	180	3000	0.25
路基	—	50	0.35

(2)计算指标。

根据《公路沥青路面设计规范》(JTG D50—2017)的相关规定,分别计算三种典型路面结构的使用寿命。使用寿命包括结构安全寿命和使用功能寿命两部分。

①结构安全寿命:采用沥青混合料层疲劳寿命和无机结合料稳定层疲劳寿命两个指标表征,需要计算沥青混合料层疲劳寿命和无机结合料稳定层疲劳寿命。

②使用功能寿命:采用沥青混合料层永久变形量和路基顶面压应变两个指标表征,需要计算沥青混合料层永久变形量和路基顶面压应变。

3)路面结构使用寿命计算

路面结构使用寿命计算结果(沥青混合料层容许永久变形量为15mm)见表3.1-5。

推荐路面结构使用寿命汇总表　　表 3.1-5

指标		推荐结构一	推荐结构二	推荐结构三
沥青混合料层疲劳开裂	Nf1	5.34×10^{11}	4.07×10^{12}	9.01×10^{13}
无机结合料层疲劳开裂	Nf2	2.61×10^{9}	2.54×10^{9}	1.93×10^{9}
沥青混合料层永久变形	Ne3	5.60×10^{7}	5.30×10^{7}	4.62×10^{7}
路基顶面竖向压应变	Ne4	9.57×10^{10}	7.11×10^{10}	7.88×10^{10}
结构寿命		5.60×10^{7}	5.30×10^{7}	4.62×10^{7}

3.1.3 广吉高速公路橡胶沥青路面结构设计

江西省处于高温多雨的亚热带地区，高速公路早期主要病害以裂缝、车辙和坑槽为主，所选择的沥青铺装层结构和材料应综合考虑抗车辙能力、水稳定性和抗滑性能。

为了使铺装结构路面整体性良好、均匀稳定，且能够满足防反射裂缝、高温稳定性、水稳定性、抗滑性能、密实不渗水、平整度好等使用功能，在选择技术对策时应主要考虑如下方面：

(1)我国南方地区降雨量大，软基现象比较严重，路基质量比较薄弱，这也是我国南方地区之所以修建耐久性路面时需要强化半刚性材料结构层设计的原因，以弥补路基质量的缺陷。为此，通过适当提高半刚性基层强度要求，获得稳定的下承层，保证铺装路面结构的稳定性。

(2)通过加强沥青层与半刚性基层的层间结合、沥青层各层材料的层间结合，保证整个路面结构的整体性。

(3)通过加强层间防水、封水，避免水分进入路面结构内部，达到密实不渗水的目的。

(4)通过选择性能优异的各层沥青加铺材料，保证较好的防反射裂缝、高温稳定性、水稳定性、抗滑性能和密实不渗水的性能。

基于以上考虑，广吉高速公路功能型沥青路面设计采用第5.1.2小节推荐结构一的方案，主要思路为：通过优化结构组合设计、强调结构层功能设计和改善材料性能均衡等措施，开展系统功能化的铺装层结构优化设计。主要思想是：在保证整体结构稳固的基础上，针对铺装结构服役性能的整体要求，有针对性地设置各个结构和功能层并将其有机结合，形成满足具体使用性能要求的综合性技术对策，依靠整个铺装结构减少反射裂缝，避免铺装结构的高温失稳和水损坏，突出铺装层的整体技术优势，实现全寿命周期的技术经济最优化，保证铺装结构耐久性(图3.1-6)。

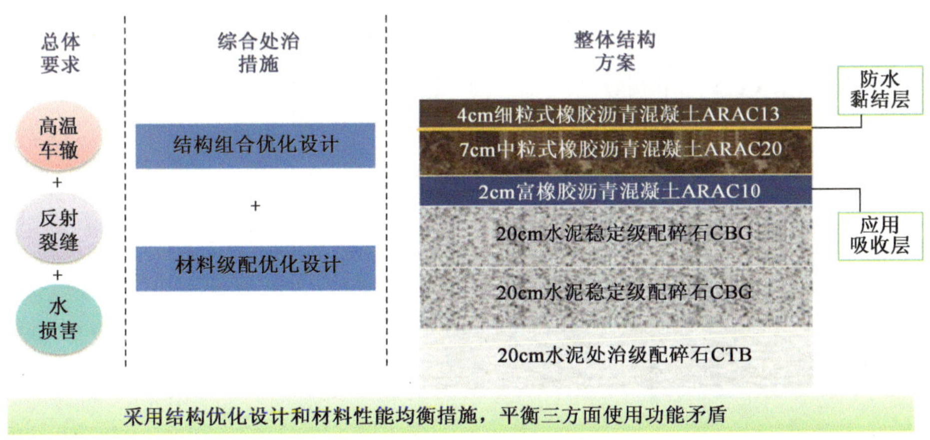

图3.1-6 功能化结构设计方法原理图

3.2 基于服役性能均衡的耐久性路面材料优化设计

材料设计的均衡化主要是指根据这种材料结构层的使用功能需求,通过材料组成优化设计,实现材料性能的均衡化。路面材料使用性能的需求是多元化的,然而,这些材料性能的需求并不是平等的,而是有侧重的。在满足诸多基本性能的前提下,以材料的结构功能为重点,突出某一个或某几个性能,从而实现材料的均衡化设计。

3.2.1 服役性能均衡的路面材料优化设计基本思想

沥青混合料设计以最紧密状态的改进型体积设计为基础,以性能均衡设计为核心。选择级配、确定合理的沥青用量是沥青混合料设计的基本要求,而由此确定的混合料性能需要满足不同使用功能的需求。一般来说,沥青混合料的性能需求是多方面的,如高温性能、低温性能、水稳定性能、抗疲劳性能、抗滑性能等。这些性能有些是相互矛盾的,需要根据不同使用需求,通过调整矿料级配和油石比,突出关键性能,平衡次要性能,最终使混合料性能得到优化。

项目从矿料结构的组成和评价出发,研究混合料在压实过程中的密实和紧密两种不同体积状态的耦合变化规律,根据不同路面层次混合料的服役性能要求,进一步建立混合料体积性能和力学性能相关关系,形成独创的基于服役性能均衡的新型沥青混合料设计优化方法,使设计的沥青混合料达到变形适应性及高温稳定性的均衡。

基于服役性能均衡的新型沥青混合料优化设计方法框图如图 3.2-1 所示。

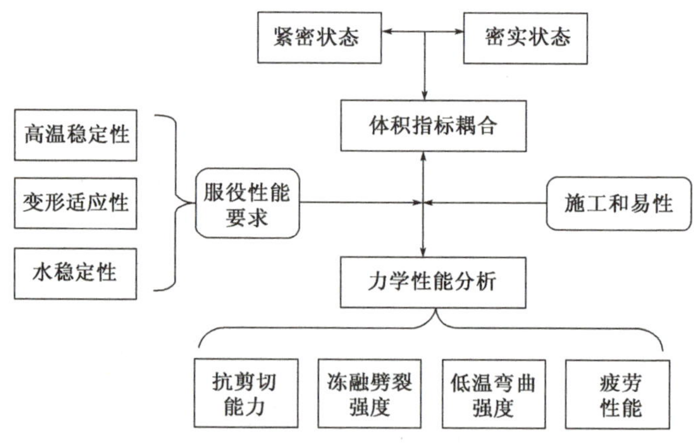

图 3.2-1 基于服役性能均衡的新型沥青混合料优化设计方法框图

3.2.2 骨架密实型级配构成方法

废胎胶粉沥青混合料为了避免混合料过分回弹、难以碾压的问题,在混合料级配设计中可以考虑替代的思路,用废胎胶粉替代相同或相近粒径范围的矿料。但这在实际工程的操作中有一定难度,因为确定废胎胶粉的级配比较困难,特别是目数比较高时,筛分十分困难。此外,细集料的替代在实际工程中几乎是不可能的。

因此,粗集料断级配是橡胶沥青混合料(包括干拌和湿拌工艺)的合理级配形式。这里的粗集料断级配并不意味着开级配或透水结构,恰恰相反,密实型的粗集料断级配(混合料空隙率不大于6%)更是我国橡胶沥青混凝土路面发展的趋势,也是橡胶沥青混合料级配研究的重点。

1)矿料级配的构成

粗集料断级配密实型沥青混合料的矿料级配是提高混合料高温抗变形能力的有效技术手段,同时对改善混合料低温抗裂能力具有良好的作用。为了进一步完善这种粗集料断级配沥青混合料配合比设计,本项目针对橡胶沥青的特点对橡胶沥青混合料的骨架结构设计和嵌挤能力进行了深入研究,填补了国内外相关研究的空白。

2)粗集料级配曲线模型的构建

理论上讲,在两个关键点之间可以按照任意规律构建无数条曲线。通过多次尝试,项目组提出三种简单的数学模型构建级配曲线,下列三条曲线基本可以涵盖粗集料级配的合理范围,本项目提出粗集料级配可以按照下列三个曲线模型构建。

幂函数模型: $y = a \cdot x^b$

指数函数模型: $y = a \cdot e^{bx}$

对数函数模型: $y = a \cdot \ln x + b$

以上三个等式中均有两个待定参数:a、b;y 为各粒径的通过率(%);x 为各粒径的孔径(mm)。

以16型断级配混合料为例,间断点4.75mm通过率设定为30%,公称最大粒径16mm的通过率为95%。以此为两个控制点,16mm-4.75mm的粗集料分别采用幂函数模型、指数函数模型和对数函数模型,构建三种不同的粗集料级配曲线,所得的级配通过率计算结果如图3.2-2所示。

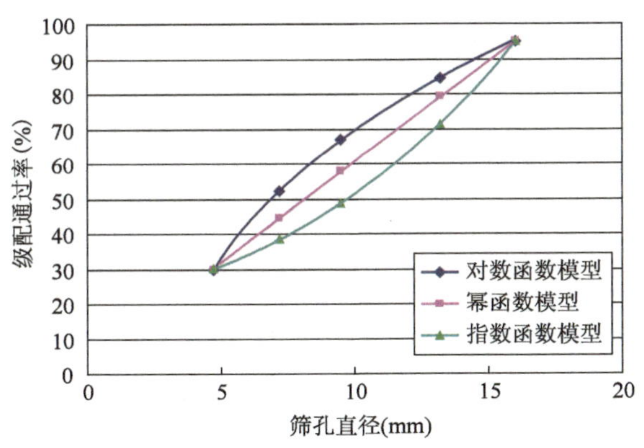

图3.2-2 三种模型构建的粗集料级配曲线

这三种模型尽管可以有相同的关键点,但是由于矿料中各档粒径的比例关系不同,构建的矿料级配具有明显的路用性能差异,从图3.2-2中可明显看出其比例上的差异。

3)不同曲线模型级配粗集料混合料体积特征

(1)粗集料混合料体积特征。

不同曲线模型构建的粗集料混合料性能差异表现在一方面形成了不同的宏观“骨架结构”,另一方面形成了不同的“嵌挤能力”。下面将分别通过体积指标的变化规律和嵌挤能力的变化规律来说明不同曲线模型下材料性能的差异。

首先,以一种集料为研究对象,开展了针对不同级配曲线形式混合料的体积变化规律的研究。以16型断级配混合料为例,由图3.2-2可看出,对于16型级配,幂函数模型构建的粗集料级配居中,对数函数模型的粗集料级配相对幂函数模型偏细,而指数函数模型的粗集料级配相对幂函数模型偏粗。

通过粗集料干捣实方法测定三种粗集料配比条件下,粗集料混合料的捣实密度和捣实粗集料矿料间隙率。从三种曲线试验结果比较图中(图3.2-3)可见,对数函数模型级配的捣实密度最小,捣实VCA(捣实粗集料间隙率)最大;幂函数模型的捣实密度其次,捣实VCA居中;指数函数模型级配的捣实密度最大,捣实VCA最小。

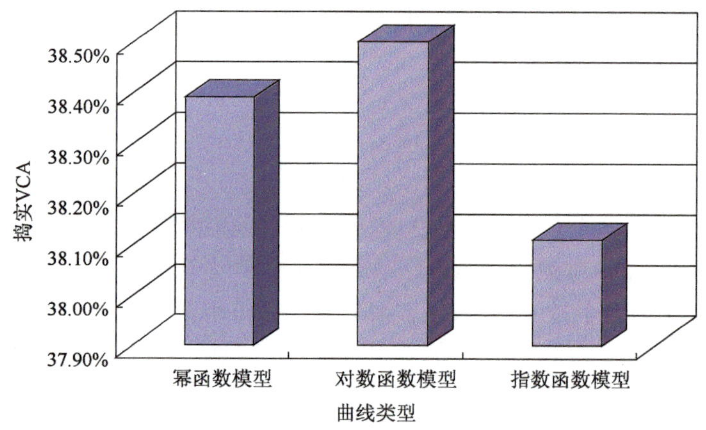

图3.2-3 不同曲线形式级配捣实VCA比较

同时,对比料源特性对试验结果的影响,选择另外一种料源的粗集料,同样采用幂函数模型级配形式,测定粗集料捣实密度和捣实VCA。如图3.2-4所示,捣实密度比幂函数模型级配明显偏小,捣实VCA明显增大,说明粗集料的形态和料源都将引起骨架结构的变化。

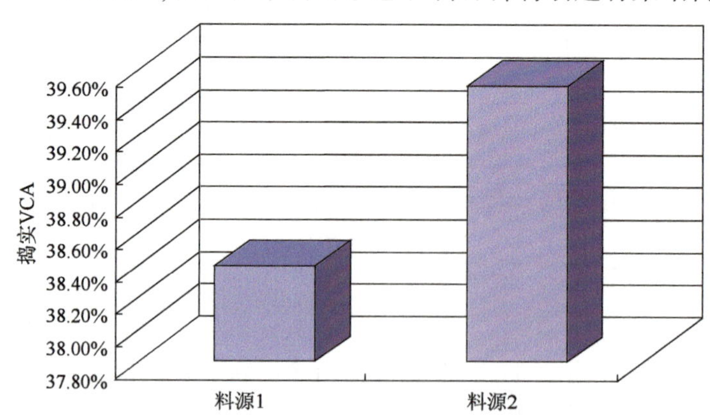

图3.2-4 相同级配不同料源两种粗集料混合料捣实VCA比较

从体积指标反映出集料组成结构的变化表明，级配曲线形式和料源特性共同决定了其性能。因此，对于级配的设计，应该针对不同的原材料特征开展的针对性试验，注重集料级配的优化，实现针对使用性能的提高。

(2)沥青混合料体积特征。

考察粗集料不同配比对沥青混合料体积特征的影响，设计了相同细集料配比和含量，以三种粗集料曲线的一组级配进行比较研究。细集料统一按照幂函数模型设计，矿粉含量为6%。级配曲线见表3.2-1。

级配曲线表　　表3.2-1

模　型	筛孔直径(mm)										
	16	13.2	9.5	7.5	4.75	2.36	1.18	0.6	0.3	0.15	0.075
对数函数模型	95.0	84.7	67.1	54.4	30.0	22.9	17.5	13.4	10.3	7.9	6.0
幂函数模型	95.0	79.1	57.9	46.3	30.0	22.9	17.5	13.4	10.3	7.9	6.0
指数函数模型	95.0	71.3	48.8	39.8	30.0	22.9	17.5	13.4	10.3	7.9	6.0

在相同的油石比下，通过试验测试毛体积密度、空隙率、矿料间隙率和粗集料矿料间隙率等指标，发现沥青混合料密实性结果与捣实粗集料矿料间隙率的试验结果一致，说明粗集料捣实试验对预测混合料的体积性能有一定帮助。如按照设计空隙率确定混合料的油石比，则对数函数模型混合料的油石比为4.50%，幂函数模型为4.15%，指数函数模型为3.85%。

这三种混合料的试验结果说明，对于相同矿料品种、相同碎石含量断级配混合料，粗集料的级配不同，对混合料的性能影响是显著的。在实际工程中，当确定了混合料中的碎石含量后，仍需要对碎石(粗集料)的级配进行优化设计，以期达到混合料的最优状态。

考虑施工和易性，对数函数模型级配中粗集料含量较少，抗滑性能较弱，施工离析现象比较少，易于施工；指数函数模型级配粗料含量较高，摊铺到路面后，构造深度较大，抗滑性能好，但容易产生离析，对摊铺施工的工艺水平要求较高；幂函数模型级配情况介于两者之间。

由于沥青路面工程是包含了原材料、设计、施工及质量检验在内的系统工程，因此，沥青混合料的设计也应该是包含上述因素在内的过程化设计，根据原材料特征，优化选择级配构成比例以实现最优的使用效果，同时应充分考虑施工工艺水平和施工和易性，选择设计优良、施工保障性高的技术方案。

3.2.3　基于最紧密嵌挤状态的沥青混合料配合比设计方法

本项目沥青混合料设计以最紧密状态的改进型体积设计为基础，以性能均衡设计为核心，采用改进型的体积设计方法进行沥青混合料体积设计。

1)最紧密状态设计原理

混合料最紧密状态是混合料压实过程中的一个节点状态。即：矿料级配在某固定的压实状态下，随着沥青的掺加，混合料的框架结构先趋于紧密，后逐渐被撑开。被撑开前的状态，称为最紧密状态。

以混合料最紧密状态为核心指标的设计方法，称为最紧密状态设计方法。最紧密状态设计方法与其他体积设计方法最显著的差异在于：以矿料结构的紧密状态为标准，以矿料间隙率

(VMA)、沥青混合料中粗集料矿料间隙率(VCA_{MIX})或者混合料干密度(三者等效)为评价指标,而不再以“空隙率”作为混合料体积设计的核心指标,不再根据混合料空隙率水平的大小确定混合料的油石比或沥青用量(图3.2-5)。基于矿料最紧密状态的沥青混合料设计方法具有唯一性、客观性和相对性的特点。

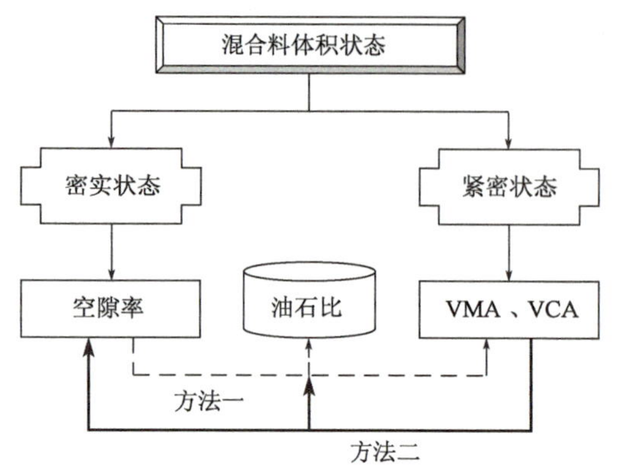

图3.2-5 两种方法的对比示意

注:方法一指基于设计空隙率的设计方法;方法二指基于矿料最紧密状态的设计方法。

(1)唯一性。对于一种确定级配的混合料,在一定标准的压实功和压实方法的前提下,混合料的紧密状态是唯一的。评价混合料最紧密状态的指标有矿料间隙率、粗集料矿料间隙率以及混合料的干密度,通过数学分析可以证明,这三个指标对于评价混合料最紧密状态是等效的。

(2)客观性。混合料最紧密状态的唯一性,反映了组成混合料的矿料的特性,它是一种真正基于矿料特性的混合料设计方法。在相同的成型方法、压实条件下,混合料的最紧密状态是由矿料特性决定的。

(3)相对性。对于同一种混合料,可以通过调整压实标准的方法,调整混合料的最紧密状态,使其达到需要的特定路用性能。

基于最紧密状态的设计方法可通过矿料间隙率、粗集料矿料间隙率以及混合料干密度等指标确定混合料的最紧密状态以及相应的油石比,还可评价级配的合理性,并指导级配进行优化,使混合料的密实状态和紧密状态均达到最佳的状态。

大量的试验和理论分析表明,对于一种沥青混合料,当处于最紧密状态时,其路用性能指标均能得到综合性改善,为实现沥青混合料的均衡设计提供了一个有效的技术途径。

试验表明,采用二次曲线模型可以有效地回归分析沥青混合料的VMA、VCA_{MIX}和最大干密度$G_{g,m}$随油石比变化的规律。三个极值对应的混合料油石比应该完全相等,但由于试验误差,可能存在一定的差异。为此,采用这三个油石比的平均值作为混合料在最紧密状态下的最佳油石比。为了保证可靠性,应进行两次平行试验,试验中应至少采用5个不同的油石比,极值宜出现在所有试验油石比范围的中值附近。

2)最紧密状态混合料设计流程及注意事项

基于最紧密状态的沥青混合料设计是从矿料结构状态分析入手,是一种基于矿料特性的混合料设计方法。其设计流程如图3.2-6所示。

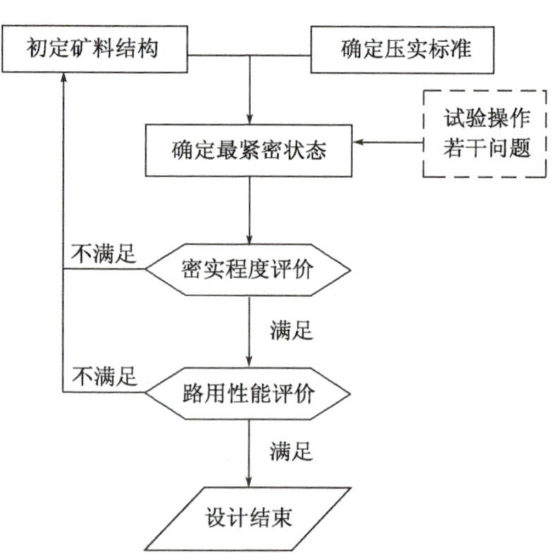

图3.2-6 沥青混合料最紧密状态设计流程

第一步:根据使用要求,初定矿料结构。矿料结构包括混合料中粗集料含量、粗集料结构以及合理的矿粉含量,根据上文介绍的粗集料断级配的曲线模型,构造初始矿料结构(级配)。

第二步:确定压实标准。在具体的设计中可以有针对性地选择马歇尔击实或旋转压实等不同压实方法。更主要的是确定压实功的大小,一般来说,设计交通量越大,试验所选择的压实功应越大。

第三步:进行混合料的压实试验,确定混合料在一定压实标准条件下的最紧密状态。在试验过程中应注意操作标准问题,这将在下面详细介绍。

第四步:评价混合料在最紧密状态下的密实程度。根据使用要求,如果混合料在最紧密状态时的密实程度满足设计要求,如:空隙率在4%左右(密实型混合料),或者空隙率在16%左右(开级配要求)等,则进行下一步的混合料路用性能评价。如果混合料的密实程度不满足设计要求,则返回第一步,重新调整级配(主要是混合料中的粗集料含量或者矿粉含量),重新设计。

第五步:进行混合料的高温性能、低温性能、水稳定性以及疲劳性能试验,评价混合料的路用性能。如果满足要求,则混合料设计完成;如果不满足要求,则返回到第一步,重新调整混合料的矿料结构。

准确地描述一种混合料的最紧密状态,关键在于混合料击实试验或者旋转压实试验的准确性,以及混合料毛体积密度测量的准确性。为了提高保证混合料成型试验的准确性,应注意以下几方面问题:①采用逐一粒径掺配的方式,掺配每一个试件的混合料;②严格控制试验温度;③每个油石比应有不少于8个的试件样本;④采用刷蜡式的蜡封方式测定混合料的毛体积密度;⑤合理选择压实标准。

3.2.4　基于性能均衡的橡胶沥青应力吸收层设计

目前国内外关于应力吸收层一直没有统一的设计体系,主要采用高黏度沥青提供较好的抗变形能力以及使用空隙率确定最佳油石比,但由于过分强调其抵抗反射裂缝的性能,而忽视了其作为结构层所应具备的路用性能。本项目综合考虑应力吸收层防反射裂缝、应力消散效果、防水封水效果及结构层的性能要求,首次提出了基于性能均衡的应力吸收层设计体系,包括应力吸收层沥青混合料油石比确定方法和应力吸收层混合料的级配选择方法。

国内在用于应力吸收层沥青混合料设计中取得了很多成果,但仍然存在许多问题需要解决:

(1)如图3.2-7所示,对目前国内外用于应力吸收层沥青混合料级配对比发现,其级配多采用最大公称粒径4.75mm,且细集料用量较多。同时,各级配曲线之间存在交叉、重叠,无疑为应力吸收层沥青混合料级配选择增加了难度。因此,在应力吸收层混合料级配设计中,需进一步提出一个针对级配的设计思想,用于指导应力吸收层力沥青混合料级配设计。

(2)目前应力吸收层沥青混合料多采用旋转压实仪(SGC)成型试件,难以推广,故需要一种以马歇尔试验方法为主的应力吸收层混合料设计。

(3)虽然提出采用体积法进行应力吸收层沥青混合料设计,但体积参数设计标准及性能指标没有统一。

(4)采用体积法进行应力吸收层沥青混合料油石比确定,虽然能满足应力吸收层沥青混合料功能要求,但不能保证混合料路用性能达到最优状态。

应力吸收层沥青混合料设计,必须解决好级配设计及沥青用量设计两个问题。目前关于用于应力吸收层沥青混合料级配设计的研究甚少,对生产以及施工没有较好的指导性。而沥青用量是配合比设计阶段必须解决的核心问题。因此,应对用于应力吸收层沥青混合料级配进行更深入的研究,确定应力吸收层沥青混合料级配设计的指导思想,同时根据应力吸收层沥青混合料路用性能提出一种基于应力吸收层沥青混合料功能要求的配合比设计方法。

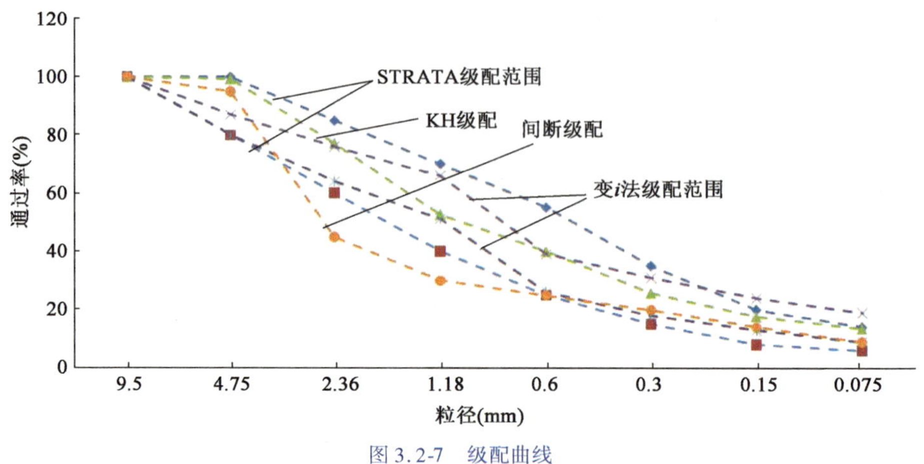

图 3.2-7　级配曲线

3.2.4.1　应力吸收层沥青混合料级配研究

国内实际工程应用中多采用美国科氏 strata 应力吸收层所用级配范围。但 strata 应力吸收层所用级配范围较宽,其采用特殊高弹改性沥青,其级配对其影响已不是主要因素。

本项目从级配入手,分析不同结构组成特点混合料对应力吸收层混合料性能的影响,并综合考虑体积参数、高温稳定性、低温抗裂性和施工和易性,确定适用于应力吸收层沥青混合料级配特点,并筛选出适用于应力吸收层沥青混合料级配(分别筛选出适用于应力吸收层沥青混合料的 AC5 级配和 AC10 级配),保证使用普通改性沥青下应力吸收层混合料抗反射裂缝能力。级配比选试验流程图如图 3.2-8 所示。

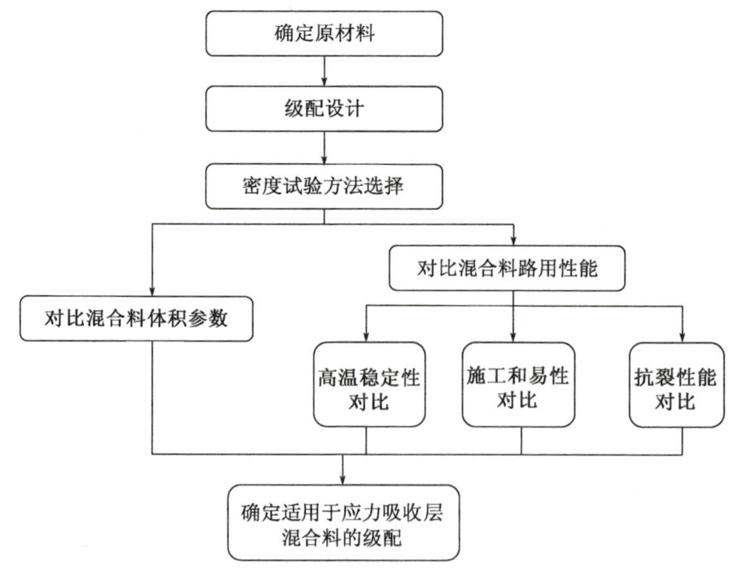

图 3.2-8　级配比选试验流程图

在级配设计中,常采用最大公称粒径、粗细集料分界点以及0.075mm筛孔作为关键筛孔,以关键筛孔作为控制点进行级配设计。两个控制点之间不同曲线形式的混合料性能存在较大差异。研究认为:在两控制点间存在三种函数模型,且这三种函数模型分别能代表不同曲线形式下级配结构,其分别为指数函数模型、幂函数模型和对数函数模型。

3.2.4.2 基于路用性能均衡的应力吸收层材料“四控制点”最佳油石比确定方法

本项目提出一种基于路用性能的应力吸收层沥青混合料油石比(沥青用量)设计方法,按该方法设计的沥青混合料作为应力吸收层的材料具有较好的柔韧性和施工和易性,同时又保证混合料满足一定的高温稳定性要求,从而使混合料性能状态达到最优的目的。

1)油石比设计思路

在功能层沥青混合料设计中,其油石比设计方法就不能按传统以高温稳定性为主的确定方法,而应根据具体的功能性要求作出相应的调整。应力吸收层作为功能层,其主要起到抗裂、防水的功能作用,因此针对应力吸收层沥青混合料设计方法应以柔韧和密实为主,同时兼顾一部分高温稳定性。

在评价指标上,考虑到试验方法的可行性以及适用性,采用小梁弯曲试验破坏时的弯拉应变、车辙试验的动稳定度以及谢伦堡析漏试验的析漏损失率分别评价混合料的变形能力、高温稳定性以及施工和易性。

在特定的油石比范围内,油石比(沥青用量)分别与动稳定度及弯拉应变存在二次函数曲线模型关系。因此,在应力吸收层混合料设计中,通过上述相关性能指标与沥青用量之间的关系曲线确定应力吸收层混合料达到最优状态时的油石比。即首先通过某种方法确定混合料使用的油石比范围,再在该油石比范围内进行应力吸收层混合料的性能验证,通过寻找最佳性能对应的油石比确定应力吸收层混合料的最终油石比,同时通过相应的性能指标要求验证混合料性能是否满足要求。

2)油石比确定方法

(1)油石比下限(AC_{min})。

最紧密状态下,沥青混合料的高温稳定性往往最好,但该状态下的抗裂能力往往不是最优。最紧密状态后,随着油石比的继续增加,高温稳定性以一种单调递减的曲线形式衰减,而抗反射裂缝能力则以某种曲线形式增强。而应力吸收层混合料设计又是以抗反射裂缝为主,最紧密状态下油石比是协调抗变形能力和抗反射裂缝能力比较关键的控制点。因此,本项目采用该状态下油石比作为应力吸收层沥青混合料油石比下限(AC_{min})。

通过前文可知,应力吸收层油石比通过马歇尔击实试验确定矿料间隙率和混合料干密度($G_{g,m}$)与油石比的关系,并采用矿料间隙率最小值时油石比与混合料干密度($G_{g,m}$)最大时油石比的平均值作为应力吸收层油石比下限(AC_{min})。

(2)油石比上限(AC_{max})。

众所周知,油石比(沥青用量)是影响应力吸收层沥青混合料施工和易性的重要参数。通过前述试验方法,确定应力吸收层混合料油石比“拐点”,而该“拐点”油石比恰好也是保证应力吸收层沥青混合料施工和易性的重要控制点。因此,采用该拐点油石比作为应力吸收层沥青混合料油石比上限 AC_{max}。

(3)最佳油石比(沥青用量)的确定。

本项目提出一种新型应力吸收层沥青混合料油石比确定方法,其油石比与各体积参数及性能参数关系曲线如图3.2-9所示。

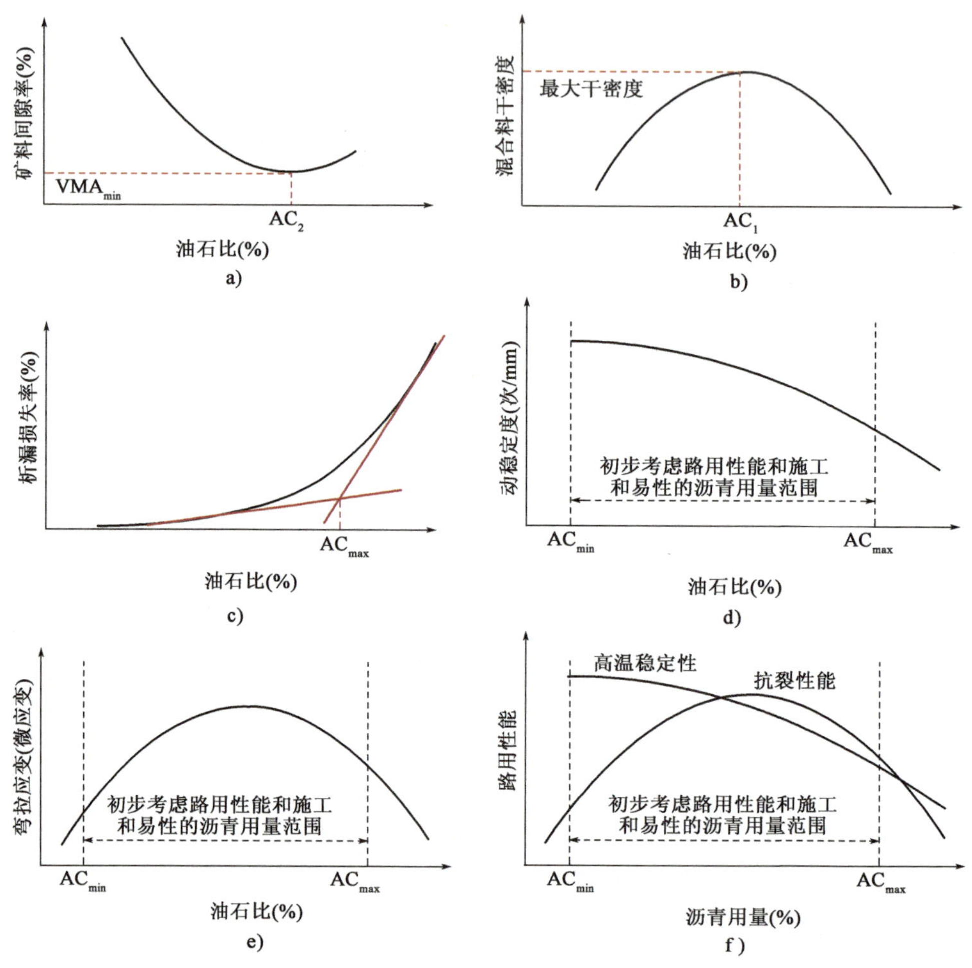

图3.2-9 油石比与各参数的关系曲线图

混合料配合比设计流程如图3.2-10所示,其具体步骤如下:

①选择沥青结合料、矿料,并进行原材料性能试验,确定原材料各性能参数满足要求。

②根据前述应力吸收层混合料级配选择方法,选确定混合料级配。

③油石比下限 AC_{min} 的确定。根据选定的集料和级配曲线,采用不同的油石比成型马歇尔试件,测定沥青混合料试件毛体积密度,并计算沥青混合料的干密度、矿料间隙率,并以最大干密度和最小矿料间隙率对应油石比的平均值作为紧密嵌挤状态下的油石比,定义为 AC_{min}。

④油石比上限 AC_{max} 的确定。采用不同油石比对沥青混合料进行析漏试验,通过建立油石比与析漏损失率之间的关系曲线,确定析漏"拐点"油石比,并以此油石比作为应力吸收层沥

青混合料油石比上限 AC_{max}。

⑤初选油石比 OAC 的确定。以油石比上限下限为基础，在此油石比范围内分别选取不同油石比进行车辙试验和小梁弯曲试验（根据当地气候特点，选择不同温度的小梁试验作为性能试验），根据动稳定度、相对变形以及弯拉应变分别与油石比关系曲线，参考应力吸收层混合料性能参数要求，选择较好性能所对应的油石比作为应力吸收层混合料初选油石比 OAC。

⑥最佳油石比 OAC 的确定。根据前面步骤初选的应力吸收层混合料油石比 OAC，可根据试验条件进行混合料其他性能参数验证，当各项性能指标满足要求时，即确定该混合料最佳油石比 OAC 即为最终使用油石比，若不满足，需调整级配或黏结材料继续验证。

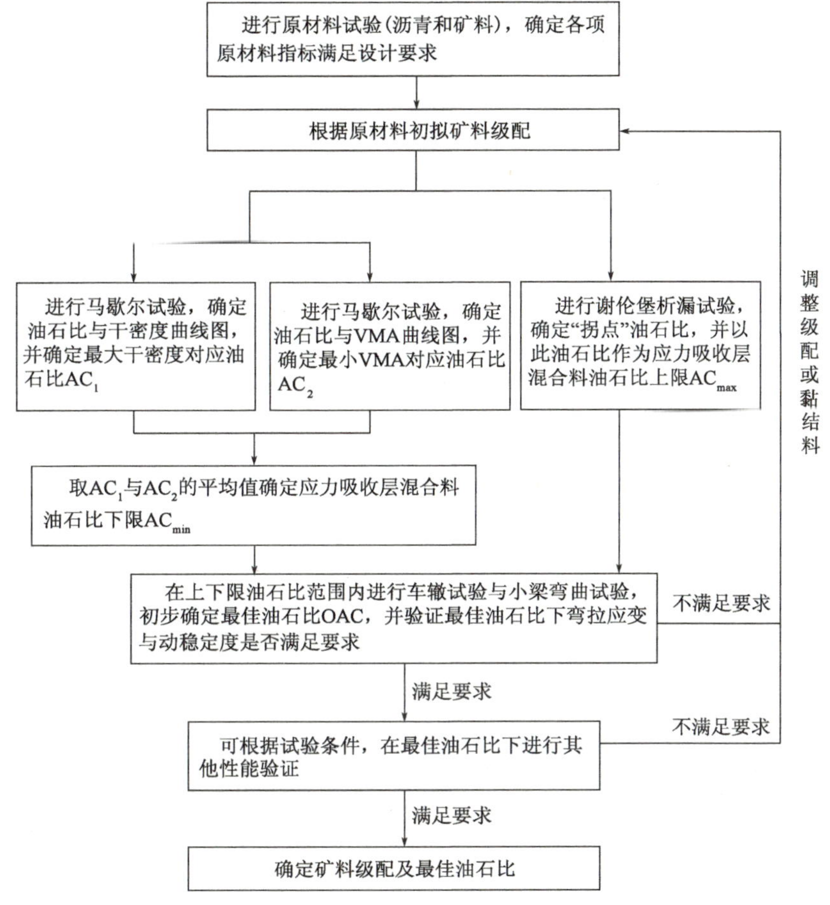

图 3.2-10　混合料配合比设计流程

本项目通过对油石比（沥青用量）与高温稳定性、低温抗裂性能以及路用性能之间关系形式的研究分析，提出一种新型应力吸收层沥青混合料油石比设计方法的新思路，并进行试验验证。针对用于应力吸收层混合料油石比（沥青用量）设计方法的研究，提出一种新型的应力吸收层油石比设计方法避免马歇尔试验方法对应力吸收层混合料设计的不足，同时保证混合料性能达到最优状态。

3)主要步骤

基于路用性能均衡的应力吸收层材料"四控制点"最佳油石比确定流程如图3.2-11所示。

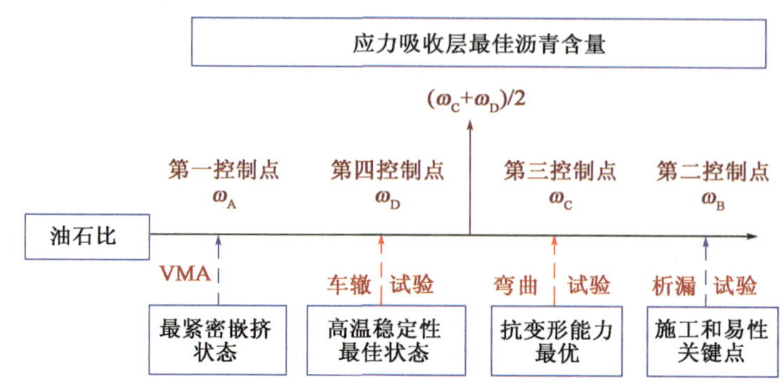

图3.2-11 基于路用性能均衡的应力吸收层材料"四控制点"最佳油石比确定流程

(1)确定沥青用量第一控制点 ω_A——协调抗变形能力和抗车辙能力关键的控制点。最紧密状态下,油石比是协调抗变形能力和抗车辙能力的关键控制点,因此选取该值作为沥青含量的第一控制点,以协调抗变形能力和抗车辙能力。

(2)确定沥青用量第二控制点 ω_B——保证施工和易性的关键控制点。谢伦堡析漏试验析漏损失率与油石比之间的关系曲线具有明显的"拐点"(即图中两条切线交点),当油石比超过该点时析漏损失率急剧上升,因此本项目提出采用该"拐点"作为第二控制点,据此控制应力吸收层沥青混合料的最大沥青用量。

(3)开展 ω_A 与 ω_B 之间沥青混合料0℃低温小梁弯曲试验,确定最大弯曲应变对应的沥青含量为第三控制点 ω_C。

(4)开展 ω_A 与 ω_B 之间沥青混合料车辙试验,根据混合料高温稳定性最佳状态确定第四控制点 ω_D。

(5)综合混合料的骨架结构、变形适应性、高温稳定性以及施工和易性,确定应力吸收层最佳沥青含量为 $(\omega_C+\omega_D)/2$。

3.2.5 广吉高速公路材料设计研究

3.2.5.1 表面层ARAC13混合料设计

ARAC13混合料的粗集料初定采用辉绿岩,后改为玄武岩。本试验主要采用辉绿岩进行,同时针对辉绿岩混合料马歇尔击实空隙率较大的问题,选择玄武岩ARAC13-35进行了对比试验。

1)混合料理论密度确定

本试验混合料的理论密度采用真空试验方法确定。表3.2-2列出了本试验的ARAC13沥青混合料理论密度试验结果。为了修正密度试验过程中的测量误差,将测量值与油石比进行统计回归(指数模型),相关性达到0.97以上,然后根据拟合曲线计算出不同油石比下的理论密度修正值,并以此作为混合料体积参数分析的基准值。

ARAC13 沥青混合料理论密度试验结果

表 3.2-2

级配类型	油石比（%）	理论最大相对密度测量值（g/cm^3）	回归函数	理论最大相对密度修正值（g/cm^3）
ARAC13-25	4.6	2.5501	$y=2.8025x^{-0.061}$	2.5534
	5.0	2.5419		2.5404
	5.4	2.5253		2.5285
	5.8	2.5184		2.5175
	6.2	2.5039		2.5073
ARAC13-30	4.6	2.5535	$y=2.8276x^{-0.067}$	2.5528
	5.0	2.5369		2.5386
	5.4	2.5316		2.5255
	5.8	2.5168		2.5134
	6.2	2.5005		2.5022
ARAC13-35（辉绿岩）	4.6	2.5517	$y=2.8331x^{-0.068}$	2.5538
	5.0	2.5404		2.5394
	5.4	2.5261		2.5261
	5.8	2.5135		2.5139
	6.2	2.5007		2.5025
ARAC13-40	4.6	2.5522	$y=2.8251x^{-0.066}$	2.5544
	5.0	2.5367		2.5404
	5.4	2.5289		2.5275
	5.8	2.5134		2.5156
	6.2	2.5011		2.5046
ARAC13-35（玄武岩）	4.6	2.6312	$y=2.9478x^{-0.074}$	2.6330
	5.0	2.6169		2.6168
	5.4	2.6028		2.6020
	5.8	2.5886		2.5882
	6.2	2.5733		2.5755

2）混合料体积指标分析

分别对辉绿岩的ARAC13-25、ARAC13-30、ARAC13-35、ARAC13-40这4种级配以及玄武岩ARAC13-35进行马歇尔击实试验，沥青混合料油石比分别为4.6、5.0、5.4、5.8、6.2；每种级配进行了2次平行的马歇尔击实试验，每种矿料级配5个油石比，每个油石比8个平行试件。击实温度165℃，击实次数双面击实各112次。试验结果见表3.2-3。

ARAC13 马歇尔击实的体积指标　　表 3.2-3

粗集料品质	级配类型	油石比（%）	塑封毛体积密度（g/cm³）	干密度（g/cm³）	VV（%）	VMA（%）	VFA（%）	VCA（%）
辉绿岩	ARAC13-25	4.6	2.2222	2.1245	12.97	21.68	40.18	41.32
		5.0	2.2591	2.1515	11.07	20.68	46.48	40.57
		5.4	2.2753	2.1588	10.01	20.42	50.97	40.37
		5.8	2.2858	2.1605	9.20	20.35	54.79	40.32
		6.2	2.2800	2.1469	9.06	20.85	56.53	40.70
	ARAC13-30	4.6	2.2492	2.1503	11.89	20.63	42.36	44.56
		5.0	2.2803	2.1718	10.17	19.84	48.76	44.00
		5.4	2.2959	2.1783	9.09	19.60	53.69	43.84
		5.8	2.3106	2.1839	8.07	19.39	58.39	43.69
		6.2	2.3104	2.1755	7.67	19.70	61.17	43.91
	ARAC13-35	4.6	2.2607	2.1613	11.48	20.16	43.07	48.25
		5.0	2.2938	2.1846	9.67	19.30	49.90	47.69
		5.4	2.3218	2.2028	8.09	18.62	56.56	47.25
		5.8	2.3399	2.2116	6.92	18.30	62.19	47.04
		6.2	2.3428	2.2060	6.38	18.50	65.52	47.18
	ARAC13-40	4.6	2.2772	2.1770	10.85	19.51	44.39	47.87
		5.0	2.3110	2.2010	9.03	18.62	51.53	47.29
		5.4	2.3352	2.2155	7.61	18.09	57.97	46.95
		5.8	2.3558	2.2267	6.35	17.67	64.13	46.68
		6.2	2.3593	2.2215	5.80	17.86	67.53	46.80
玄武岩	ARAC13-35	4.6	2.3935	2.2882	9.10	17.19	46.77	47.97
		5.0	2.4355	2.3196	6.93	16.30	57.27	47.25
		5.4	2.4527	2.3270	5.74	15.64	63.13	47.08
		5.8	2.4766	2.3408	4.31	15.64	72.30	46.77
		6.2	2.4757	2.3312	3.87	15.63	75.07	46.99

注：VV-空隙率；VMA-矿料间隙率；VFA-沥青饱和度；VCA-捣实粗集料间隙率，后同。

根据以上数据，按照最紧密状态计算混合料最紧密状态油石比及对应的体积参数，结果见表 3.2-4。

最紧密状态下最佳油石比和体积参数 表 3.2-4

粗集料品质	级配类型	油石比(%)	毛体积密度(g/cm^3)	VV(%)	VMA(%)	VCA(%)	VFA(%)
辉绿岩	ARAC13-25	5.57	2.2814	9.91	20.30	40.28	52.84
	ARAC13-30	5.69	2.3081	8.49	19.43	43.72	57.09
	ARAC13-35	5.89	2.3391	6.90	18.36	47.09	62.71
	ARAC13-40	5.92	2.3518	6.25	17.75	46.73	64.97
玄武岩	ARAC13-35	5.81	2.4722	4.53	15.53	46.82	71.10

从试验结果可以看出：

(1)针对本工程矿料，随着粗集料逐渐增加，最紧密状态下油石比逐渐降低，毛体积密度逐渐减小，空隙率逐渐增大，矿料间隙率逐渐增大，饱和度逐渐减小。

(2)考虑到混合料的矿料结构需要以及以往的工程经验，初步确定 ARAC13 混合料中粗集料含量为65%左右。

(3)由于辉绿岩的 ARAC13-35 混合料的马歇尔击实空隙率较大，与以往工程经验有较大差异，故选择玄武岩石料进行对比试验。由试验结果看出，采用玄武岩石料后，ARAC13-35 混合料的空隙率明显降低，满足密实性混合料的要求，且最佳油石比也略有下降。

(4)建议采用玄武岩的 ARAC13-35。

此外，为了进一步探讨辉绿岩 ARAC13-35 混合料空隙率偏大的原因，采用旋转压实成型方法进行对比试验，旋转压实次数为 163 次。试验结果见表 3.2-5。

ARAC13-35 马歇尔击实与旋转压实体积参数汇总 表 3.2-5

成型方法	油石比(%)	塑封毛体积密度(g/cm^3)	干密度(g/cm^3)	VV(%)	VMA(%)	VFA(%)	VCA(%)
旋转压实	4.6	2.4133	2.3071	5.50	14.77	62.73	44.76
	5.0	2.4375	2.3215	4.01	14.24	71.83	44.41
	5.4	2.4605	2.3345	3.11	13.76	77.43	44.10
	5.8	2.4843	2.3481	1.43	13.25	89.24	43.78
	6.2	2.4872	2.3420	1.09	13.48	91.88	43.92

根据以上数据，按照最紧密状态计算混合料最紧密状态油石比及对应的体积参数，结果见表 3.2-6。

两种成型方法最紧密状态下 ARAC13-35(辉绿岩)最佳油石比和体积参数 表 3.2-6

成型方法	油石比(%)	毛体积密度(g/cm^3)	VV(%)	VMA(%)	VCA(%)	VFA(%)
马歇尔击实	5.89	2.3391	6.90	18.36	47.09	62.71
旋转压实	6.07	2.4884	1.27	13.39	43.86	90.87

由表3.2-6可以看出：

(1)不同的成型方法对混合料体积参数影响显著。针对本工程矿料，马歇尔成型方法采用双面击实112次，击实功较标准有所提高，但成型后的混合料空隙率仍然偏大，而采用旋转压实成型后，混合料的空隙率下降十分显著，旋转压实效果明显好于马歇尔击实。

(2)对于本工程矿料，旋转压实163次压实功偏高，成型的混合料处于超密实状态。

(3)以往研究表明，旋转压实成型更接近实际施工压实状态，建议本工程目标和生产配合比设计时，采用旋转压实成型沥青混合料，同时旋转压实次数调整为125次进行试验。

3)混合料性能试验

(1)高温性能。

根据体积性能试验获得的最佳油石比和塑封毛体积密度，以98%压实度计算料重，分别对辉绿岩ARAC13和玄武岩ARAC13成型车辙板进行车辙试验。试件尺寸为30cm×30cm×5cm，试验温度为60℃。车辙试验结果见表3.2-7。从表中可以看出，ARAC13-35具有较好的高温性能，同时也可以看出，岩性对混合料的高温性能也有一定的影响，玄武岩混合料的高温性能优于辉绿岩混合料。

车辙试验结果　　表3.2-7

混合料	试件编号	变形量(mm)			动稳定度(次/mm)	相对变形(%)	动稳定度均值(次/mm)	相对变形均值(%)
		1min	45min	60min				
ARAC13-35(辉绿岩)	1	0.803	1.440	1.530	7000	1.45	7133	1.69
	2	0.645	1.523	1.598	8400	1.91		
	3	0.510	1.253	1.358	6000	1.70		
ARAC13-35(玄武岩)	1	1.928	3.000	3.068	9265	2.28	8053	2.09
	2	0.495	1.403	1.500	6495	2.01		
	3	0.840	1.748	1.823	8400	1.97		

(2)水稳定性。

①冻融劈裂。根据体积性能试验获得的最佳油石比和塑封毛体积密度，以98%压实度计算料重，分别对辉绿岩ARAC13和玄武岩ARAC13静压成型10×10cm试件，每种混合料成型8个，分为室温、冻融2组开展冻融劈裂试验。试验结果见表3.2-8。

冻融劈裂试验结果　　表3.2-8

混合料类型	试验条件	试件编号	高度(mm)	直径(mm)	破坏压力(kN)	劈裂强度(MPa)	平均值(MPa)	劈裂强度比(%)
ARAC13-35(辉绿岩)	冻融试件	1	66.33	101.63	6.04	0.57	0.59	77.5
		2	66.73	101.50	6.06	0.57		
		3	66.37	101.60	6.12	0.58		
		4	66.20	101.67	6.56	0.62		
	未冻融试件	5	66.37	101.87	8.26	0.78	0.76	
		6	66.67	101.70	8.33	0.79		

续上表

混合料类型	试验条件	试件编号	高度（mm）	直径（mm）	破坏压力（kN）	劈裂强度（MPa）	平均值（MPa）	劈裂强度比（%）
ARAC13-35（辉绿岩）	未冻融试件	7	66.73	101.70	7.30	0.69	0.76	77.5
		8	66.03	101.70	8.08	0.77		
ARAC13-35（玄武岩）	冻融试件	1	65.07	101.50	8.39	0.81	0.845	99.8
		2	63.77	101.71	9.03	0.89		
		3	64.29	101.49	8.90	0.87		
		4	64.90	101.69	8.36	0.81		
	未冻融试件	5	64.21	101.76	8.47	0.83	0.848	
		6	64.28	101.82	8.91	0.87		
		7	65.16	101.54	8.77	0.85		
		8	64.38	101.70	8.64	0.84		

②残留稳定度。根据体积性能试验获得的最佳油石比和塑封毛体积密度，以98%压实度计算料重，分别对辉绿岩ARAC13和玄武岩ARAC13击实成型马歇尔试件，每种混合料成型8个，分为2组进行残留稳定度试验。试验结果见表3.2-9。

马歇尔浸水稳定度试验结果　　表3.2-9

混合料类型	试验条件	试件编号	高度（mm）	质量（g）	稳定度（kN）	稳定度均值（kN）	流值（0.1mm）	流值均值（0.1mm）	残留稳定度（%）
ARAC13-35（辉绿岩）	60℃ 30min	1	65.77	101.57	—	15.29	—	14.92	113.0
		2	65.63	101.70	15.05		16.34		
		3	65.63	101.50	13.89		12.16		
		4	65.47	101.80	14.17		13.36		
	60℃ 48h	1	65.37	101.63	14.37	13.53	17.43	14.79	
		2	65.53	101.67	12.78		13.32		
		3	65.73	101.60	14.53		15.44		
		4	65.60	101.80	12.44		12.96		
ARAC13-35（玄武岩）	60℃ 30min	1	64.40	101.65	12.16	11.35	10.31	11.72	104.9
		2	63.52	101.62	11.79		14.43		
		3	63.95	101.74	10.65		9.93		
		4	63.91	101.63	10.79		12.21		
	60℃ 48h	1	63.97	101.79	10.33	10.82	8.27	4.85	
		2	64.04	101.53	10.85		3.17		
		3	63.83	101.53	10.69		11.51		
		4	63.45	101.59	11.28		3.11		

由以上试验结果可知,ARAC13-35 具有较好的高温性能和水稳定性,而玄武岩 ARAC13-35 的性能要好于辉绿岩 ARAC13-35。

3.2.5.2　中面层 ARAC20 混合料设计

同第 3.2.5.1 小节方法确定混合料理论密度,采用旋转压实成型,压实温度为 165℃,旋转压实次数为 163 次。测试体积状态,根据测试结果按照最紧密状态计算混合料最紧密状态油石比及对应体积参数,结果见表 3.2-10。

最紧密状态下最佳油石比及对应体积参数　表 3.2-10

级配类型	油石比(%)	毛体积密度(g/cm^3)	VV(%)	VMA(%)	VCA(%)	VFA(%)
ARAC20-25	4.69	2.4606	2.82	13.11	34.44	79.70
ARAC20-30	4.66	2.4640	2.74	12.48	38.74	78.83
ARAC20-35	4.50	2.4628	3.07	12.34	43.05	75.72

同第 3.2.5.1 小节方法进行混合料性能,高温性能试验结果见表 3.2-11;冻融劈裂试验结果见表 3.2-12,残留稳定度试验结果见表 3.2-13。

车辙试验结果　表 3.2-11

混合料	试件编号	变形量(mm)			动稳定度(次/mm)	相对变形(%)	动稳定度均值(次/mm)	相对变形均值(%)
		1min	45min	60min				
ARAC20-25	1	0.413	1.650	1.770	5250	2.71	5367	2.75
	2	0.930	2.325	2.438	5600	3.02		
	3	0.795	1.935	2.055	5250	2.52		

冻融劈裂试验结果　表 3.2-12

混合料类型	试验条件	试件编号	高度(mm)	直径(mm)	破坏压力(kN)	劈裂强度(MPa)	平均值(MPa)	劈裂强度比(%)
ARAC20-25	冻融试件	1	70.83	102.00	6.31	0.56	0.53	79.2
		2、	71.27	101.63	6.91	0.61		
		3	71.77	101.63	5.28	0.46		
		4	70.70	101.67	5.36	0.48		
	未冻融试件	5	71.47	101.67	8.06	0.71	0.67	
		6	70.80	101.60	7.66	0.68		
		7	71.37	101.63	7.78	0.69		
		8	71.33	101.70	6.66	0.59		

马歇尔浸水稳定度试验结　　表 3.2-13

混合料类型	试验条件	试件编号	高度(mm)	质量(g)	稳定度(kN)	稳定度均值(kN)	流值(0.1mm)	流值均值(0.1mm)	残留稳定度(%)
ARAC20-25	60℃,30min	1	70.30	101.50	19.42	16.56	16.93	15.18	116.3
		2	70.50	101.67	16.36		18.87		
		3	70.93	101.70	14.46		12.74		
		4	69.77	102.03	16.00		12.19		
	60℃,48h	1	70.73	101.53	14.51	14.24	16.16	14.08	
		2	70.43	101.67	13.42		11.01		
		3	71.83	101.70	14.79		15.08		
		4	—	—	—		—		

由以上试验结果可知,ARAC20-25 具有较好的高温性能和水稳定性。

3.2.5.3 应力吸收层 ARAC10 混合料设计

1)确定沥青用量第一控制点 ω_A

同第 3.2.5.1 小节方法确定混合料理论密度;采用击实温度 165℃,击实次数双面击实各 75 次,试验确定混合料体积参数;按照最紧密状态计算混合料最紧密状态油石比及对应的体积参数,结果见表 3.2-14。

最紧密状态下最佳油石比和体积参数　　表 3.2-14

级配类型	油石比(%)	毛体积密度(g/cm^3)	VV(%)	VMA(%)	VCA(%)	VFA(%)
ARAC10-35	6.17	2.3899	4.01	16.28	37.08	75.82
ARAC10-40	5.97	2.3870	4.32	16.19	41.33	73.46
ARAC10-45	6.02	2.3952	3.70	16.00	45.42	77.30

2)确定沥青用量第二控制点 ω_B

通过析漏试验控制最大沥青用量保证混合料的施工和易性,该最大沥青用量为不同油石比下析漏试验析漏损失率的陡增拐点。为此本试验针对 ARAC10-35、ARAC10-40 和 ARAC10-45 三种级配的混合料分别开展 8 个油石比的析漏试验,试验油石比范围为 5% ~8.5%,油石比间隔为 0.5%,析漏试验结果如图 3.2-12 ~ 图 3.2-14 所示。

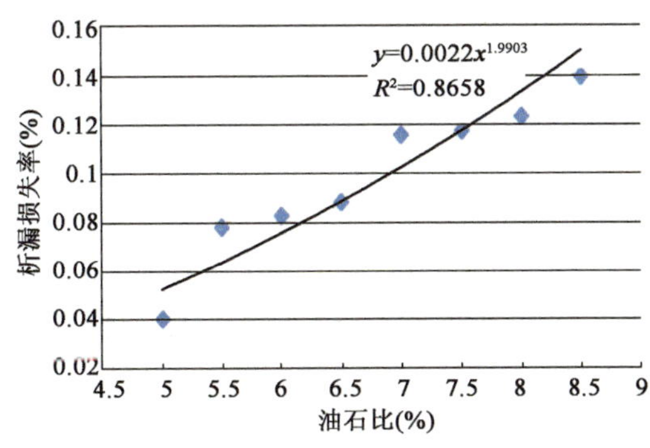

图 3.2-12　ARAC10-35 析漏损失率与油石比关系曲线

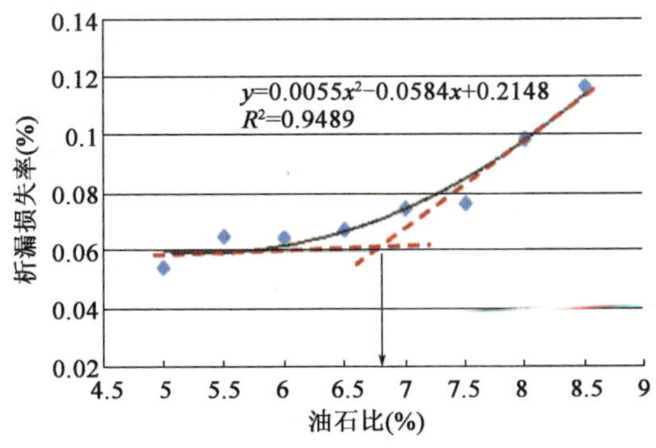

图 3.2-13　ARAC10-40 析漏损失率与油石曲线

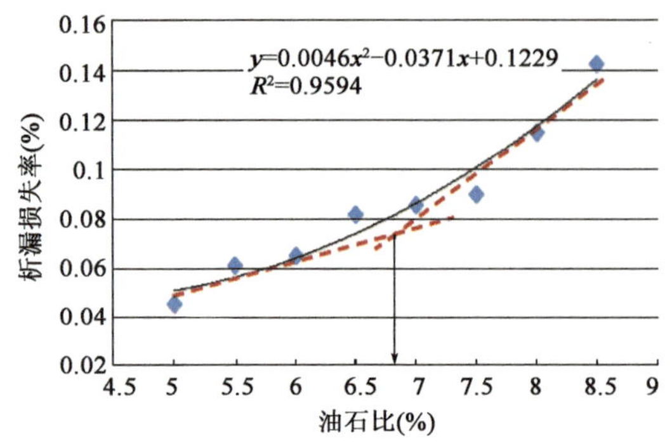

图 3.2-14　ARAC10-45 析漏损失率与油石比关系曲线

由图 3.2-12 ~ 图 3.2-14 可知，ARAC10-35 级配混合料析漏拐点不明显，ARAC10-40 和 ARAC10-45 两种级配的混合料析漏陡增拐点分为大致为 6.8% 和 6.85%。

3)确定沥青用量第三控制点 ω_C

进行 0℃低温小梁弯曲试验，确定最大弯曲应变对应的沥青含量为第三控制点 ω_C。混合料高温稳定性最佳状态确定为第四控制点 ω_D。

以马歇尔击实最紧密状态下最佳油石比为下限，按照 0.4% 的油石比间隔，每个油石比成型 8 根梁式试件，分别对 ARAC10-35、ARAC10-40、ARAC10-45 开展 0℃小梁弯曲试验，试验结果见表 3.2-15。

ARAC10 低温小梁弯曲(0℃)试验结果　　表 3.2-15

混　合　料	油石比(%)	弯拉强度(MPa)	弯拉应变(με)	弯曲劲度模量(MPa)
ARAC10-35	6.17	12.06	3906	3264
	6.57	13.30	4278	3180
	6.97	13.31	4630	2970
	7.37	14.01	4896	2886
ARAC10-40	5.97	15.13	4668	3153
	6.37	14.16	4850	3017
	6.77	14.74	5017	2992
	7.17	13.74	5113	2743
ARAC10-45	6.02	13.72	4979	2957
	6.42	14.15	4434	3313
	6.82	14.60	5475	2633
	7.22	14.33	5613	2551

按照 ARAC10 沥青混合料在 0℃弯曲应变满足≥5000με 的要求控制，ARAC10-35 混合料四个油石比均不满足要求，ARAC10-40 混合料满足要求的最低油石比为 6.77%，ARAC10-45 混合料满足要求的最低油石比为 6.82%。

根据以上试验结果，考虑混合料的矿料结构以及以往工程经验，初步确定 ARAC10 混合料级配采用 ARAC10-40。同时根据析漏及低温小梁弯曲试验结果，本试验 ARAC10-40 混合料最佳油石比大致为 6.77%。

综合 ARAC10 前述分析结果，选取 ARAC10-40 混合料 6.77% 油石比进行高温性能验证，以98%压实度计算料重,以成型车辙板进行车辙试验。试验结果见表3.2-16,可以看出该混合料具有较好的高温性能。

ARAC10车辙试验结果 表3.2-16

混 合 料	试件编号	动稳定度(次/mm)	动稳定度均值(次/mm)
ARAC10-40	1	2211	2234
	2	2158	
	3	2333	

3.2.5.4 设计结论

上面层ARAC13混合料推荐级配为ARAC13-35,混合料60℃动稳定度不低于6000次/mm,相对变形不大于2.5%。

中面层ARAC20混合料推荐级配为ARAC20-25,混合料60℃动稳定度不低于3000次/mm,相对变形不大于5%。

下面层ARAC10混合料推荐级配为ARAC10-40,混合料动稳定度不低于2000次/mm,相对变形不大于5%;0℃小梁弯曲破坏应变不小于5000με。

3.3 低变异性的施工质量过程化控制关键技术

3.3.1 基于矿料级配变异性的目标配合比矿料级配确定方法

目前经常使用的沥青混合料目标配合比设计方法是采用原材料的冷料筛分结果来试配单一的级配曲线而并未考虑材料自身的变异性,这样当原材料的变异性很大时,势必会导致合成级配曲线不具有广泛的代表性。为了使开展目标配合比设计时所确定的级配曲线能够与施工过程中的更为接近,应该在目标配合比设计阶段将原材料的冷料变异性予以考虑;针对实际工程所使用的矿料、确定合理的级配范围,更加科学也更有利于工程质量控制。

1)基于原材料级配变异性的矿料级配范围确定方法的思路

针对上述不足,我们在借鉴以往工程经验的基础上,提出了一种基于原材料级配变异性的目标配合比矿料级配确定方法,可以概括为以下几点。

(1)在大样本量筛分试验结果平均值的基础上确定目标配合比的合成级配曲线(简称均值线)。

(2)根据集料颗粒级配的变异性确定合成级配的波动范围,可得到合成级配曲线波动范围的上限曲线(简称上波动线)和下限曲线(简称下波动线)。

(3)同时开展均值线、上波动线和下波动线这三条级配曲线的马歇尔击实试验和相关的路用性能验证,确定集料颗粒级配变异性对混合料路用性能所产生的影响。

(4)当上述三条级配曲线的路用性能能够满足要求时,特别是上、下波动线这两条级配的相关试验满足要求时,可以采用均值线作为目标配合比矿料的最终合成级配曲线,用于沥青混合料的生产。

(5)当三条级配曲线中一条以上(特别是上、下波动线)的路用性能不能满足要求时,说明集料颗粒级配的变异性太大,均值线不能直接作为最终的合成级配曲线,同时应该将该情况反馈给集料供应商,要求其严格控制集料生产加工过程中矿料的级配,降低其质量的变异性,直至生产出三条级配曲线的路用性能都满足要求的集料为止。

2)基于原材料级配变异性确定目标配合比矿料级配范围的设计方法

上述思路可以总结提炼为如下的设计方法。

(1)按照工程设计文件或招标文件规定并根据公路等级、工程性质、气候条件、交通条件、材料品种等参数确定沥青混合料等由多档粒料材料组成的路面材料的工程设计级配。

(2)各档原材料级配分布特征的确定。

①对所使用的粗集料、细集料和填料开展大样本量(平均筛分次数为10次以上)的冷料级配筛分试验,确定各档材料的平均筛分曲线以及相应的变异系数。

②按照2倍标准差的标准,计算出各档材料筛分级配的波动范围。

(3)确定各档矿料的比例。

采用人机对话的方式,使用步骤(2)得到的冷料级配筛分试验结果的平均值试配接近步骤(1)确定的工程设计级配的目标配合比合成级配曲线。

确定各档混合料的比例,实际上是一个数学拟合的优化过程。令$\vec{Y}$为理论目标级配,$\overrightarrow{X_i}$为第i档矿料的筛分级配。各档矿料经过组合,合成的级配应满足下式要求:

$$\vec{Y} \approx \sum_{i=1}^{n} a_i \overrightarrow{X_i} \tag{3.3-1}$$

式中:a_i——第i档矿料的比例。

(4)目标级配的合成及性能验证。

①针对工程所确定的目标级配,根据各档原材料的平均筛分曲线,确定各档原材料的使用比例,同时得到混合料的合成级配曲线(均值线)。

②根据合成级配进行混合料的相关路用性能验证试验。

(5)生产级配合理波动范围的确定及性能验证。

①根据已确定的各档原材料使用比例,和各档原材料级配的波动范围,计算实际生产中混合料级配的波动范围。

②针对这个波动范围的上限曲线(上波动线)和下限曲线(下波动线)开展路用性能的验证试验。

在实际工程中,一定要加强原材料级配的控制,使其尽量接近采用筛分平均值所合成的级配曲线,不超出上、下波动线,才能够保证具有优良的路用性能。

3.3.2 基于均衡系数的沥青混合料热料仓比例确定方法

生产配合比设计不当会引起生产效率低下,等料、溢料现象严重,造成承包人成本增加,当监控不严或者失控时,会人为调整热料仓比例导致所生产的混合料质量无法控制,严重影响了其路用性能和加铺材料的耐久性。要设计好生产配合比的热料仓比例，首先在保证沥青混合料性能最优的前提下，尽量考虑拌和站热料仓供料的均衡情况，减少等料和溢料的现象出现，将承包人人为调整热料仓比例的概率降至最低，保证所生产混合料具有优良的性能，以提高道路的使用寿命。

拌和站热料仓的均衡系数是指按照目标配合比确定的各档矿料比例输送一段时间(T)冷料进入拌和站，待上料时间结束时，分别计量各个热料仓内的矿料质量并换算为各热料仓比例，这一比例即为热料仓的均衡系数。

基于均衡系数的沥青混合料热料仓比例确定方法主要工作包括：确定各规格集料级配平均值、确定拌和楼冷料输送仓比例、确定拌和楼热料仓均衡系数、确定各热料仓级配组成并计算各档集料用量的理论比例、验证矿质混合料级配与相应比例下的合成级配是否对应、进行试拌验证最终设计热料仓比例下混合料的油石比、级配、体积参数及路用性能。

该方法的具体内容及步骤可以概括如下。

(1)为保证拌和楼冷料仓比例的适应性及准确性，严格控制各档规格集料级配变异性，对各规格集料进行多次筛分，确定其各粒径通过率平均值$\overline{A}$：

$$\overline{A}=\frac{A_1+A_2+A_3+\cdots+A_n}{n} \tag{3.3-2}$$

式中：　$\overline{A}$——多次筛分下，集料某一筛孔通过率的平均值(%)；

A_1、A_2、…、A_n——各次筛分下，集料某一筛孔通过率的平均值(%)；

n——筛分次数(次)。

(2)以步骤(1)中各规格集料级配的平均值为基础，按照规定级配范围合成目标级配，确定拌和楼冷料仓比例；同时，根据设计级配及拌和楼振动筛筛孔尺寸大小，确定拌和楼所使用的热料仓数量n及各热料仓集料规格。

(3)将拌和楼热料仓清空，按照已确定的冷料仓比例进料，使矿料在自然状态下通过各个热料仓的筛孔，然后分别计量称重各个热料仓的质量M_i，而各个热料仓质量的比例，就是热料仓的均衡系数，如式(3.3-3)所示。为避免进料时间过长导致个别热料仓发生溢料现象，影响均衡系数准确性，应根据拌和楼各热料仓容量选取恰当的进料时间。

$$1\text{号仓}:2\text{号仓}:\cdots:n\text{号仓}=M_1:M_2:\cdots:M_n \tag{3.3-3}$$

式中：M_1、M_2、…、M_n——各热料仓质量(kg)；

n——拌和楼所使用热料仓个数(个)。

(4)均衡系数为基数所合成级配满足设计级配要求，则开展下一步验证；否则，需在参考均衡系数的前提下，对该混合料级配进行理论合成，确定其理论比例，并保证该理论比例尽量接近均衡系数，再开展下一步工作。

(5)根据步骤(4)确定的拌和楼热料仓比例，进行矿质混合料级配验证。其具体内容包括：

①将拌和楼热料仓比例设定为某一比例(均衡系数或理论比例)最终确定的比例。

②按目标配比确定的拌和楼冷料仓比例进料，在不添加矿粉、沥青结合料及外加剂的情况

下，进行矿质混合料拌和，可将拌和时间设定为混合料拌和所设计的时间，待拌和时间结束，进行矿质混合料取样筛分。为保证矿质混合料取料具有代表性，需等到拌和楼运行稳定，进行取样筛分；同时，为避免浪费，建议取第三锅拌和的矿质混合料进行筛分试验。

③针对上述步骤确定的筛分级配，考虑到实际拌和楼实际热料仓比例，进行级配矿粉修正，其具体计算方法如下：

$$P_i = P'_i \times (1 - P_F) + P_F \tag{3.3-4}$$

式中：P_i——修正后某一筛孔通过率(%)；

P'_i——实际矿质混合料筛分某一筛孔通过率(%)；

P_F——最终确定拌和楼热料仓比例中矿粉所占比例(%)。

④当矿质混合料筛分级配满足要求时，则开展下一步工作；否则，需仔细分析，查找原因，筛分级配满足规定要求后，方可开展下一步工作。

(6)根据最终确定的热料仓比例，在最佳油石比下进行试拌，并取样进行混合料级配、油石比、体积参数以及相应的路用性能验证。

①油石比及级配验证。对试拌每个油石比的混合料分别取两份进行燃烧法测定油石比，取两者的平均值，并经过修正，作为该设定油石比下拌和楼的实际油石比；同时，对燃烧后的矿质混合料进行筛分试验，计算燃烧后矿质混合料级配，并经过修正后的级配作为该沥青混合料的级配。其中，在进行试拌前，需对燃烧炉进行油石比和矿粉损失标定。

②体积参数验证。按照《公路工程沥青及沥青混合料试验规程》(JTG E20—2011)的规定，对最佳油石比下试拌混合料成型马歇尔试件。分别采用蜡封法和真空法测定马歇尔试件相应的物理指标，并计算验证各油石比下混合料体积参数。

③路用性能验证。主要采用车辙试验验证试拌混合料高温稳定性；可根据当地气候特点，采用恰当温度的小梁弯曲试验评价其低温抗裂性；采用冻融劈裂试验验证试拌混合料水稳定性。

完成上述步骤后，即可确定拌和楼热料仓比例及最佳油石比，进而可开展试验路铺筑等工作。由于各种原因造成各规格集料级配发生变化时，重复上述步骤，确保混合料性能及拌和楼供料均衡。

3.4 广吉高速公路橡胶沥青应用示范工程

广吉高速公路 K1 +567—K70 +993 约 70km 为橡胶粉改性沥青路面示范路，路面标段名称为 AP1 和 AP2，其中包含一段功能型橡胶沥青路面试验路，作为橡胶沥青示范路的一部分，是在对已有橡胶沥青技术成果的推广和应用的基础上，结合江西省的气候环境和材料特点，研究探索一套新的路面结构及材料设计理念。路面面层结构采用 4cm 橡胶粉复合改性沥青上面层(ARAC-13C) +6cm 橡胶粉复合改性沥青下面层(ARAC-20C)的橡胶粉复合改性沥青路面设计，是江西省第一条、全国第二长的橡胶沥青路面，实现了约 12 万条废旧轮胎的再生利用，既综合利用了废旧轮胎等工业废料，降低了路面噪声，又提高了沥青路面的高低温性能，降低了路面的全寿命周期成本。

3.4.1 示范内容

(1)在全厚路面结构内采用橡胶沥青,依靠路面结构与材料的弹性性能,达到既抗裂又抗车辙的效果。全路面结构都采用橡胶沥青,由于沥青中掺入废胎胶粉之后弹性和黏性变大,所以橡胶沥青混合料的整体弹性变形性能和抗裂性能与普通沥青路面相比优势明显。

(2)橡胶沥青混合料矿料级配统一采用粗集料断级配骨架密实型。该级配设计方法由交通运输部公路科学研究院自主研发,可增强橡胶沥青路面结构的整体抗重载能力,提高路面结构可靠度和耐久性。橡胶沥青混合料 ARAC13 抗车辙动稳定度在 6000 次/mm 以上。

(3)细粒式橡胶沥青应力吸收层。采用多指标均衡协调设计方法设计的应力吸收层混合料不仅具有良好的防止反射裂缝、应力消散效果(较好的抗变形能力)和良好的防水封水效果,而且兼顾结构层的性能要求——具有较好抗车辙能力。

(4)精准、灵活的新沥青混合料配合比设计方法。橡胶沥青路面示范工程的实施着重强调沥青混合料的配合比设计,技术示范以橡胶沥青路面实施标段的路面各结构层配合比设计及试验段铺筑技术指导为工作内容核心,以工地实验室现场指导与规范操作示范相结合为现阶段的工作模式,制定并实施了橡胶沥青路面各结构层配合设计流程。

3.4.2 技术方案

示范路路面结构方案见表 3.4-1。

示范路路面结构方案 表 3.4-1

序号	路面结构
1	4cm ARAC13 沥青混凝土
2	SBS 改性沥青防水黏结层,沥青洒布剂量(2.2 ±0.2)kg/m^2
3	7cm ARAC20 沥青混凝土
4	2cm ARAC10 沥青混凝土
5	改性乳化沥青透层
6	20cm 水泥稳定级配碎石上基层,7d 无侧限抗压强度≥6MPa
7	20cm 水泥稳定级配碎石下基层,7d 无侧限抗压强度≥6MPa
8	20cm 水泥稳定级配碎石底基层,7d 无侧限抗压强度≥4MPa

关于结构的说明:

(1)本结构上、中、下面层混合料均采用橡胶沥青结合料,矿料级配采用粗集料断级配骨架密实型;SBS 改性沥青防水黏结层的沥青洒布剂量(2.2 ±0.2)kg/m^2,13.2 ~19mm 碎石撒铺量为满铺面积的 60% ~70%。

(2)为保证路面结构整体强度,提高其耐久性,沥青面层下设置三层半刚性基层,各层强度要求见表 3.4-1。

(3)本试验路结构层厚度为73cm。本结构为全厚路面结构内采用橡胶沥青,依靠路面结构与材料的弹性性能,达到既抗裂又抗车辙的效果。全路面结构都采用橡胶沥青,由于沥青中掺入废胎胶粉之后弹性和黏性变大,所以橡胶沥青混合料的整体弹性变形性能和抗裂性能与普通沥青路面相比优势明显。

本工程上、中、下面层分别采用ARAC13、ARAC20和ARAC10沥青混合料。各层矿料级配曲线见表3.4-2;矿料级配采用粗集料断级配骨架密实型,粗、细集料间断点为4.75mm。粗、细集料部分均采用幂函数拟合。

级配曲线　　表3.4-2

级配类型	筛孔直径(mm)										
	19	16	13.2	9.5	4.75	2.36	1.18	0.6	0.3	0.15	0.075
ARAC13	—	100	71	54	35	27	21	17	13	10	8
ARAC20	100	84	69	50	25	20	15	12	10	8	6
ARAC10	—	—	—	100	69	40	30	23	18	14	10

橡胶粉改性沥青试件、橡胶粉改性沥青路面实物图及结构图分别如图3.4-1～图3.4-3所示。

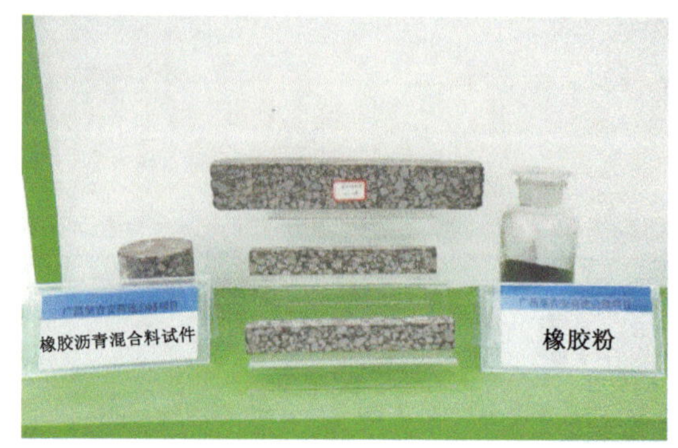

图3.4-1　橡胶粉改性沥青试件

图3.4-2　橡胶粉改性沥青路面实物图

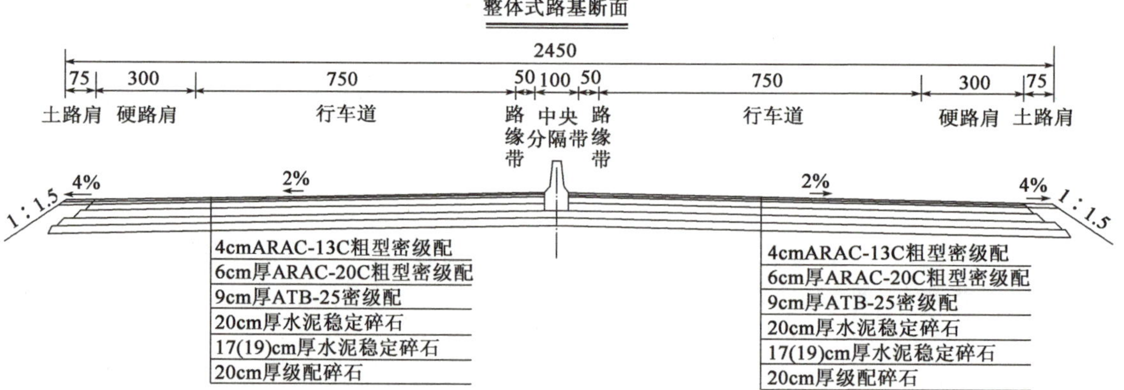

图3.4-3　橡胶改性沥青路面结构图(尺寸单位:mm)

3.4.3 配合比设计

应力吸收层 ARAC10 的拌和楼生产参数为:给定拌和楼油石比 6.9%,热料仓比例为 1 号仓(0 ~4mm):2 号仓(4 ~7mm):3 号仓(7 ~11mm):矿粉 =29%:7%:58%:6%;中面层 ARAC20 的拌和楼生产参数为:给定拌和楼油石比 4.9%,热料仓比例为 1 号仓(0 ~4mm):2 号仓(4 ~7mm):3 号仓(7 ~11mm):4 号仓(11 ~16mm):5 号仓(16 ~22mm):矿粉 =18%:5%:23%:25%:24%:5%;上面层 ARAC13 的拌和楼生产参数如下:给定拌和楼油石比 5.7%,热料仓比例为 1 号仓(0 ~4mm):2 号仓(4 ~7mm):3 号仓(7 ~11mm):4 号仓(11 ~16mm):矿粉 =30%:0:37%:26%:7%,均能满足设计要求。

3.4.4 示范路实施效果

通过前期的施工准备和试验路施工的安排,试验路于 2018 年 9 月 18 日正式施工,并于 2018 年 9 月 18 日、2018 年 9 月 19 日和 2018 年 10 月 8 日分别完成了应力吸收层 ARAC10 混合料、中面层 ARAC20 混合料和上面层 ARAC13 混合料半幅 2.3km 的铺筑,如图 3.4-4 ~ 图 3.4-7 所示。

图 3.4-4 出料温度检测

图 3.4-5 摊铺

图 3.4-6 碾压

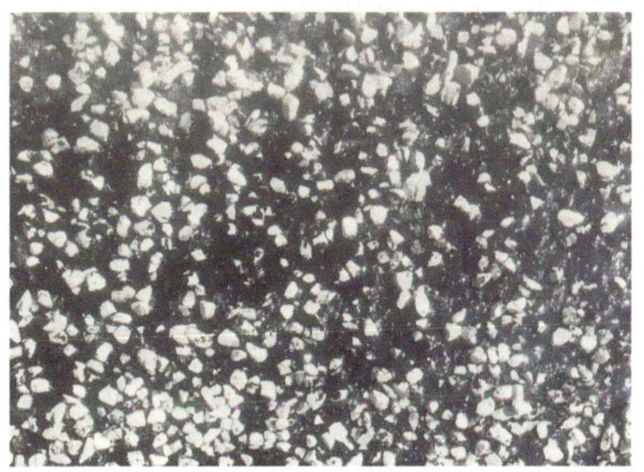

图 3.4-7 防水黏结层碎石撒布

本试验路结构为全厚路面结构内采用橡胶沥青，混合料出料温度控制在185～190℃，摊铺时天气较炎热，混合料摊铺温度保持在175℃左右，混合料松铺系数为1.2。

在现场分别进行了构造深度、钻芯取样等检测工作，以考察成型好的路面的性能状况。

(1)现场钻芯。

现场钻芯是直观了解施工状况的一种最有效的手段，它既可以了解到实际路面的摊铺厚度，同时通过对钻取的路面芯样进行密度试验，也可以了解实际路面的压实度状况。

表3.4-3为ARAC13混合料路面厚度及压实度检测结果。从表3.4-3的检测结果来看，可以得到以下结论：

①ARAC13混合料实际的摊铺厚度明显大于设计要求的4cm厚度指标，在所钻取的芯样中最薄的也有4.1cm；此层摊铺在较为平整的中面层上，但从厚度的变异性看，试件的高度最薄的4.1cm，最厚的5.6cm，施工的变异性较大。

②从压实度结果来看，试验路碾压效果较好。

ARAC13混合料路面厚度及压实度检测结果 表3.4-3

取样位置		实测厚度(mm)	马氏压实度(%)
桩号	横距(m)		
K15+032	2.8	54	101.9
K15+140	4.5	48	101.6
K15+640	8.4	55	97.5
K15+775	6.6	50	98.1
K15+905	2.7	50	99.9
K16+120	4.5	56	101.2
K16+560	4.5	45	98.6
K16+620	8.4	41	99.5
K16+828	6.6	54	98.2
平均值		50	99.6
设计值		40	大于98

表3.4-4为ARAC20混合料路面厚度及压实度检测结果。从表3.4-4的检测结果来看，可以得到以下结论：

①ARAC20混合料实际的摊铺厚度远小于设计要求的7cm厚度指标，在所钻取的芯样中最厚的也只有5.6cm；从厚度的变异性看，试件的高度最薄的3.5cm，最厚的5.6cm，施工的变异性较大。

②从压实度结果来看，试验路碾压效果较好。

ARAC20混合料路面厚度及压实度检测结果 表3.4-4

取样位置		实测厚度(mm)	马氏压实度(%)
桩号	横距(m)		
K15+200	4.2	41	98.5
K15+257	2.5	51	98.4

续上表

取样位置		实测厚度(mm)	马氏压实度(%)
桩号	横距(m)		
K15 +560	8	45	98.7
K15 +695	4.2	35	98.9
K15 +772	6.9	52	100.1
K16 +020	8	44	99.2
K16 +156	2.4	56	96.3
K16 +320	4.2	43	100.9
K16 +400	6.6	41	98.4
K16 +640	8	50	97.6
平均值		46	98.7
设计值		70	大于98

(2)构造深度。

表3.4-5为ARAC13混合料表面构造深度表。由表3.4-5可见,路面的构造深度较大,表面较为粗糙,有利于行车安全。

ARAC13 混合料表面构造深度　表3.4-5

序号	桩号	间距(m)	直径(mm)		平均值(mm)	构造深度(mm)
1	K15 +330	+3.9	182	195	189	0.90
2		距中2.9	202	183	193	0.86
3		-3.6	195	186	191	0.88
4	K15 +560	+3.6	185	190	188	0.91
5		距中6.9	180	189	185	0.94
6		-4.5	191	207	199	0.80
7	K15 +860	+5.0	189	179	184	0.94
8		距中2.5	189	206	198	0.82
9		-3.0	206	203	205	0.76
10	K16 +335	+4.1	190	190	190	0.88
11		距中3.0	190	187	189	0.90
12		-3.1	199	189	194	0.85
13	K16 +624	+3.2	196	183	190	0.89
14		距中6.2	188	199	194	0.85
15		-5.0	182	190	186	0.92

续上表

序号	桩　　号	间距 (m)	直径 (mm)		平均值 (mm)	构造深度 (mm)
16	K16 +993	+4.8	200	198	199	0.80
17		距中 2.4	200	195	198	0.82
18		-3.4	198	200	199	0.80
平均值						0.86

Chapter 4

第4章

多雨地区双层排水沥青路面关键技术

广吉高速公路所经区域的年降雨量达到1800mm以上。如此大的降雨量给雨天行车带来了巨大挑战:一是降雨导致沥青路面表面的水膜增厚,减小了轮胎与路面之间的接触面积,在高速行车时容易侧滑导致行车事故的发生;二是路面水膜较厚时,高速行车引起的水雾导致后车的行车视线受阻,也容易导致雨天行车事故的发生。针对雨天行车的安全问题,铺设排水路面成为当前最有效也最容易被接受的技术措施。排水路面通过其内部发达的连通空隙,可将路表积水快速排出路面外,从而减小路面的水膜厚度和行车水雾,降低雨天行车事故发生率。

4.1 排水沥青路面特性分析

4.1.1 排水与动水特性分析

以下从路表径流排水以及路面结构内部的渗流排水两个方面对各沥青路面的抵抗降雨能力进行评价分析,着重分析了排水沥青路面结构的抵抗降雨能力和动水压力水损害;分析了水平直线段、4%纵坡直线段和700m半径弯道段的动水特性,据此优选了双层排水路面的适用路段。

4.1.1.1 不同路面结构排水性能分析

采用Simpleware软件三维重构出不同空隙率的双层排水沥青路面结构,并将其导入有限元分析软件Flow-3D,设置边界条件、划分网格,进行数值模拟,获得不同结构组合的双层排水沥青路面结构的排水能力。排水能力采用线性Darcy公式计算得出的渗流系数进行表征。

1)沥青路面结构排水性能关联性研究

制作7个沥青混凝土试件,通过Flow-3D计算各试件的渗流系数,并通过Simpleware提取各试件的空隙率、连通空隙率,分析试件空隙率以及连通空隙率对渗流系数的敏感性,如图4.1-1、图4.1-2所示。

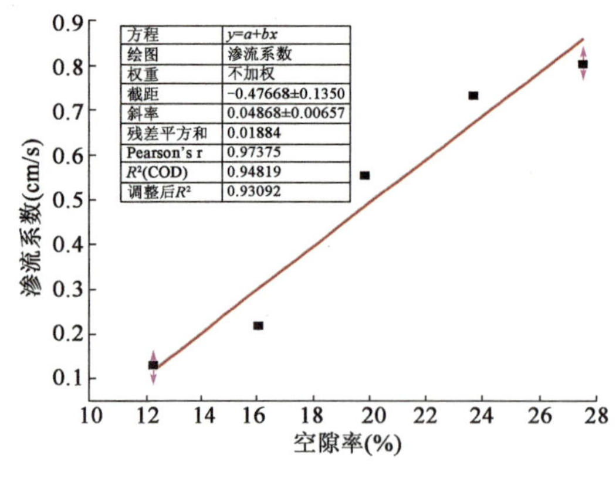

图4.1-1 渗流系数与空隙率的关系

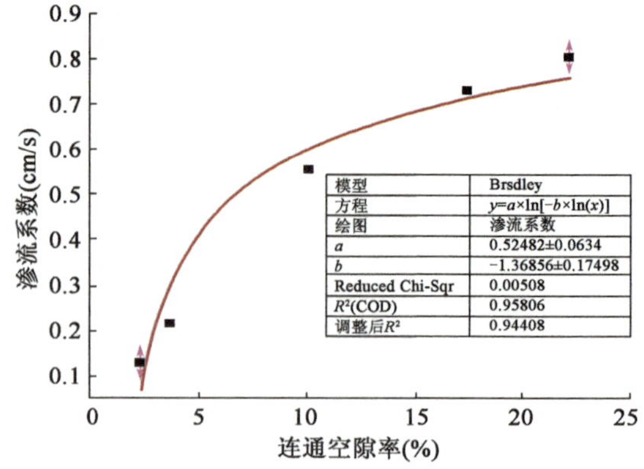

图4.1-2 渗流系数与连通空隙率的关系

结果表明:渗流系数与孔隙率大体呈线性关系,而渗流系数与连通孔隙率呈对数关系。

2)不同结构组合单/双层排水沥青路面结构排水性能

单/双层排水沥青路面结构的渗流系数用来衡量透水性能的重要参数,在排水性沥青路面结构设计中是一个关键性指标。对各结构单/双层排水沥青路面结构的渗流系数进行建模计算,计算结果见表4.1-1。

各结构组合单/双层排水沥青路面结构渗流系数对比　　表4.1-1

路面结构组合	6.5cm PAC13	2cm PAC10 + 4.5cm PAC16	2.5cm PAC10 + 4cm PAC16	3cm PAC10 + 3.5cm PAC16
渗流系数(cm/s)	0.501	0.494	0.512	0.511

由表4.1-1可知,整体上来看,单层排水沥青路面的排水性能略弱于双层排水沥青路面结构,但是差距不大;改变结构层厚度组合对双层排水沥青路面排水性能的提升也可忽略不计,各结构组合均可满足基本的排水要求。

4.1.1.2　沥青路面水膜厚度计算及动水压力水损害分析

采用Boussinesq方程以及二维潜水方程对各孔隙率/渗流系数的沥青路面结构进行最大降雨强度估算,计算不同沥青路面结构能够承受的最大降雨量。

Boussinesq方程计算方法设置右部边界条件为排水边界条件,且设产生水膜的源项为降雨。假定横向坡度不变为2%,纵向坡度分别为2%、3%、4%、5%,求解结果见表4.1-2。

Boussinesq公式计算得各结构承受最大降雨量(单位:cm/s)　　表4.1-2

路面结构	纵坡			
	2%	3%	4%	5%
6.5cm PAC13	3.957×10^{-5}	3.913×10^{-5}	3.872×10^{-5}	3.837×10^{-5}
2cm PAC10 + 4.5cm PAC16	3.901×10^{-5}	3.858×10^{-5}	3.818×10^{-5}s	3.783×10^{-5}
2.5cm PAC10 + 4cm PAC16	4.044×10^{-5}	3.999×10^{-5}	3.958×10^{-5}	3.921×10^{-5}
3cm PAC10 + 3.5cm PAC16	4.036×10^{-5}	3.991×10^{-5}	3.95×10^{-5}	3.915×10^{-5}

根据表4.1-2中的计算结果,单/双层排水沥青路面结构能够承受的最大降雨强度约为34.5mm/d,为大雨(25~50mm/d)级别。由于相同空隙率条件下单/双层排水沥青路面结构的渗水系数差异性较小,因此能够承受的降雨量也没有差别;随着路面纵坡的增大,合成坡度也会逐渐增大,此时虽然路面内部雨水渗流速度变快,但是路幅两侧边缘部分会有水膜产生,使路表摩擦系数变小,影响行车安全性。基于二维潜水方法的计算结果与采用Boussinesq方程计算方法的计算结果相近,当排水性沥青路面结构的纵向坡度变大时,路肩部分水膜厚度会变大,但对整体抵抗降雨强度的能力影响不大。

为研究双层排水沥青路面结构在轮胎滚动荷载作用下的动水压力响应,需先建立带轮胎花纹模型,然后将轮胎路面结构导入Flow-3D,最后建立动水压力计算模型进行数值模拟。

通过对不同时刻动水压力分析可知,刚起动时,轮胎动载作用下轮胎下部双层排水沥青路面结构内部动水压力最大,之后动水压力作用将轮胎抬起,使得轮胎运动和荷载作用对空隙中水的扰动减小,进而轮胎底部动水压力减小;随着动水压力的减小轮胎与水的接触面又会失去平衡，轮胎产生向下加速度；随着时间的推移，轮胎动水压力形成最终的动态平衡。

不同车速条件下，动水压力计算结果见图4.1-3和表4.1-3。

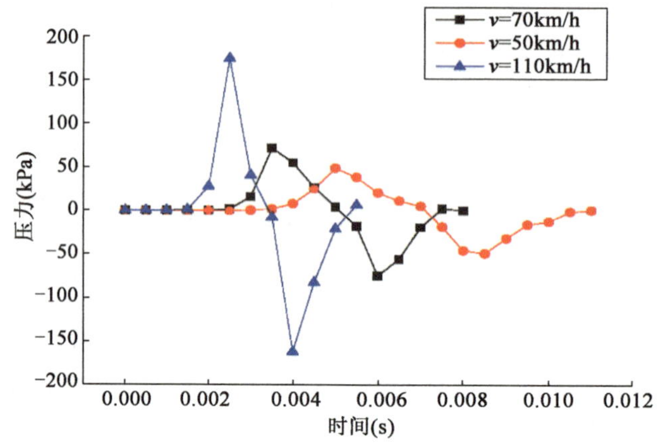

图4.1-3 路面板表面(1.71m)处不同车速条件下动水压力随时间分布

路面板表面(1.71m)处不同车速条件下最大动水压力 表4.1-3

车速(km/h)	50	70	110
最大正压(kPa)	48.73	71.46	175.05
最大负压(kPa)	49.31	75.00	162.21

由图4.1-3和表4.1-3可知，车辆在路表面行驶的速度越快，双层排水沥青路面结构内部的最大正/负动水压力越大，路面结构内部力学响应越大，水损害越严重。

不同水膜厚度条件下，动水压力计算结果见图4.1-4和表4.1-4。

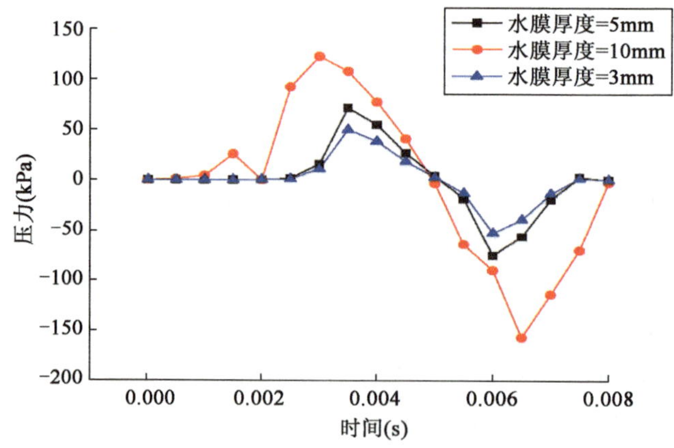

图4.1-4 路面板表面(1.71m)处不同水膜厚度条件下动水压力随时间分布

路面板表面(1.71m)处不同水膜厚度条件下最大动水压力 表4.1-4

水膜厚度(mm)	3	5	10
最大正压(kPa)	50.02	71.46	135.15
最大负压(kPa)	49.31	75.00	152.2

由图 4.1-4 和表 4.1-4 可知，路表水膜厚度越大，双层排水沥青路面结构内部的最大正/负动水压力越大，路面结构内部力学响应越大，水损害越严重。

不同上面层集料当量粒径条件下，动水压力计算结果见图 4.1-5 和表 4.1-5。

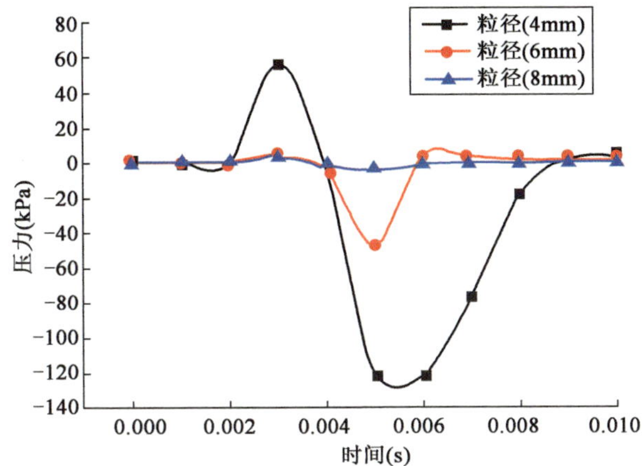

图 4.1-5　路面板表面(1.71m)处不同当量粒径动水压力随时间分布(轮载)

路面板表面(1.71m)处不同集料当量粒径条件下最大动水压力(轮载)　　表 4.1-5

集料当量粒径(mm)	4	6	8
最大正压(kPa)	56.9	4.3	3.5
最大负压(kPa)	122.4	46.6	4.2

由图 4.1-5 和表 4.1-5 可知，双层排水沥青路面结构上面层混合料当量粒径越小，双层排水沥青路面结构内部的最大正/负动水压力越大，路面结构内部力学响应越大，水损害越严重。

双层排水不同组合厚度条件下，动水压力计算结果见图 4.1-6 和表 4.1-6。

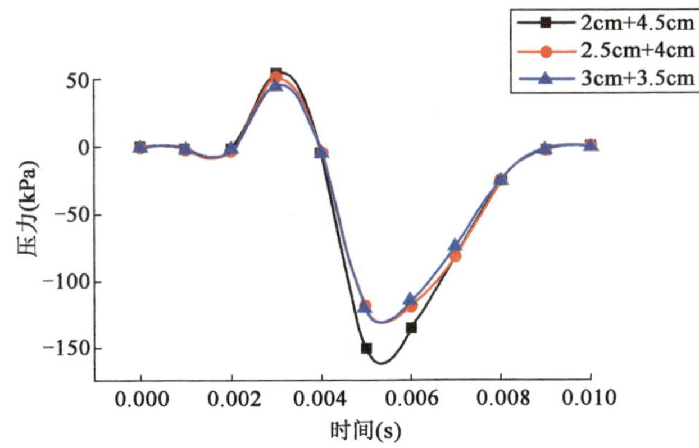

图 4.1-6　路面板表面(1.71m)处不同结构层组合条件下动水压力随时间分布

路面板表面(1.71m)处不同结构层组合条件下最大动水压力　　表 4.1-6

结构层组合	2cm + 4.5cm	2.5cm + 4cm	3cm + 3.5cm
最大正压(kPa)	60.9	56.9	49.3
最大负压(kPa)	128.1	122.4	120.2

由图4.1-6和表4.1-6可知，双层排水沥青路面结构上面层厚度越小，双层排水沥青路面结构内部的最大正/负动水压力越大，路面结构内部力学响应越大，但随厚度减小动水压力增加并不明显，因此改变双层排水沥青路面结构层厚度对路面结构动水压力力学响应影响不大。

4.1.1.3 不同路段动水特性

针对双层排水沥青路面，主要有三种路段可供选择：①水平直线段；②4%纵坡直线段；③700m半径弯道段。通过三种路段上沥青路面结构的动水压力和结构受力分析，来优选双层排水沥青路面适宜铺筑的路段。

采用的模拟双层沥青路面结构层基本信息见表4.1-7。

模拟用双层排水沥青路面结构层　　表4.1-7

结构层位	混合料及厚度	结构层位	混合料及厚度
上面层	3.5cm PAC10	基层	36cm水泥稳定碎石(6:94)
中面层	6.5cm PAC16	底基层	18cm水泥稳定碎石(5:95)
下面层	6cm AC20		

根据Biot理论，动水压力本身不会对结构内部应力产生较大影响，但却会对混合料的沥青膜产生剥落作用。选取结构最大主拉应力、结构最大主压应力、结构最大动水压力、面层最大剪切力、双层界面最大剪切力作为力学评价指标，结果见表4.1-8。

不同路面结构力学响应　　表4.1-8

评价指标	水平直线段	4% 纵坡	700m半径弯道
最大拉应力(kPa)	494	513	497
最大压应力(kPa)	389	403	387
最大动水压力(kPa)	149	155	150
面层最大剪力(kPa)	257	268	331
双层界面最大剪力(kPa)	186	201	217

由表4.1-8可以看出，①水平直线段5项力学响应(指标)值均为最小值，受力环境最为优越；②纵坡段结构内部最大主应力和最大动水压力为三者中最大值，说明纵坡段结构受力条件恶化；③700m半径弯道段结构内部最大主应力和最大动水压力与水平直线段接近，但面层最大剪力和双层界面最大剪力均远大于其他两个路段，说明弯道路段易发生双层排水沥青路面上下层界面破坏的问题。

针对三种高速公路路段(水平直线段、4%纵坡直线段和700m半径弯道段)，考虑到水平直线路段易于施工；水平直线路段排水较慢，且易于阻塞，便于研究双层排水沥青路面排水性能和孔隙阻塞效应；纵坡段和曲线段虽然有利于研究不同荷载组合作用下结构层内部最大主应力和最大剪应力，但这些路段上结构内部较大的应力容易导致双层排水结构的早期破坏，直接影响双层结构的耐久性。因此，双层排水沥青路面结构最适宜铺筑在水平直线段。

4.1.2 降噪特性分析

基于CT扫描技术和三维重构方法建立沥青混合料的三维可视化模型,并以此为基础对沥青混合料试件进行三维重构研究,然后对双层排水路面的降噪效果进行模拟分析。拟定在环境、车辆、年份等条件相同的情况下,主要从路面结构形式的角度分析双层排水沥青路面的降噪性能,并与单层排水沥青路面、传统沥青混凝土路面的降噪性能进行对比。

4.1.2.1 双层多孔沥青路面结构三维重构模型

室内成型不同路面结构的车辙板试件,利用工业CT扫描仪扫描沥青混合料车辙板,分析混合料的内部结构。基于沥青混合料三维的声学模拟可以更精确地模拟声音在空隙中的响应,进而分析不同路面结构的降噪性能。

1)试件准备

选用表4.1-9中所列的不同路面结构方案制作试件。双层排水路面上下面层级配组成见表4.1-10。

试件路面结构　　表4.1-9

试验方案	双层排水沥青路面结构		单层排水沥青路面结构	AC13
	A薄双层方案	B厚双层方案		
上面层	2.5cm PAC10(玄武岩,高黏沥青,20%)	3cm PAC10(玄武岩,高黏沥青,20%)	4cm PAC13(玄武岩,高黏沥青,20%)	4cm
中面层	4cm PAC16(玄武岩,高黏沥青,22%)	6cm PAC16(石灰岩,高黏沥青,22%)		
总厚度	6.5cm	9cm	4cm	4cm

注:上面层、中面层中"(玄武岩,高黏沥青,20%)"表示采用玄武岩和高黏沥青,空隙率为20%。其余依此类推。

双层排水路面上下面层级配组成　　表4.1-10

筛孔(mm)	19	16	13.2	9.5	4.75	2.36	1.18	0.6	0.3	0.15	0.075
PAC10	100	98	90	60	26	20	17	14	11	8	5
PAC16	100	94.8	79.7	57.1	15.7	10.3	8.0	6.2	5.1	4.6	4.1

根据级配制作试件实测所得的上下面层的空隙率见表4.1-11。可以看出,所设计的级配满足空隙率要求。

上下层组成的空隙率　　表4.1-11

上下面层	计算空隙率(%)	实测空隙率(%)	连通空隙率(%)
PAC10	19.9	21.3	15.6
PAC16	22.0	21.2	15.0

采用辙板模具,依次装入沥青混合料,分层或单层碾压至设计厚度。

2)三维可视化模型及检验模型

为配合CT扫描仪的精度,将双层多孔沥青路面车辙板试件切割成7cm×7cm×7cm的立方体形状试件。对试件进行纵向和横向扫描,采用MATLAB软件对CT图像进行处理,通过图像分割、清除噪点、提高对比度,对路面空隙结构进行提取(原 CT 图中黑色区域);通过对 CT 扫描图片的处理,可以得到二维状态下的空隙分布情况。

图像三维可视化模型是指从二维的图像序列中提取三维对象的信息,从而能够重新构解出三维对象的组织结构,并且能够依照研究需求加强图像中目标特征信息。通过三维重构软件对获取的 CT 图像进行处理,识别沥青混合料中各组分的特征信息,建立包含粗集料、沥青砂浆和空隙在内的沥青混合料三维可视化模型,进而能够观测到可视化模型内部各组分的分布状态。

获取 CT 值和阈值前首先将 CT 扫描获得的系列连续图像导入软件 Mimics 中进行叠加处理。然后利用软件 Mimics 获取 CT 图像的 CT 值,并以此为参考识别沥青混合料内部粗集料、沥青砂浆和空隙等组分。根据 Mimics 的 3D Histogram 功能得到 CT 值对应的体素数量分布图。通过此图中 CT 值的分布规律,确定沥青混合料内部结构中各组分的阈值。得出到粗集料和沥青砂浆的 CT 值范围为 -960 ~ -769HU,空隙的 CT 值为 -1023 ~ -960HU(HU 为 Hounsfield Units,CT 数的单位名称)。

利用阈值区分模型中的不同材料,采用 Mimics 中 Marks 功能分别标记模型中粗集料、沥青砂浆和空隙各组分,最后利用 Calculate 3D 模块建立三维可视化模型,以不同的颜色对其进行区分。

利用 Mimics 软件成型的三维数值模型,可以得到模型结构中粗集料、沥青砂浆和空隙等组分的体积含量和表面积。通过对比分析真实沥青混合料试件与三维数值模型内各个组分在体积含量方面的差异性,来检验三维数值模型的精度。

为了将重构的三维模型导入有限元软件 Abaqus 中,需要利用软件 Mimics 中 Export 功能导出适用于 Abaqus 软件的 inp 文件格式。由于生成的三维模型导入 Abaqus 中尺寸差异过大,所以需要先把生成的三维模型导入有限元前处理软件 Hypermesh 中进行尺寸和位置的修正。

4.1.2.2 噪声有限元三维数值建模

分别把修正后的路面结构和空隙结构的三维网格模型的 inp 文件通过 Import-Part 导入 Abaqus 的 Part 模块中,构建三维路面空间结构"轮胎-路面-空气"耦合模型。在有限元分析中采用 Dynamic、Explicit 分析步进行分析,通过声场分析输出声压,通过分析不同路面结构该点的声压值,进而得出不同路面结构的降噪效果。

4.1.2.3 不同路面结构的泵吸噪声

通过建模分析,分别获取不同路面结构试件的声压,再转换成噪声分贝值,结果如图 4.1-7 所示。

在时间上,入射声波与反射声波已明显分离开,而且由于吸声层的吸收作用,反射声波的幅值小于入射声波的幅值。当输入不同的吸声层材料参数,以及改变入射声波的频率时,可以得到不同的声波反射特性。不同路面结构下吸气噪声的降低值见表 4.1-12。

从表 4.1-12 中的模拟计算结果可以看出,三种路面泵气噪声按从大到小排序为:AC > 单层多孔 > 双层多孔。在相同的入射波情况下,普通沥青路面的泵吸噪声要比多孔沥青路面大,这是因为多孔路面的空隙较大,有利于空气的能量耗散,双层多孔沥青路面大致可以降低噪声

6dB 左右。双层多孔沥青路面的泵吸噪声要比单层多孔沥青路面小,厚双层比薄双层也要略小,这是因为空隙结构厚度增大也有利于吸气。

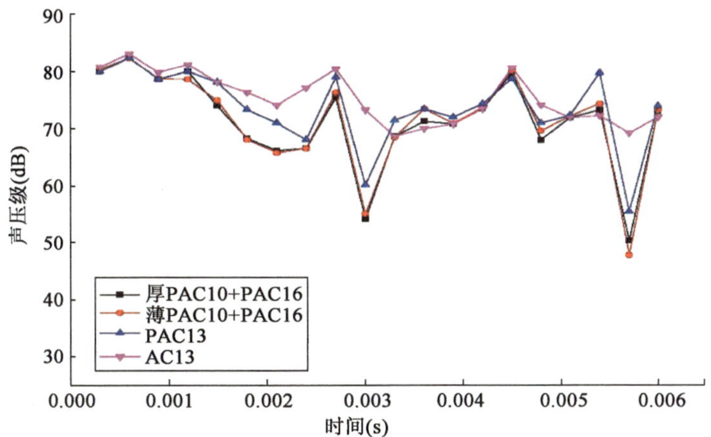

图 4.1-7　泵气噪声声压级图

四种路面泵气噪声降低值对比　　表 4.1-12

结构类型	噪声降低值(dB)	结构类型	噪声降低值(dB)
4cm AC13	2.7	2.5cm PAC10 +4cm PAC16	6.1
单层 4cm PAC13	3.4	3cm PAC10 +6cm PAC16	6.9

4.1.2.4　不同路面结构的振动噪声

基于建立的振动噪声耦合模型,通过 Amplitude 给轮胎施加不同沥青路面激励下轮胎的竖向位移,运用 Abaqus/Explicit 进行分析以研究不同沥青路面结构下的振动噪声。

按照上述同样步骤,分别获取不同路面结构的由轮胎振动引起的声压,再转换成噪声分贝值,结果如图 4.1-8 所示。

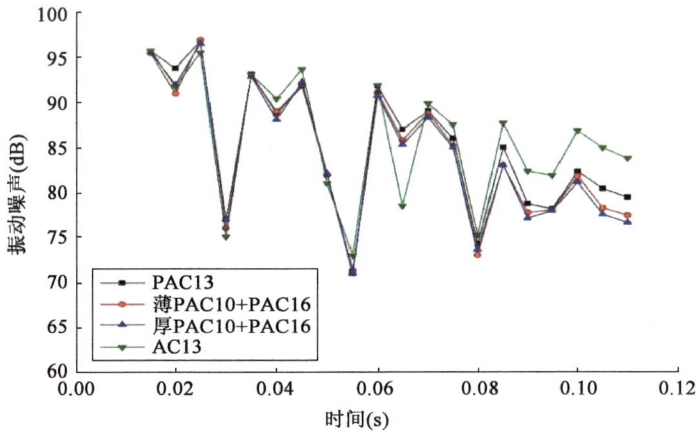

图 4.1-8　振动噪声衰减图

从图4.1-8中可以看出,在此期间振动噪声从高位振荡衰减,到达0.11s时轮胎振动引起的噪声基本稳定,不同路面结构下振动噪声接近稳定的噪声模拟结果见表4.1-13。

噪声模拟结果　　表4.1-13

结构类型	0.11s时噪声(dB)	结构类型	0.11s时噪声(dB)
4cm AC13	83.7	2.5cm PAC10+4cm PAC16	77.4
单层4cm PAC13	79.4	3cm PAC10+6cm PAC16	76.6

可以看出,不同混合料类型的试件很好地反映了轮胎振动噪声效果。多孔沥青路面明显低于普通沥青路面,而双层多孔沥青路面的组合更为优异,这得益于混合料内部充分的振动和压缩噪声消散孔隙。

双层多孔沥青路面结构降噪能力明显优于单层多孔降噪沥青路面结构,可降低噪声2~4dB。厚双层多孔沥青路面结构的降噪效果要略好于薄双层多孔沥青路面结构。

4.1.2.5　噪声频谱评定

对于噪声,还可以从频域角度来分析噪声在不同的频率范围内的分布差异。常用的是直观表现频域特征的频谱图。频谱图是以频率(Hz)为横坐标,以声压、声压级或声功率等为纵坐标的频谱曲线。通过分析频谱图了解声源的特性,获取噪声声能在频率方面的分布范围,从而获得主要声能量集中的频率成分,为噪声的控制提供依据。利用MATLAB软件,将时域信号通过傅里叶变换转换成频域信号。

1)泵吸噪声频谱

通过快速傅里叶变换将噪声时域图转换成频谱图,图4.1-9为不同路面结构下的吸气噪声的频谱图。

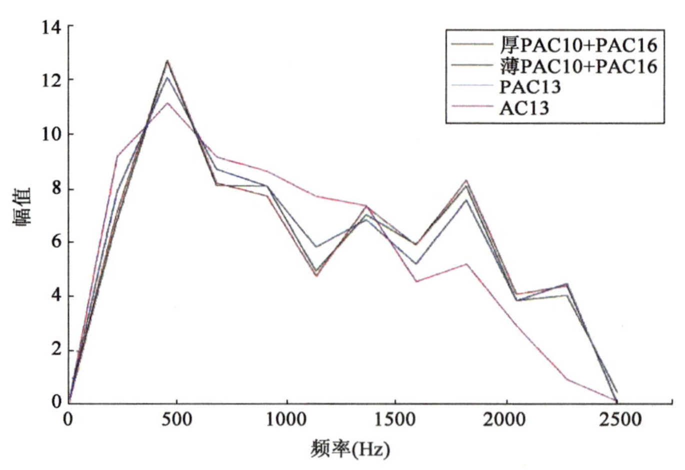

图4.1-9　不同路面结构下的吸气噪声频谱图

可以看出,泵吸噪声的频率很高,分布主要集中在500~1800Hz之间。双层多孔沥青路面的泵吸噪声频率较低,多集中在较低频段。双层多孔沥青路面产生的泵吸噪声在600~1400Hz之间的分布频率要比单层多孔沥青路面低。

2)振动噪声频谱

通过快速傅里叶变换将噪声时域图转换成频谱图,图 4.1-10 为不同路面结构下的振动噪声的频谱图。

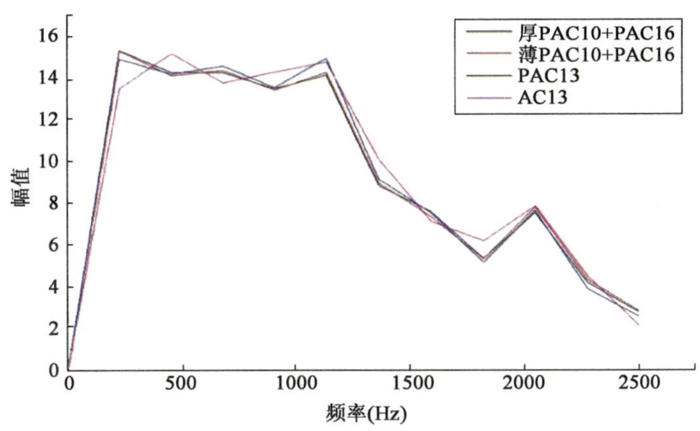

图 4.1-10 不同路面结构下的振动噪声频谱图

可以看出,振动噪声的声能主要集中在 400 ~ 1200Hz 之间,频率比泵气噪声低一些。AC 路面的振动噪声相较单、双层多孔路面频率要高一点,这也是 AC 路面噪声要大一些的原因。

4.2 排水沥青路面结构组合与材料设计

针对不同高黏改性剂与基质沥青以及全溶胀橡胶沥青复配后的沥青性能展开研究。结合江西省试验路双层排水路面的需求,确定了上下面层的混合料粒径以及空隙率要求。采用正交试验法建立 PAC10 与 PAC16 混合料的空隙率与关键孔径通过率的关系式,反算出满足空隙率要求的上下面层级配。在双层排水混合料配合比设计的基础上,对不同级配、不同沥青种类以及不同改性剂掺量下的排水沥青混合料进行路用性能试验研究,评价了不同沥青混合料的排水性能、高温性能、低温性能以及水稳定性能,探讨了石灰岩在双层排水路面下面层 PAC16 中的使用可行性,对比石灰岩与玄武岩混合料的路用性能,分析了石灰岩混合料与玄武岩混合料的差异。

4.2.1 高黏改性沥青材料性能

采用不同的高黏改性剂分别与基质沥青、橡胶沥青进行复配,对各高黏沥青胶结料的常规性能以及高温流变性能进行评价分析。

4.2.1.1 高黏改性沥青技术指标要求

双层排水路面,上面层采用 PAC10 的级配方案,最大粒径较小,骨架性能相对较弱,对黏度指标提出了更高的要求。综合国内外沥青路面施工、技术规范中,对高黏改性沥青相关技术指标的规定,取相对苛刻的指标要求,总结出适用于高速公路双层排水沥青路面的高黏沥青技术指标,见表4.2-1。

双层排水沥青路面高黏沥青技术指标　　表4.2-1

技术指标	单位	技术要求
针入度25℃	0.1mm	≥40
软化点	℃	≥80
延度5℃	cm	≥30
闪点	℃	≥230
60℃动力黏度	Pa·s	≥50000
170℃旋转黏度	Pa·s	≤2.5
黏韧性	N·m	≥25
韧性	N·m	≥20
弹性恢复	%	≥85
储存稳定性离析	℃	≤5
质量损失	%	≤±1.0
针入度比	%	≥65
残留延度5℃	cm	≥20

4.2.1.2 高黏改性沥青制备

1)沥青

双龙70号基质沥青及全溶胀橡胶沥青的主要技术指标见表4.2-2。

双龙70号基质沥青及全溶胀橡胶沥青技术指标　　表4.2-2

技术指标	单位	双龙70号基质沥青	全溶胀橡胶沥青
针入度25℃	0.1mm	66.4	45.7
软化点	℃	48.4	60.1
延度5℃	cm	0(脆断)	10.2
闪点	℃	286	330
60℃动力黏度	Pa·s	220	14851
薄膜加热质量损失	%	-0.1	-0.2
薄膜加热针入度比	%	69	72

2)改性剂

根据经验,采用了两种高分子聚合物改性剂,分别是国产高黏改性剂A与进口高黏改性剂B,对比不同改性剂对沥青的改性效果。两种改性剂的外观比较接近,性能指标见表4.2-3和图4.2-1。

高黏改性剂性能指标　　表4.2-3

技术指标	单　位	A	B
外观	—	黄色球形颗粒	黄色圆柱形颗粒
密度	g/cm^3	0.55	0.61
粒径尺寸	mm	2-3	2-3

a)国产高黏改性剂A颗粒

b)进口高黏改性剂B颗粒

图4.2-1　高黏改性剂外观

3)实验室制备方法及复配方案

参考SBS改性沥青的制备工艺可以发现,高黏沥青的制备方法对改性沥青的性能具有显著影响。通过前期室内试验对沥青的加热温度、剪切时间进行对比,得到适用于室内试验的高黏沥青胶结料制备方法:

(1)计算制备高黏改性沥青的沥青以及高黏改性剂用量(沥青以800g为宜,高黏改性剂采用内掺法计算用量)。

(2)将基质沥青均匀加热至160~170℃,或将橡胶沥青均匀加热至170~180℃,保持温度,缓慢加入已称量好的高黏改性剂,同时使用玻璃棒快速搅拌,使改性剂颗粒均匀分布至沥青中,避免大面积结团。

(3)保持试样温度,固定盛样容器,放入高速剪切装置至试样的中部位置,逐渐增加转速,避免沥青溅出,最终调整转速至4000r/min左右,稳定高速剪切30min。

(4)关闭剪切装置,将剪切完的沥青试样放入(180±5)℃的烘箱中发育20~30min,待试样中的气泡消失,即可取样进行相关沥青胶结料试验。

在制备过程中需要特别注意的是,制备好的高黏改性沥青冷却至室温后,再次使用时,需在加热后的液态状态下,用玻璃棒充分搅拌1~2min,避免冷却和再次加热过程中产生的离析。

高黏改性沥青复配方案见表4.2-4。

高黏改性沥青复配方案　　表4.2-4

沥青种类	沥青代号	高黏添加剂种类	添加剂掺量(内掺)
基质沥青70号	JZ	A	12%,15%
		B	12%
全溶胀橡胶沥青	XJ	A	8%
		B	8%

4.2.1.3 高黏改性沥青常规性能

对5种不同复配方案高黏改性沥青的常规性能进行测试，主要包括软化点、延度(5℃)、针入度(25℃)、旋转黏度和动力黏度(60℃)。其中，软化点、延度、针入度3个指标的试验结果见表4.2-5，动力黏度的试验结果如图4.2-2所示，布式旋转黏度试验结果如图4.2-3所示(JZ表示70号基质沥青，XJ表示全溶胀橡胶沥青)。

5种沥青软化点、延度、针入度指标试验结果　表4.2-5

沥青种类	软化点(℃)	延度(cm)	针入度(0.1mm)
JZ+12%A	88.8	20.5	41.3
JZ+15%A	91.5	39.5	38.3
JZ+12%B	80.1	18.9	41.2
XJ+8%A	84.1	25.1	41.0
XJ+8%B	78.5	21.3	39.8

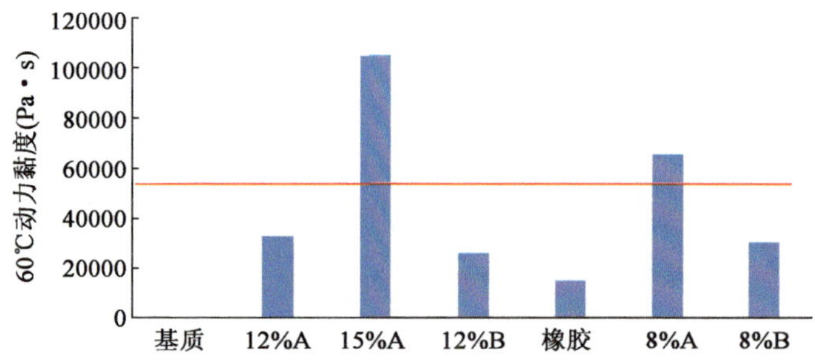

图4.2-2　60℃动力黏度试验结果

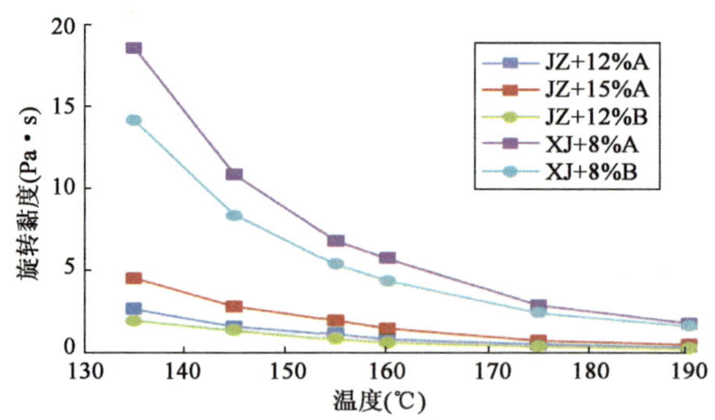

图4.2-3　布式旋转黏度试验结果

由表4.2-5及图4.2-2可以看出：①随着高黏改性剂掺量的增加，沥青的软化点明显提高，5种沥青胶结料除了XJ+8%B外，都能满足软化点不低于80℃的指标要求。横向对比，A对软化点的改性效果要优于B，JZ与12%以上高黏改性剂的复配效果要优于橡胶沥青复配8%的高黏改性剂。②延度随着高黏改性剂掺量的增加而增加，当掺量由12%增加到15%时，延度有非常明显的突增。从试验过程中可以发现，当改性剂掺量增大，沥青胶结料黏度很高时，5℃条件下的延度试验，沥青容易从两端的模具中被拉出，而不是从中间产生断裂。横向对比，

A 对延度的改性效果优于 B，XJ + 8% 高黏改性剂的延度要略优于 JZ + 12% 高黏改性剂，但远差于 JZ + 15% 高黏改性剂。总体来看，规范中要求 5℃ 延度不低于 30cm，这是一个相对比较苛刻的要求，只有 1 种沥青方案满足要求，而后续会通过混合料试验来验证各沥青方案的低温性能。③沥青胶结料的针入度会随着改性剂掺量的增加而减小，A 与 B 对针入度的改性效果接近。当 A 掺量为 15% 时，针入度值要小于规范中针入度不低于 40(0.1mm) 的要求，沥青在 25℃ 的条件下偏硬(其实是黏度大，而不是脆硬，后期可通过混合料性能试验验证)。

由图 4.2-2 可以看出，60℃ 动力黏度随高黏改性剂掺量的增加而提高，当掺量由 12% 增加到 15% 时，动力黏度值有明显的突增。横向对比，A 对动力黏度的改性效果要远优于 B，XJ + 8% 高黏改性剂的动力黏度要优于 JZ + 12% 高黏改性剂，要差于 JZ + 15% 高黏改性剂。总体来看，5 种高黏沥青复配方案的动力黏度均不小于 20000Pa · s，但只有两种方案能够满足交通运输部《排水沥青路面设计与施工技术规范》(JTG/T 3350-03—2020) 中大于等于 50000Pa · s 的要求。后续的混合料高温试验可以证明，20000Pa · s 的要求已经不能满足现阶段大空隙率排水路面的高温性能需求。

图 4.2-3 展示了基质沥青和橡胶沥青掺加不同高黏改性剂后的旋转黏度。总体而言，不管高黏改性剂掺量如何，橡胶改性高黏沥青的旋转黏度远高于基质改性高黏沥青的黏度，在温度较低时黏度差异更显著。同时，对同种沥青而言，高黏改性剂掺量越高，高黏改性沥青的旋转黏度也越高。

沥青布式黏度采用 ASTM D2493 中所采用的第一种直线方程 Saal 公式[$\lg\lg(\eta \times 10^3) = n - m\lg(T + 273)$]进行拟合，拟合结果见表 4.2-6。

黏温曲线拟合系数 表 4.2-6

参 数	方 案				
	JZ + 12% A	JZ + 15% A	JZ + 12% B	XJ + 8% A	XJ + 8% B
m	2.4443	2.4962	2.5672	2.1742	2.0569
n	6.9131	7.0811	7.2196	6.3059	7.2606
R^2	0.991	0.994	0.991	0.999	0.973

从表 4.2-6 中可以看出，黏温指数 m：XJ + 8% B < XJ + 8% A < JZ + 12% A < JZ + 15% A < JZ + 12% B，说明在 130 ~ 190℃ 的温度范围内，橡胶高黏改性沥青比基质高黏改性沥青具有更好的温度稳定性，A 与 B 的改性效果在温度稳定性上相对比较接近。

4.2.1.4 高黏改性沥青高温流变性能

采用动态剪切流变仪(DSR)对不同复配方案的沥青胶结料进行试验，即对沥青试样施加正弦规律变化的应力应变，测量沥青对此的反应。

对 5 种沥青胶结料进行温度扫描试验，温度范围控制在 46 ~ 88℃ 之间，每隔 6℃ 取一个控制点，选择控制应变的加载模式，应变设为 10%，频率设为 10rad/s，按照 AASHTO DSR 规范中的要求进行试验，试验结果如图 4.2-4 所示。

复数模量(G^*)表示沥青抵抗变形的能力，其数值越大，表示沥青的抗剪切能力越大。从图 4.2-4a) 中可以看出：①5 种沥青胶结料的复数模量均随着温度上升而减小，且减小的速率越来越小。在 46℃ 时，复数模量为：JZ + 15% A > XJ + 8% A > XJ + 8% B > JZ + 12% B > JZ +

12% A。不同的沥青胶结料复数模量下降的速率不同，当温度超过 58℃时，复数模量为：XJ + 8% A > JZ + 15% A > XJ + 8% B > JZ + 12% A > JZ + 12% B，说明橡胶高黏改性沥青高温下抗剪切变形的能力较强，而 B 改性剂高温下抗剪切变形的能力下降较快。②总体来看，XJ + 8% 高黏改性剂的抗剪切能力要明显大于 JZ + 12% 高黏改性剂，原因除了高黏改性剂在沥青中形成的聚合物网状结构外，全溶胀橡胶沥青中的橡胶在沥青中充分溶胀，形成了絮状结构，而橡胶在高温下相对更加稳定，高黏聚合物则在高温下逐渐变软。改性剂掺量的增加也可以明显增强高温下的抗剪能力，但随温度下降的速率要大于橡胶高黏沥青。

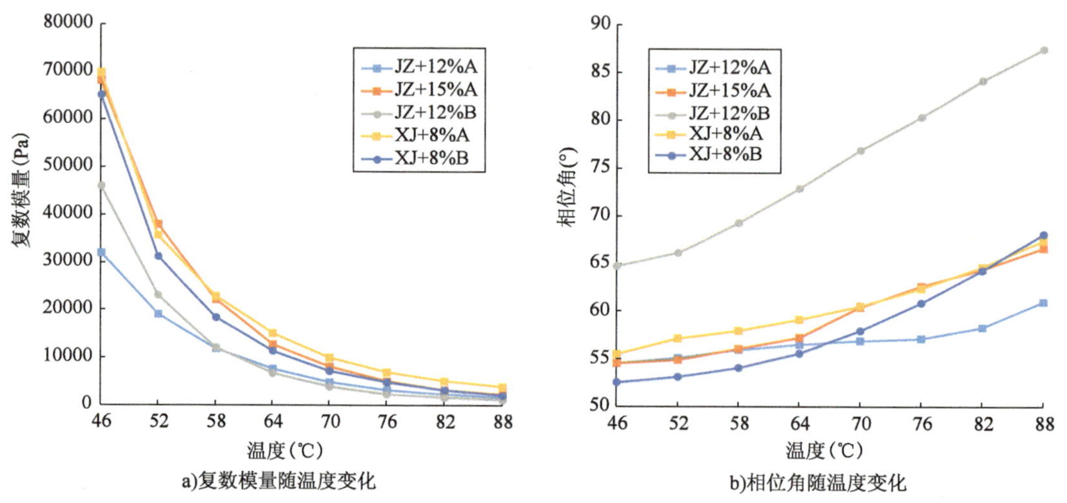

图 4.2-4　温度扫描试验结果

相位角（δ）反映了沥青中弹性与黏性的比例，其数值越大，表示沥青中黏性的成分越大。从图 4.2-4b）中可以看出：5 种沥青胶结料的相位角都随着温度上升而上升，呈现出不同的上升规律。平行对比，以 B 为改性剂的沥青，相位角上升的速率要大于以 A 为改性剂的沥青，说明在高温条件下，A 的高温弹性要大于 B；A 改性的沥青，其黏弹性特征相对稳定。JZ + 12% B 的相位角大小以及相位角随温度上升的速率都要明显大于其余 4 种沥青。

5 种沥青的车辙因子（$G^*/\sin\delta$）随温度变化的曲线如图 4.2-5 所示。

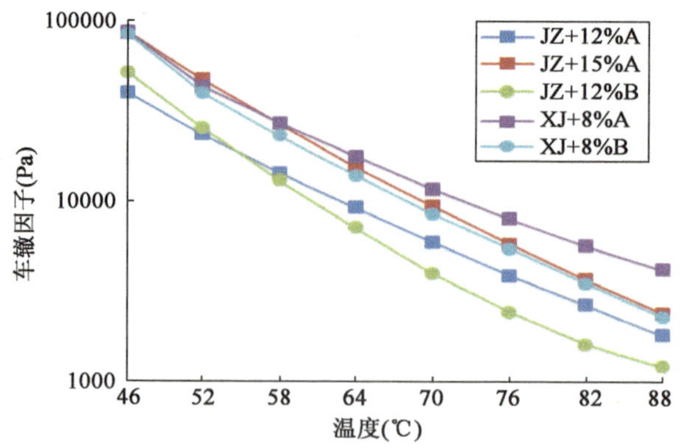

图 4.2-5　车辙因子与温度变化关系曲线（半对数坐标）

由图 4.2-5 可以看出,车辙因子为:XJ + 8% A > JZ + 15% A > XJ + 8% B > JZ + 12% A > JZ + 12% B,即橡胶高黏改性沥青的抗永久变形能力≈JZ + 15% 高黏改性剂 > JZ + 12% 高黏改性剂,说明橡胶高黏沥青抵抗永久变形的能力总体优于基质高黏沥青。橡胶改性以及高黏改性剂掺量,都对沥青抵抗永久变形的能力有明显的改善效果。在以车辙因子为对数的坐标系下,车辙因子与温度为线性关系,按照公式 $\lg(G^*/\sin\delta) = -A \cdot T + B$ 对结果进行拟合,拟合结果见表 4.2-7。

车辙因子-温度曲线拟合结果　　表 4.2-7

参　数	方　案				
	JZ + 12% A	JZ + 15% A	JZ + 12% B	XJ + 8% A	XJ + 8% B
A	0.0316	0.0367	0.0391	0.0302	0.0360
B	6.0064	6.5709	6.4161	6.2243	6.4878
R^2	0.9964	0.9972	0.9825	0.9863	0.9928

其中,A 反映了沥青的感温特性,A 越小,表示该沥青的高温稳定性越好。可以看出,A 的大小关系为:XJ + 8% A < JZ + 12% A < XJ + 8% B < JZ + 15% A < JZ + 12% B,说明在 46 ~ 88℃ 的温度范围内,橡胶高黏沥青的温度稳定性要总体优于基质高黏沥青,且 A 作为高黏改性剂的温度稳定性要优于 B。

4.2.2　上下面层配合比设计方法研究

4.2.2.1　级配方案设计及空隙率测定

双层排水沥青路面根据其路用性能要求,采用上层小粒径、下层大粒径的结构设计布局。本项目主要研究上面层 PAC10、下面层 PAC16 的双面层结构。由于 PAC10 的最大粒径较小,粗集料粒径相对单一,骨架结构偏弱,容易出现骨架位移,因此空隙率不宜过大。为了在保证面层结构稳定的同时,尽可能提高沥青路面的排水能力,将上面层、下面层空隙率分别控制为 20% 和 22% 。

1)正交级配方案设计

PAC10 选取 9.5mm、4.75mm、2.36mm、0.075mm 4 种孔径通过率,PAC16 选取 13.2mm、9.5mm、4.75mm、2.36mm、0.075mm 5 种孔径通过率,其控制水平根据国内外规范中规定的开级配混合料级配范围综合考虑而定,具体因素水平见表 4.2-8、表 4.2-9。

PAC10 因 素 水 平 表　　表 4.2-8

因　素	孔　径			
	$p_{9.5}$	$p_{4.75}$	$p_{2.36}$	$p_{0.075}$
水平 1	100	38	20	6
水平 2	100	28	15	4.5
水平 3	100	18	10	3
水平 4	95	38	15	3
水平 5	95	28	10	6

续上表

因素	孔径			
	$p_{9.5}$	$p_{4.75}$	$p_{2.36}$	$p_{0.075}$
水平 6	95	20	20	4.5
水平 7	90	38	10	4.5
水平 8	90	28	20	3
水平 9	90	18	15	6

注：$p_{9.5}$代表 9.5mm 孔径，后同。

PAC16 因素水平表 表 4.2-9

因素	孔径				
	$p_{13.2}$	$p_{9.5}$	$p_{4.75}$	$p_{2.36}$	$p_{0.075}$
水平 1	90	60	26	20	5
水平 2	90	53	21	16	4.5
水平 3	90	47	15	13	3.5
水平 4	90	40	10	9	3
水平 5	80	60	21	13	3
水平 6	80	53	26	9	3.5
水平 7	80	47	10	10	4.5
水平 8	80	40	15	15	5
水平 9	70	60	15	9	4.5
水平 10	70	53	10	10	5
水平 11	70	47	26	16	3.5
水平 12	70	40	21	20	3
水平 13	60	60	10	10	3.5
水平 14	60	53	15	15	3
水平 15	60	47	21	9	4.5
水平 16	80	40	26	13	5

正交表中未涉及的筛孔通过率，根据排水路面规范的要求，通过内插法求得。

2）预估油石比

国内相关规范中推荐的最佳沥青膜厚度一般为 14μm，但通过前期试验试配可以发现，14μm 的沥青膜厚度计算出来的沥青用量偏大，析漏很严重。通过试验调整，最终将沥青膜厚度确定为 12μm 代入经验公式计算最佳沥青用量，并换算为油石比进行试验。每种级配成型 5 个马歇尔试件。上、下面层正交级配方案以及油石比分别见表 4.2-10 和表 4.2-11。

PAC10 正交级配方案　　表 4.2-10

级配	筛孔直径(mm)									
	13.2	9.5	4.75	2.36	1.18	0.6	0.3	0.15	0.075	油石比(%)
级配 1	100	100	38	20	17.2	14.4	11.6	8.8	6	6.7
级配 2	100	100	28	15	12.9	10.8	8.7	6.6	4.5	5.0
级配 3	100	100	18	10	8.6	7.2	5.8	4.4	3	3.5
级配 4	100	95	38	15	12.6	10.2	7.8	5.4	3	4.2
级配 5	100	95	28	10	9.2	8.4	7.6	6.8	6	5.4
级配 6	100	95	20	20	16.9	13.8	10.7	7.6	4.5	5.6
级配 7	100	90	38	10	8.9	7.8	6.7	5.6	4.5	4.5
级配 8	100	90	28	20	16.6	13.2	9.8	6.4	3	4.7
级配 9	100	90	18	15	13.2	11.4	9.6	7.8	6	5.9

PAC16 正交级配方案　　表 4.2-11

级配	筛孔直径(mm)											
	19	16	13.2	9.5	4.75	2.36	1.18	0.6	0.3	0.15	0.075	油石比(%)
级配 1	100	98	90	60	26	20	17	14	11	8	5	5.9
级配 2	100	98	90	53	21	16	13.7	11.4	9.1	6.8	4.5	5.1
级配 3	100	95	90	47	15	13	11.1	9.2	7.3	5.4	3.5	4.1
级配 4	100	95	90	40	10	9	7.8	6.6	5.4	4.2	3	3.3
级配 5	100	98	80	60	21	13	11	9	7	5	3	3.8
级配 6	100	98	80	53	26	9	7.9	6.8	5.7	4.6	3.5	3.7
级配 7	100	95	80	47	10	10	8.9	7.8	6.7	5.6	4.5	4.4
级配 8	100	95	80	40	15	15	13	11	9	7	5	5.3
级配 9	100	98	70	60	15	9	8.1	7.2	6.3	5.4	4.5	4.3
级配 10	100	98	70	53	10	10	9	8	7	6	5	4.7
级配 11	100	95	70	47	26	16	13.5	11	8.5	6	3.5	4.5
级配 12	100	95	70	40	21	20	16.6	13.2	9.8	6.4	3	4.6
级配 13	100	98	60	60	10	10	8.7	7.4	6.1	4.8	3.5	3.7
级配 14	100	98	60	53	15	15	12.6	10.2	7.8	5.4	3	4.0
级配 15	100	95	60	47	21	9	8.1	7.2	6.3	5.4	4.5	4.3
级配 16	100	95	60	40	26	13	11.4	9.8	8.2	6.6	5	5.1

3)上、下面层混合料空隙率测定方法及结果

采用体积法来测量马歇尔试件的毛体积相对密度,从而计算试件的空隙率。上、下面层正交级配方案空隙率见表 4.2-12。

正交级配方案空隙率　　表 4.2-12

PAC10	毛体积相对密度	最大理论密度	空隙率(%)	PAC16	毛体积相对密度	最大理论密度	空隙率(%)
级配 1	2.242	2.575	12.9	级配 1	2.291	2.630	12.9
级配 2	2.180	2.646	17.6	级配 2	2.138	2.637	18.9
级配 3	2.030	2.723	25.4	级配 3	2.167	2.680	19.1
级配 4	2.167	2.686	19.3	级配 4	2.050	2.724	24.7
级配 5	2.064	2.640	21.8	级配 5	2.190	2.697	18.8
级配 6	2.215	2.616	15.3	级配 6	2.118	2.710	21.9
级配 7	2.107	2.679	21.3	级配 7	2.069	2.674	22.6
级配 8	2.213	2.655	16.6	级配 8	2.153	2.628	18.1
级配 9	2.118	2.610	18.9	级配 9	2.077	2.685	22.6
				级配 10	2.050	2.666	23.1
				级配 11	2.246	2.657	15.5
				级配 12	2.259	2.647	14.7
				级配 13	2.036	2.707	24.8
				级配 14	2.177	2.687	19.0
				级配 15	2.084	2.679	22.2
				级配 16	2.171	2.639	17.7

4.2.2.2 空隙率与级配数据拟合

根据上述试验结果，以空隙率为因变量、关键筛孔通过率为自变量，采用后退法进行变量筛选。分析发现在进行 PAC10 的级配设计时，2.36mm 筛孔通过率是关键控制因素；进行 PAC16 的级配设计时，2.36mm 及 4.75mm 筛孔通过率是关键控制因素。

如 PAC10 得到的拟合方程如下：

$$y = 30.690 - 0.792p_{2.36} \quad (R^2 = 0.809)$$

$$y = 34.571 - 0.792p_{2.36} - 0.863p_{0.075} \quad (R^2 = 0.896)$$

$$y = 37.458 - 0.106p_{4.75} - 0.785p_{2.36} - 0.863p_{0.075} \quad (R^2 = 0.965)$$

$$y = 40.183 - 0.029p_{9.5} - 0.106p_{4.75} - 0.785p_{2.36} - 0.863p_{0.075} \quad (R^2 = 0.958)$$

根据本小节所制订的双层排水路面面层空隙率方案，将 PAC10 的目标空隙率 20% 以及 PAC16 的目标空隙率 22% 带入上述拟合方程，得到的关键筛孔通过率，见表 4.2-13。

上、下面层关键筛孔通过率拟合结果　　表 4.2-13

面　层	孔径尺寸(mm)				
	13.2	9.5	4.75	2.36	0.075
PAC10	—	94.0	28.2	13.5	4.5
PAC16	78.5	57.3	16.1	10.4	4.0

使用江西省广吉高速公路实际工程使用的玄武岩集料，将各档集料按比例调整，控制关键筛孔通过率，根据拟合公式调试出两组级配。按照前文的方法成型马歇尔试件并测量空隙率，

同时辅以两组筛分出的均匀细料进行对比验证，级配及测量结果见表4.2-14。

级配及测量结果 表4.2-14

孔径尺寸(mm)	通过率(%)			
	PAC10	PAC10(细料均匀)	PAC16	PAC16(细料均匀)
19	—	—	100.0	100.0
16	—	—	94.8	94.8
13.2	100.0	100.0	79.7	79.7
9.5	95.6	95.6	57.1	57.1
4.75	28.6	28.6	15.7	15.7
2.36	13.1	13.1	10.3	10.3
1.18	10.2	11.4	8.0	9.1
0.6	7.9	9.7	6.2	7.8
0.3	6.1	8.0	5.1	6.6
0.15	5.2	6.3	4.6	5.3
0.0075	4.5	4.5	4.1	4.1
计算空隙率(%)	20.1	20.1	22.0	22.0
实测空隙率(%)	21.3	19.9	23.1	21.9

从试验结果中可以看出，使用不同的细料时，其级配差别主要体现在0.15～1.18mm这4档筛孔的通过率上。当使用和正交试验中相同的、筛分出的均匀细料时，其实测空隙率结果非常接近计算结果。这表明回归拟合公式在合理的级配范围内具有较好的准确性，能够反映级配与空隙率之间的关系。

实际工程中使用的0～3mm细集料各档并不均匀，细集料中偏粗的部分占比较大，导致最终的实测空隙率要比计算空隙率多1%左右。因此，在实际的工程实践中，需要根据细集料的筛分情况，考虑细集料的不均匀性对空隙率的影响，从而在计算级配时，对代入公式中的目标空隙率作一定的减小修正。

4.2.2.3 级配方案确定及与规范中值对比

1)工程集料技术性能

工程集料使用玄武岩，包括10～15mm、5～10mm、3～5mm和0～3mm四档集料，填料为石灰岩矿粉，开展矿料筛分以及密度试验。试验结果分别见表4.2-15和表4.2-16。

矿料筛分结果 表4.2-15

孔径尺寸(mm)	13.2	9.5	4.75	2.36	1.18	0.6	0.3	0.15	0.075	矿粉
10～15	28.6%	66.9%	4.50%							0.03%
5～10		6.99%	85.8%	6.88%						0.32%
3～5			1.74%	91.4%	6.45%					0.44%
0～3			0.24%	15.3%	22.4%	23.4%	17.3%	9.61%	7.08%	4.77%
矿粉									93.2%	81.9%

各档矿料密度指标　　表 4.2-16

试验项目	10～15mm	5～10mm	3～5mm	0～3mm	矿粉
表观相对密度	2.955	2.962	2.957	2.633	2.707
毛体积相对密度	2.899	2.884	2.881		
吸水率	0.64	0.92	0.82		

2）上下面层级配方案

使用拟合方式所求得的级配方案，主要侧重于对混合料空隙率的控制，然而粗集料部分各档粒径的比例则会对混合料骨架稳定性产生一定的影响。因此，本试验在利用拟合公式控制估算空隙率的同时，对粗集料的骨架进行调整，将 PAC10 与 PAC16 的修正目标空隙率 19% 与 21% 分别带入拟合公式，得到三组级配方案，估算最佳沥青用量并成型马歇尔试件，测量其空隙率和马歇尔稳定度。级配方案及试验结果见表 4.2-17。

上、下面层级配方案及试验结果　　表 4.2-17

孔径尺寸（mm）	通过率（%）					
	PAC10 方案 1	PAC10 方案 2	PAC10 方案 3	PAC16 方案 1	PAC16 方案 2	PAC16 方案 3
19	—	—	—	100	100.0	100.0
16	—	—	—	94.0	94.7	94.7
13.2	100.0	100.0	100.0	82.8	75.2	72.6
9.5	97.0	96.0	95.6	53.3	46.4	40.1
4.75	40.1	34.9	28.6	19.9	19.1	18.7
2.36	13.9	13.5	13.1	11.2	11.1	11.0
1.18	9.5	10.0	10.2	8.2	8.3	8.3
0.6	7.1	7.5	7.9	6.5	6.7	6.7
0.3	5.7	5.9	6.1	5.5	5.7	5.7
0.15	5.1	5.2	5.2	4.9	5.3	5.3
0.0075	4.6	4.5	4.5	4.3	4.5	4.5
计算空隙率（%）	18.8	19.1	19.3	20.7	20.8	20.8
实测空隙率（%）	19.9	20.1	20.4	22.2	22.3	22.3
稳定度	5.35	4.41	4.03	5.35	4.98	5.12

根据试验所测得的空隙率以及马歇尔稳定度数值，本试验优选 PAC10（方案 1）与 PAC16（方案 1）作为最终的双层排水路面上、下面层级配方案。

3）级配方案对比

为验证不同规范中给出的级配范围的合理性，本试验选择交通运输部的《排水沥青路面设计与施工技术规范》（JTG/T 3350-03—2020）与住房和城乡建设部的《透水沥青路面技术规程》（CJJ/T 190—2012）作为参考，取 PAC10 和 PAC16 的规范中值与本项目所确定的级配方案进行对比，对比结果如图 4.2-6、图 4.2-7 所示。

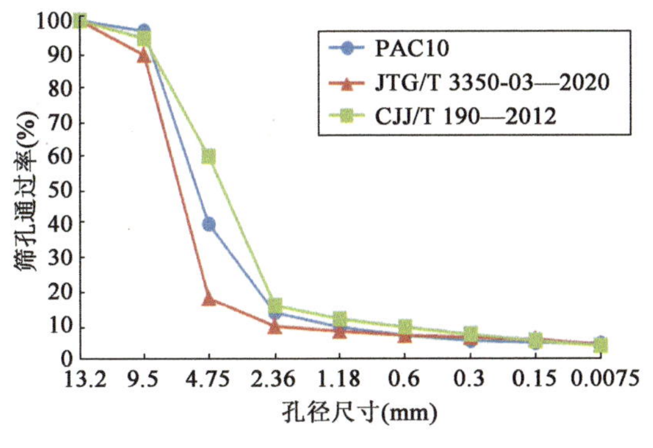

图 4.2-6 PAC10 规范中值对比

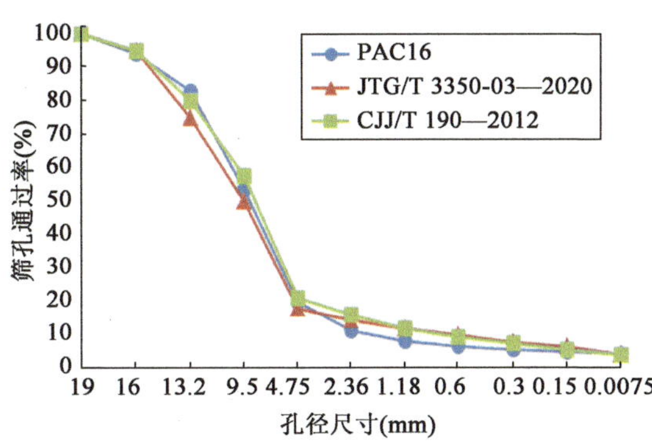

图 4.2-7 PAC16 规范中值对比

从图 4.2-6、图 4.2-7 中可以看出，PAC10 在不同的规范中给出的级配范围差距很大，尤其是 4.75mm 筛孔的通过率差别非差大，JTG/T 3350-03—2020 规范级配偏粗，尤其是在粗集料部分，4.75mm 以上的集料占比非常大，CJJ/T 190—2012 规范级配偏细，9.5～4.75mm 与 4.75～2.36mm 这两档的集料用量比较接近。本项目给出的级配曲线介于这两条规范级配之间。

PAC16 在不同的规范中给出的级配范围，在细集料部分很接近，在粗集料部分，JTG/T 3350-03—2020 规范级配偏粗。本项目给出的级配曲线，在粗集料部分与 CJJ/T 190—2012 规范级配相近，在细集料部分则要比两者级配更粗一些。

4.2.2.4 确定最佳油石比

采用谢伦堡析漏试验和肯塔堡飞散试验来综合确定混合料的最佳油石比。试验采用JZ + 12% A 作为沥青胶结料，预估计算 PAC10 的最佳油石比为 4.6%，PAC16 的最佳油石比为 4.3%。按照《公路工程沥青及沥青混合料试验规程》(JTG E20—2011)要求，分别对 5 组油石比的混合料开展析漏和飞散试验。按照同样的方法，确定 JTG/T 3350-03—2020、CJJ/T 190—2012 的中值级配混合料以及使用橡胶复合高黏沥青混合料的最佳油石比。

各混合料类型的析漏、飞散试验结果分别如图 4.2-8～图 4.2-15 所示。

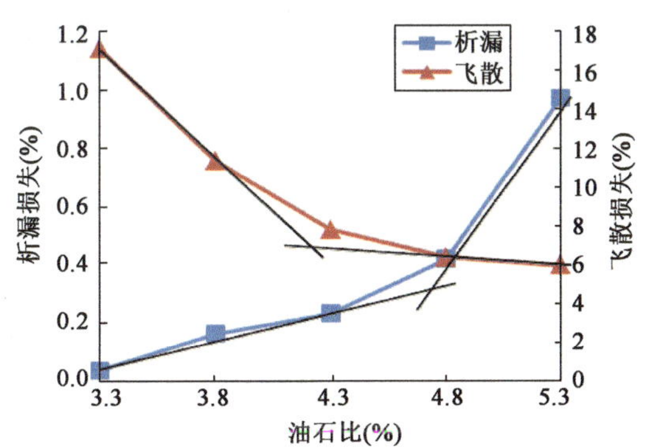

图 4.2-8 PAC10 析漏、飞散试验结果

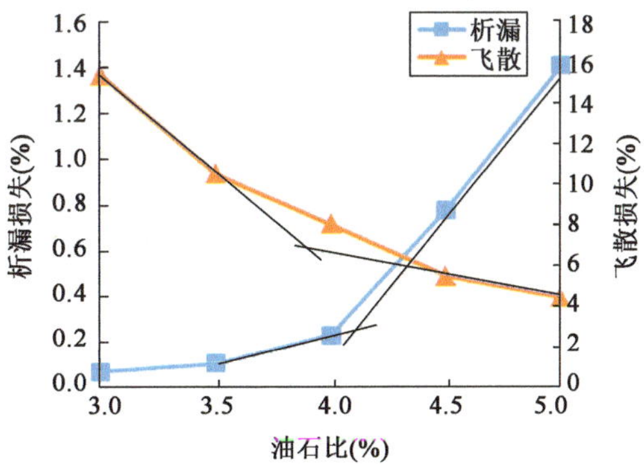

图 4.2-9 PAC16 析漏、飞散试验结果

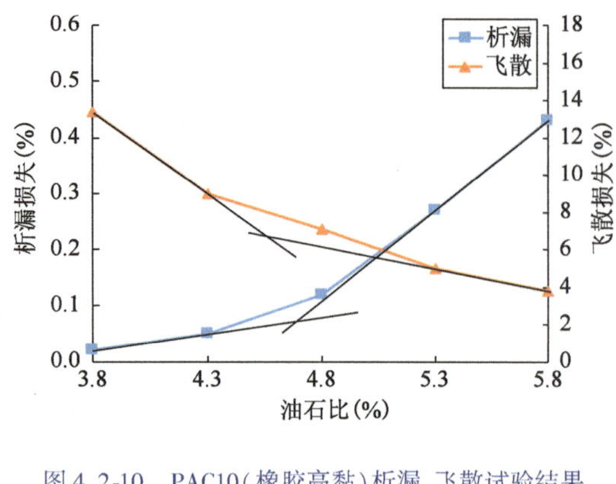

图 4.2-10　PAC10(橡胶高黏)析漏、飞散试验结果

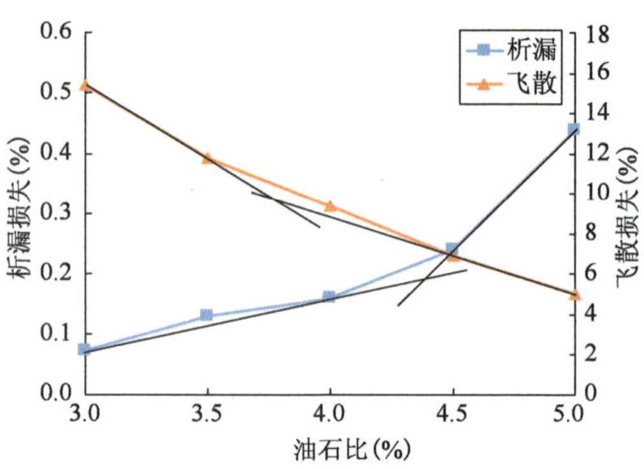

图 4.2-11　PAC16(橡胶高黏)析漏、飞散试验结果

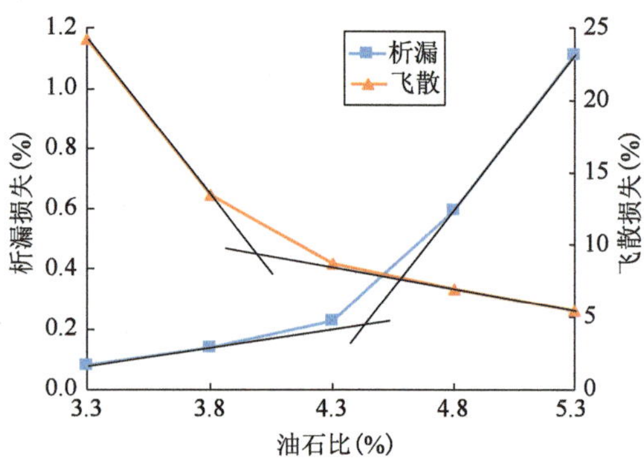

图 4.2-12　PAC10(JTG/T 3350-03—2020)析漏、飞散试验结果

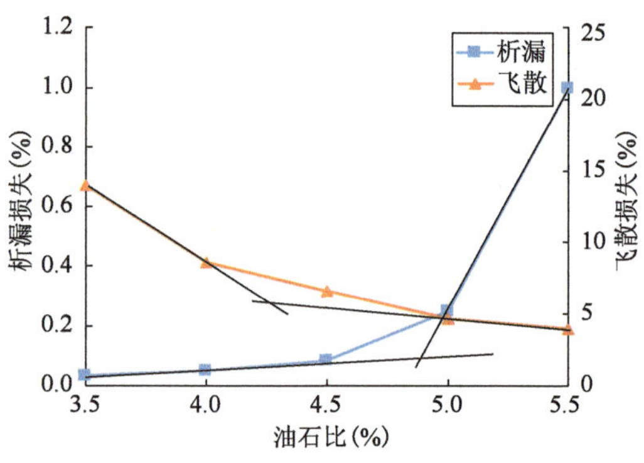

图 4.2-13　PAC10(CJJ/T 190—2012)析漏、飞散试验结果

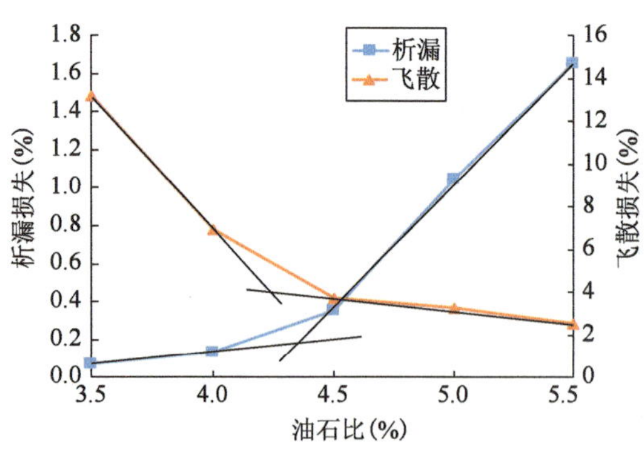

图 4.2-14　PAC16(JTG/T 3350-03—2020)析漏、飞散试验结果

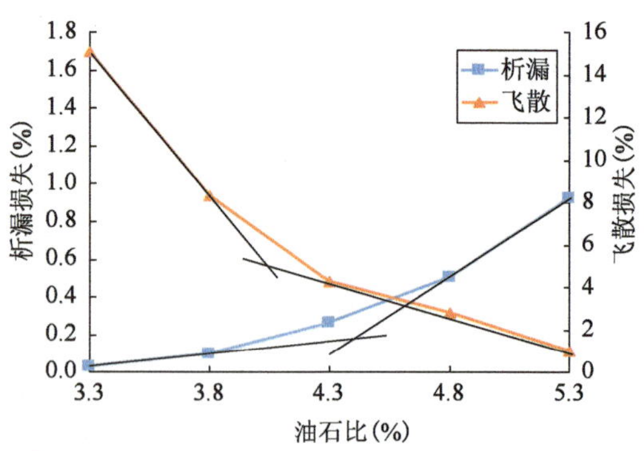

图 4.2-15　PAC16(CJJ/T 190—2012)析漏、飞散试验结果

将以上析漏、飞散试验结果用同样的方法进行分析整理,最终确定的不同种类混合料最佳油石比结果见表 4.2-18。

不同种类混合料最佳油石比　　表 4.2-18

面　　层	级 配 类 型	沥 青 种 类	最佳油石比(%)
PAC10	本试验	基质高黏	4.7
		橡胶高黏	4.7
	JTG/T 3350-03—2020	基质高黏	4.4
	CJJ/T 190—2012	基质高黏	4.9
PAC16	本试验	基质高黏	4.1
		橡胶高黏	4.4
	JTG/T 3350-03—2020	基质高黏	4.3
	CJJ/T 190—2012	基质高黏	4.4

4.2.3　排水混合料路用性能对比研究

4.2.3.1　空隙率与排水性能

按照《透水沥青路面技术规程》(CJJ/T 190—2012)的要求,测量 8 组混合料的连通空隙率,并同时测量空隙率进行对比分析,试验结果见表 4.2-19 和图 4.2-16。

空隙率与连通空隙率试验结果　　表 4.2-19

面　　层	级 配 类 型	沥 青 种 类	空隙率(%)	
PAC10	本试验	基质	20.2	15.4
		橡胶	19.9	15.2
	JTG/T 3350-03—2020	基质	24.9	21.0
	CJJ/T 190—2012	基质	18.6	13.1
PAC16	本试验	基质	22.1	18.7
		橡胶	21.9	18.8
	JTG/T 3350-03—2020	基质	20.3	15.8
	CJJ/T 190—2012	基质	18.0	13.2

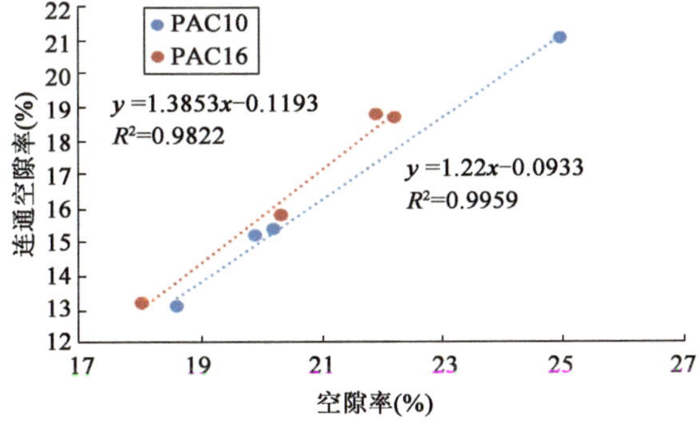

图 4.2-16　空隙率与连通空隙率试验结果

从表4.2-19中可以看出，不同级配对空隙率以及连通空隙率的影响很大。对于PAC10来说，三种级配所测得的空隙率都能满足排水沥青路面规范的要求（18% ~25%），且各级配对应的空隙率与连通空隙率的大小关系与级配的粗细关系相匹配。JTG/T 3350-03—2020级配的空隙率偏大，接近规范要求上限；CJJ/T 190—2012级配的空隙率偏小，接近规范要求下限，且连通空隙率不满足大于14%的规范要求。对于同一级配来说，使用基质高黏改性沥青与橡胶高黏改性沥青所成型的混合料，空隙率与连通空隙率的试验结果基本一致。

从图4.2-16中可以看出，同一连通空隙率下，PAC16的空隙率要大于PAC10，在一定范围内，连通空隙率随空隙率的减小而减小，两者呈现明显的线性关系，回归方程如下：

PAC10： $$VV' = 1.385 \times VV - 0.1193 \quad (R^2 = 0.9822) \tag{4.2-1}$$

PAC16： $$VV' = 1.220 \times VV - 0.0933 \quad (R^2 = 0.9959) \tag{4.2-2}$$

式中：VV′——连通空隙率（%）；

VV——空隙率（%）。

由上述拟合公式可以看出，线性回归拟合的相关性很高，其中PAC10的连通空隙率减小速率要高于PAC16，且斜率大于1，即连通空隙率减小的速率要快于空隙率减小的速率。若要满足CJJ/T 190—2012中连通空隙率大于14%的要求，PAC10的空隙率宜大于19.3%，PAC16的空隙率宜大于17.0%。

按照《公路工程沥青及沥青混合料试验规程》（JTG E20—2011）的要求规范方法测得的渗水试验结果见表4.2-20。

渗水试验结果　　表4.2-20

面　层	级配类型	沥青种类	渗水系数(mL/min)
PAC10	本试验	基质	5021
		橡胶	4898
	JTG/T 3350-03—2020	基质	8053
	CJJ/T 190—2012	基质	4679
PAC16	本试验	基质	5620
		橡胶	5853
	JTG/T 3350-03—2020	基质	5282
	CJJ/T 190—2012	基质	5052

从表中可以看出，各级配均有较好的渗水性能，基本都能满足5000mL/min的要求。相比较而言，下面层PAC16的渗水性能要优于上面层PAC10，符合双层排水沥青路面的设计需求，而CJJ/T 190—2012级配所测得的渗水系数偏小。

排水沥青混合料中，只有连通空隙率所表征的连通空隙与半连通空隙起到排水、储水的作用，为了研究连通空隙率与渗水系数的关系，根据试验数据，寻求渗水系数与连通空隙率的变化趋势，如图4.2-17所示。

从图4.2-17中可以看出，连通空隙率越大，混合料的渗水能力就越强。在排水混合料连通空隙率的合理范围内，随着连通空隙率的增大，渗水系数呈现出近似指数函数或幂函数的非线性增长趋势。从渗水系数与连通空隙率的关系曲线可以看出，为了满足渗水系数大于

5000mL/min 的要求,连通空隙率不得小于 14%,这与 CJJ/T 190—2012 中的连通空隙率要求相吻合,该指标可以根据道路所处地区的降雨量进行调整。

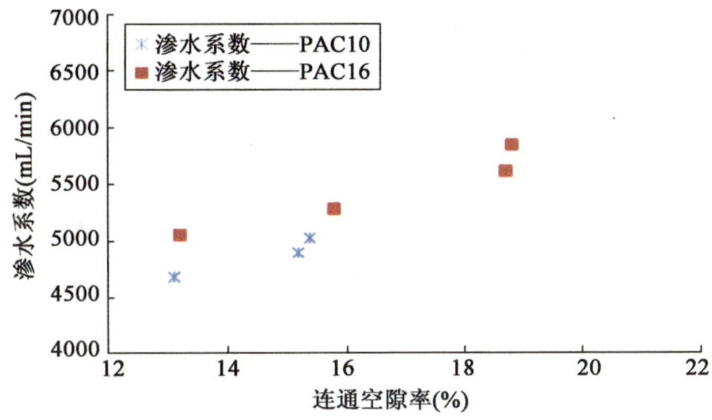

图 4.2-17　连通空隙率与渗水系数试验结果

4.2.3.2　高温稳定性能

按照《公路工程沥青及沥青混合料试验规程》(JTG E20—2011)的要求,分别对不同高黏改性沥青种类以及不同级配的试件进行车辙试验,试验结果见表 4.2-21。

车辙试验结果　　表 4.2-21

面层	级配类型	沥青类型	改性剂掺量(%)	最终变形量(mm)	动稳定度(次/min)
PAC10	本试验	橡胶	8	1.419	7202
		基质	12	10.38	311
		基质	15	1.144	8682
	JTG/T 3350-03—2020	基质	15	2.68	4663
	CJJ/T 190—2012	基质	15	2.843	4502
PAC16	本试验	橡胶	8	1.295	7372
		基质	12	2.344	5250
		基质	15	1.163	8873
	JTG/T 3350-03—2020	基质	15	1.624	8462
	CJJ/T 190—2012	基质	15	2.22	7982

可以看出,最大公称粒径为 16mm 的沥青混合料高温性能要普遍优于最大公称粒径为 9.5mm 的混合料,原因是 PAC16 粗集料部分粒径尺寸较多,集料颗粒能够相互填充、嵌挤,形成优质骨架结构;而 PAC10 粗集料部分粒径尺寸单一,骨架结构较弱。车辙试验测得的总变形量越小,则混合料的动稳定度越大,两者近似呈现指数关系分布,在相近的动稳定度下,本项目级配所测得的总变形量要略小于《排水沥青路面设计与施工技术规范》(JTG/T 3352-03—2020)中值级配所测得的总变形量。这说明与《排水沥青路面设计与施工技术规范》(JTG/T 3350-03—2020)中值级配相比,本项目的两种级配在高温与荷载作用下的初期变形要更小。

1）相同沥青，本项目级配与规范中值级配对比

图4.2-18所示为不同级配的高温性能对比。从图4.2-18中可以看出，对于PAC10而言，本试验所得级配的动稳定度远大于两规范的中值级配，JTG/T 3350-03—2020与CJJ/T 190—2012规范中值级配的动稳定度未能达到6000次/mm的要求，原因在于JTG/T 3350-03—2020中值级配中，4.75mm以上粗集料含量过多，细集料较少，粗集料的骨架接触点缺少足够细料填充，骨架间黏结作用不足；而CJJ/T 190—2012规范中值中，9.5～4.75mm与4.75～2.36mm这两档粗集料的比例比较接近，粗集料比大于1，会形成粒子干涉现象，不能形成良好的骨架结构。对于PAC16而言，三种级配曲线比较接近，因此测得的动稳定度结果也比较接近，都远大于JTG/T 3350-03—2020的指标要求。

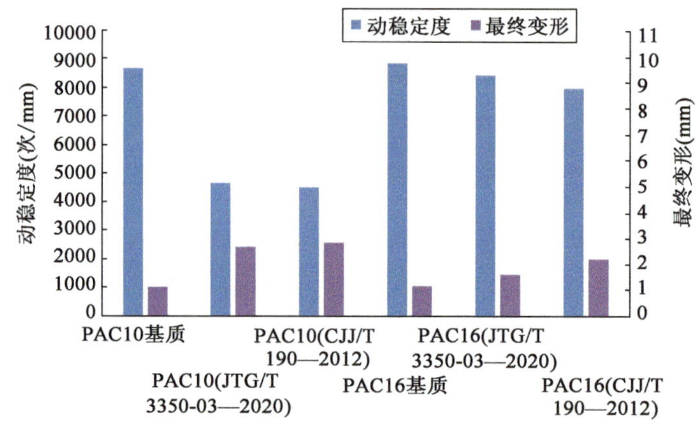

图4.2-18　不同级配的高温性能对比

2）相同级配与基质沥青，不同改性剂掺量对比

图4.2-19所示为不同改性剂掺量的高温性能对比。由图4.2-19可以看出，高黏改性剂的掺量对沥青混合料动稳定度的大小有非常大的影响，动稳定度值随改性剂掺量的减小急剧下降，尤其是针对小粒径沥青混合料。在12%的高黏改性剂掺量下，PAC10的动稳定度只有311次/mm，不到15%掺量下的1/25，产生的总变形量为15%掺量下的9倍，远不能达到路用性能要求；而PAC16在12%的高黏改性剂掺量下，动稳定度约为15%掺量下的1/2，总变形量约为15%掺量下的2倍。结合前述沥青试验可知，基质沥青在12%的高黏改性剂掺量下，60℃动力黏度达到30000Pa·s，远超CJJ/T 190—2012规范中要求的20000Pa·s，然而使用该沥青所制备的混合料却不能满足高温性能的要求。沥青混合料的动稳定度与沥青胶结料60℃动力黏度为正相关关系，即60℃动力黏度越大，集料颗粒间的黏结力就越强，则车辙板的动稳定度越大，混合料抵抗高温变形的能力越强。

3）相同级配，JZ+15%A与XJ+8%A对比

图4.2-20所示为不同沥青的高温性能对比。从图4.2-20中可以看出，同样的级配，在不同沥青对应的最佳油石比条件下，基质高黏改性沥青的高温性能要略优于橡胶高黏改性沥青，这是因为JZ+15%A的动力黏度比XJ+8%A大，但两者动稳定度差别不大，都能满足JTG/T 3350-03—2020的指标要求，具有很好的抗车辙性能。

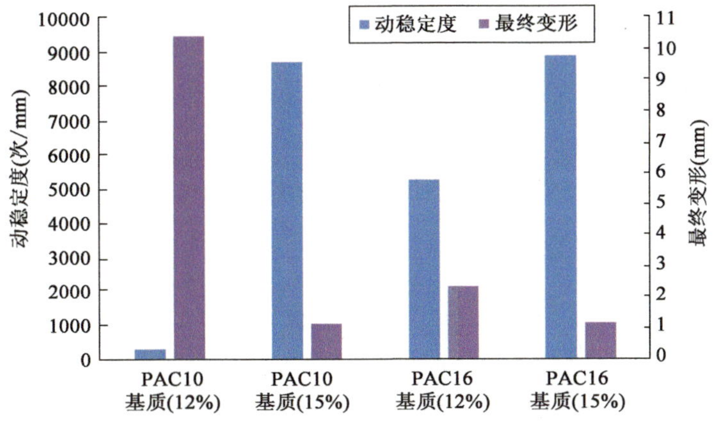

图 4.2-19　不同改性剂掺量的高温性能对比

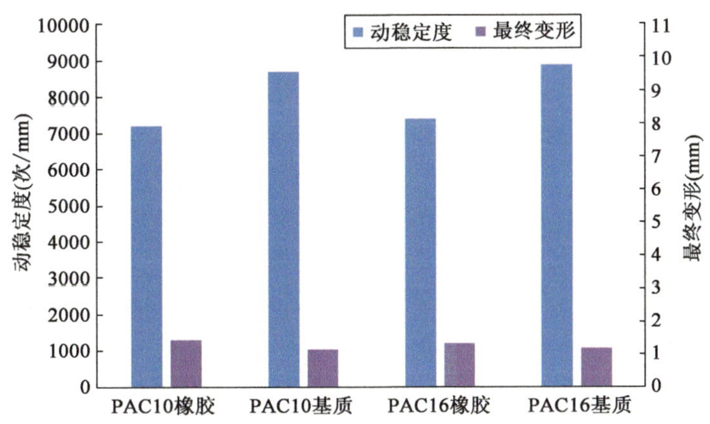

图 4.2-20　不同沥青的高温性能对比

4.2.3.3　低温抗裂性能

按照《公路工程沥青及沥青混合料试验规程》(JTG E20—2011)的要求，不同沥青混合料低温(－10℃)小梁弯曲试验结果见表 4.2-22。

低温小梁弯曲试验结果　　表 4.2-22

面层	级配类型	沥青类型	油石比(%)	抗弯拉强度(MPa)	最大弯拉应变(με)	弯曲劲度模量(MPa)
PAC10	本试验	橡胶	4.7	6.952	3097.2	2257.9
		基质	4.7	3.616	2378.1	1687.2
		基质	4.7	3.983	2583.3	1686.4
	JTG/T 3350-03—2020	基质	4.4	3.624	2568.5	1485.5
	CJJ/T 190—2012	基质	4.9	4.728	2193.6	2164.9

续上表

面层	级配类型	沥青类型	油石比(%)	抗弯拉强度(MPa)	最大弯拉应变(με)	弯曲劲度模量(MPa)
PAC16	本试验	橡胶	4.4	7.035	3140.6	2332.9
		基质	4.1	3.236	2570.2	1304.0
		基质	4.1	4.480	2622.2	1704.5
	JTG/T 3350-03—2020	基质	4.3	4.100	4070.3	1011.2
	CJJ/T 190—2012	基质	4.4	4.688	3661.2	1312.3

JTG/T 3350-03—2020 中对低温弯曲试验的最大弯拉应变要求为冬冷区(−21.5℃＜极端最低气温＜−9℃)及冬温区(极端最低气温＞−9℃)不小于2500με,冬寒区(−37℃＜极端最低气温＜−21.5℃)不小于2800με。从表4.2-22中可以看出:大部分类型的混合料都能满足冬冷区及冬温区的规范指标要求,但只有个别能够满足冬寒区的上述指标要求。与普通密级配沥青混合料相比,排水混合料的细集料较少,空隙率较大,而低温抗裂性能主要由沥青胶浆与集料之间低温条件下的黏结作用决定,空隙率越大,则混合料内部的嵌挤、黏结作用越小,弯拉强度与弯拉应变降低,也就造成同等沥青材料下,排水混合料的低温性能要差于密级配沥青混合料,一般密级配沥青混合料在使用改性沥青的条件下,最大弯拉应变大于4000με,抗弯拉强度大于6MPa。

1)相同沥青,本项目级配与规范中值级配对比

图4.2-21所示为不同级配的低温性能对比。从图4.2-21中可以看出,在使用相同的沥青胶结料的情况下,对PAC10而言,抗弯拉强度大小关系为JTG/T 3350-03—2020级配＜本试验级配＜CJJ/T 190—2012级配,最大弯拉应变比较接近,这是由于JTG/T 3350-03—2020级配混合料的空隙率偏大,而CJJ/T 190—2012级配混合料的空隙率较小。对PAC16而言,三种级配的抗弯拉强度大小较为接近,最大弯拉应变的大小关系为本试验级配＜CJJ/T 190—2012级配＜JTG/T 3350-03—2020级配,这是由于两规范中值级配偏细,导致最佳沥青用量偏大,则最大弯拉应变更大,低温性能更好。

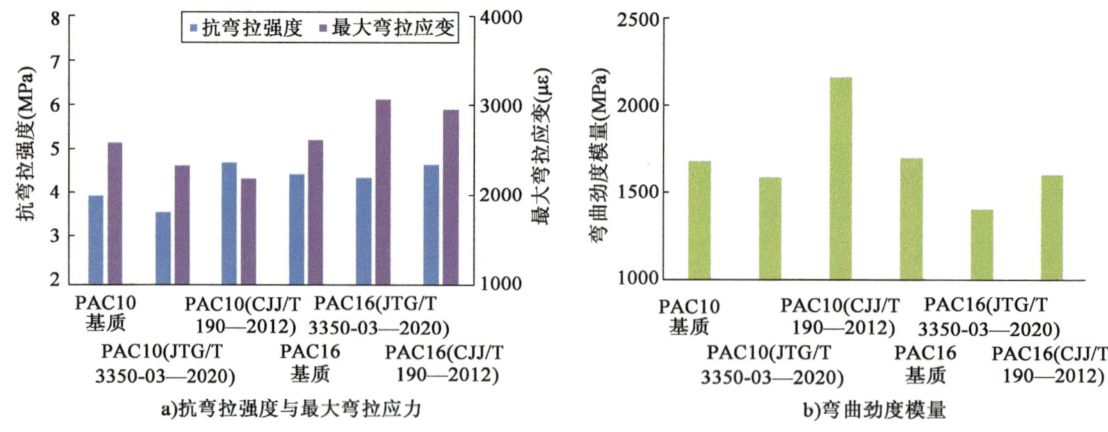

图4.2-21 不同级配的低温性能对比

2)相同级配与基质沥青,不同改性剂掺量对比

图4.2-22所示为不同改性剂掺量的低温性能对比。从图4.2-22中可以看出,高黏改性剂掺量对沥青混合料的低温性能有一定的影响,具体表现在抗弯拉强度与劲度模量随着高黏改性剂掺量的增加而增大,最大弯拉应变也随高黏改性剂掺量增加而增大,但增量不大。这说明,高黏改性剂掺量的增加,使得沥青胶结料及混合料在低温条件下变硬,但同时低温条件下沥青胶结料的黏度也越大,在这两个因素的相互影响下,高黏改性剂的增加对低温性能还是起到正向作用。

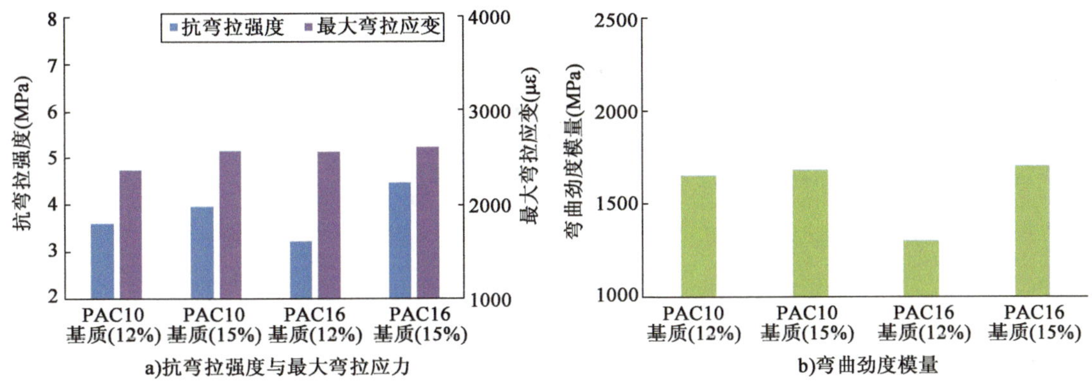

图4.2-22　不同改性剂掺量的低温性能对比

3)相同级配,JZ+15%A与XJ+8%A对比

图4.2-23所示为不同沥青的低温性能对比。从图4.2-23中可以看出,橡胶高黏改性沥青与基质高黏改性沥青对排水混合料低温性能的影响差异很大。相同级配的最佳沥青用量条件下,橡胶高黏改性沥青PAC10和PAC16的抗弯拉强度分别达到6.952MPa与7.035MPa,分别比基质高黏改性沥青提高了74.5%与57.0%;最大弯拉应变值分别达到3097.2με与3140.6με,分别比基质高黏改性沥青提高了19.9%与19.8%;橡胶高黏改性沥青PAC10和PAC16的劲度模量分别达到2257.9MPa与2332.9MPa,分别比基质高黏改性沥青提高了33.9%与36.9%。由于橡胶高黏改性沥青中有胶粉,与基质改性相比,虽然劲度模量增大,低温条件下更硬,但胶粉使得沥青胶结料黏度更大,因此橡胶高黏改性沥青混合料的抗弯拉强度与最大弯拉应变都相应增大,具有更好的低温抗裂性能。

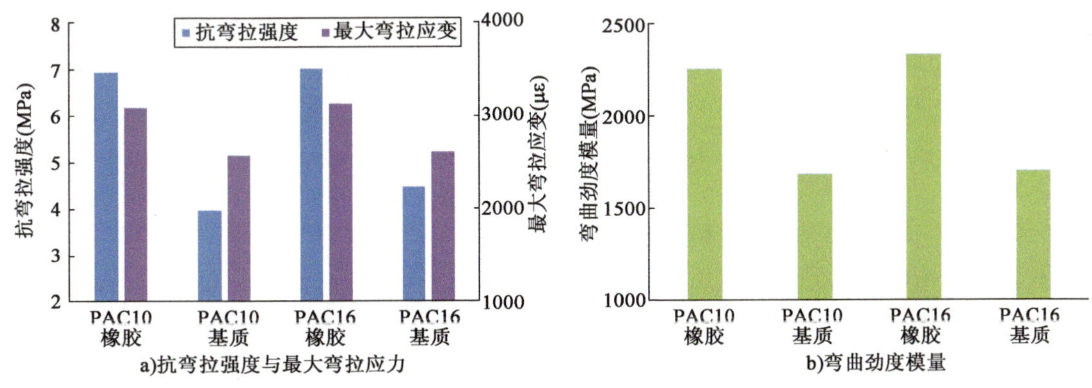

图4.2-23　不同沥青的低温性能对比

4.2.3.4 水稳定性

按照《公路工程沥青及沥青混合料试验规程》(JTG E20—2011)的要求,进行不同类型沥青混合料冻融劈裂试验,结果见表4.2-23。

冻融劈裂试验结果 表4.2-23

面层	级配类型	沥青类型	油石比(%)	未冻融劈裂强度(MPa)	冻融劈裂强度(MPa)	TSR(%)
PAC10	本试验	橡胶	4.7	0.335	0.324	96.7
		基质	4.7	0.338	0.294	86.9
		基质	4.7	0.345	0.310	89.9
	JTG/T 3350-03—2020	基质	4.4	0.276	0.238	86.3
	CJJ/T 190—2012	基质	4.9	0.359	0.312	86.7
PAC16	本试验	橡胶	4.4	0.390	0.380	97.4
		基质	4.1	0.384	0.321	83.6
		基质	4.1	0.417	0.363	87.1
	JTG/T 3350-03—2020	基质	4.3	0.399	0.358	89.7
	CJJ/T 190—2012	基质	4.4	0.398	0.355	89.2

注:TSR为冻融劈裂残留强度比。

不同排水沥青路面规范对冻融劈裂的强度比都提出了要求JTG/T 3350-03—2020中要求TSR不得小于80%,CJJ/T 190—2012中要求TSR不得小于85%。从表4.2-23中可以看出,除了使用基质沥青加12%高黏改性剂的PAC16不满足TSR大于85%以外,其他种类的沥青混合料都能满足各规范水稳定性的要求。排水沥青混合料与普通密级配沥青混合料相比,细集料偏少、空隙率偏大,混合料内部颗粒间接触面积较小,且受水分侵蚀、冲刷的沥青面积更大,因此同样的沥青材料下,排水混合料的冻融/未冻融劈裂强度要远小于密级配沥青混合料,TSR值也更小。

1)相同沥青,本项目级配与规范中值级配对比

图4.2-24所示为不同沥青的水稳定性能对比。从图4.2-24中可以看出,在同样的沥青胶结料使用条件下,对于PAC10而言,冻融/未冻融劈裂强度大小关系为JTG/T 3350-03—2020级配<本试验级配<CJJ/T 190—2012级配,三者TSR值相对接近,其中JTG/T 3350-03—2020级配略小,原因在于空隙率越大,抗拉强度就越小,且大空隙的JTG/T 3350-03—2020级配更易受到水损害,TSR值偏小。对于PAC16而言,冻融/未冻融劈裂强度三者很接近,而本试验级配的TSR值要略小于另外两种,主要由于本试验级配细集料偏少,沥青用量也相对偏少。

2)相同级配与基质沥青,不同改性剂掺量对比

图4.2-25所示为不同改性剂掺量的水稳定性能对比。从图4.2-25中可以看出,混合料的冻融/未冻融劈裂强度以及劈裂强度比TSR都随着高黏改性剂掺量的增加而变大,原因是高黏改性剂的增加提高了沥青的黏度,因此能够提高沥青混合料的抗拉强度,且沥青的稳定性更好,不易受到水的乳化作用。

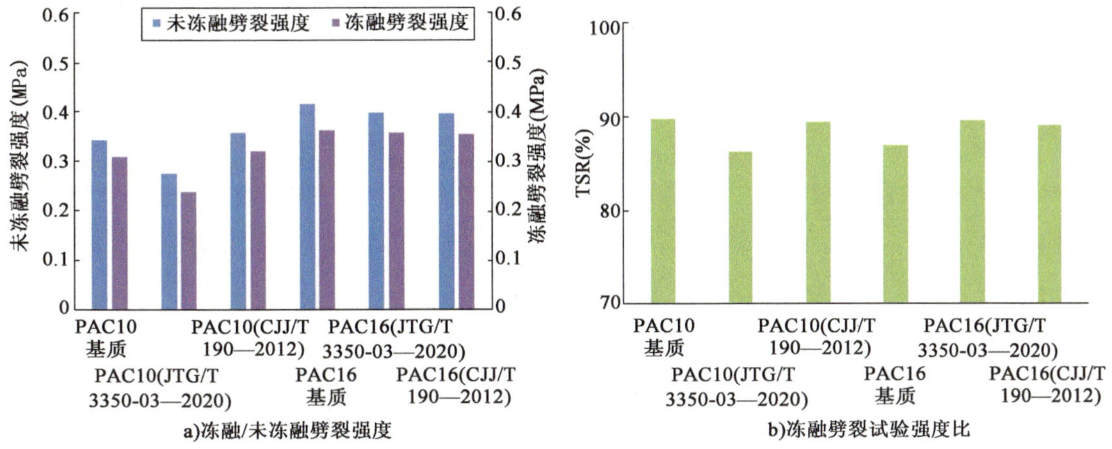

图4.2-24 不同沥青的水稳定性能对比

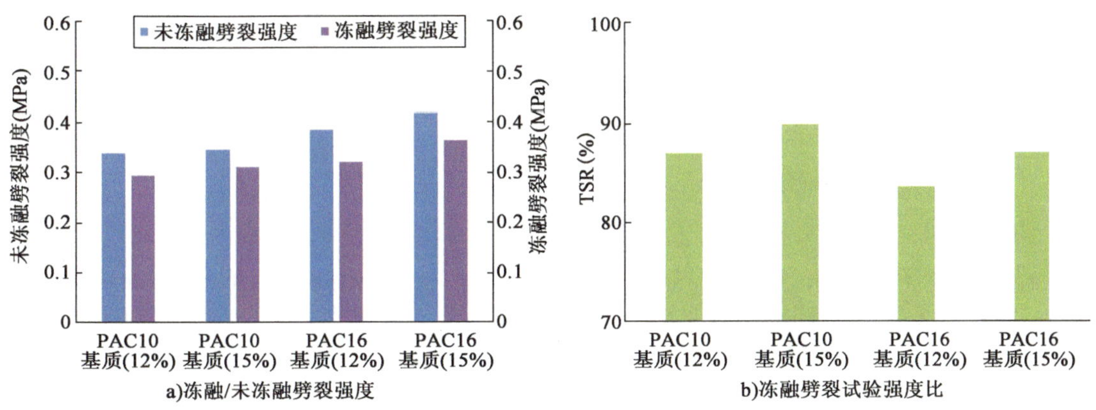

图4.2-25 不同改性剂掺量的水稳定性能对比

3)相同级配,JZ +15% A 与 XJ +8% A 对比

图4.2-26所示为不同沥青的水稳定性能对比。从图4.2-26中可以看出,在同样级配的最佳沥青用量条件下,基质高黏改性沥青混合料的冻融/未冻融劈裂强度要高于橡胶高黏改性沥青混合料,但劈裂强度比TSR要小于橡胶高黏改性沥青混合料。原因是基质高黏改性沥青的黏度要高于橡胶高黏改性沥青,因此混合料的抗拉强度就更大,同时说明由于有胶粉的存在,橡胶高黏改性沥青在冻融循环下的稳定性更好,更不易受到水的侵蚀。

综合看来,同等条件下,最大公称粒径为19mm的沥青混合料水稳定性能要略优于最大公称粒径为9.5mm的混合料,虽然PAC16的空隙率普遍大于PAC10的空隙率,但由于大粒径排水混合料内部骨架嵌挤、填充效果更优,因此集料之间接触更加充分,接触面积更大。

4.2.4 石灰岩用于双层下面层材料的可行性研究

排水混合料对集料的力学性能有很高的要求。玄武岩有较大的强度以及很好的抗磨耗性能,现阶段被广泛运用于排水沥青路面工程中,但材料成本相对较高。我国石灰岩储备量非常丰富。与玄武岩相比,石灰岩的力学性能相对较弱,但与沥青的黏附性能更好,且价格更低。本小节规避了石灰岩抗磨耗能力差的弱点,针对石灰岩在下面层 PAC16 中的使用展开研究,对比石灰岩与玄武岩混合料的路用性能,分析石灰岩混合料在其试验以及施工过程中与玄武岩的差异。

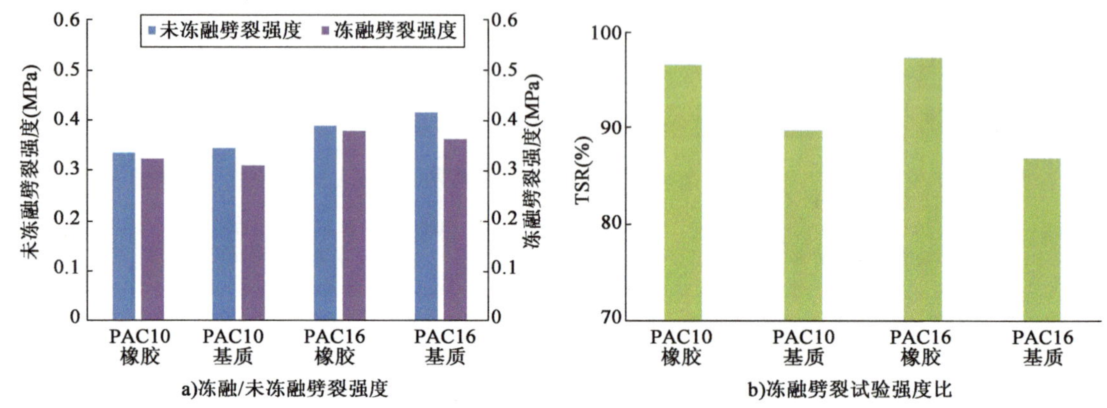

图 4.2-26　不同沥青的水稳性能对比

4.2.4.1　石灰岩压碎性能

1)集料性能

本项目使用江西省广吉高速公路 CP2 路段提供的石灰岩集料,包括 10 ~ 20mm、5 ~ 10mm、3 ~ 5mm、0 ~ 3mm 四档集料,按照《公路工程集料试验规程》(JTG E42—2005)的要求,对石灰岩以及玄武岩开展集料性能试验,关键性能试验结果见表 4.2-24。

石灰岩、玄武岩粗集料关键性能试验结果　　表 4.2-24

技术指标	石灰岩	玄武岩	规范要求	
			JTG/T 3350-03—2020	CJJ/T 190—2012
压碎值(%)	20.5	8.3	≤18	≤26
高温压碎值(%)	22.4	8.8	≤23	/
洛杉矶磨耗损失(%)	23.7	7.9	≤20	≤28
吸水率(%)	0.92	1.60	≤2	≤2
针片状含量(%)	15.3	6.4	≤10	≤10
水洗法 <0.075mm 颗粒含量(%)	1.52	0.44	≤1	≤1

从试验结果中可以看出,玄武岩各项集料指标均能满足上述两规范的指标要求,而石灰岩则不能满足。这是由于石灰岩的力学性能较玄武岩偏弱,压碎值、洛杉矶磨耗损失都要远大于玄武岩。

2)试验设计

通过设计试验,来模拟石灰岩在骨架成型的过程中随压实次数增加而破碎的过程,探究石灰岩破碎规律，并与玄武岩相对比。

首先对石灰岩与玄武岩集料进行筛分处理，分别得到 16mm、13.2mm、9.5mm、4.75mm、2.36mm这 5 档粒径尺寸的集料颗粒。

试验 1：按照本项目所得的 PAC16 级配方案，将这 5 档集料按照级配比例混合（不含 2.36mm以下的细集料），得到纯石灰岩与纯玄武岩的集料混合物，每份称取 4000g ± 1g。将每份集料搅拌均匀后装入塑料袋中，并将塑料袋放入旋转压实试件模具筒中。与上一小节成型混合料的旋转压实次数相对应，对玄武岩集料旋转压实 24 次，对石灰岩集料分别旋转压实 20 次、25 次、30 次和 35 次。最后将破碎后的集料取出，用 16mm、13.2mm、9.5mm、4.75mm、2.36mm这 5 档粒径尺寸逐级筛分，分析不同旋转压实次数下集料的破碎情况。

试验 2：分别用 13.2mm、9.5mm、4.75mm、2.36mm 这 4 档粒径尺寸的玄武岩集料替代石灰岩集料，其他粒径用料不变，将这 4 种掺入不同粒径玄武岩的集料混合后（不含 2.36mm 以下的细集料），采用与试验 1 相同的旋转压实方式，压实次数则都控制为 24 次。最后将破碎的集料取出，逐级筛分，分析各粒径石灰岩破碎的规律。

3）压实次数对破碎情况的影响

试验 1 中，旋转压实不同次数后的筛分试验结果如图 4.2-27、图 4.2-28 所示。

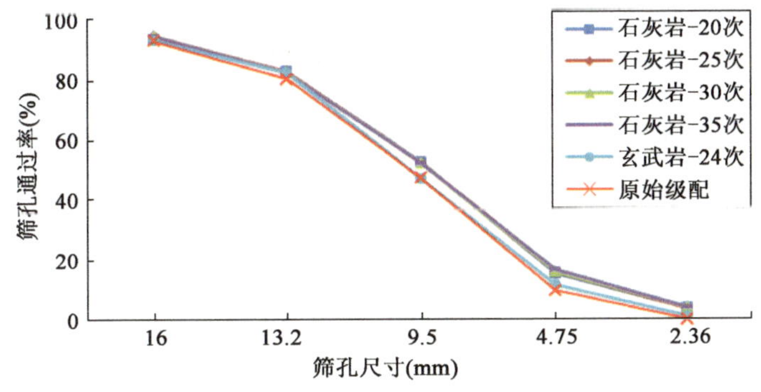

图 4.2-27　筛孔通过率对比

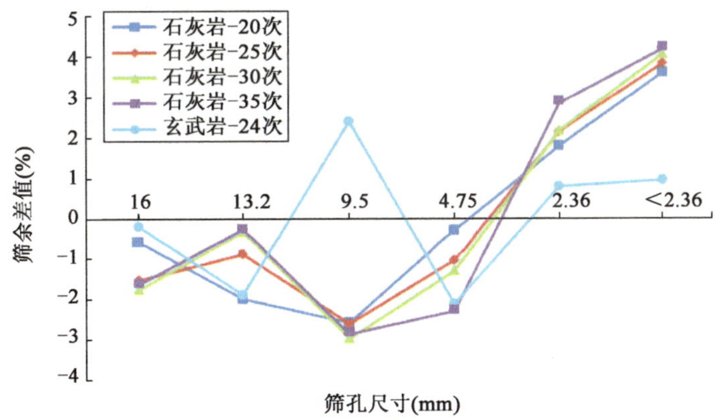

图 4.2-28　分计筛余差值对比

从图 4.2-27 中可以看出，随着压实次数的增加，石灰岩集料的各筛孔通过率变化不大，级配曲线接近；

(1)9.5mm 及以上筛孔的粗集料含量基本不变,9.5mm 筛孔的通过率随压实次数由 20 次到 35 次的结果分别为 52.5%、52.4%、52.4%、52.1%,说明粗集料部分的破碎在压实初期已经形成,当集料内部形成足够多的接触点后,在总压力不变的情况下,粗集料部分不再会产生更多的骨架型破碎,骨架结构相对稳定。

(2)4.75mm 档的集料含量略有下降,而 2.36mm 及以下的细集料含量略有上升,说明骨架成型后,由于石灰岩集料性能偏弱,在外力作用下,更多地在粗集料接触点处产生磨耗型破碎(接触点强度不足而产生磨耗损失,或破碎成细小的颗粒)。

从图 4.2-28 中可以看出,玄武岩与石灰岩破情况相差很大,玄武岩破碎后的级配主要体现在粗集料部分通过率减小,细集料部分通过率增大,9.5mm 筛孔的通过率几乎不变。玄武岩粗集料部分的筛余减少量要远小于石灰岩,9.5mm 档的筛余量出现了很大的上升,且细集料的增加量也远小于石灰岩。因为骨架的破碎在于产生更多的接触点来保证骨架稳定性,而集料的强度越大,则所需的接触点个数就越小,因此玄武岩的破碎情况要远优于石灰岩。

4)石灰岩破碎规律

试验 2 的筛分结果见表 4.2-25 和表 4.2-26。

各档用玄武岩替代并压实后的分计筛余结果　　表 4.2-25

筛孔尺寸(mm)	用玄武岩替代的粒径尺寸(mm)					纯石灰岩	原始级配
	2.36	4.75	9.5	13.2	16		
16	5.34	5.16	5.59	6.02	6.50	5.25	6.76
13.2	11.96	12.05	11.99	12.98	11.12	11.76	12.61
9.5	31.09	30.78	32.78	29.50	30.45	30.64	33.22
4.75	36.30	39.76	34.94	36.48	36.43	36.60	37.61
2.36	12.24	10.05	11.57	11.63	11.83	11.94	9.80
<2.36	3.06	2.22	3.13	3.40	3.69	3.83	0

各档用玄武岩替代并压实后的筛孔通过率结果　　表 4.2-26

筛孔尺寸(mm)	用玄武岩替代的粒径尺寸(mm)					纯石灰岩	原始级配
	2.36	4.75	9.5	13.2	16		
19	100	100	100	100	100	100	100
16	94.65	94.84	94.41	93.97	93.50	94.75	93.24
13.2	82.69	82.80	82.42	81.00	82.39	83.00	80.63
9.5	51.60	52.02	49.64	51.50	51.94	52.36	47.41
4.75	15.30	12.26	14.70	15.02	15.52	15.77	9.80
2.36	3.06	2.22	3.13	3.40	3.69	3.83	0

本项目提出“真实破碎值”的概念,即通过求得的石灰岩破碎比例,以及破碎后的各档筛余与原级配各档筛余的差值进行反算。从大粒径的破碎值开始计算,用该档与原级配的筛余差,减去该档中由更大的粒径破碎到该档的集料量,便得到这一档石灰岩真正破碎到更小粒径

的集料量。用“真实破碎值”除以该档原级配的筛余值，便得到该档粒径石灰岩真正破碎到更细筛孔的集料比例，即“真实破碎比例”。各档集料计算求得的“真实破碎比例”见表4.2-27和表4.2-28。

各档用玄武岩替代并压实后的各档真实破碎比例　　表4.2-27

筛孔尺寸(mm)	用玄武岩替代的粒径尺寸(mm)					纯石灰岩
	2.36	4.75	9.5	13.2	16	
16	-20.97%	-23.63%	-17.27%	-10.91%	-3.81%	-22.37%
13.2	-10.95%	-10.96%	-9.70%	-0.11%	-12.92%	-12.92%
9.5	-9.42%	-10.45%	-3.95%	-11.57%	-11.26%	-11.26%
4.75	-9.28%	-0.69%	-9.83%	-9.50%	-9.58%	-9.55%
2.36	-1.83%	-7.43%	-6.73%	-6.87%	-6.86%	-6.85%

注：负号表示产生破碎，后同。

不同压实次数的各档真实破碎比例　　表4.2-28

筛孔尺寸(mm)	压实次数(次)			
	20	25	30	35
16	-8.39%	-22.37%	-25.55%	-24.00%
13.2	-17.98%	-12.92%	-9.46%	-8.68%
9.5	-11.85%	-11.26%	-11.66%	-11.18%
4.75	-7.69%	-9.55%	-10.47%	-12.84%
2.36	-7.13%	-6.85%	-8.09%	-5.68%

从表4.2-27中可以看出，用玄武岩替代的那一档集料，真实破碎比例要远远小于平行对比的石灰岩，符合玄武岩破碎程度小的情况，说明该计算方法具有一定的准确性，能够反映石灰岩的破碎规律。从表4.2-28中可以看出，4.75mm及以上的粗集料部分，同时都产生了破碎，且破碎的比例也比较接近。因此可以得到，石灰岩集料在破碎的过程中，各档集料都同时参与到破碎的过程中，且破碎到更小粒径的比例大致接近，当破碎到集料中产生足够的接触点时，便形成了较为稳定的骨架结构。

将用不同粒径玄武岩分别替代而压碎后的级配曲线与纯石灰岩压碎级配、纯玄武岩压碎级配以及原级配进行对比，可以看到，4.75mm档用玄武岩替代时，所得的级配曲线最接近原级配，如图4.2-29所示。

4.2.4.2　石灰岩混合料的技术性能

1）石灰岩混合料最佳油石比确定

为保证对比试验的合理性，本小节石灰岩PAC16的级配采用第4.2.3小节中所确定的最终级配。2.36mm以上的粗集料部分，每档粒径的石灰岩集料都通过筛分试验而来，与玄武岩混合料的级配相对应；细集料部分则采用0～3mm的石灰岩机制砂，矿粉采用和玄武岩混合料一样的矿粉。

从图4.2-30中可以看出，石灰岩PAC16的最佳油石比范围是3.9%～4.3%，因此取4.3%作为最佳油石比。对比4.2.2小节中玄武岩PAC16的配合比试验结果可以发现，石灰岩 PAC16 的最佳油石比要比玄武岩 PAC16 大 0.2%,同样的油石比条件下,石灰岩的析漏损失要相对较小而飞散损失则相对较大。

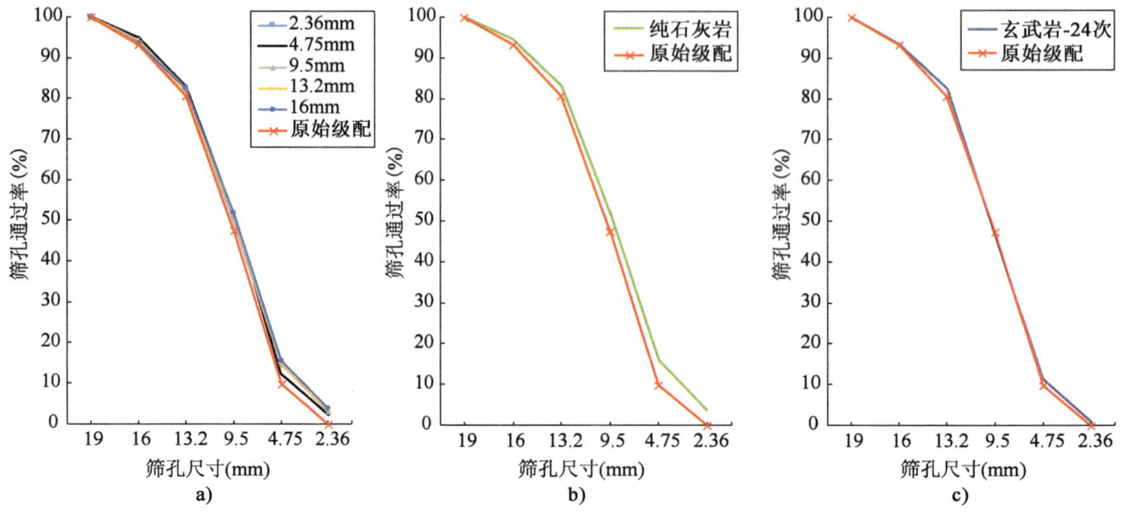

图 4.2-29 破碎后的级配对比

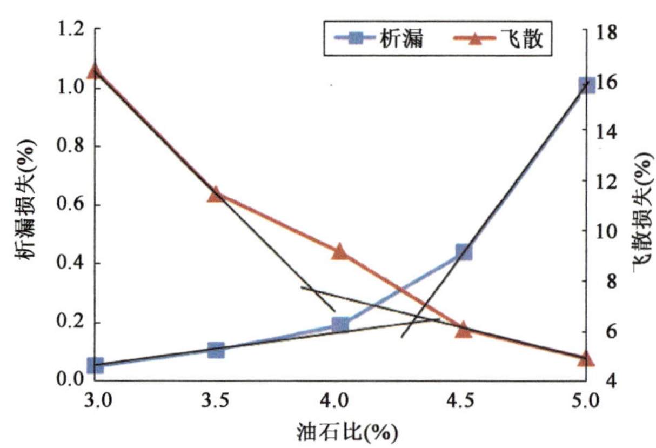

图 4.2-30 石灰岩 PAC16 析漏、飞散试验结果

2)石灰岩混合料击实次数影响

飞散试验中使用的石灰岩马歇尔试件,是按照《公路工程沥青及沥青混合料试验规程》(JTG E20—2011)的要求,双面击实 50 次而成,其中部分马歇尔试件体积参数结果见表 4.2-29。

石灰岩混合料体积参数结果 表 4.2-29

编号	高度(cm)	干燥质量(g)	油石比(%)	最大理论密度	毛体积相对密度	空隙率(%)
1	6.388	1058.2	4.0	2.540	2.043	19.6
2	6.362	1056.3	4.0	2.540	2.052	19.2
3	6.345	1055.0	4.0	2.540	2.053	19.2
4	6.389	1060.1	4.0	2.540	2.045	19.5

从表4.2-29中可以看出，在相同的级配、相同的成型方法下，石灰岩马歇尔试件的空隙率要明显小于玄武岩试件的空隙率(22%)。

对试验成型后的石灰岩马歇尔试件进行抽提筛分试验，研究双面击实50次后的石灰岩混合料级配变化情况，抽提筛分结果如图4.2-31所示。

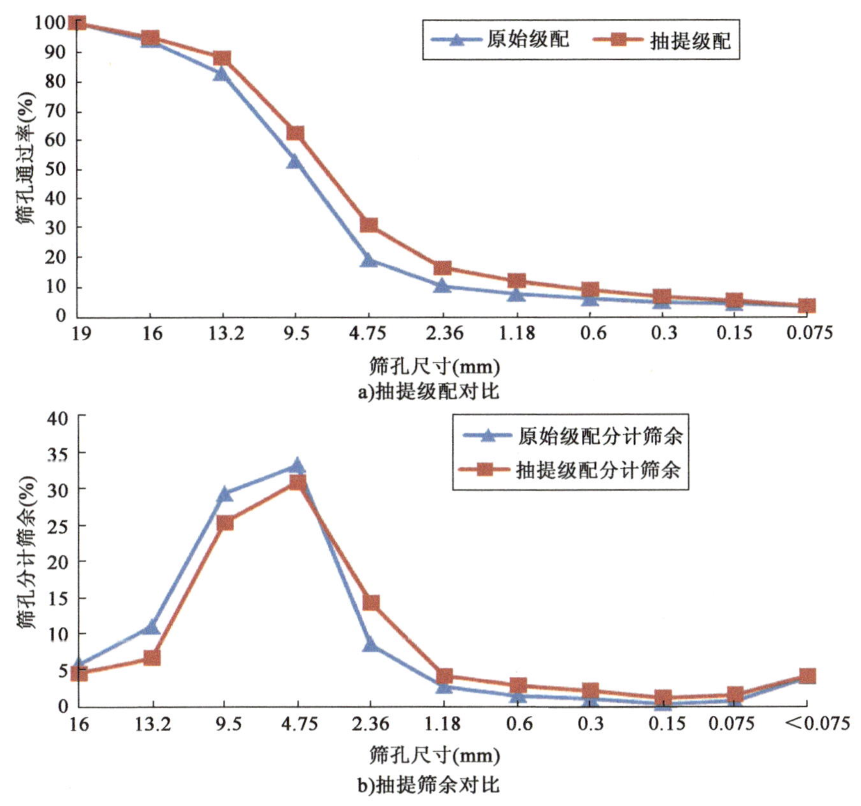

图4.2-31　石灰岩混合料抽提筛分结果

可以看出，石灰岩混合料的级配在击实成型过后有非常明显的变化，级配变细，各筛孔的通过率都有所增加，其中4.75mm筛孔的通过率变化最大，增加了11.8%。此外，4.75mm及以上的粗集料部分，每一档粒径的分计筛余都明显减小，而2.36mm及以下的细集料部分，每一档粒径的分计筛余都有所增加，其中2.36mm的筛余变化量最大，增加了5.8%。从以上结果可以推断，使用传统方法双面50次击实成型石灰岩混合料，会造成混合料内部集料产生严重的破碎现象。这种破碎现象不符合实际工程需求，其成型的混合料也不能代表该级配下石灰岩混合料应该达到的骨架嵌挤结构。因此，需要对实验室内石灰岩混合料的击实次数进行调整。

按照第4.2.2.4小节得到的最佳油石比对石灰岩进行拌和，在其他成型条件相同的情况下，控制击实次数分别为30次、35次、40次、45次、50次，按照《公路工程沥青及沥青混合料试验规程》(JTG E20—2011)中的要求，测量空隙率及马歇尔稳定度值，试验数据如图4.2-32所示。

从图4.2-32中可以看出，空隙率随击实次数增加而呈现线性减小的趋势，当击实次数为

35 次时,石灰岩混合料的空隙率最接近预期空隙率(22%)。稳定度则随着击实次数增加而增加,30 次击实的稳定度不能满足要求,击实次数超过 35 次时,稳定度值增加明显。综合以上结果,选择双面击实 40 次作为本次试验的石灰岩混合料击实次数,虽然空隙率略小于理论值,但从稳定度角度出发,该击实次数下已经具有较好的骨架结构。

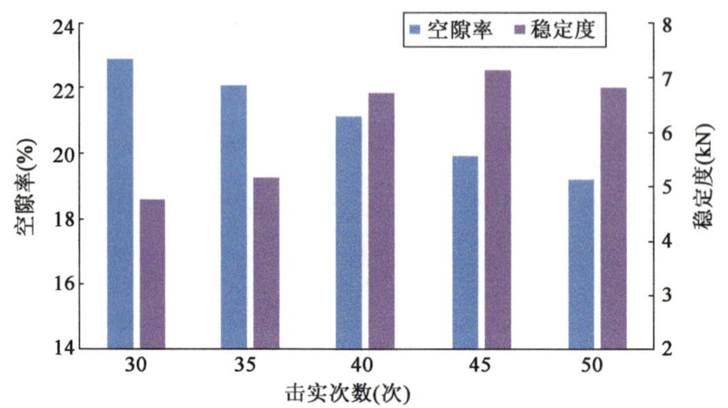

图 4.2-32　不同击实次数下的空隙率与稳定度试验结果

3)不同集料 PAC16 的路用性能对比

对石灰岩混合料开展路面性能试验,从高温性能、低温性能、水稳定性能以及排水性能 4 个方面,对比同样沥青胶结料、同级配下,石灰岩与玄武岩混合料的路用性能差异。各试验数据见表 4.2-30。

石灰岩、玄武岩路用性能对比　　表 4.2-30

技术指标	石灰岩	玄武岩	规范要求
渗水系数(mL/min)	5275	6450	≥5000
车辙试验最终变形(mm)	1.484	1.163	—
动稳定度(次/mm)	8750	8873	≥6000
抗弯拉强度(MPa)	4.083	4.480	—
最大弯拉应变(με)	2822	2622	≥2500
弯曲劲度模量(MPa)	1458	1704	—
未冻融劈裂强度(MPa)	0.405	0.417	—
冻融劈裂强度(MPa)	0.348	0.363	—
TSR(%)	85.9	87.1	≥85

从排水角度来说,由于车辙板成型过程中石灰岩被压碎,导致石灰岩车辙板空隙率和连通空隙率要小于玄武岩车辙板,因此渗水系数偏小。从高温性能上看,石灰岩与玄武岩的动稳定度值很接近,石灰岩的最终形变要略高于玄武岩。从低温性能看,石灰岩的抗拉强度要低于玄武岩,而最大弯拉应变却高于玄武岩,因此石灰岩的弯曲劲度模量也更小,初步推断是因为石灰岩产生破碎,空隙率更小,而小空隙要更有利于混合料的低温性能。从水稳定性能上看,石灰岩的冻融/未冻融强度都要小于玄武岩,且冻融劈裂强度比 TSR 同样小于玄武岩,原因在于石灰岩集料产生破碎,容易被水渗透进入,造成更大的水损害。

综合以上结论可以得出,石灰岩排水混合料具有良好的路用性能,其各项性能指标均能满足规范指标要求。与玄武岩排水混合料相比,石灰岩的高温稳定性能与玄武岩相接近,低温性能略优于玄武岩,水稳定性能略低于玄武岩。因此,在施工过程中,要严格控制压实过程,减少石灰岩破碎,保证路面的排水性能。

4.2.4.3　石灰岩混合料压实特性

石灰岩用于下面层 PAC16 时,同样具有较好的路用性能,但是需要对其压实过程进行控制。采用旋转压实法,进一步研究在不同压实次数下,石灰岩混合料的压实规律及与玄武岩的对比。

采用同样级配的石灰岩与玄武岩混合料,按照《公路工程沥青及沥青混合料试验规程》(JTG E20—2011)的要求,采用旋转压实仪,控制旋转角为 1.25°,转速为 30r/min,垂直压力为 600kPa,在同样的成型条件下,进行旋转压实试验,得到两种集料的密实度变化曲线以及空隙率变化曲线,分别如图 4.2-33 和图 4.2-34 所示。

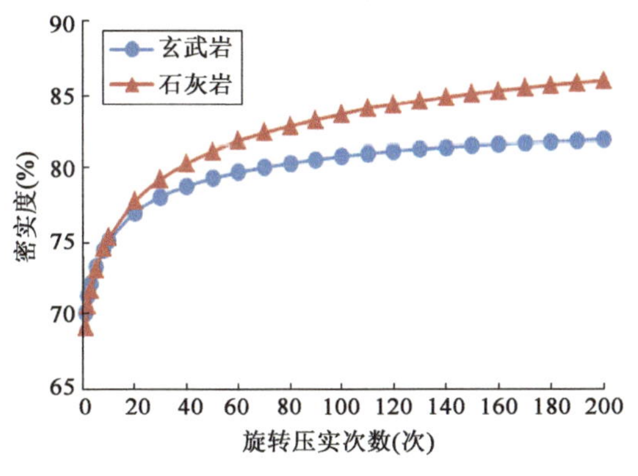

图 4.2-33　石灰岩与玄武岩密实度变化曲线

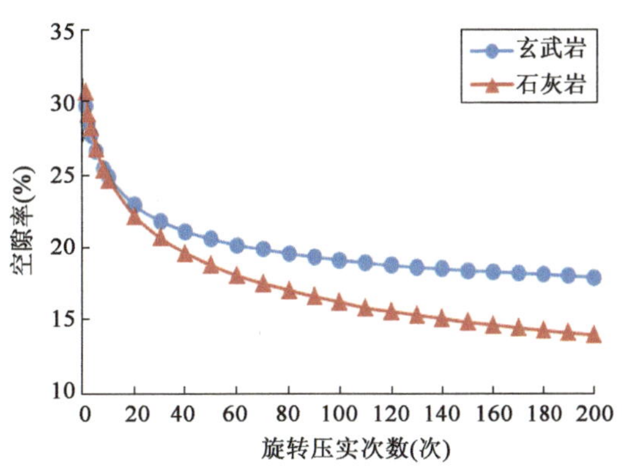

图 4.2-34　石灰岩与玄武岩空隙率变化曲线

可以看出,石灰岩与玄武岩试件的密实度都随着压实次数的增加而变大,初期增长很快,但增长的幅度随压实次数的增加而趋于平缓,在碾压次数超过 60 ~ 80 次后,接近线性增长。这与现实的施工碾压情况相符合,初期空隙率大,碾压效果明显,当混合料达到骨架密实状态后,集料在压路机的过压实作用下,产生一定的接触点磨损以及颗粒破碎现象,混合料密实度进一步增大,空隙率进一步减小,但变化的幅度较小。

本项目以旋转压实次数 80 次作为分界点,将石灰岩与玄武岩的压实曲线分两段进行拟合,前半段显示了两种集料在正常压实过程中的压实特性,可以表征混合料施工过程的压实特性;而后半段显示了两种集料在过压实后的再压密过程,可以表征排水混合料过压实施工以及排水路面开放交通后可能出现的再密实过程。前半段采用半对数坐标系下的线性回归,即密实度 $\gamma = aN + b$,后半段采用自然坐标系下的线性回归,即密实度 $\gamma = aN + b$,其中,斜率 a 都代表压实速率的大小。拟合结果如图 4.2-35 所示。

从图 4.2-35 中可以看出:

(1)在正常压实阶段,石灰岩混合料的密实曲线斜率要略大于玄武岩混合料的密实曲线斜率。这表明在压实初期,石灰岩混合料密实速率大于玄武岩,如果要达到相同的密实度,石灰岩所需要的旋转压实次数更少。这说明工程施工中,若要达到相同的密实度(即相同的空隙率)，石灰岩所需的当量碾压次数要略小于玄武岩，即与玄武岩相比，可以调低石灰岩混合料的碾压温度，或减少石灰岩混合料的碾压次数，或减小压路机的吨数。

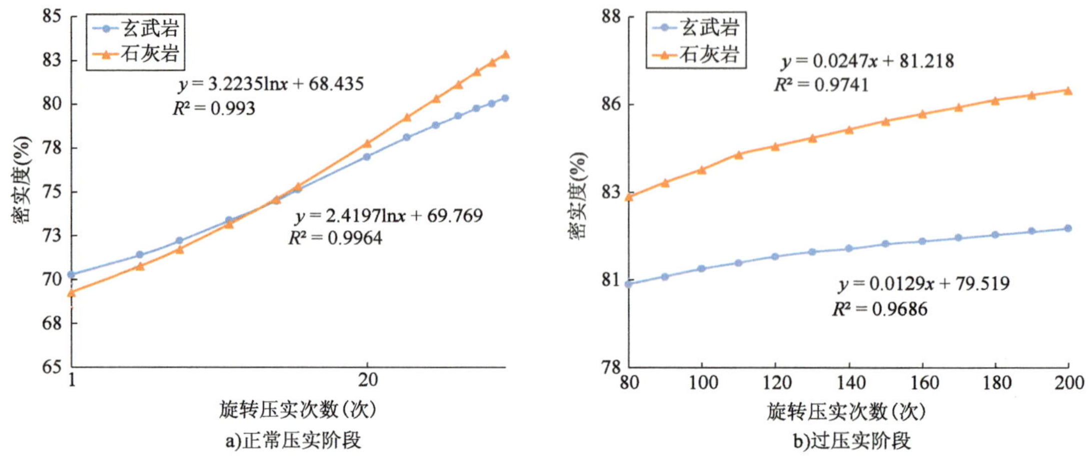

图 4.2-35　石灰岩与玄武岩密实曲线分段拟合

(2)在过压实阶段，石灰岩混合料的密实曲线斜率要明显大于玄武岩混合料的密实曲线斜率，接近玄武岩的 2 倍。这表明在过压实阶段，石灰岩产生的破碎程度要远远大于玄武岩。从中可以得出，一方面，在施工过程中必须严格控制石灰岩混合料的压实过程，一旦进入过压实状态，石灰岩混合料空隙率下降速度更快；另一方面，在开放交通后，石灰岩混合料空隙衰变的速率要大于玄武岩混合料，即在满足路用性能的条件下，必须保证石灰岩混合料具有较大的初期空隙率。

4.2.4.4　不同压实次数的力学特性

从混合料的压实过程可以看出，若将预期空隙率设为 22%，石灰岩混合料旋转压实约 20 次可达到预期空隙率，玄武岩混合料旋转压实约 25 次可达到预期空隙率。为比较压实次数对混合料力学性能的影响，取相同级配的石灰岩与玄武岩集料，使石灰岩集料分别旋转压实 20 次、25 次、30 次以及 35 次，玄武岩则是通过控制高度达到预期空隙率 22%，旋转压实次数为 24 次。各试件的空隙率以及旋转次数与空隙率变化的试验结果如图 4.2-36 所示。

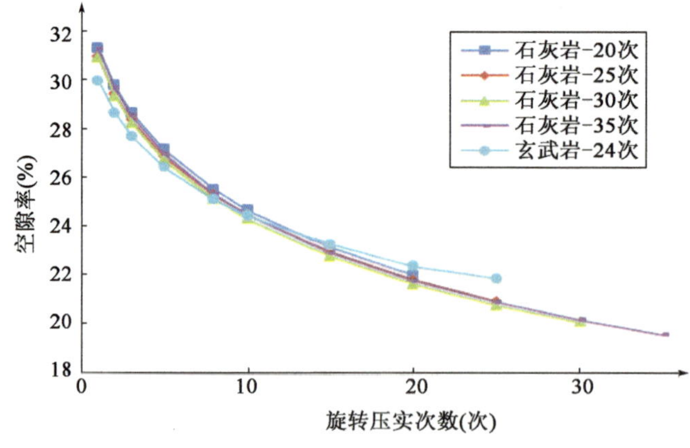

图 4.2-36　不同旋转压实次数的空隙率曲线

从图 4.2-36 中可以看出，相同级配的石灰岩混合料的压实曲线非常接近，达到预期空隙率时，石灰岩混合料仅需旋转压实 20 次，比玄武岩混合料少 4 次。在相同的旋转次数时，石灰岩混合料空隙率约为 21%，比玄武岩混合料空隙率约小 1%。下面对不同次数压实下的试件开展动态模量以及半圆弯曲试验，对比其力学性能。

1）动态模量试验

按照《公路工程沥青及沥青混合料试验规程》（JTG E20—2011）的要求，用 UTM 试验机（即万能材料试验机）进行单轴压缩动态模量试验，控制试验温度为 0℃、15℃、30℃、45℃，分别采用 0.1Hz、0.2Hz、0.5Hz、1Hz、2Hz、5Hz、10Hz、20Hz、25Hz 的加载频率进行测试。试验结果如图 4.2-37 所示。

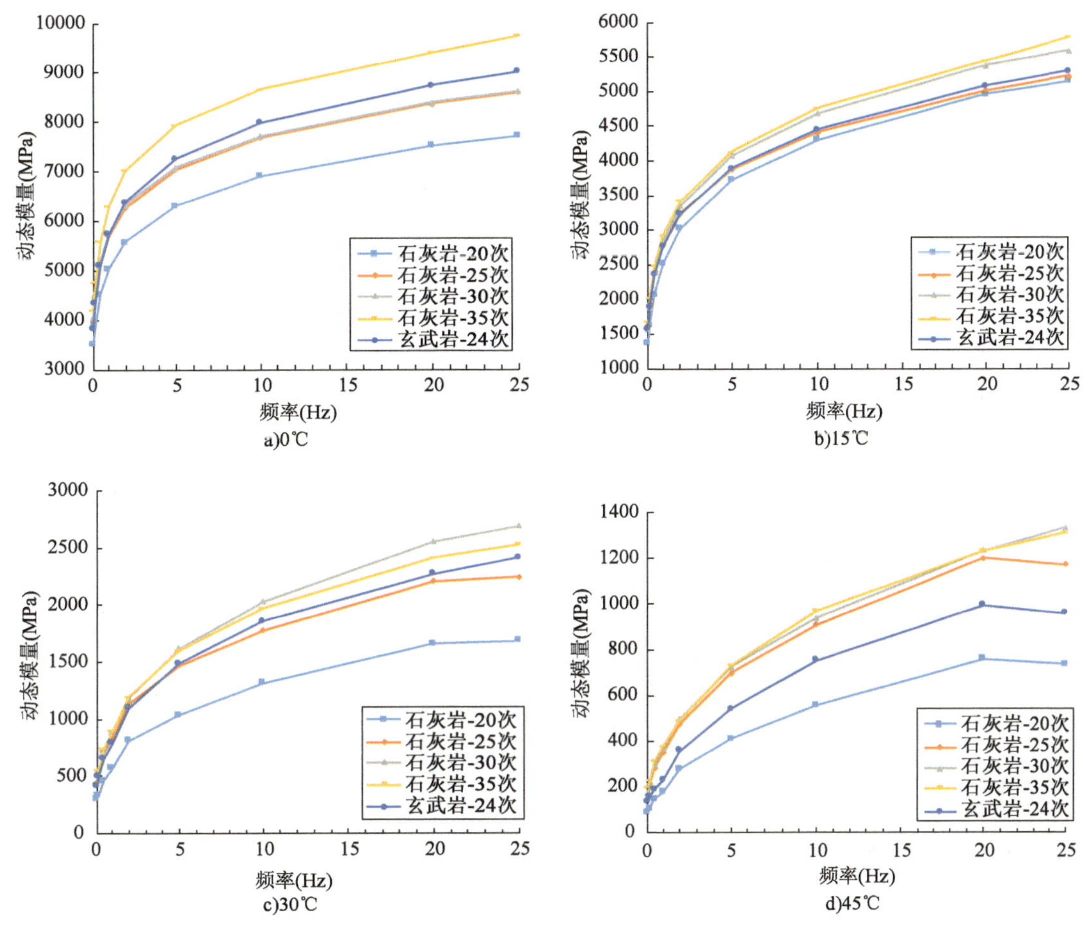

图 4.2-37　不同旋转压实次数的混合料在不同温度下的动态模量

从图 4.2-37 中可以看出，温度以及加载频率对动态模量有很大影响：①在不同的加载频率下，动态模量随着温度的升高而明显减小。以旋转压实 35 次的石灰岩混合料在 10Hz 下的动态模量为例，0℃时动态模量值为 8669MPa，到 15℃时动态模量下降了 3896MPa，到 30℃时动态模量又下降了 2796MPa，到 45℃时动态模量再次下降了 1003.3MPa，下降的速率随温度增加而减小。这是因为温度升高时，沥青的黏度降低，混合料更加体现出黏弹性体的特征。②在不同的温度下,动态模量随着加载频率的增加而明显增大,且增加的速率随加载频率的增加而减小。这说明沥青混合料在某温度下的动态模量值存在一个极限,这种随频率增大的现象是由于外力加载下,应力应变之间出现滞后造成的,随着加载频率的不断增加,混合料趋于表现为弹性体,动态模量的增幅也逐渐变小。③在不同温度以及不同的频率下,大致呈现旋转压实次数越多,动态模量值越大的规律,且旋转压实 20 次的动态模量要明显小于其他压实次数下的动态模量值,尤其是温度升高时。玄武岩压实 24 次的动态模量曲线与石灰岩压实 25 次的动态模量曲线相接近。

为进一步比较不同压实次数下动态模量的变化规律,在"时温等效原理"的理论基础上,利用西格摩德(Sigmoidal)模型,拟合沥青混合料的动态模量主曲线。即以 30℃下的动态模量为参考值,将其他温度的动态模量平移,从而形成一条参考温度下的平滑曲线,即为 30℃下的动态模量主曲线。Sigmoidal 函数表达式如下:

$$\lg|E^*| = \delta + \frac{\alpha}{1 + e^{\beta+\gamma(\lg\omega_r)}} \tag{4.2-3}$$

式中:E^*——动态模量(MPa);

ω_r——参考温度时的加载频率(Hz);

δ——动态模量极小值的对数;

α、β、γ——描述 Sigmoidal 模型形状的参数。

以最小二乘法拟合曲线,得到的拟合参数以及移位因子见表 4.2-31。

Sigmoidal 函数拟合参数及移位因子 表 4.2-31

混合料类型	α	β	δ	γ	移位因子			
					α(0℃)	α(15℃)	α(30℃)	α(40℃)
石灰岩-20 次	4.07	-0.70	0.08	-0.40	3.52	2.01	0	-1.21
石灰岩-25 次	4.53	-0.97	-0.33	-0.36	3.51	1.80	0	-1.08
石灰岩-30 次	2.91	-0.50	1.17	-0.52	3.16	1.58	0	-1.04
石灰岩-35 次	3.29	-0.52	0.92	-0.44	3.34	1.69	0	-1.04
玄武-24 次	3.53	-0.64	0.63	-0.44	3.27	1.68	0	-1.31

将 5 种混合料的动态模量主曲线以及移位因子放在一起进行对比,结果如图 4.2-38 和图 4.2-39 所示。

从图 4.2-38 和图 4.2-39 中可以看出:①不同的集料以及不同的旋转压实次数的混合料,其移位因子对数在温度范围内的变化区间比较接近,呈现旋转压实次数越大,移位因子变化区间越小的规律。即压实次数越大,空隙率越小,混合料的模量受温度影响的程度就越小,但在合理的压实范围内,总体差别不大。②动态模量主曲线中,低频部分可以表征混合料高温的力学性能,高频部分则是表征混合料低温的力学性能。这 5 组混合料的动态模量主曲线,在高频范围内,模量的变化规律以及模量值都很接近,随着频率的变小,混合料之间模量差逐渐变大。旋转压实次数越少,动态模量随频率减小而减小的速率就越大,即在高温下,旋转压实次数少的混合料,模量下降速度更快。③旋转压实20次的动态模量要明显小于其他4组混合料,即同空隙率下,玄武岩混合料的抗变形能力要略强于石灰岩混合料。④旋转压实24次的玄武岩混合料与旋转压实25次的石灰岩混合料动态模量值相接近,即在合理的压实次数内,同样压实次数下的玄武岩与石灰岩混合料力学性能相接近。⑤旋转压实30次与35次的混合料动态模量相接近,即在合理压实次数内,当混合料达到股价密实状态后,压实次数增加,对混合料的抗变形能力影响不大。

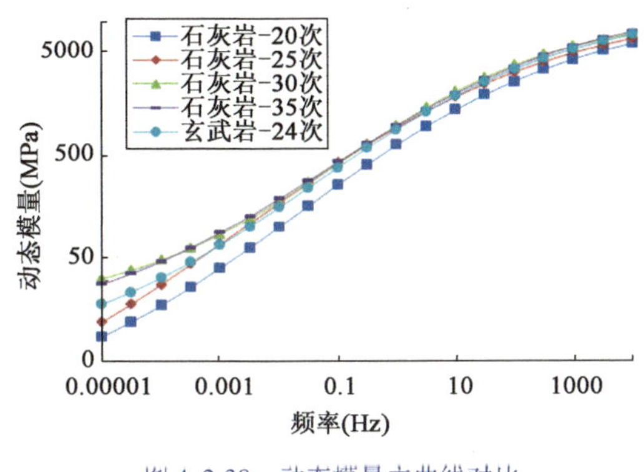

图4.2-38 动态模量主曲线对比

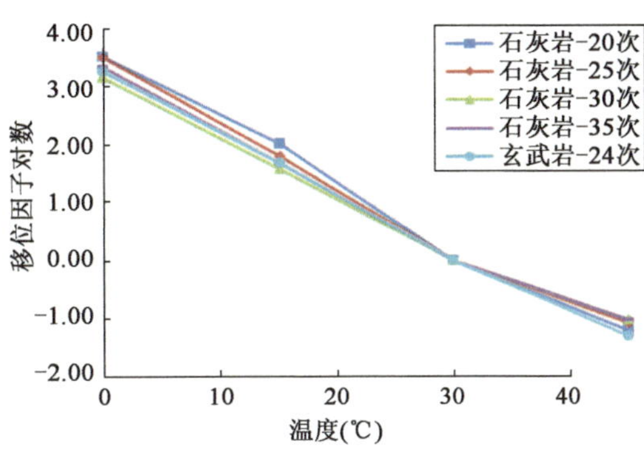

图4.2-39 时间-温度转化因子(30℃时)

2)半圆弯曲试验

参考AASHTO TP124中的要求,对不同旋转压实次数下的混合料开展半圆弯曲(SCB)试验,用以检验混合料的抗拉、抗裂性能。

半圆弯曲试验的抗拉强度结果对比如图4.2-40所示。

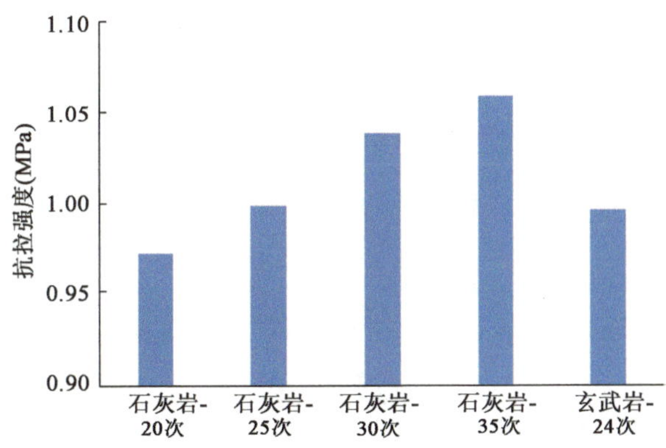

图4.2-40 半圆弯曲试验抗拉强度结果对比

可以看出,随着旋转压实次数的增加,空隙率变小,试件的抗拉强度也有所增加,原因是空隙率越小,集料之间的接触面积就越大,颗粒间的黏结作用就越强。同样的空隙率下,石灰岩的抗拉强度要小于玄武岩,这是因为石灰岩成型过程中,颗粒间接触点上产生的磨耗与破碎要比玄武岩多,这对接触点上的黏结作用产生一定的影响。同样的旋转压实次数下,石灰岩与玄武岩混合料的抗拉强度相近,这与动态模量试验的结果相似。

综上所述,在同样的空隙率下,石灰岩所需的压实次数要小于玄武岩,石灰岩混合料的力学性能要略差于玄武岩;在同样的压实次数下,石灰岩混合料的力学性能与玄武岩相近。因此,工程上对排水性能要求高、设计交通量较小的地区,采用石灰岩混合料可以适当减少压实次数或降低压实温度,保证空隙率要求;对设计交通量较大的地区,石灰岩混合料则采用与玄武岩相同的压实条件。

4.3 双层排水路面空隙衰变规律和预测分析

由于较大的空隙率和相互连通的空隙结构是排水路面区别于其他沥青路面的重要特征,也是排水路面具有优良排水降噪功能的重要基础。因此,本节结合第4.2节确定的双层排水路面上、下面层的配合比设计及满足空隙要求的级配,对排水路面空隙结构衰变规律及预测进行研究。由于沥青混合料本身不透明,无法对空隙结构进行直接的观察,故尝试将X射线扫描技术、图像处理技术与离散元软件相结合,使双层排水路面空隙结构能够直观地表现出来,并采用具体的指标进行描述与分析,建立双层排水沥青混合料空隙结构体系。

4.3.1 双层排水路面空隙结构分布规律与特征

4.3.1.1 双层排水路面空隙结构重建

双层排水沥青路面上下层的级配见表4.3-1,沥青采用高黏沥青。上层采用玄武岩,沥青用量为4.92%,空隙率为20%;下层选用石灰岩,沥青用量为4.5%,空隙率为22%。

双层排水沥青路面上下层的级配 表4.3-1

混合料	通过下列筛孔(mm)的通过率(%)										
	19	16	13.2	9.5	4.75	2.36	1.18	0.6	0.3	0.15	0.075
PAC16	100	94	82.8	53.3	19.9	11.2	8.2	6.5	5.5	4.9	4.3
PAC10	100	100	100	99	40.1	13.9	9.5	7.1	5.7	5.1	4.6

根据双层排水沥青路面级配成型双层车辙板试件。在7cm厚的车辙板模具内放置0.5cm的垫块;依次放入足够的PAC16热拌沥青混合料和PAC10热拌沥青混合料;对混合料进行压实,采用hot-on-hot方法进行双层排水路面试件的制作(中间过渡层的空隙分布更加良好),得到图4.3-1所示的双层排水沥青混合料车辙板试件(4cm PAC16 +2.5cm PAC10)。

采用Compact-225型高精度X射线断层扫描仪对双层沥青混合料车辙板试件进行扫描。将双层车辙板试件切割成7cm×7cm×6.5cm的长方体试件。沿试件横向方向,以层位间距0.1mm为间隔进行扫描,共获取约650张图片,将图片导入MATLAB软件,转化为灰度图像,将图像中的像素点转化为离散元程序中的球体单元。最终生成相互分离的空隙单元,如图4.3-2所示,不同颜色代表不同的空隙单元。

图 4.3-1　双层车辙板试件

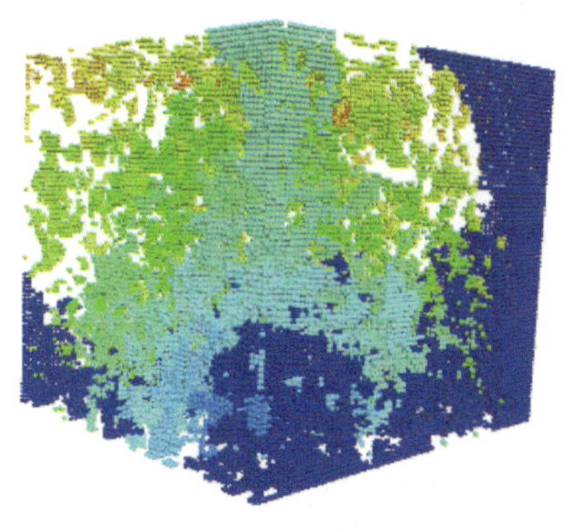

图 4.3-2　PFC3D 中相互分离的空隙单元

4.3.1.2　双层排水路面空隙结构分析

将排水沥青混合料的空隙结构分为连通空隙、半连通空隙(只能从路面侧部排出,无法从路面底部排出)和封闭空隙。对应提取得到的相互分离的空隙单元,进行分类。

如图 4.3-3 所示,黑色部分为连通空隙,灰色部分为半连通空隙,白色部分为封闭空隙。

图 4.3-3　空隙结构分类

根据空隙结构分类方式,选取空隙率 VV、半连通空隙率 V_f、连通空隙率 V_e、空隙数目 N、空隙体表面积 DD 作为双层排水路面空隙结构的评价指标,其计算公式如下:

$$VV = \frac{N_1 \times 8r^3}{V} \tag{4.3-1}$$

式中:N_1——组成空隙结构的所有小球的数目;

r——组成空隙结构的所有小球的半径(mm);

V——路面结构体积(mm^3)。

$$V_f = \frac{N_2 \times 8r^3}{V} \tag{4.3-2}$$

式中:N_2——组成半连通空隙结构的所有小球的数目。

$$V_g = \frac{N_3 \times 8r^3}{V} \tag{4.3-3}$$

式中:N_3——组成连通空隙结构的所有小球的数目。

$$DD = \frac{N_4}{N_5} \tag{4.3-4}$$

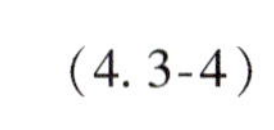

式中:N_4——组成某空隙结构的所有小球的数目;

N_5——组成某空隙结构的外部小球的数目。

对双层排水路面车辙板所提取的空隙结构采用上述指标进行计算，空隙率 VV 为 20.89%，半连通空隙率 V_f 为 1.71%，连通空隙率 V_e 为 19.18%，连通空隙数目为 1，半连通空隙数目为 14，空隙体表面积 DD 为 1.08。

4.3.2 荷载与扬尘耦合作用下双层排水路面空隙结构衰变规律

荷载作用与扬尘耦合作用下产生的双层排水路面空隙结构衰变往往同时发生，相互影响。由于车辆荷载和环境因素的影响，位于路面上面层的排水沥青混合料逐渐被压密，空隙结构被压缩，空隙形态和空隙体积逐渐发生变化。由堵塞模拟试验分析可知，排水沥青路面的抗堵塞能力主要与道路本身空隙结构的分布有关，因此荷载作用必然会对道路的抗堵塞能力产生影响。堵塞物进入路面结构后，吸附在原有的沥青混合料表面，无法协助承受车辆荷载的作用，同时道路表面的沉积物有限，因此本小节以分析荷载作用对道路抗堵塞能力产生的影响为主，分析荷载作用与扬尘阻塞的耦合作用。

4.3.2.1 不同车辙应变双层排水沥青路面虚拟堵塞试验

对模型施加重力场，并采用 0.015m/s 的水流进行冲刷，每隔 50000 时步对模型进行保存。冲刷相同时间后，对最终停留在路面结构内部各粒径范围的堵塞物数量进行统计，得到路面结构内堵塞质量随时间变化曲线，如图 4.3-4 所示。

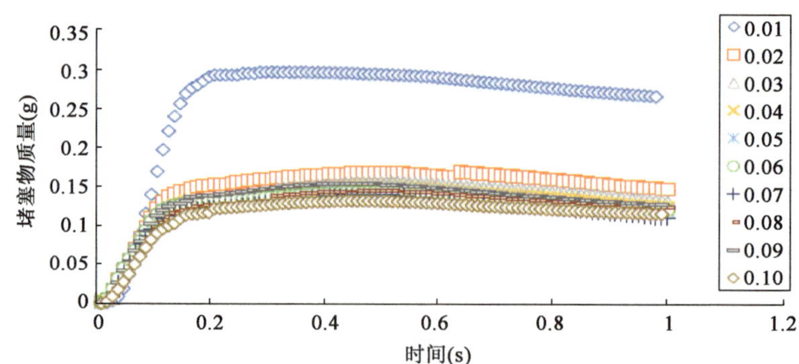

图 4.3-4 不同车辙应变堵塞试验路面结构堵塞物质量变化曲线

不同车辙应变下路面结构内堵塞物的堆积质量变化趋势相同。随着应变的增加，达到最终堵塞状态所需的时间逐渐变短，且最终堵塞质量逐渐减小，但减小的速度逐渐变缓。分析认为，随着道路使用年限的提高，路面应变增大，路面空隙结构发生变化，主要为上面层的空隙体积被压缩，道路表面空隙的平均面积变小，堵塞物难以进入路面结构，导致最终沉积质量逐渐减小。

对不同应变下路面结构内堵塞物的最终沉积质量进行统计，通过体积换算得到不同车辙应变下的空隙率衰减系数，如图 4.3-5 所示。

对不同车辙应变(0.01 ~0.05)双层排水沥青路面堵塞试验残留在路面空隙结构内的堵塞物颗粒进行粒径提取，结果如图 4.3-6 所示。

车辙应变达到 0.02 后，空隙率衰减系数变化缓慢，维持稳定。随着车辙应变的增加，路面空隙结构发生变化,路表空隙面积减小。粒径大于0.3mm的堵塞物堵塞比例发生较大变化,粒径小于0.3mm的堵塞物堵塞比例未发生较大变化。而粒径小于0.3mm的堵塞物颗粒在路表沉积物的分布比例占据57.89%,因此车辙应变对堵塞试验空隙率衰减系数产生的影响逐渐减小。

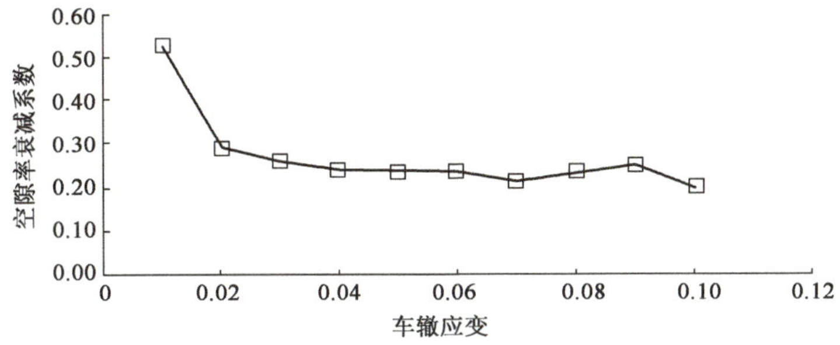

图4.3-5　不同车辙应变堵塞试验空隙率衰减系数变化曲线

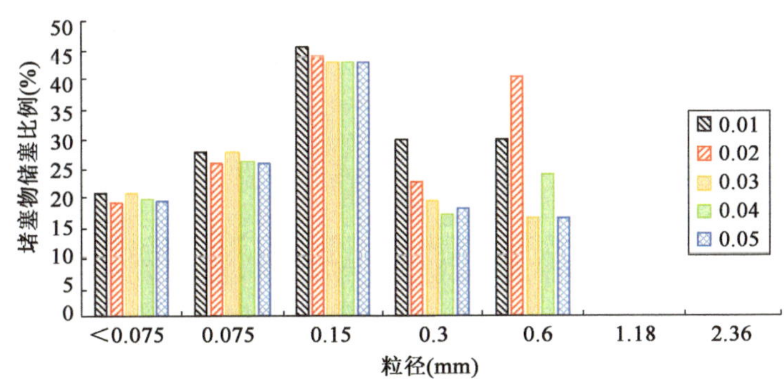

图4.3-6　路面空隙结构内的堵塞物颗粒阻塞比例

通过交通量与车辙应变的关系,建立起空隙率衰减系数与交通量(时间)的关系,当取交通量为中等交通量时,空隙率衰减系数随时间变化曲线如图4.3-7所示。

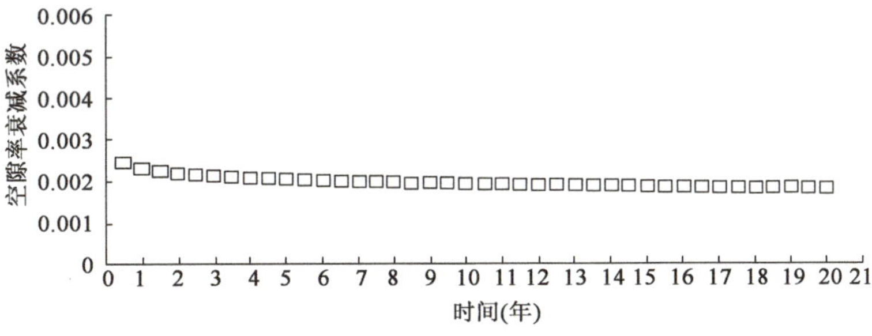

图4.3-7　空隙率衰减系数随时间变化曲线

由于沥青混合料为黏弹性材料,车辆荷载产生的车辙应变主要来自道路使用前期,因此由于扬尘阻塞造成的空隙率衰减系数在道路使用1年后减小为0.2%左右,随后保持稳定。

4.3.2.2 路面颗粒分布

进入路面空隙结构的堵塞物与沥青混合料产生黏附作用,进行堆积,结构不稳定。晴天进入路面空隙结构的堵塞物在雨天环境下会被再次冲刷,其中部分停留在路面结构内部,部分被冲刷出路面结构。

由于侧向排水的存在,使得进入排水沥青路面的堵塞物会沿路面坡度流向路侧,因此沿路面坡度路面不同位置处相同面积内的堵塞物最终质量不同。通过模型计算,不同位置处发生堵塞现象时的空隙率衰减系数相对路面中心线处的空隙率衰减系数比例如图 4.3-8 所示。

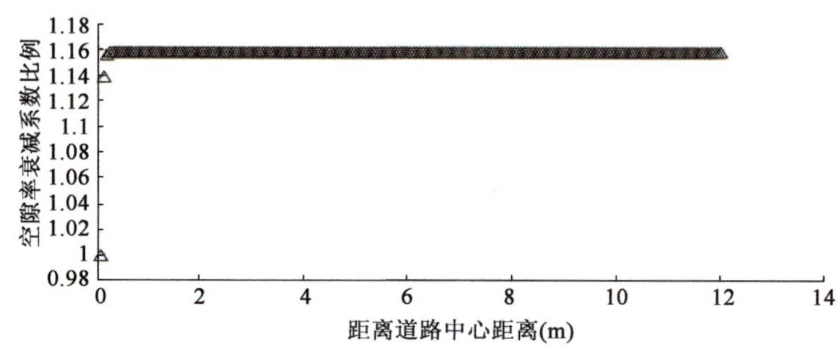

图 4.3-8 沿路面坡度路面不同位置处发生堵塞现象时的空隙率衰减系数

4.3.2.3 荷载与扬尘耦合作用下双层排水路面空隙结构衰变规律

荷载与扬尘作用造成的路面空隙结构衰变不是相互独立的,两者可能同时发生,相互作用。根据不同车辙应变双层排水沥青路面虚拟堵塞试验结果,随着车辙应变的增加,路面抗堵塞能力提高,据此建立荷载作用与扬尘阻塞耦合作用下双层排水路面空隙结构衰变模型,得到道路中心线处、距离道路中心线 11m 处由于荷载与扬尘耦合作用造成的双层排水沥青路面空隙率衰变曲线,如图 4.3-9 所示。

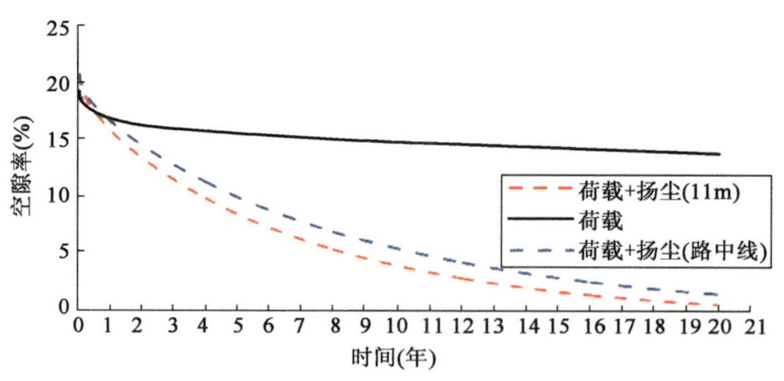

图 4.3-9 双层排水沥青路面空隙率衰变曲线

考虑扬尘阻塞作用,双层排水沥青路面使用 1.5 年后,距离道路中心线 11m 轮迹带处空隙率已衰减为 15%,故应尽快对道路进行清洗,保证其良好的排水功能。假设每隔 1 年对双层排水沥青路面进行清洗养护,则其双层排水沥青路面空隙率衰变曲线如图 4.3-10 所示。

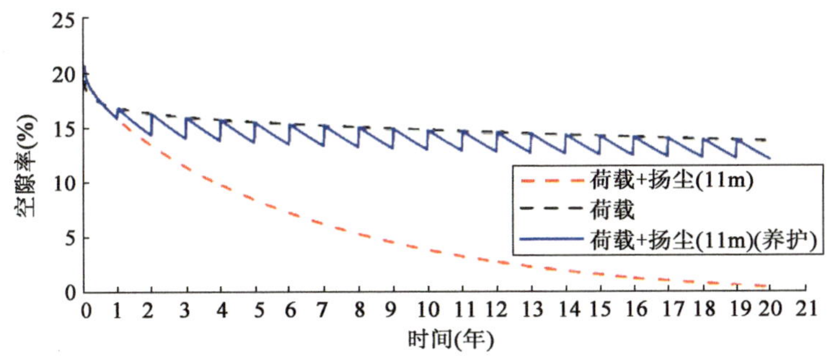

图4.3-10 双层排水沥青路面空隙率衰变曲线

4.4 双层排水试验路力学分析及施工技术研究

基于双层排水路面面层结构方案进行有限元模拟计算,比较不同结构层之间的力学响应。通过试验对层间黏结性能进行研究,对工程的施工工艺进行指导与总结。

4.4.1 试验段双层排水路面结构力学分析

双层排水路面试验段采用2.5cm+4cm薄双层以及3cm+6cm厚双层两种厚度,下层采用该路段原有的结构方案,另外还有单层排水沥青路面结构,具体结构见表4.4-1和图4.4-1。本节利用Abaqus有限元软件对两种厚度的双层排水沥青路面的力学响应进行分析。

试验段双层排水沥青面层结构方案　　表4.4-1

项目	路段			
	JK26+000—JK25+500	JK25+500—JK25+400	JK25+400—JK25+200	JK25+200—JK24+900
长度(m)	500	100	200	300
结构	厚双层	—	薄双层	单层
上面层	3cm PAC10	薄-厚过渡段	2.5cm PAC10	2.5cm PAC10
下面层	6cm PAC16		4cm PAC16	4cm AC20

4.4.1.1 路面结构建模及力学参数设定

将沥青路面作为弹性层状体系进行建模,层间完全连续。排水沥青路面模型的横断面为宽3.75m,高3m,沿行车方向长6m。网格划分由细到粗,荷载周围的矩形区域网格划分得很密,网格间距约2cm,其他部分则划分相对稀疏。模型的约束条件为:路基底部采用固定约束,路基路面四周限制水平面方向的位移。单元类型是二次六面体单元(C3D20R),节点积分采用减缩积分。

行车荷载采用《公路沥青路面设计规范》(JTG D50—2017)中规定的标准轴载BZZ-100(单轴双轮轴载100kN),轮胎接地压强为0.7MPa,两载荷圆半径为10.65cm,圆心距为

31.95cm，双层排水路面有限元模型如图4.4-2所示。

	透水黏层	防水黏层
上面层	PAC10	2.5cm
中面层	PAC16	4cm
下面层	ATB25	12.5cm
基层	水泥稳定碎石	20cm
基层	低剂量水泥稳定碎石	19cm
底基层	级配碎石	20cm

	透水黏层	防水黏层
上面层	PAC10	3cm
中面层	PAC16	6cm
下面层	ATB25	10cm
基层	水泥稳定碎石	20cm
基层	低剂量水泥稳定碎石	19cm
底基层	级配碎石	20cm

图4.4-1　试验段薄、厚双层排水路面结构

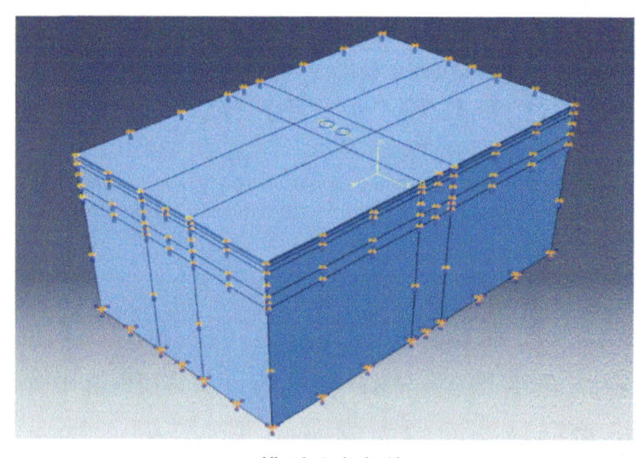

a)模型约束条件

b)网格划分情况

图4.4-2　双层排水路面有限元模型

不同材料的参数对路面结构模型的力学响应分析起到关键作用。根据《公路沥青路面设计规范》(JTG D50—2017)中的规定，材料参数取试验温度20℃，面层加载频率10Hz、基层加载频率5Hz的动态压缩模量，在前人研究以及动态模量试验结果的基础上，模型各层的材料参数取值见表4.4-2。

各层材料参数取值　　表4.4-2

层　位	材料名称	厚度(cm)	压缩模量(MPa)	泊松比
上面层	PAC10	2.5/3	3200	0.4
中面层	PAC16	4/6	3600	0.4
下面层	ATB25	12.5/10	10000	0.25
基层	水泥稳定碎石	39	9000	0.25
底基层	级配碎石	20	500	0.35
土基	黏土	222	60	0.4

4.4.1.2　不同面层组合的力学响应分析

对两种厚度路面结构的受力情况进行模拟，按照《公路沥青路面设计规范》(JTG D50—

2017）对路面设计指标的控制要求，应力应变考虑行车方向的水平拉应力与拉应变，2.5cm + 4cm、3cm + 6cm 双层排水路面力学响应的模拟结果分别见表 4.4-3、表 4.4-4。

2.5cm + 4cm 双层排水路面力学响应模拟结果　表 4.4-3

层　位	层底深度（mm）	层底拉应变（με）	层底拉应力（MPa）	层顶压应力（MPa）	竖向位移（μm）
PAC10	25	-50.72	-0.415	—	-99.11
PAC16	65	-35.64	-0.407	-0.701	-96.66
ATB25	190	4.190	-0.060	-0.590	-93.09
水泥稳定碎石	580	8.769	0.122	-0.259	-88.78
土基	780	—	—	-0.011	—

注："—"表示受压。

3cm + 6cm 双层排水路面力学响应模拟结果　表 4.4-4

层　位	层底深度（mm）	层底拉应变（με）	层底拉应力（MPa）	层顶压应力（MPa）	竖向位移（μm）
PAC10	30	-57.48	-0.354	—	-102.36
PAC16	90	-30.16	-0.332	-0.704	-99.27
ATB25	190	4.417	-0.065	-0.524	-92.98
水泥稳定碎石	580	8.926	0.124	-0.270	-89.86
土基	780	—	—	-0.011	—

注："—"表示受压。

从力学响应可以看出，排水混合料的模量偏小，因此从结构层受力角度而言，在总面层厚度不变的情况下，排水层厚度越小，结构层的力学性能越优。在实际工程中，排水层的厚度需结合排水性能以及吸噪性能综合决定。

4.4.1.3　双层排水路面疲劳寿命计算

1）沥青面层疲劳寿命

根据《公路沥青路面设计规范》（JTG D50—2017）中的规定，根据沥青层层底拉应变计算沥青混合料层的疲劳开裂寿命（环境季节性冻土地区调整系数取 1），结果见表 4.4-5。可以看出，薄双层排水路面沥青混合料层的疲劳寿命达到 2017.3 亿轴次，比厚双层排水路面沥青混合料层的疲劳寿命多 22.1%。

沥青混合料层疲劳开裂寿命计算结果　表 4.4-5

层厚方案	疲劳开裂寿命（轴次）	层底拉应变（με）	沥青层模量（MPa）	VFA（%）
2.5cm + 4cm	2.0173×10^{12}	4.190	10000	70
3cm + 6cm	1.6521×10^{12}	4.417		

注：VFA-沥青饱和度。

2）半刚性基层疲劳寿命

根据《公路沥青路面设计规范》（JTG D50—2017）中的规定，根据无机结合料稳定层层底拉应力计算无机结合料层的疲劳开裂寿命，计算结果见表4.4-6。

无机结合料层疲劳开裂寿命计算结果 表4.4-6

层厚方案	疲劳开裂寿命（轴次）	层底拉应力（με）	R_S（MPa）
2.5cm+4cm	7.4318×10^9	0.122	1.5
3cm+6cm	7.2078×10^9	0.124	

注：R_S-无机结合料稳定材料的弯拉强度。

可以看出，薄双层排水路面沥青混合料层的疲劳寿命达到7.43亿轴次，与厚双层排水路面沥青混合料层的疲劳寿命相差不大，仅多3.1%。

从疲劳开裂寿命可以看出，在面层总厚度相同的情况下，薄双层的疲劳寿命要优于厚双层的疲劳寿命，尤其是沥青面层层底疲劳开裂寿命，其主要原因在于下面层ATB-25的模量较大，导致下面层更厚的薄双层排水路面沥青面层层底拉应变要小于厚双层排水路面。对于半刚性基层路面而言，沥青层层底疲劳开裂寿命要远大于半刚性基层层底疲劳寿命，因此往往只需验算半刚性基层的疲劳开裂寿命。

4.4.1.4 双层排水路面车辙预估

根据《公路沥青路面设计规范》（JTG D50—2017）中的规定，可分别计算路面各分层永久变形量和沥青混合料层总的永久变形量。

利用ABAQUS模拟计算得到的各分层顶面竖向压应力以及永久变形量的计算结果分别见表4.4-7、表4.4-8。

2.5cm+4cm双层排水路面永久变形量计算结果 表4.4-7

层位	层顶竖向压应力（MPa）	分层层厚（mm）	分层永久变形量（mm）
上面层	0.70143	10	0.61090
	0.70143	15	1.09175
中面层	0.67546	20	2.15511
	0.59033	20	1.65444
下面层	0.55053	20	2.55890
	0.48150	20	1.50282
	0.41750	20	0.82515
	0.35350	20	0.41949
	0.28950	20	0.19602
	0.25936	25	0.12527
沥青层永久变形量（mm）			11.1398

3cm +6cm 双层排水路面永久变形量计算结果　　表 4.4-8

层　位	层顶竖向压应力(MPa)	分层层厚(mm)	分层永久变形量(mm)
上面层	0.70256	15	0.91900
	0.70379	15	1.37236
中面层	0.67939	20	2.22693
	0.63311	20	1.80410
	0.52388	20	1.01868
下面层	0.48442	20	1.40003
	0.41033	20	0.72987
	0.34662	20	0.36697
	0.29366	20	0.18137
	0.26978	20	0.10196
沥青层永久变形量(mm)			10.1212

从表 4.4-7、表 4.4-8 中可以看出,在面层总厚度不变的情况下,薄双层排水路面的永久变形量略大于厚双层排水路面,这是由于排水混合料的车辙变形量要小于 ATB25 的车辙变形量。当累计轴载次数为 2×10^{7}时,两种路面的永久变形量都能满足高速公路不大于 15mm 的指标要求。

4.4.2 双层排水路面面层间黏结影响效果研究

沥青路面是一种层状体系结构,从力学角度分析,层间黏结效果越好,结构层尽量连续,沥青路面的承载能力越佳。对双层排水沥青路面而言,国内缺少双层摊铺机,因此只有通过洒布乳化沥青黏层来提高面层间的黏结性能。一方面,要保证上下面层之间黏结效果较好,必须洒布足够多的乳化沥青;另一方面,乳化沥青过多,又可能阻塞了下面层上表面的空隙,导致排水路面的渗水性能大大下降,因此,必须成型双层排水混合料。下面通过试验对比分析双层同时成型法以及洒布不同用量的乳化沥青工艺这两种方案对层间性能的影响。

4.4.2.1 双层车辙板试件成型

为了模拟施工中双层同时成型法以及撒布乳化沥青的分层成型法,采用不同的方法制备尺寸为 300mm ×300mm ×100mm 的双层车辙板,具体成型方法如下。

(1)分层碾压成型法(冷 + 热)。首先计算求得上、下面层 50mm 厚的标准车辙板试件所需的混合料质量,按照《公路工程沥青及沥青混合料试验规程》(JTG E20—2011)的要求,在模具中成型 300mm ×300mm ×50mm 的车辙板试件,级配采用本项目所得的 PAC16 级配。将冷却成型的试件脱模,并放入 300mm ×300mm ×100mm 的车辙板模具中,在车辙板表面喷洒规定用量的 SBS 改性乳化沥青,沥青用量(按蒸发残留物计算)分别控制为 0、0.1kg/m²、0.15kg/m²、0.2kg/m²、0.3kg/m²,待乳化沥青完全破乳后,将拌匀并保温好的上面层 PAC10 热料倒入模具中,采用同样的压实方式，对上面层混合料进行压实，最终得到双层车辙板试件。成型过程中喷洒不同用量 SBS 改性乳化沥青的效果如图 4.4-3 所示。可以发现，当乳化沥青黏层油用量达到 0.3kg/m^{2}时，PAC16 表面的大部分空隙都产生了堵塞的现象。

a)0.1kg/m^2　　b)0.2kg/m^2　　c)0.3kg/m^2

图 4.4-3　喷洒不同用量 SBS 改性乳化沥青的效果图

(2)双层同时成型法(热 + 热)。首先拌和 PAC16 混合料，称取规定质量的热料倒入 300mm × 300mm × 100mm 的车辙板模具中，用小型实锤由边至中转圈夯实一圈，整平成凸圆弧形，接着放入烘箱进行保温。然后拌和 PAC10 混合料，将称取好的混合料迅速倒入保温的车辙板模具中，同样用小型实锤夯实整平。将试模放置在轮碾机下，首先按照《公路工程沥青及沥青混合料试验规程》(JTG E20—2011)中的标准方法，碾压 2 + 12 个往返，由于双层车辙板厚度较大，此时并未完全压实。在此基础上重复上述碾压过程，但不必碾压 2 + 12 个往返，需注意混合料的碾压高度，待车辙板上表面与车辙板模具边缘基本齐平，则停止碾压。双层同时成型的车辙板试件如图 4.4-4 所示。可以看出，双层同时成型的车辙板，其上、下面层之间的界面不明显，存在上下面层集料交错嵌挤、压实的情况。

图 4.4-4　双层同时成型的车辙板试件

双层车辙板上、下面层级配采用本项目所得的级配，沥青采用 JZ + 15% A 的复配改性方案，层间 SBS 改性乳化沥青的技术指标见表 4.4-9。

4.4.2.2　层间黏结方案对黏结强度的影响

层间黏结强度主要包括层间抗拉强度与层间的剪切强度。下面利用 UTM 试验机以及多功能拉、压试验仪，对双层车辙板的层间抗剪强度以及抗拉强度进行研究。

层间 SBS 改性乳化沥青技术指标　　表 4.4-9

沥青	技术指标	单位	检测结果	规范要求
原样沥青	破乳速度	—	快裂	快裂或中裂
	离子电荷	—	阳离子(+)	阳离子(+)
	恩格拉黏度 50℃	s	2.6	1－10
	筛上剩余量	%	0.006	≤0.1
	蒸发固含量	%	63.7	≥50
蒸发残留物	针入度 25℃	0.1mm	77.1	60～150
	软化点	℃	76.5	≥50
	延度 5℃	cm	27.2	≥20

1)直剪试验

首先将双层车辙板切割成 95mm×95mm×90mm(即每层厚约 45mm)的长方体试件，将试件放入 25℃的恒温箱中保温至少 3h。保温结束后，将试件放入模具中固定，移动试件下方的垫块，使垫块边缘与试件的层间接触面相重合。采用 UTM 试验机，对面层一侧进行加载，控制加载速率为 10mm/min，加载至试件破坏，得到最大破坏荷载。直剪试验装置及试件如图 4.4-5 所示。

a)直剪试验过程

b)试件破坏形态

图 4.4-5　直剪试验及试件

试件的层间抗剪强度按下式计算：

$$\tau = \frac{F}{A} \tag{4.4-1}$$

式中：τ——抗剪强度(MPa)；

F——试验机的最大破坏荷载(N)；

A——试件层间接触面积(mm^2)。

分别对双层同时碾压成型的试件以及洒布不同量的乳化沥青的试件开展直剪试验，试验的结果如图4.4-6所示。可以看出，随着黏层油用量的增加，层间抗剪强度呈现上升的趋势，但总体来说影响不大，乳化沥青黏层油洒布量为0.3kg/m²时的抗剪强度仅比不涂乳化沥青黏层油的抗剪强度大20.2%，当黏层油洒布量超过0.2kg/m²时，抗剪强度增加的趋势已不明显。双层同时成型的试件，层间抗剪强度要远大于分层成型，比不涂黏层油的抗剪强度大73.3%。这是由于同时成型时，上、下面层的粗、细集料在外界压力以及热沥青的作用下相互嵌挤，在层间界面上形成了良好的骨架，因此具有较好的抗剪能力。

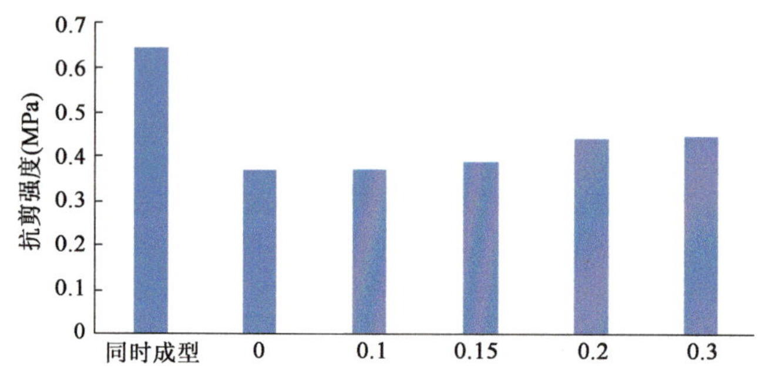

图4.4-6　抗剪强度结果对比

2)拉拔试验

先将双层车辙板切割成50mm×50mm×70mm(即每层厚约35mm)的长方体试件，将试件两头用AB胶粘上拉头模具，待AB胶强度形成后，将试件放入25℃的恒温箱中保温至少3h。保温结束后，将试件固定到多功能拉、压试验仪上，保证试件轴心受拉。打开试验仪进行加载，控制加载速率为30mm/min，加载至试件破坏，得到最大破坏荷载。拉拔试验装置以及破坏的试件如图4.4-7所示。

a)拉拔试验

b)试件破坏形态

图4.4-7　拉拔试验与试件

从图4.4-7中可以看出，双层同时成型的试件，进行拉拔试验时，不一定在双层的接触面产生破坏，破坏的界面不平整，说明双层同时成型的试件，上下面层热料在接触面上产生了交错嵌挤，形成了一个整体。分层成型的试件，破坏则严格按照层间接触面展开。

试件的层间拉拔强度按式(4.4-2)计算：

$$\sigma = \frac{F}{A} \tag{4.4-2}$$

式中：σ——拉拔强度（MPa）；

F——试验仪的最大破坏拉力（N）；

A——试件层间接触面积（mm^2）。

分别对双层同时碾压成型的试件以及洒布不同量的乳化沥青的试件开展拉拔试验，试验的结果如图4.4-8所示。

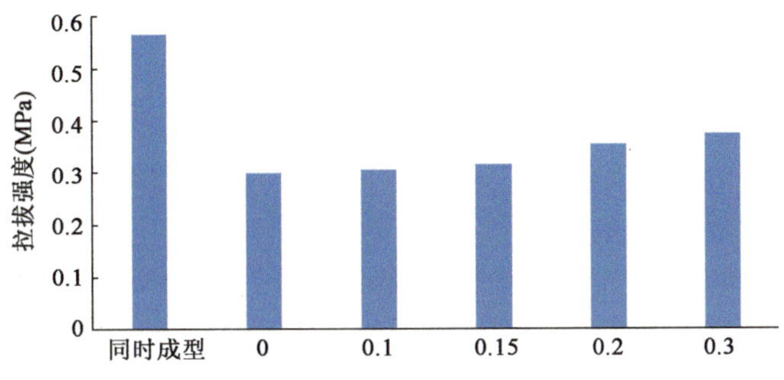

图4.4-8 拉拔强度结果对比

从图4.4-8中可以看出，拉拔试验的结果与直剪试验呈现出相似的规律。随黏层油用量的增加，层间拉拔强度呈现上升的趋势，乳化沥青黏层油洒布量为$0.3kg/m^2$时的抗剪强度比不涂乳化沥青黏层油的抗剪强度大25.4%，拉拔强度增强的速率随黏层油用量的增加呈现先增大后减小的趋势，超过$0.2kg/m^2$后增长不太明显。双层同时成型的试件，层间拉拔强度要远大于分层成型，比不涂黏层油的拉拔强度大89.3%。

4.4.2.3 层间黏结方案对透水性能的影响

采用路用渗水仪测量混合料渗透系数时，水会随着空隙向四周渗流，车辙板厚度越大，这种现象越明显。为了探究层间黏结方案对透水性能的影响，参照日本《铺筑试验法便览》中的试验方法，本项目采用自行加工的常水头渗水装置测量混合料的渗水系数，如图4.4-9所示。

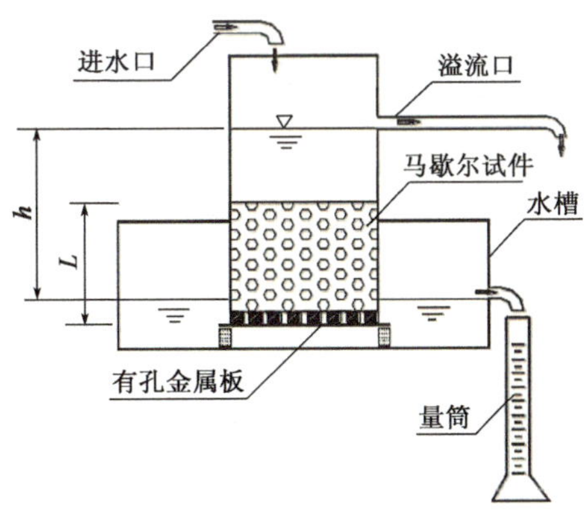

图4.4-9 常水头渗水装置及原理示意图

首先将双层车辙板切割成 95mm × 95mm × 100mm（即只将双层车辙板沿竖向切割，上下表面保持原样）的长方体试件，将试件四周用珍珠棉以及胶带密封完全，只留出上下表面。接着将包裹好的时间塞入常水头渗水装置中，用凡士林填充试件上下表面的四周与渗水装置内壁的接缝处，保证水不能沿四壁流动。然后打开外部水源，向渗水装置中供水，调节入水量的速率，直至上下溢流口都保持常水位的稳定水流。最后待水流稳定 1min 后，测量 1min 中内下方渗流孔的渗水量，透水系数按照式（4.4-3）计算：

$$C_{rw} = \frac{L \times Q}{h \times A \times (t_2 - t_1)} \times 10 \tag{4.4-3}$$

式中：C_{rw}——透水系数（mm/s）；

L——试件的高度（cm）；

Q——渗透经过试件的水量（cm^3）；

A——试件的横截面积（cm^2）；

h——水头高度（cm）；

t_1、t_2——测试开始与结束的时间（s）。

采用该常水头渗水装置测得的试验数据如图 4.4-10 所示。

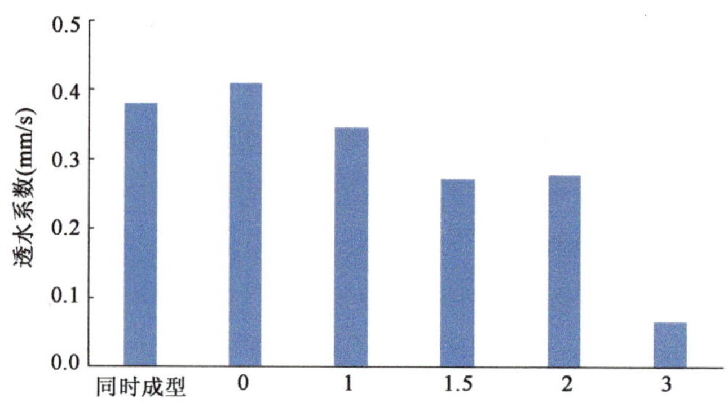

图 4.4-10　透水系数结果对比

从图 4.4-10 中可以看出：①透水系数随黏层油用量的增加，呈现出明显的下降趋势，当黏层油用量超过 0.2kg/m^{2}后，透水系数出现骤降，黏层油用量为 0.3kg/m^{2}的透水系数只有不涂黏层油时的 16.6%，这是因为黏层油堵住了 PAC16 上面层的大多数空隙。②同时成型的透水系数要略低于不涂黏层油的透水系数，原因是上面层的小粒径颗粒与下面层的大粒径颗粒在同时压实成型时，在界面上形成骨架嵌挤与填充，导致界面附近的混合料空隙率偏小。③使用本项目的常水头渗水装置测得透水系数，与用马歇尔试件成型后不脱模的常水头渗水装置测得的透水系数相比，本项目测得透水系数偏小。原因在于，用不脱模的方法测透水系数时，水会沿着试件与模具之间的较大的空隙向下渗流，而这部分空隙不能算作混合料内部空隙；而本方法四周切割，且用胶带密封，完全阻隔了水向四周渗流，测出的透水系数会略小于真实值。

综合层间强度试验与层间渗水性能试验的结论可以得到，使用与双层排水沥青路面的透水黏层沥青用量不宜超过 0.2kg/m^2，建议的透水黏层沥青用量为 0.1～0.15kg/m^2。

4.5 广吉高速公路双层排水沥青路面工程应用

在广吉高速公路主线 K136 +600—K155 +560 段和吉安支线(JK0—JK33)段共计约 53km 的沥青路面面层结构采用 4cm 排水沥青上面层(PAC13) +6cm SBS 改性沥青下面层(AC20C)设计,提高行车的安全性和舒适性(图 4.5-1)。

图 4.5-1　排水沥青路面

4.5.1　试验路概况

江西省属于亚热带季风气候区,全年雨水充沛,属于我国多雨省份之一,年平均降雨量在 1400 ~ 1900mm 之间,且降雨量随季节变化差异较大,多集中在 4 ~6 月。针对江西省潮湿多雨的气候特征,同时为了检验上面层小粒径 PAC10、下面层大粒径 PAC16 的双层排水路面的路用性能,于 2018 年 10 月底在广吉高速公路 CP2 段铺设了一段 1.1km 的双层排水沥青试验路,具体标号为 JK24 +900—JK26 +000,其中前 500m 为薄双层沥青路面,后 500m 为后双层沥青路面,中间 100m 为过渡段,试验路为双向 4 车道。

4.5.2　生产配合比设计

该试验段双层排水级配方案,采用本项目优选的两组级配,上面层 PAC10 采用 SBS 改性沥青+10% HVA 的沥青方案，下面层 PAC16 采用成品高黏橡胶沥青(高黏改性剂含量 8%)方案。

对试验段的工程用料进行热料筛分，根据目标级配调整热料比例，筛分以及调试的级配结果见表 4.5-1 和表 4.5-2。

PAC10 热料筛分结果 表 4.5-1

材料规格(mm)	6~11	3~6	0~3	矿粉	合成级配
掺配比例(%)	52	32	11.5	4.5	100
19	100	100	100	100	100.0
16	100	100	100	100	100.0
13.2	100	100	100	100	100.0
9.5	99.5	100	100	100	99.7
4.75	2.2	73.6	98.4	100	40.5
2.36	0.2	1.8	85.6	100	15.0
1.18	0.2	0.2	52.2	100	10.7
0.6	0.2	0.2	32.4	100	8.4
0.3	0.2	0.2	17.8	100	6.7
0.15	0.2	0.2	14.8	93.2	6.1
0.075	0.1	0.2	7.6	81.9	4.7

PAC16 热料筛分以及级配调试结果 表 4.5-2

材料规格(mm)	17~28	11~17	6~11	3~6	0~3	矿粉	合成级配
掺配比例(%)	5	42	35.5	5	8	4.5	100
19	93.4	100	100	100	100	100	99.7
16	53.4	99.0	100	100	100	100	97.3
13.2	7.4	66.7	100	100	100	100	81.4
9.5	0.6	3.0	97.2	100	100	100	53.3
4.75	0.2	0.1	4.2	91.2	98.4	100	18.5
2.36	0.2	0.1	0.2	8.0	81.0	100	11.5
1.18	0.2	0.1	0.2	1.4	54.9	100	9.1
0.6	0.2	0.1	0.2	0.4	37.2	100	7.6
0.3	0.2	0.1	0.2	0.3	20.4	100	6.3
0.15	0.2	0.1	0.2	0.3	15.4	93.2	5.6
0.075	0.2	0.1	0.1	0.3	8.4	81.9	4.5

按照我国《公路沥青路面施工技术规范》(JTG F40—2004)中的要求，取目标配合比设计的最佳油石比，以及 ±0.3% 的 3 个沥青用量进行试拌，通过飞散、析漏、稳定度等室内试验，确定适用于实际生产的最佳油石比，PAC10 取最佳油石比为 4.9%，PAC16 取最佳油石比为 4.4%。

4.5.3 试验段施工工艺

(1)前期工作。

①施工前对各种材料进行检查,保证材料充足,施工过程中不能随意更换。

②保证各种材料干燥、稳定,尤其是针对细集料、矿粉以及袋装高黏改性剂,做好防潮、防水工作,防止结块、凝固。

③制定详细的施工方案,明确拌和楼的上料速度、加热温度、拌和试件等,保证出料温度在规定范围内以及出料效率与摊铺效率相匹配。

④提前 1d 在沥青罐中准备沥青胶结料,防止加热时间过长导致的沥青老化。

⑤对相关设备进行提前调试、检测,对沥青热料进行试拌。

⑥提前 1 ~ 2d 做好防水黏层的施工,严禁人、车通行,保证防水黏层表面清洁、无垃圾。

(2)沥青混合料生产与运输。

①试验段拌和现场如图 4.5-2 所示。拌和楼运转初期,集料温度、上料速度不稳定,前 3 盘混合料做废弃处理。

a)试验段拌和楼

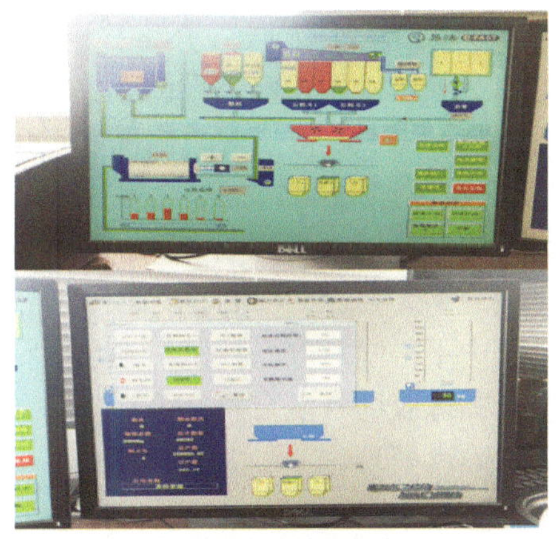

b)拌和楼电脑控制端

图 4.5-2 试验段拌和现场

②对上面层 PAC10 混合料,采用“干法”制备沥青混合料,将袋装高黏改性剂拆袋,倒入改性剂料仓,通过风机传送高黏改性剂并控制其用量。首先将改性剂与热料干拌 15s,再将 SBS 改性剂加入,湿拌 45s。尤其注意,高黏改性剂拆袋前,需人工对其进行碾压,踩碎结块,以防造成传送风机堵塞。

③对下面层 PAC16 混合料,直接采用“湿法”制备混合料,直接泵送成品高黏橡胶沥青至拌和仓,湿拌 55s。成品橡胶高黏沥青高温黏度较大,必须保证沥青罐的泵吸效率,防止沥青泵送过慢而造成的集料温度过高以及出料效率过低。

④运料车需清理干净,保持干燥,涂抹一层隔离油,不得有原来的旧料沉积在车厢里。装料时,料车需按照前、后、中的顺序移动,分 3 次装载,保证混合料的均匀性。

⑤10 月底天气转凉,而排水混合料散热较快。装料后需覆盖保温布,防止运输过程中热料温度下降过快。运料车装载完成后,需用插入式温度计对混合料温度进行检查,不满足出料

温度的混合料需做整车废料处理。

⑥运料车到场后，再次用插入式温度计检测混合料温度，低于到场温度的，也要做废料处理。具体温度控制要求见表4.5-3。

沥青混合料施工温度控制要求　　表4.5-3

控温项目	温度要求(℃)
矿料加热温度	190~210
SBS改性沥青加热温度	170~180
成品高黏橡胶沥青加热温度	175~185
混合料出料温度	175~190，超过195废弃
混合料到场温度	≥165

《公路沥青路面施工技术规范》(JTG F40—2004)中建议取黏度为(0.17±0.02)Pa·s时的温度作为拌和温度，而作为高黏改性沥青，190℃时的黏度都要远大于该黏度，尤其是橡胶沥青更大，但实际生产中可以发现，由于排水混合料细料较少，所以即使黏度很大，也不会存在拌和不匀、出现花白料的现象产生。因此，拌和温度不宜过高，防止加快沥青的老化。

⑦运料车在已完成铺设的面层上行驶时，禁止紧急制动以及急转弯掉头，防止损坏面层。

(3)沥青混合料摊铺。

①本试验段采用德国进口的福格勒VOGELE SUPER 2100-3型号的全幅摊铺机进行摊铺，摊铺宽度为11.75m，可以对单侧两车道以及应急车道进行同时摊铺。摊铺前需对熨平板进行加热，温度控制在120℃左右。

②试验段摊铺温度控制在170~185℃之间(高黏橡胶沥青比SBS改性沥青高5~10℃)，摊铺速度为1.5~2.5m/min，松铺系数经试铺调整，PAC16控制为1.15，PAC10控制为1.17，摊铺过程中不得随意改变摊铺机速度，保证缓慢、均匀、连续。

③高黏橡胶沥青混合料在高温条件下，会产生一定的刺激性气味，需对现场施工人员做好气体防护隔离处理。

(4)沥青混合料碾压。

①本试验段采用的压实方案为：首先使用13t双钢轮压路机初压2遍，接着采用13t双钢轮压路机复压4遍，最终使用30t胶轮压路机终压1遍，如图4.5-3所示。

图4.5-3　试验段摊铺、碾压现场图片

②初压需在混合料摊铺后，紧跟着在尽可能高的温度下进行，如果出现粘轮的现象，需向钢轮上涂抹隔离液。

③压路机要遵循“高温、紧跟”的原则，缓慢而匀速地碾压，初压、复压、终压的温度控制按照表4.5-4执行。

沥青混合料压实温度控制要求　　表4.5-4

控温项目	温度要求(℃)	控温项目	温度要求(℃)
初压温度	≥155	终压温度	70～90
复压温度	≥135	碾压终了温度	≥50

4.5.4　试验段性能检测

如图4.5-4所示，施工过程中，对热料进行随机取样，并成型混合料试件进行室内试验，其检测结果见表4.5-5。可以看出，通过随机取样检查，本试验段的混合料能够满足排水沥青路面规范要求。

a)上面层摊铺压实后的表面

b)电子渗水仪测渗水系数

图4.5-4　试验段完工后的路表面和渗水系数测试

排水沥青混合料检测结果　　表4.5-5

技术指标	单　位	PAC10	PAC16	技术要求
毛体积相对密度	—	2.131	2.054	—
最大理论密度	—	2.647	2.637	—
空隙率	%	19.5	22.1	18～25
连通空隙率	%	14.8	18.5	—
稳定度	kN	5.26	6.52	≥5.0
飞散损失	%	7.1	11.0	<15
动稳定度	次/mm	7087	6900	≥6000
残留稳定度	%	95.6	99.2	≥85

上、下面层摊铺、压实完成后，分别选择三处桩号进行渗水试验，采用施工方的电子渗水仪进行测试，测试结果见表4.5-6。现场所测的渗水系数均能满足规范不小于5000mL/min的要求，表明该试验段具有较好的渗水性能。

渗水系数检测结果　　表 4.5-6

层　位	桩　号	测试 1 (mL/min)	测试 2 (mL/min)	测试 3 (mL/min)	平均值 (mL/min)
PAC10 摊铺后	K25 +108	6299.2	5700.7	5700.7	5900.2
	K25 +402	7717.1	6451.6	6469.0	6879.2
	K25 +892	7717.1	6469.0	6138.1	6774.7
PAC16 摊铺后	K24 +950	5985.0	5555.6	5568.5	5703.0
	K25 +476	7717.1	7038.1	7038.1	7264.4
	K25 +824	7476.6	7038.1	6837.6	7117.4

4.5.5　路面噪声现场测试

车外噪声测量：由于广吉高速公路已通车，难以满足控制通过法(CPB)的条件，所以采用统计通过法(SPB)的方法。

本次测试将第二车道作为测试车道，将传声器放置在车辆行驶通过中线两侧 7.5m、离地面高 1.2m 处，半径 50m 范围内不得有反射障碍物，如图 4.5-5 所示。将车辆大致分为三类，分别为小型轿车(四轮)(1 类)、双轴重车(多于四轮)(2 类)和多轴重车(3 类)。测试条件必须严格要求，测试路面必须特别平直，对背景噪声有较高的要求，测试区域方圆 50m 内不得有噪声反射障碍。

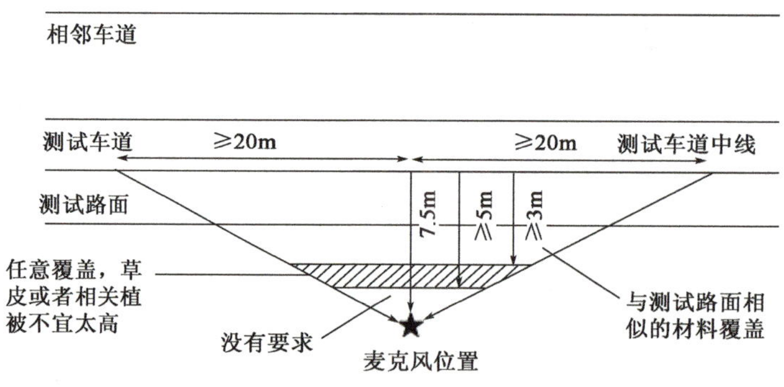

图 4.5-5　SPB 量测路面噪声测试地点要求

通过数据采集仪记录车辆通过期间一定时间段(5 ~ 10s)的时域信号，时间间隔为 0.0001s。为最大限度地反映车辆恰好通过传声器时的噪声水平，在进行瞬时声压分析时，应选择较小的时间常数，且应满足傅里叶变换的(点数为 1024 的整数倍)要求。

车内噪声测量：车辆以常用挡位 50km/h 以上不同车速匀速行驶，分别进行测量。用声级计“慢”挡测量 A 计权声级。分别读取表头指针最大读数的平均值。车内噪声频谱分析时应包括中心频率为 31.5Hz、63Hz、125Hz、250Hz、500Hz、1000Hz、2000Hz、4000Hz、8000Hz 倍频带。车内测试场地及测点位置如下：①车内噪声测量通常在人耳附近布置测点，话筒朝车辆前进方向。②驾驶室车内噪声测点位置如图4.5-6所示。③载客车内噪声测点可选在车厢中部及最后排座的中间位置，传声器高度参考图4.5-6。

测试结果评价：通车半年后，采用大众SUV和声望BSWA801型振动噪声分析仪，进行了不同车速下(80km/h、100km/h和120km/h)的车内外噪声，测试结果见图4.5-7和表4.5-7～表4.5-12。

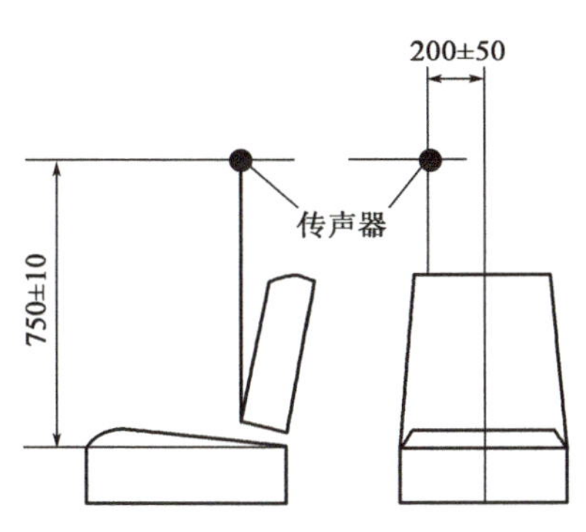

图4.5-6　车内噪声测点位置(单位：mm)

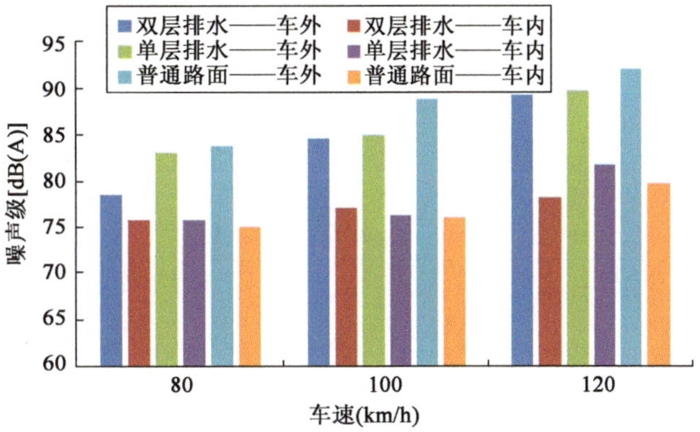

图4.5-7　不同类型沥青路面车内外噪声级[dB(A)]汇总

双层排水沥青路面(PAC10+PAC16)车外噪声测量表　　表4.5-7

车速(km/h)	次数	下列频率(Hz)时的噪声[dB(A)]									噪声级[dB(A)]	
		31.5	63	125	250	500	1000	2000	4000	8000	声级	平均
80	1	21.2	30.4	37.7	43.1	48.9	49.3	44.4	40.5	52.2	77.7	78.5
	2	17.8	34.2	40.4	44.4	53.2	51.9	46.9	42.6	47.7	79.4	
100	1	29.2	38.7	46.6	52.6	60.7	56.5	54.8	48.5	49.6	85.6	84.5
	2	17.4	35.4	43.6	49.1	56.4	54.4	49.6	46.1	48.0	83.5	
120	1	22.0	38.6	48.2	51.2	58.4	59.0	58.8	54.7	51.7	89.7	89.3
	2	23.9	37.4	54.7	51.1	59.5	58.6	56.0	52.4	50.5	88.9	

单层排水沥青路面(PAC13)车外噪声测量表　　表4.5-8

车速(km/h)	次数	下列频率(Hz)时的噪声[dB(A)]									噪声级[dB(A)]	
		31.5	63	125	250	500	1000	2000	4000	8000	声级	平均
80	1	23.1	32.2	41	48.7	56.1	58.2	52.2	44.1	36.9	85.0	83.0
	2	16.2	28.3	38.1	44.9	50.7	51.2	47.8	40.3	35.7	81.0	
100	1	19.4	33.7	41.8	48.5	57.2	59.1	52.5	44.0	36.7	85.5	85.0
	2	19.2	34.6	42.1	48.9	57.7	58.5	50.6	43.4	37.1	84.6	
120	1	22.6	36.4	44.9	52.2	60.9	62.5	55.9	47.0	40.1	87.3	89.8
	2	23.1	38.9	46.4	55.3	64.1	60.5	57.8	50.2	42.8	92.3	

普通沥青路面(AC13)车外噪声测量表　　表4.5-9

车速(km/h)	次数	下列频率(Hz)时的噪声[dB(A)]									噪声级[dB(A)]	
		31.5	63	125	250	500	1000	2000	4000	8000	声级	平均
80	1	18.6	34.6	41.4	47.2	58.7	55.4	51.9	40.7	33.0	84.4	83.7
	2	17.7	33.9	43.1	47.1	55.8	52.4	49.6	38.9	29.8	83.0	
100	1	20.4	35.6	45.8	50.9	63.3	59.9	56.1	46.3	38.1	89.1	88.8
	2	19.4	33.6	41.9	48.3	59.8	57.1	54.6	46.3	34.2	88.5	
120	1	21.9	37.9	48.8	51.9	62.6	58.5	56.7	48.3	41.6	89.1	92.1
	2	25.6	40.1	49.6	54.3	65.5	59.6	57.7	49.2	40.4	95.1	

双层排水沥青路面(PAC10 + PAC16)车内噪声测量表　　表4.5-10

车速(km/h)	次数	下列频率(Hz)时的噪声[dB(A)]									噪声级[dB(A)]	
		31.5	63	125	250	500	1000	2000	4000	8000	声级	平均
80	1	37.9	51.6	48.3	52.5	51.4	44.6	35.4	33.3	28.3	75.2	75.8
	2	36.7	48.5	45.3	52.6	50.5	45.3	35.3	30.3	29.5	76.4	
100	1	39.6	51.9	52.8	53.5	56.6	53.2	42.6	36.7	28.5	77.5	77.1
	2	36.7	49.8	49.4	51.8	53.4	47.2	38.1	32.4	28.7	76.8	
120	1	38.1	48.3	50.1	52.3	55.4	48.9	40.1	35.9	30.1	77.9	78.2
	2	41.1	55.5	55	55.8	57.8	51.6	43.8	41.1	31.2	78.6	

单层排水沥青路面(PAC13)车内噪声测量表　　表4.5-11

车速(km/h)	次数	下列频率(Hz)时的噪声[dB(A)]									噪声级[dB(A)]	
		31.5	63	125	250	500	1000	2000	4000	8000	声级	平均
80	1	41.9	51.7	49.2	53.5	52.8	44.2	35.1	29.4	27.1	76.0	75.8
	2	39.9	48.7	45.6	51.5	50.2	42.1	33.7	27.6	25.9	75.7	
100	1	42.5	55.2	51.2	52.7	55.8	47.6	38.3	31.4	24.9	76.4	76.3
	2	39.7	54.2	48.9	51.1	53.6	45.9	36.8	30.2	24.5	76.2	
120	1	44.1	57.3	55	54.9	57.5	49.6	42.3	35.2	27.3	81.1	81.7
	2	44.8	58.3	55.9	56.9	60.4	53.2	45.1	38.4	29.6	82.3	

普通沥青路面(AC13)车内噪声测量表　　表4.5-12

车速(km/h)	次数	下列频率(Hz)时的噪声[dB(A)]									噪声级[dB(A)]	
		31.5	63	125	250	500	1000	2000	4000	8000	声级	平均
80	1	39.7	49.7	49	51.7	51.7	46.4	36.5	30.6	27.7	75.4	75.1
	2	38.7	52.1	49.1	51.1	51.6	47.3	37.3	31.1	23.4	74.8	
100	1	38.7	52.9	51.7	52.8	55.1	50.2	40.1	33.8	26.4	76.2	76.1
	2	37.9	52.5	51.7	52.2	54.3	49.8	39.3	32.7	30	76.1	

续上表

车速(km/h)	次数	下列频率(Hz)时的噪声[dB(A)]									噪声级[dB(A)]	
		31.5	63	125	250	500	1000	2000	4000	8000	声级	平均
120	1	41.7	53.9	56.2	56.3	57.8	53.2	43.5	36.9	26.9	78.9	79.7
	2	42.7	53.9	57	56.4	58.4	53.3	44.7	37.7	24.6	80.6	

从以上图表中可以看出，双层排水沥青路面具有非常明显的降噪效果（车外噪声），尤其是在相对低速时（80km/h），与普通沥青路面相比，降噪效果在6dB（A）以上。当车速从80km/h增加到120km/h时，双层排水沥青路面的降噪能力从6dB（A）降低到约3dB（A）。同时，车外噪声主要分布在以1000Hz为起点的高频率上。这与大多数的研究结论一致。

值得注意的是，对于车内噪声而言，尤其是车速在80km/h和100km/h时，双层排水沥青路面的车内噪声甚至比普通沥青路面高约1dB（A）。这是由于排水路面（双层排水沥青路面和单层排水沥青路面）的表面纹理较粗糙，易产生以500Hz为中心的低频噪声，这些低频噪声由于波长较长（500Hz的噪声波长约为0.68m），很难车体被隔绝，导致排水路面（双层排水沥青路面和单层排水沥青路面）的低频噪声能量反而大于普通沥青路面的低频噪声能量。这也与大多数的研究结论一致。

总之，双层排水沥青路面的现场降噪能力在3～6dB（A）之间，对改善高速公路沿线的声环境，具有非常重要的意义；同时，双层排水沥青路面的车内噪声略有升高，对车内环境的影响不大。

Chapter 5

第5章

大体积泡沫轻质土发泡机理及控温技术

车辆通过桥梁时产生跳跃的现象叫作桥头跳车。桥梁与道路同时发生沉降,但两者的沉降量有很大差异,道路的沉降量远大于桥梁的沉降量,形成错台,导致行车时发生桥头跳车。究其根本,是桥梁台背回填问题,后期需巨大维护费用才能缓解。因此,桥头跳车现象是影响高速公路工程质量和造价的重要因素之一。

将泡沫加入水泥浆体中,经均匀搅拌后制成泡沫轻质土混合料,泡沫混凝土具有轻质性、固化后的自立性及低弹减震等特点,用于台背回填,可大大缓解桥(涵)与路基间差异沉降的变化梯度,使桥基间差异沉降的变化缓慢化、均匀化,可减少工后沉降,减少占地,从根本上消除高速公路中的桥(涵)与路基间的跳车问题,提高行车舒适性。同时泡沫轻质土产生的侧向土压力小,不会使桥(涵)发生偏移,间接对桥(涵)起到一定程度的保护作用。

5.1 泡沫轻质土的流动性、稳定性与可施工性的关系

5.1.1 耐碱水泥泡沫剂开发

开发不同泡沫剂,比较在泡沫轻质土中的应用性能,在水泥净浆中添加预制的泡沫,从而制备泡沫轻质土,通过测定密度及强度来比较泡沫剂的实际应用差异。

5.1.1.1 泡沫剂组分分析

1)发泡组分

考虑水泥浆体强碱和钙离子对泡沫稳定性的影响。试验采用为基液,通过水泥浆清液表面张力的改变规律来比较泡沫剂的发泡效果。其具体步骤如下:首先配制一定量的水泥,其中水为1:30水泥浆澄清溶液(抽滤)备用,然后配制一定浓度A引气剂与1:30水泥浆澄清溶液混合,测定其表面张力,作为第1次测定值;之后通过兑入水泥浆澄清溶液将发泡组分的浓度减半,测定其表面张力,作为第2次测定值;重复操作直至含发泡组分溶液的表面张力接近1:30,水泥浆澄清溶液的表面张力作为第n次测定值。将取得的n个测定值绘成表面张力-引气饱和溶液浓度的二维曲线,取得曲线出现拐点的浓度值M,M值越小,则泡沫剂发泡能力越好。试验所用不同表面活性剂的物理性质见表5.1-1,试验结果如图5.1-1所示。

不同表面活性剂物理性质 表5.1-1

类　型	外　观	pH	固含量(%)
烷基糖苷	淡黄色液体	7±1	40
三萜皂苷	棕色粉体	8.5±1	99
脂肪醇聚氧乙烯醚	棕色液体	10±2	15
松香热聚物	白色膏状	7±1	99

注:固含量是乳液或涂料在规定条件下烘干后剩余部分占总量的质量百分数。

由图5.1-1可知,在强碱与富钙离子环境中,烷基糖苷的拐点浓度最小,约为0.015‰,而三萜皂苷的拐点浓度最大,约为0.23‰。脂肪醇聚氧乙烯醚和三萜皂苷的拐点浓度相近,但

均大于烷基糖苷。由此可知,在强碱与富钙离子环境烷基糖苷较稳定,具有较强的表面活性。因此,本项目采用以烷基糖苷为主的发泡体系。

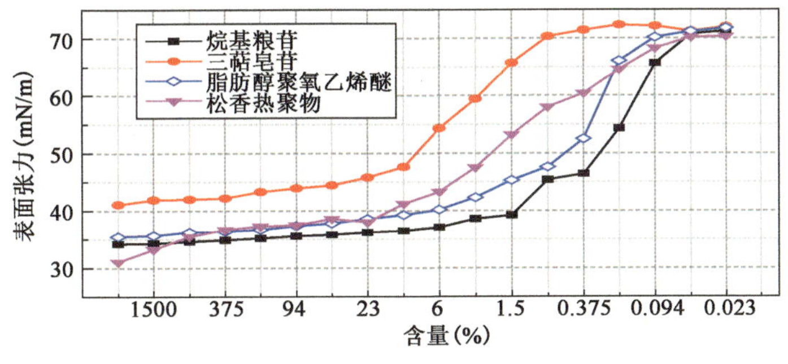

图 5.1-1 试验结果

2)稳泡组分

以阴离子或非离子表面活性剂为主发泡体系,掺入一定量的稳泡剂可以改善泡沫的稳定性。

泡沫稳定性较为简单的评价方法有气流法、振动法和搅拌法。一般振动法是采用将 300mL 水和 10mL 泡沫剂混合,倒入 1000mL 量筒内,振荡 30 次后产生泡沫,记录下初始泡沫高度 H,等泡沫高度降低至 $1/2H$ 时,记录下所用时间 t,利用泡沫衰减 1/2 时间衡量泡沫的稳定性。但是,考虑强碱、钙离子等其他离子对泡沫稳定性的影响,需将水溶液改进为水泥∶水为 1∶30 的过滤溶液。即改进振动法为 300mL(1∶30 水泥稀浆过滤溶液)和 10mL 泡沫剂相混合,其余同一般振动法一致,并根据泡沫衰减半周期的时间长短衡量泡沫的稳定性。

以烷基糖苷为泡沫剂,通过掺入一定量的椰油酰胺丙基羟磺基甜菜碱(CAB)两性表面活性剂、月桂基两性醋酸钠(LAD)阴离子型表面活性剂和椰子油脂肪酸二乙醇酰胺(CDEA)非离子型表面活性剂,探究稳泡剂对水泥泡沫剂在强碱环境下的泡沫稳定性能的影响。

图 5.1-2 所示为不同稳泡剂对烷基糖苷泡沫半衰期的影响,图 5.1-3 所示为不同稳泡剂对烷基糖苷泡沫 1h 沉降距的影响。

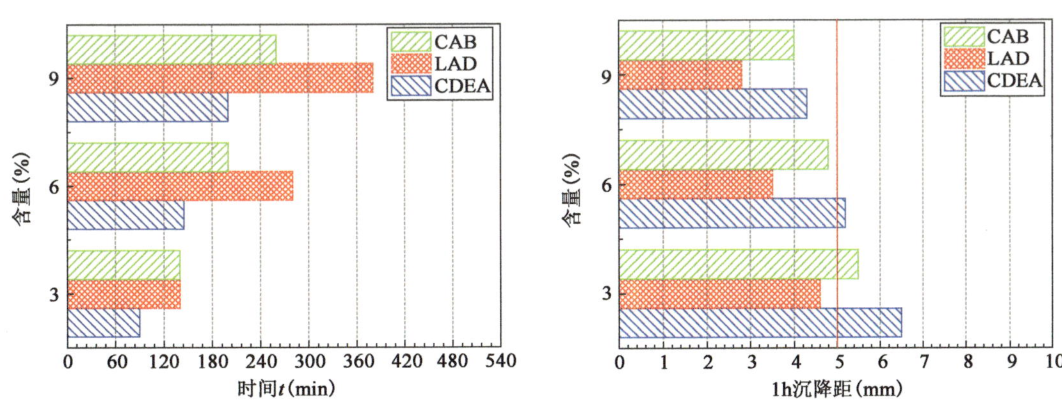

图 5.1-2 不同稳泡剂对烷基糖苷泡沫半衰期的影响

图 5.1-3 不同稳泡剂对烷基糖苷泡沫 1h 沉降距(mm)

由图 5.1-2、图 5.1-3 可见,月桂基两性醋酸钠(LAD)阴离子型表面活性剂可显著提高泡沫稳定性，椰油酰胺丙基羟磺基甜菜碱（CAB）次之，椰子油脂肪酸二乙醇酰胺（CDEA）相比最差。而且，随着稳泡剂掺量增大，泡沫半衰期时间增加，1h 沉降距离减小，表现为泡沫的稳定性增强。

施工过程中由于浇筑完毕至泡沫轻质土凝结硬化有一定的时间差，如果泡沫难以支撑上部结构的荷载，则容易发生坍塌、崩塌等质量事故，影响泡沫轻质土的结构性能。研究发现，泡沫稳定性除了与稳泡剂有关外，还与环境温度、用水量、流值、水泥水化特征、凝结时间和一次浇筑高度等有关。

5.1.1.2 泡沫剂制备

1）试验配比及方法

考虑水泥稀浆强碱和富钙离子对泡沫稳定性的影响，自研产品应通过改进振动法进行泡沫稳定性评价，试验以 300mL 碱性水（1∶30 水泥稀浆过滤溶液）和 10mL 泡沫剂混合，倒入 1000mL 量筒内，振荡 30 次后产生泡沫，记录下初始泡沫高度 H 等，泡沫高度降低至 $1/2H$ 时，记录下所用时间 t，利用泡沫半衰期时间衡量泡沫的稳定性。

按改进振动法测量表 5.1-2 不同配方的泡沫剂在 15℃、30℃、45℃和 60℃环境下的半衰期时间；同时，用发泡机发泡形成泡沫［泡沫群密度为（50 ± 3）kg/m^3］，按表 5.1-3 所列体积掺量，将泡沫与水泥稀浆拌和均匀，测量泡沫轻质土性能。

不同耐碱泡沫剂配方　　表 5.1-2

编号	质量百分比（%）						
	水	月桂基两性醋酸钠	十二烷基硫酸钠	烷基糖苷	葡萄糖酸钠	甜菜碱	聚丙烯酰胺
1	28.5	20	10	20	15	6	0.5
2	28.5	15	5	30	15	6	0.5
3	28.5	10	10	40	15	6	0.5

水泥稀浆配合比　　表 5.1-3

泡沫体积（%）	水粉比	配合比（kg/m^3）		
		水	水泥	水泥稀浆湿重度
65	0.60	650	1083	1733

2）试验结果与讨论

（1）表 5.1-4 为 1 号泡沫剂与泡沫轻质土性能指标。

1 号泡沫剂与泡沫轻质土性能指标　　表 5.1-4

温度（℃）	稀释 1000 倍表面张力（mN/m）	半衰期时间（min）	流值（mm）	干重度（kg/m^3）	标准泡沫 1h 沉降距（mm）	28d 抗压强度（MPa）
15	34.9	310	175	610	2.0	1.9
30	34.5	290	175	617	2.5	1.7
45	31.3	265	170	622	3.5	1.5
60	30.4	230	170	628	4.6	1.4

由表5.1-4可知：①1号泡沫轻质土泡沫剂，具有极低的表面张力，泡沫剂稀释1000倍，无论温度高低，其表面张力均低于35mN/m；具有良好的稳定性很好；当温度高达60℃时，半衰期时间长达230min，标准泡沫1h沉降距4.6mm。②泡沫体积掺量为65%时，所形成泡沫轻质土干重度为600～630kg/m³，流值为(180±20)mm，28d泡沫抗压强度为1.0～2.0MPa。泡沫轻质土的性能满足桥台回填的设计基本要求。1号泡沫剂、泡沫轻质土拌合物及干重度如图5.1-4所示。

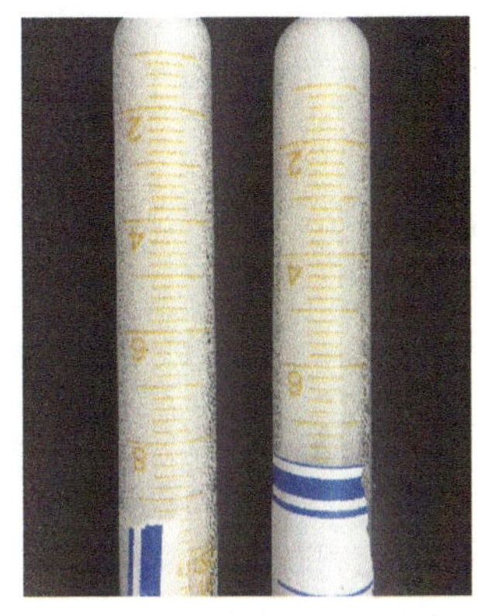

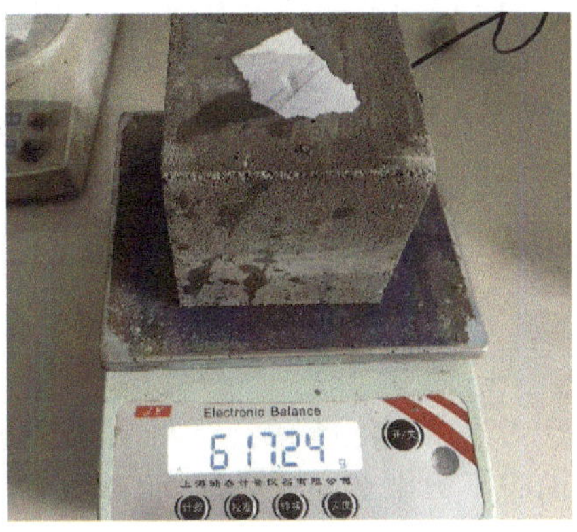

图5.1-4　1号泡沫、泡沫轻质土拌合物及干重度

(2)表5.1-5为2号泡沫剂与泡沫轻质土性能指标。

2号泡沫剂与泡沫轻质土性能指标　　表5.1-5

温度(℃)	稀释1000倍表面张力(mN/m)	半衰期时间(min)	流值(mm)	干重度(kg/m³)	标准泡沫1h沉降距(mm)	28d抗压强度(MPa)
15	38.2	260	180	617	3.2	1.7
30	37.8	230	175	626	3.8	1.7
45	36.5	185	170	635	4.5	1.5
60	32.4	170	170	645	5.6	1.2

由表5.1-5可知：①2号泡沫轻质土泡沫剂，具有较低的表面张力，即使稀释1000倍表面张力均低于40mN/m，随着温度提高，泡沫稳定性劣化；当温度高达60℃时，半衰期时间衰减为170min，标准泡沫1h沉降距为5.6mm，但泡沫轻质土性能良好。②泡沫体积掺量为65%时，所形成泡沫轻质土干重度为600～650kg/m³，流值为(180±20)mm，28d泡沫抗压强度为1.0～2.0MPa。

(3)表5.1-6为3号泡沫剂与泡沫轻质土性能指标。

3号泡沫剂与泡沫轻质土性能指标　　表5.1-6

温度(℃)	稀释1000倍表面张力(mN/m)	半衰期时间(min)	流值(mm)	干重度(kg/m³)	标准泡沫1h沉降距(mm)	28d抗压强度(MPa)
15	36.3	280	175	606	3.9	1.8
30	35.8	260	170	613	4.5	1.7
45	34.4	225	165	626	4.9	1.5
60	33.5	190	160	633	6.6	1.5

由表5.1-6可知:①3号泡沫轻质土泡沫剂,具有较低的表面张力,即使稀释1000倍表面张力均低于40mN/m,随着温度提高,泡沫稳定性劣化;当温度高达60℃时,半衰期时间衰减为190min,标准泡沫1h沉降距为6.6mm。②泡沫体积掺量为65%时,所形成泡沫轻质土干重度为600~640kg/m^3,流值为(180±20)mm,28d泡沫抗压强度在1.0~2.0MPa。

综上可知:

(1)研制了耐碱水泥泡沫剂,以非离子表面活性剂烷基糖苷为发泡组分、月桂基两性醋酸钠(LAD)为稳泡,并复合一定的功能材料。形成的泡沫在强碱与富钙环境下半衰期时间长达260min,1h沉降距小于5mm,可形成不同重度的泡沫轻质土。

(2)按照体积量65%掺入水泥稀浆中可形成湿重度约为600kg/m^3的泡沫轻质土,其28d抗压强度为1.0~1.5MPa。

5.1.2 泡沫剂筛选技术

对于水泥泡沫轻质土而言,并非所有泡沫剂均适用。只有发泡能力强、在泡沫和料浆混合时薄膜不致破坏,有足够的耐碱度和稳定性,对胶凝材料的凝结和硬化无害的泡沫剂,才适合用来生产水泥泡沫轻质土。泡沫剂的关键技术指标包含起泡性、稳定性和耐碱度。

目前,泡沫稳定性较为简单的评价方法有气流法、振动法和搅拌法,均为洗涤产品的检验而设计,不适用于强碱环境的泡沫性能评价。为此,项目利用饱和的氢氧化钙溶液替代水泥浆液的离子环境,不断稀释饱和碱液中的表面活性剂浓度进行表面张力的测定,通过表面张力变化拐点的饱和碱液表面活性剂浓度,判断表面活性剂的引气效果。此外,提出了一种简单易行、合理的引气效果试验方法,并建立表面活性剂引气效果的评价方法和评价指标,为泡沫轻质土用表面活性剂的筛分与检验提供理论支撑。

5.1.2.1 试验材料

(1)选用琉璃河水泥厂生产的普通硅酸盐水泥,其化学组成见表5.1-7。

水泥化学组成　　表5.1-7

类别	Fe_2O_3	SiO_2	CaO	Al_2O_3	MgO	SO_3	K_2O	Na_2O	Loss
比例(%)	4.46	25.77	55.55	6.15	3.72	3.09	0.76	0.21	1.49

(2)表面活性剂的种类有:烷基糖苷类(A)、皂苷类(S)、松香热聚物(D)、烷基硫酸盐(M)、脂肪醇硫酸盐(B)和自研发303(R),使用前均稀释成(3.2±0.3)%有效浓度的溶液,掺量在0.3%~0.8%之间。表面活性剂各项技术指标见表5.1-8。

表面活性剂各项技术指标　　表5.1-8

类　别	外　观	固含量(%)	pH	Cl^-浓度(%)
烷基糖苷类(A)	淡蓝色液体	3.2±0.3	11.5±1	0.10
松香热聚物(D)	棕色液体	15±0.5	10.0±2	1.00
三萜皂苷(S)	棕色粉体	—	8.5±1	1.00
烷基磺酸盐(M)	白色粉末	—	6.0±1	1.00
自研发303(R)	无色透明液体	3.2±0.3	9.0±1	1.00
脂肪醇醚硫酸盐(B)	无色透明液体	3.2±0.3	8.0±1	1.00

5.1.2.2 气泡效果与稳定性评价方法

1)饱和碱液稀释法

通过饱和碱液表面张力的改变规律来比较表面活性剂的引气效果,其具体步骤如下:首先配制一定的氢氧化钙饱和溶液备用,然后配制一定浓度A表面活性剂的氢氧化钙饱和溶液,测定其表面张力,作为第1次测定值;之后通过兑入氢氧化钙饱和溶液将引气饱和碱液中表面活性剂组分的浓度减半,测定其表面张力,作为第2次测定值;重复操作,直至引气饱和溶液的表面张力接近非引气氢氧化钙饱和溶液的表面张力,作为第n次测定值。将取得的n个测定值绘成引气饱和碱液浓度-表面张力的二维曲线,取得曲线出现拐点的浓度值M。

用同样方法可以取得B表面活性剂饱和碱液的表面张力出现拐点的浓度值N。若$K=M/N$,则固定配比下达到相同的引气量需要的A和B表面活性剂的有效掺量比值为K。K值大于1时,说明B表面活性剂引气效果好于A表面活性剂。K值越大,对应A发泡效果越差,B发泡效果越好。表面活性剂饱和碱液表面张力的测定方法为铂金环法,当表面活性剂饱和碱液表面张力与氢氧化钙饱和溶液表面张力相差小于5%时,则认为两者的表面张力接近。间位测定点(第1个点与第3个点之间)的表面张力值相差大于10%时,则认为表面活性剂饱和碱液的表面张力出现拐点,第2个点认定为拐点。

2)水泥稀浆摇泡法

泡沫稳定性较为简单的评价方法有气流法、摇泡法和搅拌法,一般摇泡法是采用将300mL水和10mL泡沫剂混合,倒入1000mL量筒内,振荡30次后产生泡沫,分别记录泡沫和水的刻度线以及对应的时间点,计算公式如下:

$$V_{\mathrm{d}} = V_0 - \frac{1}{kt} \tag{5.1-1}$$

$$D\% = 100 \times \frac{310 - V_0}{310} \tag{5.1-2}$$

式中:V_{d}——时间t时排液量;

$-k$——曲线斜率的负倒数,$-\frac{1}{k}$,反映了泡沫破灭的速率;

V_0——曲线截距,即在振荡结束时读得的量筒液体体积;

D——摇泡消耗液体量。

但是,考虑强碱、钙离子等其他离子对泡沫稳定性的影响,为此将水溶液改进为水泥:水为1:30的过滤溶液,即水泥稀浆摇泡法为300mL(1:30水泥稀浆过滤溶液)和10mL泡沫剂相混合,其余同一般摇泡法一致,并根据泡沫衰减半周期的时间长短衡量泡沫的稳定性。

5.1.2.3 稳定性评价方法试验结果与讨论

1)饱和碱液稀释试验

引气饱和碱液浓度-表面张力试验结果见表5.1-9。

引气饱和碱液浓度-表面张力试验数据　　表 5.1-9

编　号	质量浓度 (×10⁻⁴)	表面张力(N/m)					
		A	D	S	M	R	B
1	409.6	35.9	36.3	40	36.1	35.6	35.2
2	204.8	36	35.9	40.1	36.0	35.5	35.0
3	102.4	35.5	36.7	39.8	36.3	35.7	35.3
4	51.2	35.2	36.0	40.2	36.2	35.4	35.5
5	25.6	35.6	36.8	40.6	38.0	35.1	35.2
6	12.8	35.9	37.3	40.3	41.9	35.2	35.4
7	6.4	35.7	42.3	42.3	48.3	35.3	35.6
8	3.2	35.5	48.6	45.2	55.0	35.6	35.3
9	1.6	35.4	55.3	52.2	63.6	35.3	35.4
10	0.8	35.2	63.4	59.3	69.3	35.8	38.9
11	0.4	35.6	69.8	65.9	74.4	39.2	46.8
12	0.2	37.6	74.9	70.8	75.5	47.3	54.2
13	0.1	43.2	75.1	75.1	74.6	54.1	60.3
14	0.05	47.1	74.9	74.9	75.2	60.2	67.1
15	0.025	53.7	75.0	75.0	74.5	67.3	73.2
16	0.0125	59.4	74.8	75.1	75.3	73.5	75.0
17	0.0625	66.3	75.0	74.9	74.6	75.2	74.6
18	0.00313	72.3	74.9	74.7	74.7	74.8	75.1
19	0.00156	75.0	74.8	75.1	74.6	75.0	74.8

根据之前提出的表面张力值出现拐点的标准，可以推断出四种表面活性剂饱和碱液表面张力拐点的浓度值。由表 5.1-9 中试验数据可知，在强碱与富钙离子环境中，A 表面活性剂的拐点浓度最低，R 表面活性剂稍高于 E 表面活性剂，D 表面活性剂的拐点浓度值最高。

表面活性剂饱和碱液浓度的表面张力拐点值反映了表面活性组分降低体系表面张力的能力，以及表面活性剂在饱和水泥碱液环境中的引气能力。拐点值浓度越低，说明表面活性剂的引气能力越强，两者具有一定的定性和定量关系。

因此，可以通过表面活性剂饱和碱液浓度稀释的方法找到表面张力降低拐点，进而判断表面活性剂的引气效果。

2）水泥稀浆摇泡试验

选定 6 种表面活性剂，稀释成液体溶液，在相同掺量下，分别采用一般摇泡法和水泥稀浆摇泡法评价泡沫剂的发泡性能和稳泡性能。

一般摇泡法试验数据见表 5.1-10。

一般摇泡法试验数据 表 5.1-10

类型	相关测试数据				泡沫高度 H			
	V_0	$-\frac{1}{k}$	r^2	$D\%$	初始(mL)	15min(mL)	30min(mL)	60min(mL)
A	300.2	321.0	0.922	3.2	590	400	330	320
D	301.3	13.1	0.740	2.8	370	320	315	310
S	300.6	0.2	0.048	3.0	310	310	310	310
M	287.0	409.8	0.926	7.4	800	720	540	460
R	301.8	770.9	0.942	2.6	910	870	810	760
B	284.4	299.6	0.901	8.3	720	680	660	660

由表 5.1-10 中数据可知，相同条件下，摇泡耗液量多，初始气泡高度偏大，泡沫剂的气泡能力偏强；$-\frac{1}{k}$偏小，不同时刻的气泡高度变化较小，泡沫稳定性偏好。

水泥稀浆摇泡法试验数据见表 5.1-11。

水泥稀浆摇泡法试验数据 表 5.1-11

类型	相关测试数据				泡沫高度 H			
	V_0	$-\frac{1}{k}$	r^2	$D\%$	初始(mL)	15min(mL)	30min(mL)	60min(mL)
A	173.0	45.3	0.916	44.2	630	630	630	630
D	239.5	158.4	0.880	22.7	580	375	375	375
S	191.8	27.2	0.859	38.1	580	580	565	440
M	291.5	17.3	0.923	6.0	400	390	390	390
R	276.4	338.2	0.835	10.8	720	630	570	540
B	297.1	89.5	0.906	4.2	520	425	350	330

对比表 5.1-10、表 5.1-11 和图 5.1-5 可知，在其他条件相同的情况下，水泥浆体对表面活性剂的引气性能有很大的影响，同样的表面活性剂分别采用一般摇泡法和水泥稀浆摇泡法，结果呈现很大的差异，一般摇泡法中表面活性剂 D 的$-\frac{1}{k}$较小(排液速度较慢)，为 13.1；A 的$-\frac{1}{k}$较大(排液速度较快)，为 321.0。表面活性剂 A 的排液速度远快于 D，说明 D 的泡沫稳定性好于 A；但是在水泥稀浆中这种现象则相反，A 的$-\frac{1}{k}$为 45.1，D 为 158.4。同样对于表面活性剂 M 和 S，水泥的掺入影响了两者的初始摇泡消耗液体量，即发泡能力。

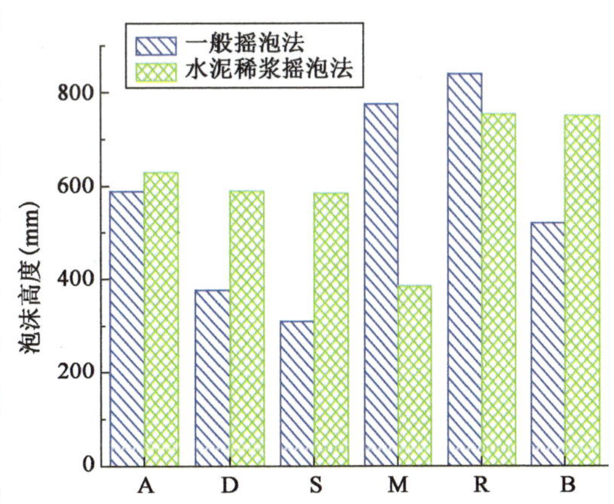

图 5.1-5 不同摇泡试验下的泡沫性能

一般摇泡法里 M 和 S 的初始摇泡消耗液体量值分别为 7.4% 和 3.0%；水泥稀浆摇泡法里则为

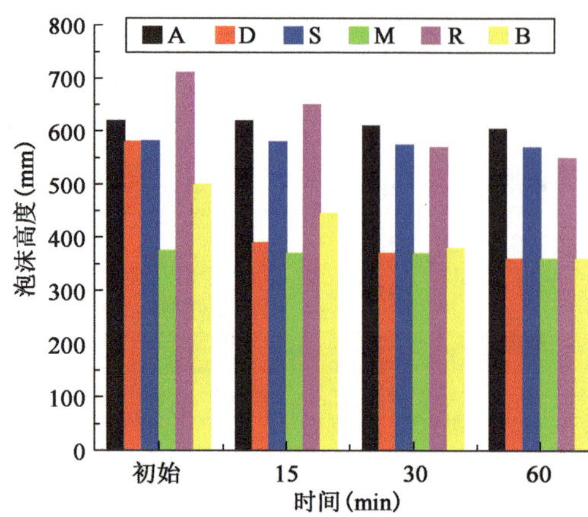

图 5.1-6　水泥稀浆摇泡法下的泡沫稳定性

6.0%和38.1%。从初始摇泡高度看，M在水泥稀浆中气泡能力减弱，而S则相反，并且出现较大差异，起泡能力增加幅度较大。两种摇泡方法中M和R表面活性剂的 $-\frac{1}{k}$ 变化幅度最大，分别从410减小到17.3以及从770.9减小到338.2，说明M和C在水泥稀浆中的泡沫稳定性变好，这可能与水泥稀浆黏度等因素有关。

在水泥稀浆摇泡试验中，通过对比发现表面活性剂的引气性能和稳泡性能并不存在对应关系。6种表面活性剂均表现出不同的引气性能和稳泡性能(图5.1-6)。初始泡沫高度最大的是R和A，说明其引气性能最佳；M、S和A的泡沫高度随时间变化较小，说明其稳泡性能较好；而M的初始泡沫高度最小，引气性能最差。

比较两种摇泡方法的初始耗液量D，发现一般摇泡试验的D较小，且差异不大；稀浆摇泡试验的D明显较大，且差异明显。这可能与稀浆体系的离子和引气剂中的表面活性组分作用方式和效果有关，稀浆振荡液泡膜的厚度在水泥颗粒和表面活性组分的相互作用下大幅增加，且差异明显，表现出来的则是初始耗液量D的增加和差异化。

一般摇泡法和水泥稀浆摇泡法是两种完全不同方法，呈现的是表面活性剂在两种不同体系中的作用特点。水泥稀浆的水泥水化离子、体系黏度等物理化学特性改变，可能会影响表面活性剂的引气性能，而泡沫轻质土体系，采用水泥稀浆体系更为接近。因此，水泥稀浆摇泡法更能反映表面活性剂(泡沫剂)在水泥中的起泡性能和稳泡性能。

5.1.3　新拌泡沫轻质土的流动性、稳定性和工作特性研究

5.1.3.1　粉水比(P/W)对水泥稀浆流变性的影响

根据公路路基和台背回填结构特点，以及工程应用经验总结，研究粉水比(P/W)分别为2.0、1.8、1.6和1.4时对水泥稀浆流变特性的影响。实验相关数据见表5.1-12。

不同粉水比(P/W)水泥稀浆的配合比　　表5.1-12

粉水比(P/W)	水泥浆单方材料组分		水泥浆湿密度(kg/m^3)
	水泥(kg/m^3)	水(kg/m^3)	
2.0	1216	607	1823
1.8	1139	632	1771
1.6	1055	660	1715
1.4	965	690	1655

注：水泥密度为3100kg/m^3，水密度为1000kg/m^3；计算公式为$\frac{P}{W}=\frac{3.1V_c}{V_w}$；$V_c+V_w=1$，其中$V_c$为水泥稀浆中水泥的体积($m^3$)；$V_w$为水泥稀浆中水的体积($m^3$)。

水泥浆流变性能反映了其黏度、流动及变形的特性。现阶段研究成果表明,无塑化剂作用下水是水泥稀浆最好的降黏剂。为了探究不同粉水比(P/W)下水泥稀浆的流变特性,本节采用静态和动态相结合的流变试验方法,探讨水泥浆粉水比(P/W)与屈服应力、动力黏度之间的影响关系,为后续水泥稀浆对泡沫轻质土孔结构和力学性能影响研究提供理论依据。

1)屈服应力

屈服应力是水泥浆发生明显变形的应力界限,浆外力小于屈服应力时水泥浆的状态,称为静态流变阶段。为此,实验采用控制应力模式,讨论不同粉水比(P/W)的水泥浆的状态,采取应力加载速率分别为4.2Pa/s、12.6Pa/s、14.3Pa/s、26.9Pa/s、29.4Pa/s及33.6Pa/s,实验时间控制为120s。实验中采用具体配合比见表5.1-12。试验得到的剪切应力和剪切速率数据均为仪器自动记录值,以自变量剪切应力作为纵坐标,以因变量剪切速率作为横坐标,得出实验结果如图5.1-7所示。

由图5.1-7可知,剪切速率均随剪切应力的增加而逐渐增大,剪切速率先后呈现低速近似线性增长阶段、曲折增长阶段和高速近似线性增长阶段。当剪切速率为高速线性增长的阶段时,说明水泥浆内部结构已经发生破坏,产生了较大的剪切形变,因此,将剪切速率产生高速线性增长的初始点称为屈服点,对应的剪切应力称为屈服应力。

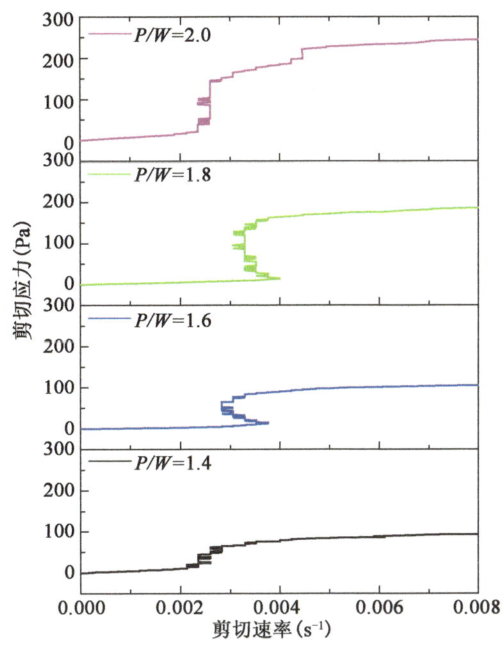

图5.1-7 不同粉水比水泥浆屈服应力

分析图5.1-7可得,不同粉水比对应得到的屈服应力值为48.0Pa、93.3Pa、162.5Pa和232.0Pa。由此可见,随着粉水比(P/W)的增加,水泥浆体稠化,初始剪切破坏的屈服应力不断增大。此外,实验还发现,粉水比(P/W)由1.4增加值2.0的过程中,屈服应力值增加了4倍。由上得出,随着粉体材料的加入增大了水泥砂浆内部结构整体抵抗外力剪切变形的能力,提高了水泥砂浆的屈服应力,这可能影响泡沫轻质土的流值、填充性和泵送压力。

2)动力黏度

当外力大于屈服应力时,水泥浆结构遭到破坏而产生较大的形变,将该阶段的流变特性称为动态流变性能。动力黏度表现为剪切应力与剪切速率的比值,单位为Pa·s,其存在于水泥浆运动的各个阶段,而通常更值得关注的是在外力大于屈服应力后,水泥浆开始随着外力做取向运动的动力黏度,此时动力黏度是阻碍水泥浆流动变形的主要因素。实验过程中,为了避免高速条件下水泥浆的紊乱运动,采用低速条件进行动力黏度的测试。实验时采用控制剪切速率的形式,以恒定不变的剪切速率($20s^{-1}$)持续剪切水泥浆120s,得到黏度与时间的变化关系如图5.1-8所示。

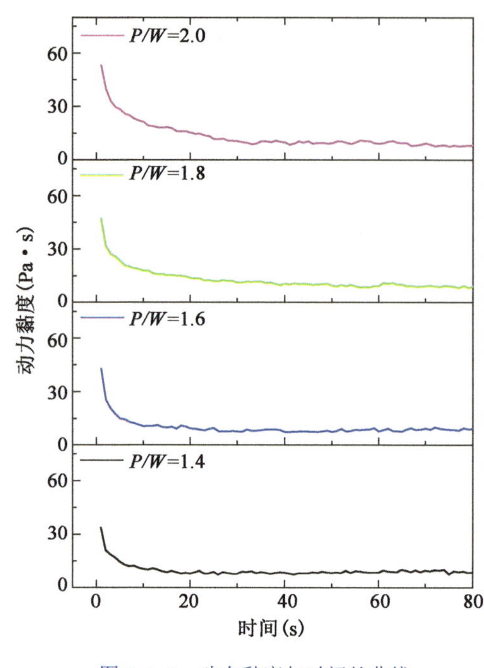

图5.1-8　动力黏度与时间的曲线

由图5.1-8可知，动力黏度随剪切时间的增加出现减小的现象，且减小幅度逐渐趋于平缓，即均出现“剪切变稀”的现象。

将实验时间零点对应的动力黏度称为初始动力黏度，试验结束时对应的动力黏度为结束动力黏度。从图5.1-8可知，随着粉水比（*P/W*）的增加，初始动力黏度值呈现逐渐增大的趋势。分析认为，在初始剪切应力作用时，水泥浆颗粒与颗粒之间的接触面积较大，抵抗剪切变形而产生的摩擦阻力较大，随着粉体颗粒增加产生的初始动力黏度增大。换言之，水的加入使得水泥颗粒之间形成水膜，减小了水泥浆颗粒之间的接触面积，由此产生的摩擦阻力作用也相应减小，导致初始动力黏度较低。

综上可知，随着水泥稀浆粉水比（*P/W*）增加，其屈服应力值呈增大趋势，动力黏度增大，剪切稀化时间逐渐延长。

5.1.3.2　有机膦酸对水泥浆水化特征影响

水泥早期水化特征是当前研究的热点，也是决定水泥基材料性能与应用最重要的因素之一。绝大多数功能外加剂就是通过干预水泥水化而达到设计功能的目的，缓凝剂正是通过延缓水泥水化，而提高了高温环境混凝土、泡沫轻质土等施工的可行性。

当前对于缓凝作用机理的认识主要存在四种理论：吸附理论、络合物生成理论、沉淀理论和$Ca(OH)_2$结晶理论。膦酸、膦酸盐通过离子络合或沉淀反应在水泥表面形成包覆层阻碍水泥水化。羟基羧酸盐、糖及衍生物等有机类缓凝剂，主要通过吸附、离子络合等作用延缓C_3A水化和AFt与CH的形成。有机膦酸是强螯合剂，可与多数金属离子在相当恶劣的化学条件下形成稳定的螯合物，被广泛用于循环水处理、油井注水、重金属治理等。

下面研究常见有机膦酸：2-膦酸基丁烷-1,2,4-三羧酸（PBTCA）、羟基亚乙基叉二膦酸（HEDP）和二乙烯三胺五亚甲基叉膦酸（DTPMPA）的分子结构，以进一步了解有机膦酸的螯合反应，以及对水泥浆水化过程放热、电阻率及水化产物的影响。

1）原材料

市售2-膦酸基丁烷-1,2,4-三羧酸（PBTCA）液体，有效活性组分（以PBTCA计）为50%，1%水溶液pH值1.8；市售羟基亚乙基叉二膦酸（HEDP）液体，有效活性组分（以HEDP计）为50%，1%水溶液pH值为1.6；市售二乙烯三胺五亚甲基叉膦酸（DTPMPA）液体，有效活性组分（以DTPMPA计）为50%，1%水溶液pH值1.2；市售葡萄糖酸钠为白色粉末；试验用水泥为中国建筑材料科学研究总院生产的基准水泥；拌和水采用自来水。

2）试验方法

（1）钙离子螯合值测试。准确称取一定质量的测试样品（0.05g～0.1g），将其用少量的蒸馏水溶解，再移取10mL浓度为0.10mol/L氯化钙标准溶液于上述溶液中，间歇振荡后，加

10mL 氨-氯化氨缓冲溶液和3～4 滴铬黑 T 指示剂,然后用0.05mol/L EDTA 标准溶液滴定,以溶液从酒红色变为纯蓝色为终点。测试样品钙离子螯合值 ϕ,按下式计算:

$$\phi = 100 \times \frac{10C_1 - VC_2}{m} \tag{5.1-3}$$

式中:C_1——$CaCl_2$标准溶液的浓度(mol/L);

C_2——EDTA 标准溶液的浓度(mol/L);

V——滴定时消耗的 EDTA 标准溶液的体积(mL);

m——被测试样品的质量(g)。

(2)水泥水化热测试。采用德国 tonitechnik 公司生产的 ToniCal 恒温水化量热仪测量空白和掺有不同缓凝剂(水泥质量 0.1%)水泥浆的水化放热,实验温度为 25℃。

(3)电阻率测试。采用 CCR-Ⅱ型无电极电阻率测定仪测定水泥浆水化电阻率变化,实验装置如图 5.1-9所示。

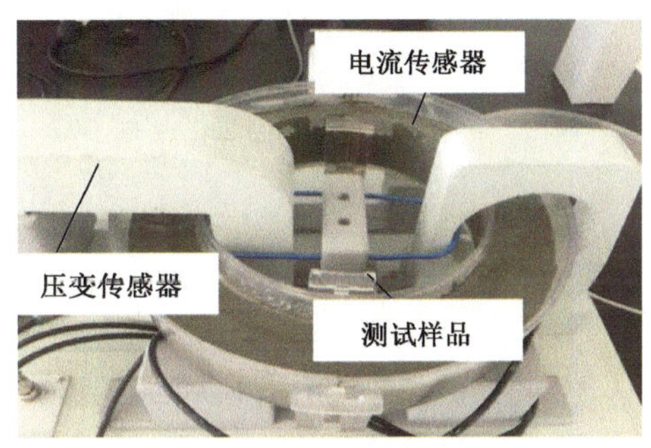

图 5.1-9 CCR-Ⅱ型无电极电阻率测定仪

采用基准水泥,水灰比为0.3 拌和制备空白和掺有不同缓凝剂(水泥质量 0.1% 和 0.2%)水泥浆,电阻率测试环境为 25℃,相对湿度大于 60%。将水泥浆迅速倒入电阻率测定仪的试模中用橡皮锤轻敲振实,加盖密封保持样品无水分蒸发,然后启动数据记录系统,开始记录电阻率。读数间隔为 30s,连续记录至电阻率趋于平稳,测试完毕后,用千分尺测量样品的高度,并将测量高度输入计算机中,对电阻率进行校正,可以得到电阻率随时间发展曲线。

(4)美国安捷伦科技有限公司 Cary 630 FTIR 红外光谱仪测试。根据试样电阻率变化曲线,当电阻率到达特征点时,从电阻率测定仪的环形试件中取样,磨细后用无水乙醇终止水化。将制备好的样品分别采用美国安捷伦科技有限公司 Cary 630 FTIR 红外光谱仪鉴定主要官能团的伸缩振动。

3)结果与讨论

(1)螯合反应。

有机膦酸可有效地螯合二价和三价金属离子,将金属离子包合到官能团内部,形成稳定的分子量更大的多齿配位化合物,从而阻碍金属离子参与其他反应。膦酸分子所含有的膦羧基是对金属离子具有螯合作用的功能基团。随着膦羧基团数目的增加,有机膦酸化合物的螯合性能有明显增长的趋势。图 5.1-10 所有为有机膦酸 PBTCA、HEDP 和 DTPMPA 的化学式,按单分子膦酸基团数量排序为:PBTCA < HEDP < DTPMPA。

30℃、pH 值为 13 条件下有机膦酸的钙离子螯合测试结果见表 5.1-13。

30℃、pH 值为 13 条件下有机膦酸的钙离子螯合测试结果 表 5.1-13

样　品	钙离子螯合值	样　品	钙离子螯合值
空白试样	—	HEDP	570
PBTCA	122	DTPMPA	680

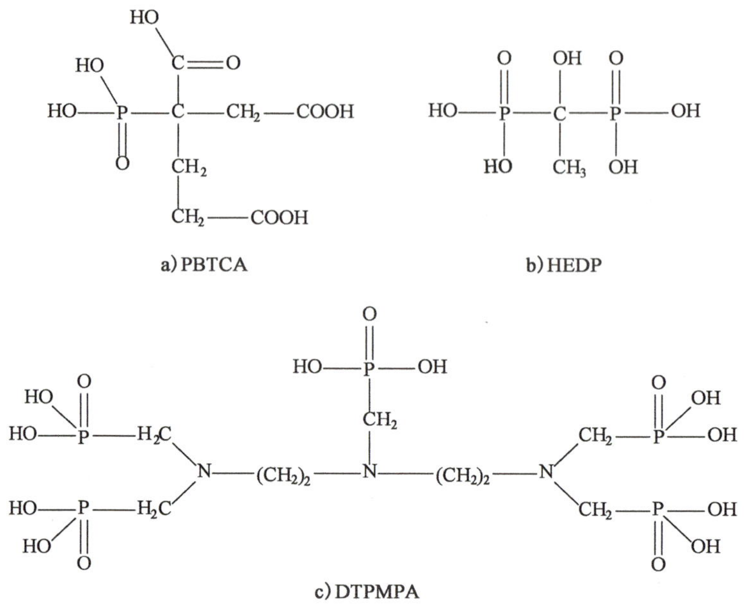

a) PBTCA

b) HEDP

c) DTPMPA

图 5.1-10　有机膦酸化学式

由表 5.1-13 可知，有机膦酸的螯合能力与膦酸基团有关，单分子膦酸基团数量越多，其对金属离子的螯合值越大，螯合物的稳定常数也越大。当有机膦酸添加到水泥浆中时，分子结构中的—P—O$^-$会优先与溶液中的 Ca^{2+}、Mg^{2+}生键合作用，然后，Ca^{2+}、Mg^{2+}再与—P ═O 通过共用电子形成结构复杂的多元螯合结构；以 DTPMPA 为例，五个亚甲基上的膦酸基团会与 Ca^{2+}、Mg^{2+}络合形成八元环或者九元环交错的螯合结构，该螯合物在强碱环境中具有很大的稳常数，不易水解，容易在水泥颗粒面富集，形成稳定的包裹层，阻碍水化产物钙矾石（AFt）和 CH 的形成，抑制水泥正常水化，其与金属离子的螯合反应如图 5.1-11 所示。

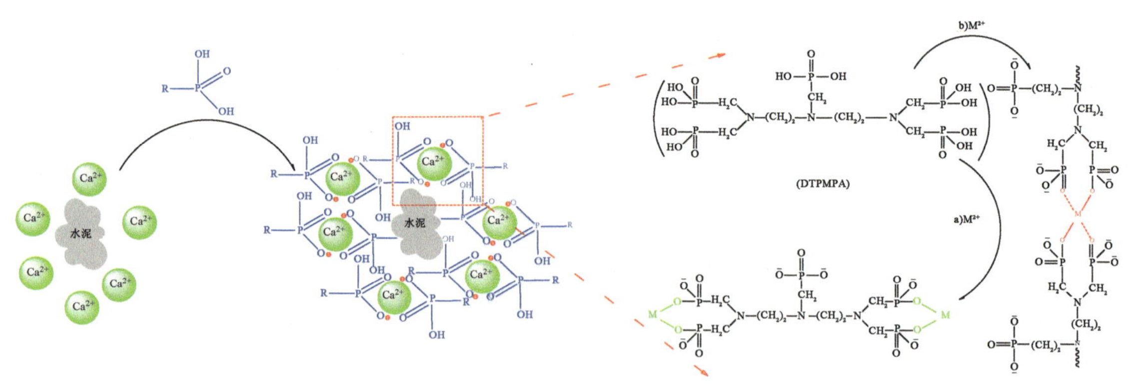

图 5.1-11　有机膦酸与金属离子的螯合反应

（2）水化热。

图 5.1-12 所示为 25℃下空白和掺有机多元膦酸水泥浆的水化放热速率和水化放热总量与时间的关系曲线。与空白试样相对比，有机膦酸的添加阻碍了水泥浆水化反应进程，显著推

迟了水化放热峰值的出现，降低了水化放热速率的峰值，但不改变水泥浆水化反应规律：即溶解期、诱导期、加速期、减速期和缓慢反应期。

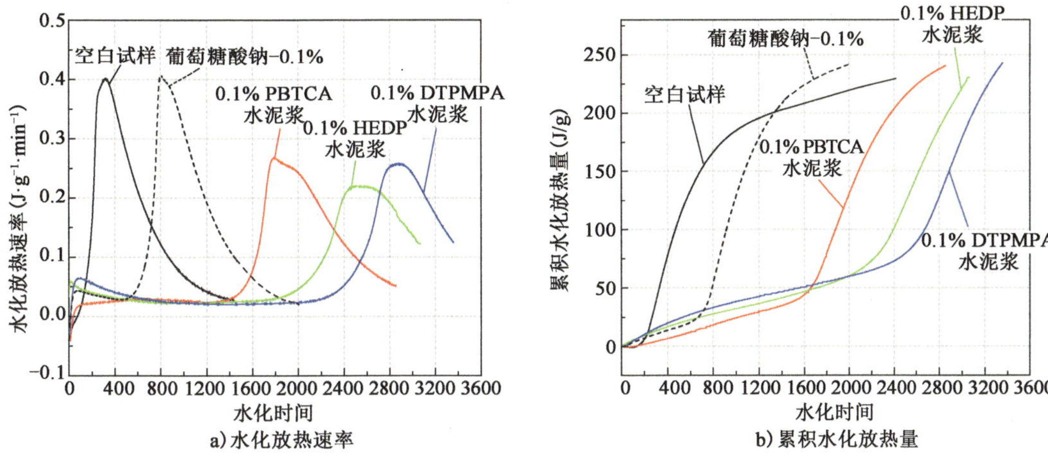

图 5.1-12 25℃时有机膦酸对水泥浆水化的影响

表 5.1-14 为 25℃时有机膦酸改性水泥浆的水化放热特性。由图 5.1-12a）和表 5.1-14 可知，PBTCA、HEDP 和 DTPMPA 放热峰值与空白试样相比降低了 35% ~45%，放热峰值迟滞时间为空白试样的 5 ~8 倍。相同掺量下，有机膦酸的单分子膦酸基团数量越多，放热峰值迟滞时间越长，缓凝效力越强，但峰值大小与膦酸基团数量无关。为突显对比，测试常用缓凝剂（葡萄糖酸钠）试样（图 5.1-12 中虚线）。与葡萄糖酸钠相比，有机膦酸具有更强的水泥缓凝效力，按缓凝强度排序为：葡萄糖酸钠 < PBTCA < HEDP < DTPMPA。

25℃时有机膦酸改性水泥浆的水化放热特性 表 5.1-14

试　　样	水化放热速率峰值（$J \cdot g^{-1} \cdot min^{-1}$）	延迟水化放热比率（%）	水化放热峰值时间（min）	延缓水化热释放峰值时间（%）
空白试样	0.409	0	320	0
0.1% PBTCA 水泥浆	0.267	34.72	1790	459
0.1% HEDP 水泥浆	0.220	46.21	2500	681
0.1% DTPMPA 水泥浆	0.257	37.16	2860	794

（3）电阻率。

图 5.1-13 所示为空白试样与掺有机膦酸水泥浆早龄期水化反应过程电阻率及电阻率微分发展曲线。

从图 5.1-13a）~图 5.1-13d）可知，无论是否添加有机膦酸，水泥加水后电阻率均迅速降低，且随反应时间持续趋于稳定不变，对应电阻率导数由负值逐渐趋于零，此时，液相离子浓度对电阻率起主导作用。这主要是因水泥中钙镁化合物、f-CaO、石膏等电解质遇水迅速电离产生 Ca^{2+}、Mg^{2+}、Na^{+}、SO_4^{2-} 等离子，同时铝酸三钙（C_3A），硅酸三钙（C_3S）等矿物发生水解，溶液中的 Ca^{2+}、$[SiO_4]^{4-}$、$[Al(OH)_4]^{1-}$ 等离子浓度不断增大，电阻率降低；当液相新电离的离子与结晶反应所消耗的离子浓度趋于动态平衡时，电阻率几乎保持不变（A 点），从开始加水至浆体液相离子浓度稳定，称为溶解期（Ⅰ区）。

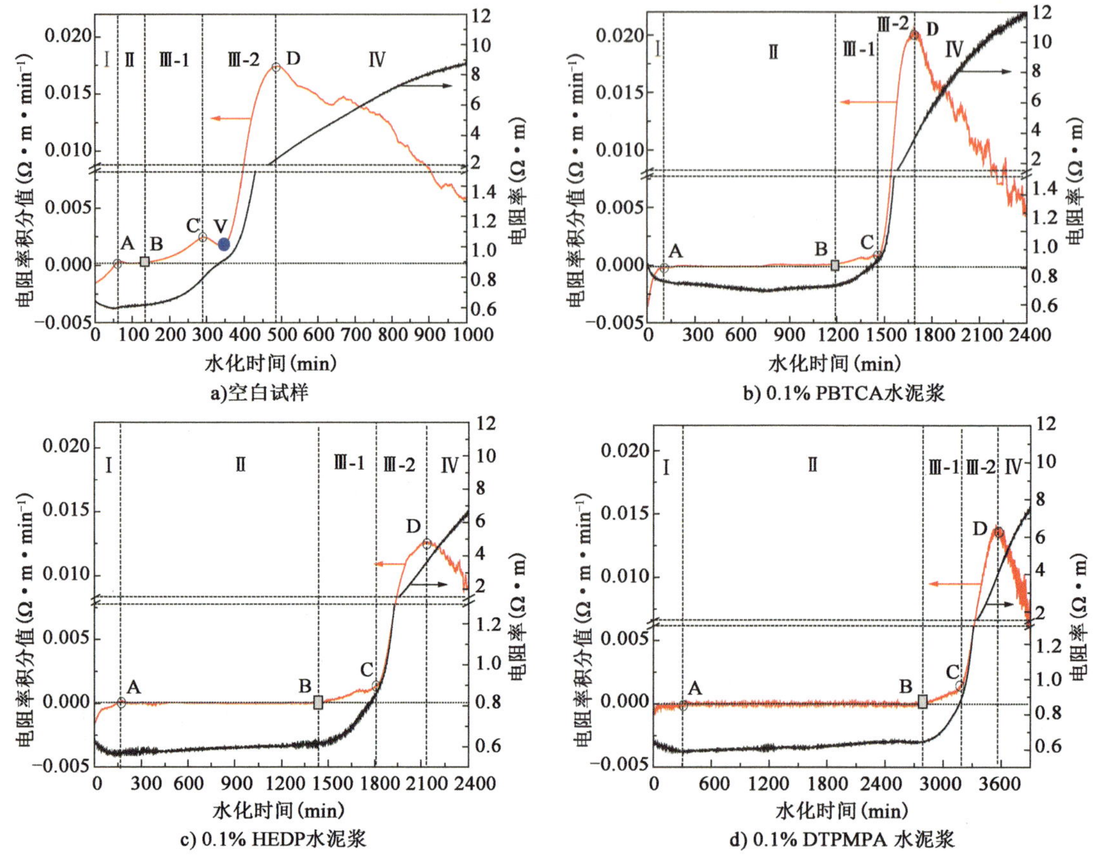

图 5.1-13　有机膦酸对水泥浆水化过程中电阻率及电阻率微分的影响

保护层理论认为：钙矾石（AFt）晶体不断在水泥颗粒表层覆集，形成包裹层，阻碍水化反应，而水化反应进入相对缓慢的诱导期（Ⅱ区），对应电阻率微分曲线的 AB 段。这一时期，液相中离子电离与结晶（成核）消耗始终处于动态平衡状态，电阻率趋于常数，电阻率的导数为零，也是各类水泥缓凝剂的关键作用时期。

由图 5.1-13a)～图 5.1-13d)可知，有机膦酸的掺入延长了水泥浆的诱导期，这是因为有机膦酸是典型的螯合剂，具有很强的 Ca^{2+}、Mg^{2+} 螯合能力，能使液相不断电离的 Ca^{2+}（主要来自 $CaSO_4 \cdot 2H_2O$）优先与有机膦酸形成稳定的 $Ca_{3.5}(C_3H_7O_{10}NP_3)$ 螯合物，并附着在水泥颗粒表面，阻碍水化反应。同时，在有机膦酸的离子螯合作用下，水泥浆液相中 Ca^{2+}、Mg^{2+} 离子参与结晶、成核完全受阻，使得液相离子浓度较长时间维持不变，即水泥浆电阻率的微分趋于零（AB 段），这一平衡持续长短与有机膦酸的 Ca^{2+} 离子螯合值密切相关。由图 5.1-13 和表 5.1-14 可知，DTPMPA 具有最为显著的缓凝效力，掺量仅 0.1% 诱导期延长约为 42h，其次分别是 HEDP 和 PBTCA，即有机膦酸的单分子膦酸基团越多，诱导期持续时间越长，对水泥缓凝效力越强，这一结论在水泥浆的水化热和电阻率两方面均得到证实。

随着水化反应进程发展，水泥浆体液相中电离与结晶平衡逐渐被破坏，水化反应逐渐加快，电阻率也逐渐增大。这是因为 Ca^{2+}、SO_4^{2-} 等离子不断消耗，钙矾石(AFt)和 CH 不断富集，螯合物和包裹层因温度、化学反应、渗透压、重结晶等原因解聚、破裂，水化反应加速，大量离子不断被消耗，水化硅酸钙等固相产物逐渐积累，液相减小，电阻率增大，水化反应也由诱导期进入加速期(Ⅲ区)，对应电阻率微分曲线为(BD 段)。加速期包含两个特征段："失塑加速期"BC 段(Ⅲ-1)和"硬化加速期"CD 段(Ⅲ-2)。由图 5.1-13 可知，水泥初凝、终凝时间均在Ⅲ-1 时期，该结论与隋同波等人的结论一致。浆体从可塑性向硬化发展相对较为迅速，且与是否掺缓凝剂无直接关系，各水泥浆体此时期时长分别为 150min、255min、365min 和 320min。换言之，水化物保护层的破坏至水化剧烈反应，与是否缓凝无直接关系，而与水化反应、渗透压、重结晶、pH 值、温度等有关。"硬化加速期"(Ⅲ-2)C-S-H 凝胶不断产生，水化反应速率达到极值，水泥迅速硬化，固相对电导率影响占主导地位，电阻率迅速增大。

值得注意的是，空白试样在加速期电阻率微分曲线出现一对较为明显的波峰(C)和波谷(V)。同样，有研究人员也发现这对波峰波谷，并认为波峰的明显程度与石膏掺量有关，由于硫酸盐的耗尽，AFt 向 AFm 转化，释放出 Ca^{2+} 和 SO_4^{2-}，导致电阻率增速减小。也有学者认为形成这对波峰波谷是因晶相转变，固相体积收缩，浆体孔隙率增大所致。然而，掺有机膦酸的试样却均未发现一对明显的波峰和波谷。这可能是由于有机膦酸对 Ca^{2+}、Mg^{2+} 等离子形成稳定的多元多环螯合物，虽然电离与结晶平衡破坏，水化反应开始，但螯合物的解聚是个缓慢的过程，Ca^{2+}、Mg^{2+} 的束缚，使得水泥浆液相中 $[SO_4]^{2-}$、$[SiO_4]^{4-}$ 等离子较为富足，钙矾石以 AFt 形式存在。FTIR 的吸收谱带也证实了水化反应过程中 $[SO_4]^{2-}$ 和 $[SiO_4]^{4-}$ 的变化，由图 5.1-14 可知，1100cm^{-1} 是 $[SO_4]^{2-}$ 较强的吸收峰，其原因是存在硫酸盐矿物。空白试样在加水 4h 内(BC 段)1100cm^{-1} 处有较强吸收峰，进入波谷(CV 段)吸收峰较弱，最终消失；掺有机膦酸试样在整个早期反应(Ⅰ区、Ⅱ 区和Ⅲ区)1100cm^{-1} 处均有较强吸收峰，但最后也消失。

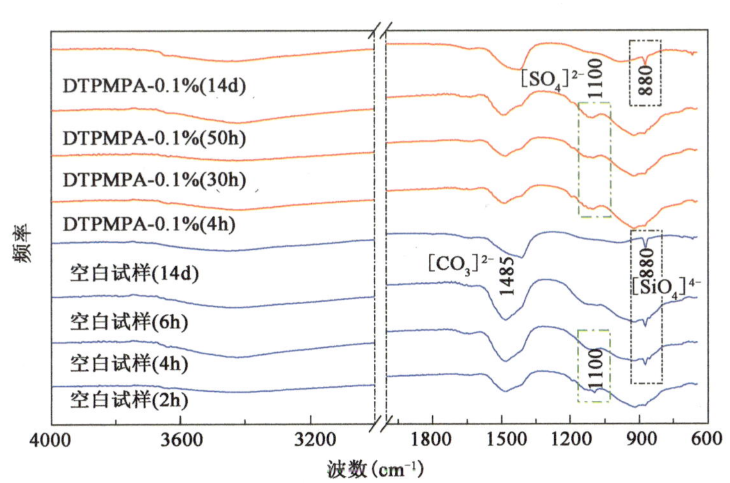

图 5.1-14 空白试样与掺 DTPMPA 水泥浆的 FTIR 图谱

而 880cm^{-1}处强而尖的峰是$[SiO_4]^{4-}$吸收峰，代表水化硅酸钙的形成，固相大量富集，电阻率显著增大，因此空白试样在 BC 段已形成水化硅酸钙，此时其电阻率远大于掺有机膦酸试样的电阻率。

最后，随着水化产物不断交织，水泥颗粒表层覆盖，形成扩散屏蔽层，水化进入减速期，电阻率增长变缓。

（4）抗压与抗折强度。

有机膦酸对水泥抗压及抗折强度的影响如图 5.1-15 所示。

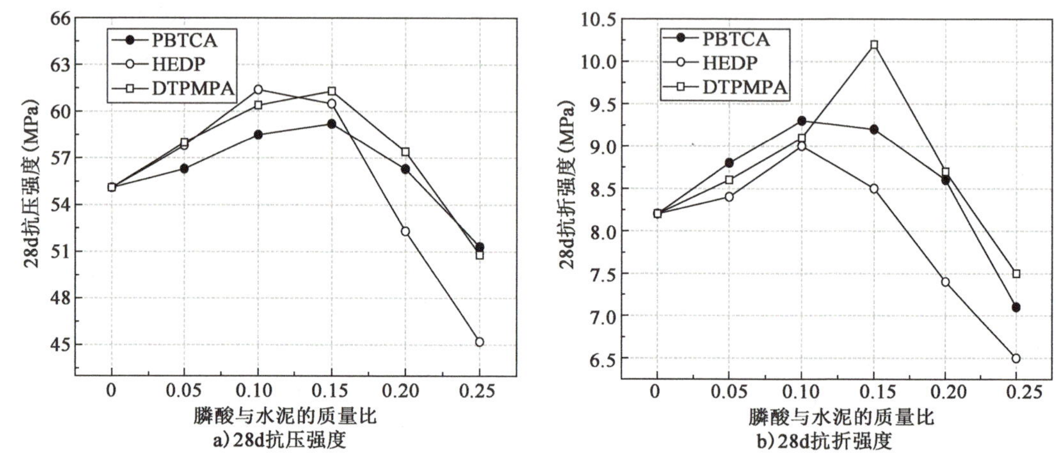

图 5.1-15　有机膦酸对水泥浆抗压及抗折强度的影响

由图 5.1-15 可知，随有机膦酸掺量的增加，水泥 28d 抗压强度和抗折强度均呈先增大后减小趋势；掺量小于 0.15% 时，28d 抗压强度和抗折强度均大于空白试样，掺量在 0.10% ~ 0.15% 之间时各项强度最高。相比之下，HEDP 超量掺入后对水泥各项强度降低最大，当掺量达到 0.25% 时，28d 抗压强度降低了 17.9%，抗折强度降低了 20.7%。由此可见，掺适量有机膦酸对水泥混凝土抗压强度和抗折强度均有提高作用，但掺量不大于 0.20% 为宜，否则对水泥各项强度产生不利影响。

综上可知，有机膦酸对钙离子具有很强螯合作用，单分子膦酸基团数量越多，其对金属离子的螯合值越大，由强到弱依次为 DTPMPA、HEDP、PBTCA；相同掺量下的有机膦酸缓凝效力远大于葡萄糖酸钠，其对水泥浆水化抑制能力随着膦羧基团数量的增大而增大；有机膦酸优先与钙、镁等离子形成稳定螯合物，限制了钙、镁等离子参与水化产物的形成，延长水化溶解期与诱导期，其仍然与膦酸基团数量相关；适当掺量的上述有机膦酸对水泥 28d 抗压强度和抗折强度具有增强作用，但过量则导致强度显著下降，有机膦酸可削减低泡沫轻质土早期的水化放热量，为温控提供技术支持。

5.1.3.3　矿物添加剂对泡沫轻质土性能影响

水泥稀浆的流动性受用水量、掺和料和外加剂影响，流动性好坏影响泡沫轻质土的工程应用。满足一定的流动性，泡沫轻质土在施工过程中才能够实现自由流动，填充密实，一般要求流值为 160 ~ 200mm；流动性好的同时，泡沫轻质土必须保证一定的黏度，否则容易小泡集聚形成大泡，大泡破灭造成泡沫轻质土坍塌。正是由于流动性与稳定性之间的矛盾，要求泡沫轻质土初始时流动性好，施工结束后快速凝结，快速增强泡沫稳定性，防止结构坍塌，最后形成孔结构均匀的泡沫轻质土。本小节主要研究了不同掺和料、温度及泡沫掺量对泡沫轻质土流值、强度及湿重度的影响。

1）原材料

（1）水泥。采用琉璃河 P. O 42.5 水泥，其性能指标见表 5.1-15 与表 5.1-16。

水泥化学成分　　表 5.1-15

类别	CaO	SiO_2	Fe_2O_3	Al_2O_3	MgO	SO_3	烧失量	其他
含量（%）	57.72	21.01	2.95	6.37	3.14	2.50	1.35	4.96

水泥的物理力学性能　　表 5.1-16

品种	标准稠度用水量（%）	凝结时间（min）		抗压强度（MPa）		表观密度（g/cm^3）
		初凝	终凝	3d	28d	
P·O 42.5	27.0	206	263	27.5	57.8	2.97

（2）粉煤灰。粉煤灰为 F 类Ⅱ 级粉煤灰，其性能指标见表 5.1-17。

粉煤灰的性能指标　　表 5.1-17

项目	细度（%）	需水量比	表观密度	密度（g/cm^3）	含水率（%）
数值	19	104	2.30	2.45	1.2

（3）泡沫剂。泡沫剂自制（ZY）、华泰（HTQ-1）、西卡（XK-126）和绿源（LY-600）四种，各泡沫剂均符合现行《现浇泡沫轻质土技术规程》（CECS 249）的规定。具体性能指标见表 5.1-18。

泡沫剂的性能指标　　表 5.1-18

泡沫剂	pH 值	气泡群密度（kg/m^3）	25℃半衰期时间（min）	1h 沉降距（mm）
ZY	6.5～7.0	52～55	265	2.8～4.5
HTQ-1	6.5～8.0	52～54	270	2.2～4.5
XK-126	7.0～7.5	54～56	200	4.3～6.3
YT-600	6.5～7.0	51～53	210	4.2～5.2

（4）水泥稀浆。水泥稀浆配合比见表 5.1-19。

水泥稀浆配合比　　表 5.1-19

粉水比	配合比（kg/m^3）		
	水	水泥	水泥稀浆湿重度
1.65	650	1083	1733

2）粉煤灰、泡沫和温度对泡沫轻质土流值的影响

表 5.1-20 为不同温度、泡沫和粉煤灰对泡沫轻质土流值的影响。

由表 5.1-20 可知，温度越高泡沫的稳定性越差，温度对表面活性剂的表面张力影响较大，气泡半衰期时间降低，稳定性变差。因此，泡沫轻质土应尽可能避免夏季高温施工，否则易产生坍塌现象；泡沫掺量的提高混凝土拌合物的流动性降低，而且温度越高这种现象越为明显，

大量的泡沫迅速增大水泥浆的黏度，使得流动性变差；相同温度与泡沫掺量下，混凝土拌合物的流动性随着粉煤灰掺量增加而增大。总而言之，水泥浆流动性与泡沫、温度成反比关系，与粉煤灰掺量成正比关系。

温度对泡沫轻质土初始流值的影响（单位：mm） 表5.1-20

泡沫剂	气泡率（%）	20% FA			40% FA			60% FA		
		20℃	35℃	50℃	20℃	35℃	50℃	20℃	35℃	50℃
ZY	55	190	185	175	200	190	180	205	195	185
	60	165	165	150	170	165	160	175	170	165
	65	145	145	140	165	155	150	170	165	150
HT-20	55	180	185	165	185	180	170	190	190	180
	60	155	155	130	170	165	160	175	170	165
	65	135	135	120	145	145	130	160	155	140
XK-126	55	190	180	170	180	180	160	195	180	180
	60	155	155	150	170	165	160	165	160	155
	65	140	140	140	165	160	160	170	160	150
YT-600	55	190	195	180	200	200	180	205	195	185
	60	175	175	150	170	165	160	175	170	165
	65	165	165	150	165	155	150	170	165	150

对比四种泡沫剂发现，ZY、XK-12 和 YT-600 的流值大于同掺量的 HT-20，但四者耐高温性能无明显差异。

3）粉煤灰、泡沫和温度对泡沫轻质土湿密度的影响

由表5.1-21可知，泡沫含量决定泡沫轻质土湿重度，当泡沫体积掺量达到60%～65%时，可配制湿重度约为600～700kg/m^{3}的泡沫轻质土。温度越高泡沫稳定性越差，1h泡沫轻质土的湿重度也逐渐增大；相同温度和泡沫含量下，粉煤灰掺量越高，泡沫轻质土的湿重度越低，与粉煤灰改善水泥浆流动性有关。

静置1h湿重度（单位：kg/m^3） 表5.1-21

泡沫剂	气泡率（%）	20% FA			40% FA			60% FA		
		20℃	35℃	50℃	20℃	35℃	50℃	20℃	35℃	50℃
ZY	55	802	821	853	790	804	839	784	791	815
	60	707	733	764	683	716	750	702	700	754
	65	633	645	692	616	631	650	618	626	642
HT-20	55	790	812	843	784	793	820	761	780	802
	60	696	722	763	678	683	743	657	674	689
	65	602	632	663	588	623	650	591	617	642
XK-126	55	843	862	958	823	858	897	852	880	976
	60	766	782	813	756	778	820	775	790	829
	65	642	689	723	648	685	710	635	670	712

续上表

泡沫剂	气泡率(%)	20% FA			40% FA			60% FA		
		20℃	35℃	50℃	20℃	35℃	50℃	20℃	35℃	50℃
YT-600	55	780	821	850	776	805	844	750	798	842
	60	687	710	787	670	683	743	645	687	721
	65	600	640	676	577	630	676	580	632	665

4)粉煤灰、泡沫和温度对泡沫轻质土强度影响

由表5.1-22可知,泡沫含量越高,泡沫轻质土的强度越低,粉煤灰的掺入极大降低了泡沫轻质土28d抗压强度,这与普通混凝土的结论相同。65%体积掺量泡沫轻质土,当粉煤灰掺量为20%时,28d抗压强度为1.5MPa,当粉煤灰掺量提高至60%时,则28d抗压强度降低约50%,但是粉煤灰对水化放热的抑制作用显著,因此,对于大体积泡沫轻质土填筑体应相应提高粉煤灰掺量,而冬季等对早期强度要求较高的填筑体,应控制粉煤灰的掺量。

标准养护28d抗压强度值(20℃)　　表5.1-22

泡 沫 剂	气泡率(%)	28d强度(MPa)		
		20% FA	40% FA	60% FA
ZY	55	3.3	2.4	1.6
	60	2.5	1.6	1.1
	65	1.6	1.0	0.7
HT-20	55	3.6	2.8	1.8
	60	2.6	2.0	1.3
	65	1.7	1.3	0.9
XK-126	55	2.8	2.1	1.2
	60	2.3	1.4	0.9
	65	1.4	0.9	0.6
YT-600	55	3.2	2.5	1.8
	60	2.7	1.7	1.3
	65	1.6	1.1	0.5

5)超细矿渣活性粉末、硅灰和水玻璃对泡沫轻质土强度影响

许多学者研究认为超细矿渣粉、硅灰和水玻璃可提高大掺量粉煤灰混凝土的抗压强度。试验设计泡沫轻质土重度为600级,采用ZY泡沫剂,泡沫体积掺量为65%,粉煤灰掺量为40%,水泥稀浆按表5.1-3配制,试件为100mm×100mm×100mm立方体,标准养护7d和28d抗压强度见表5.1-23。

由表5.1-23可知,超细矿渣活性粉末和硅灰均能提高泡沫轻质土抗压强度,掺量越大其增强效果越显著,两者增强效果无显著差异。另外,水玻璃可以作为粉煤灰的碱激发剂,激发粉煤灰的火山灰活性,少量的水玻璃对泡沫轻质土的强度增强效果反而降低了其早期强度,当

掺入量为水泥质量的7%时,28d 抗压强度增强约为45%。

不同掺和料对泡沫轻质土强度的影响　　表5.1-23

掺和料	掺量(%)	7d强度(MPa)		28d强度(MPa)	
		20% FA	40% FA	20% FA	40% FA
超细矿渣活性粉末	0	0.7	0.4	1.6	1.2
	5	0.6	0.5	1.6	1.1
	10	0.8	0.7	1.9	1.3
	15	0.9	0.8	2.2	1.6
硅灰	5	0.6	0.5	1.6	1.3
	10	0.7	0.5	1.7	1.4
	15	0.8	0.6	2.0	1.6
水玻璃模数2.4	3	0.5	—	1.4	1.0
	5	0.8	0.7	1.7	1.3
	7	1.1	0.9	2.3	1.8
超细矿渣活性粉末+水玻璃	10% +5%	0.9	0.7	2.4	2.0
	15% +5%	1.2	1.0	2.6	2.2

对双掺超细矿渣活性粉末和水玻璃进行研究发现:当掺入10%超细矿渣活性粉末和5%水玻璃时,泡沫轻质土28d 抗压强度提高约50%;当提高超细矿渣活性粉末至15%时,泡沫轻质土28d 抗压强度提高约60%。因此,对于大掺量粉煤灰泡沫轻质土,可适当掺入碱激发剂和超细矿渣活性粉末,以显著提高泡沫轻质土的力学性能。

5.2 泡沫轻质土的气泡结构演化和强度的关系

泡沫轻质土可以看作是由气孔和料浆这两部分构成的,泡沫被料浆包裹住从而分布于料浆内部,形成大小不一的孔隙。泡沫轻质土内部的封闭孔隙越多,越细小均匀,形状越接近球形,力学性能与耐久性能越优良。

下面对泡沫轻质土组织结构进行分析。

5.2.1 坍塌现象

研究发现,造成坍塌的因素较多,如泡沫稳定性、温度、水泥稀浆质量、外力作用、水泥凝结时间等,但根本原因是水泥浆体中泡沫无法承担所受荷载而造成泡沫连锁破灭。坍塌现象如图5.2-1所示。

图 5.2-1　坍塌与孔结构

5.2.2　串孔现象

由图 5.2-2 可见，小气泡逐渐合并为大气泡，这个过程即是串孔现象。串孔产生了大量连通孔，连通孔是泡沫轻质土中有害的孔结构，会大大地降低泡沫轻质土的耐久性能。泡沫在水泥浆中需要抵抗各项压力，泡沫曲率半径越小，其饱和蒸气压越大，抵抗外力能力越强；泡沫越细腻，发生串孔的概率越小，形成泡沫轻质土孔结构越均匀。实验发现，泡沫平均孔径小于 100μm，泡沫轻质土硬化后形成气泡结构均匀，未见明显的串孔现象。泡沫与水泥稀浆搅拌不均匀，会造成泡沫大量堆积，发生破泡、串孔等；串孔与水泥稀浆的流值和泌水程度有关，浆体越稀，泡沫稳定性越差，串孔发生概率越大。

图 5.2-2　串孔与孔结构

5.2.3　分层现象

研究发现，在浇注成型过程中还出现了试件上下层结构不一致的现象，主要表现为三种情况：一种是整个试件都有孔结构，但是靠近浇注上表面部分的孔隙比较均匀，而靠近浇注下表面的孔隙较大且出现连通孔，如图 5.2-3a）所示；另一种情况则刚好相反，浇筑上表面出现大量破现象，而下部气泡较为均匀，如图 5.2-3b）所示；还存在一种情况是整个试件的孔结构都不理想，靠近浇注上表面部分含孔隙，但是孔隙的形状不规则，而靠近浇注下表面的部分没有孔隙或者只含有很少量的孔隙，如图 5.2-3c）所示。产生分层现象的试件密度严重不均，样品各个部分的保温性能和力学强度等其他性质也会有很大差异。分析可能的原因是，料浆在搅拌过程中未搅拌均匀，从而在浇注过程中产生浆体沉淀，导致靠近浇注底面部分料浆过稠，浆体自重较上面部分大，使得上下部分料浆收到的气泡挤压力不一致；表层大量破泡原因可能是水泥稀浆出现泌水，表层泡沫壁张力过小，抗挤压能力差，造成大量破泡现象。

a)　　b)

c)

图 5.2-3　分层现象

5.3 泡沫轻质土的体积稳定性和耐久性研究

5.3.1 大体积泡沫轻质土水化温升控制技术

通过 Toni 恒温水化量热仪测试粉煤灰掺量对泡沫轻质土水化放热规律的影响，比较分析聚丙烯纤维(PP)、粉煤灰和高吸水树脂(SAP)对泡沫轻质土收缩变形的影响,以及硅油对泡沫轻质土疏水性能的影响。

5.3.1.1　试验分析

1)原材料

试验用水泥为北京琉璃河普通硅酸盐水泥;粉煤灰选用唐山陡河电厂Ⅱ级粉煤灰;泡沫剂为自制高性能水泥泡沫剂;高吸水树脂由清华大学提供,粒径为 100 ~ 400μm,高吸水树脂在饱和石灰水中的饱和吸水量分别为其自身质量的 30 倍;市售 10mm 耐碱聚丙烯纤维,试验用水为自来水。

2)试验配合比

试验配合比见表 5.3-1,水泥稀浆为未掺入泡沫的净浆。

试验配合比　　表 5.3-1

序　号	水(kg/m^3)	水泥(kg/m^3)	粉煤灰(kg/m^3)	泡沫率(%)
1	220	450	0	65
2		450	0	
3		450	0	
4		360	90	
5		270	180	
6		180	270	

3)试验方法

通过直接测量的方法来测定混凝土水化放热量,试验装置如图 5.3-1 所示。

热量桶中间放入试验桶及试样,试验桶与热量桶之间布置了热流计,通过测量两者之间的热流密度来计算混凝土试样的对外放热速度。

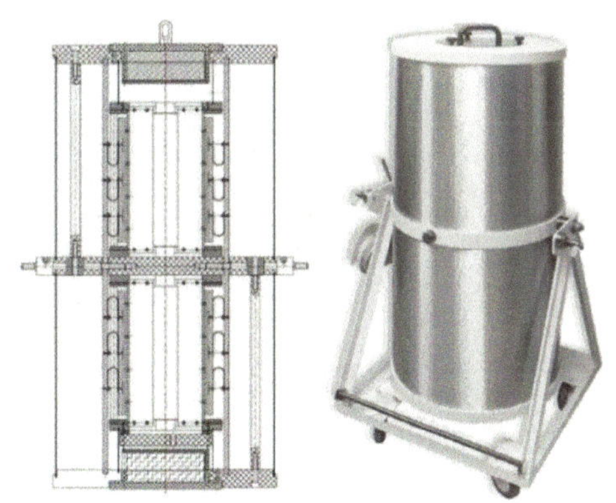

图 5.3-1　德国 Toni 恒温水化量热仪

5.3.1.2　结果与讨论

1)粉煤灰

图 5.3-2、图 5.3-3 所示为掺粉煤灰和泡沫水泥浆的水化放热速率和水化放热总量与时间的关系曲线。

与空白水泥浆[图 5.3-2a)]对比,粉煤灰和泡沫的掺入并没有改变水泥水化放热的规律,仍然显示 5 个阶段:溶解期、诱导期、加速期、减速期和缓慢反应期。泡沫的掺入延长诱导期和加速期的时间,对比图 5.3-2a)和图 5.3-2b)可知,水泥浆均匀混合 65% 体积泡沫后,诱导期约延长 2 倍,加速期相比空白水泥浆多 4 倍时长,但反应速率明显降低。其原因可能是气泡将水泥颗粒隔离为无数“空间孤岛”,水化初期孤岛间空气降低热传导,影响钙矾石成核与铝酸三钙反应速率。

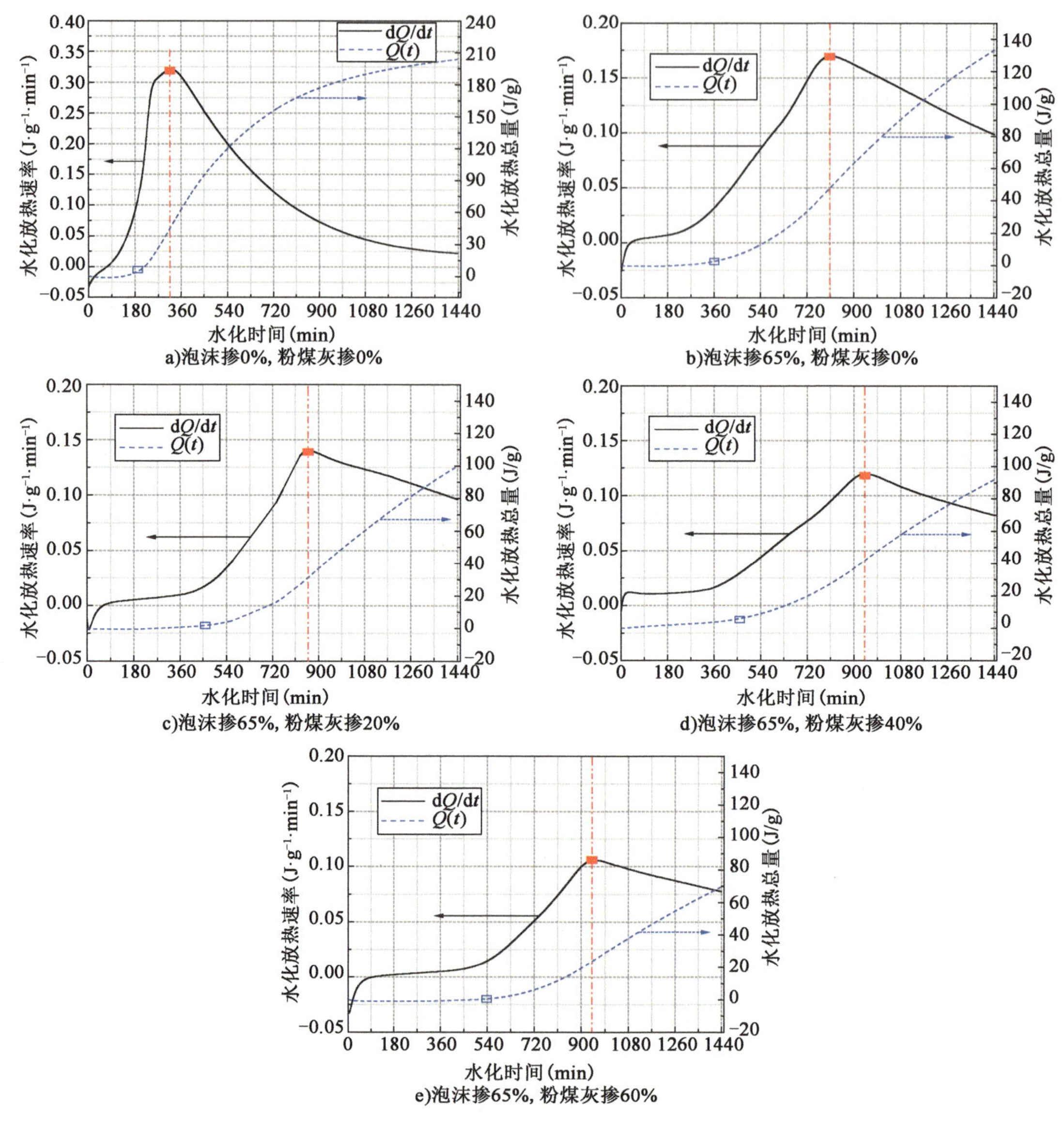

图 5.3-2　泡沫和粉煤灰对水泥浆水化放热的影响

由图 5.3-2b) ~图 5.3-2e) 可见，粉煤灰泡沫轻质土的水化放热峰值降低，粉煤灰掺量越大，放热峰值降低幅度越大，且诱导期和加速期逐渐延长，达到放热峰值的时间滞后，粉煤灰掺量越大，滞后程度越高。放热总量方面，粉煤灰可显著降低泡沫轻质土早期水化放热总量，掺量越高，降低幅度越大。

试验发现，早期单位体积泡沫轻质土的水化放热总量小于单位体积水泥浆的水化放热总量，从某种意义上讲，泡沫轻质土温度梯度造成的收缩变形相对较小。通过缩尺试验，对比试验块体中心温度，由图 5.3-3 可知，在相同的水泥用量下，泡沫轻质土的中心最高温度为 45℃，普通混凝土中心最高温度为 50.1℃，仅相差 5.1℃；196h 后泡沫轻质土的中心温度大于普通混凝土的中心温度，其原因是泡沫轻质土的热传导系数[0.1W/(m · K)]约为普通混凝土热传导系

数[1.2 W/(m·K)]的1/10。因此,泡沫轻质土也应考虑温度梯度造成变形破坏。

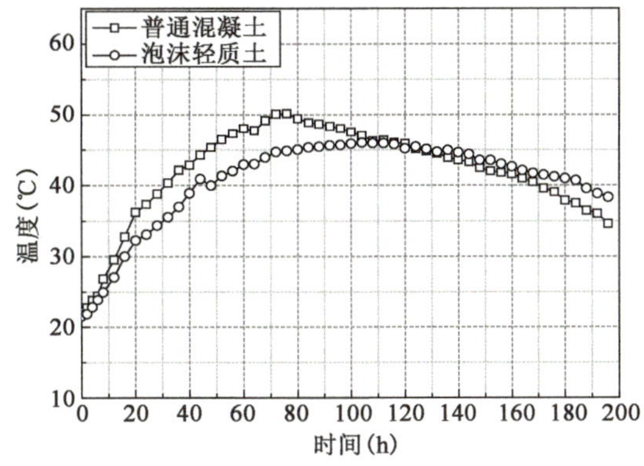

图 5.3-3　普通混凝土和泡沫轻质土的水化后温度与时间的关系

2)有机膦酸

粉煤灰和有机膦酸均可有效抑制泡沫轻质土的早期水化放热,有效控制大体积泡沫轻质土的水化温升。

5.3.2　水溶蚀破坏对泡沫轻质土耐久性影响

路基层面的回填土(泡沫轻质土)不仅受到来自路面的汽车等荷载,而且受到自然环境变化的影响,主要有雨雪、四季变换和汽车尾气等自然因素造成的破坏。为评价气泡混合轻质土的耐久性,研究依据无侧限抗压强度的变化值来定义耐久系数:

$$K = \frac{\overline{P}}{P} \tag{5.3-1}$$

式中:K——耐久系数;

$\overline{P}$——外因作用一定次生后的无侧限抗压强度;

P——试件初始的无侧限抗压强度。

通过公式可知,耐久系数与气泡混合轻质土的耐久性能成正比关系。

5.3.2.1　试验方法

试验方法:将尺寸为100mm×100mm×100mm的立方体试块3组,置于电鼓风箱内在温度(60±5)℃烘烤至恒重,然后置于室内冷却至室温,然后将试块放入水箱[水箱内温度为(20±5)℃]中,水面高出试块顶面5cm,保持48h后取出在室内放置30min后再次放入电热鼓风箱内,在(60±5)℃下烘烤8h,冷却至室内温度,放入水箱中48h作为一次干湿循环,如此重复3次、5次、10次。

3次、5次、10次干湿循环后的试件,在3次、5次、10次干湿循环后继续在(60±5)℃的电热烤箱内烘烤至恒重,然后取出试件,冷却至室内温度,测量试样的无侧限抗压强度。

5.3.2.2　试验结果

试验研究干湿循环对泡沫轻质土性能的影响,主要是干湿循环次数对性能的影响、粉煤灰掺量以及湿密度对干湿循环的影响。干湿循环试验数据结果分别见表5.3-2和表5.3-3。

不同粉煤灰掺量的试样干湿循环作用耐久系数　　表 5.3-2

编　号	粉煤灰掺量(%)	干湿循环次数(次)	无侧限抗压强度(MPa)	耐久系数 K
K1	0	0	2.35	1.00
		5	2.32	0.99
		10	2.24	0.95
		15	2.22	0.93
K2	10	0	1.95	1.00
		5	1.82	0.93
		10	1.77	0.91
		15	1.75	0.86
K3	20	0	1.72	1.00
		5	1.68	0.98
		10	1.63	0.95
		15	1.61	0.90
K4	30	0	1.44	1.00
		5	1.36	0.94
		10	1.24	0.86
		15	1.23	0.85
K5	40	0	1.26	1.00
		5	1.12	0.89
		10	1.02	0.81
		15	0.95	0.70

表5.3-2结果表明，试样的抗压强度随着干湿循环次数不断增加而降低，其降低趋势表现为：随着粉煤灰掺量的增多，强度的变化幅度变大。经10次干湿循环后，K1～K4组抗压强度下降幅度基本趋于稳定，而K5组经15个干湿循环后，其强度下降了30%，因此，对于干湿交替显著地区，粉煤灰掺量不宜超过30%。

不同湿密度干湿循环作用下的耐久系数　　表 5.3-3

编　号	湿密度(kg/m^3)	干湿循环次数(次)	无侧限抗压强度(MPa)	耐久系数 K
F1	550	0	0.92	1.00
		5	0.85	0.92
		10	0.82	0.89
		15	0.78	0.85
F2	650	0	1.33	1.00
		5	1.26	0.95
		10	1.21	0.91
		15	1.17	0.88

续上表

编　　号	湿密度(kg/m^3)	干湿循环次数(次)	无侧限抗压强度(MPa)	耐久系数 K
F3	750	0	1.88	1.00
		5	1.81	0.96
		10	1.76	0.94
		15	1.72	0.91
F4	850	0	2.30	1.00
		5	2.21	0.96
		10	2.17	0.94
		15	2.15	0.93
F5	950	0	4.12	1.00
		5	4.10	1.00
		10	4.05	0.98
		15	4.01	0.97

由表5.3-3可知,试样耐久系数随着泡沫轻质土密度增加而增加,密度增大,强度的变化幅度逐渐变大;试样的抗压强度与干湿循环次数关系成反比,干湿循环次数增加,抗压强度降低。经历10次干湿循环后,抗压强度下降的幅度基本稳定,F1～F5抗压强度的下降幅度值在2%～8%之间。

综上研究可知:随着干湿循环试验次数的增多,试样的抗压强度逐渐降低,在10次干湿循环后,泡沫轻质土强度下降的幅度趋于稳定,并且干湿循环次数增加对抗压强度产生微小的影响,总体上是略微下降的。随着粉煤灰掺入量的增加,其在干湿循环后对强度影响比较大,根据其强度变化幅度选定经济等因素较为合理。粉煤灰掺量以不超过30%为宜。

5.3.3　高疏水性(低吸水率)泡沫轻质土的开发

泡沫轻质土的吸水主要通过两种模式来实现:毛细孔渗透和连通孔渗透。研究发现,对于泡沫轻质土而言,孔径大小与吸水量并不存在明显的比例关系,在相同密度等级下,泡沫轻质土的吸水率主要取决于连通孔的比例。

当前,多孔材料的吸水率常有两种表示方法,即质量吸水率和体积吸水率,具体表示方法如下。

(1)质量吸水率。质量吸水率按下式计算:

$$\bar{\omega} = \frac{m - m_0}{m_0} \times 100\% \tag{5.3-2}$$

式中:$\bar{\omega}$——泡沫轻质土的质量吸水率(%);

m——吸水后泡沫轻质土的质量(g);

m_0——吸水前泡沫轻质土质量,也称为干质量(g)。

(2)体积吸水率。体积吸水率按下式计算:

$$V_{\bar{\omega}} = \frac{\Delta m}{V} \times 100\% \tag{5.3-3}$$

式中：$V_{\bar{\omega}}$——泡沫轻质土的体积吸水率（%）；

Δm——泡沫轻质土浸泡后表观质量与干密度之差（g）；

V——泡沫轻质土的体积（cm^3）。

5.3.3.1　密度对泡沫轻质土吸水率影响

为了评价制备泡沫轻质土试样的吸水率，掌握吸水特性与轻质土密度的关系，以及质量吸水率与体积吸水率差异，开展了 550kg/m^3、650kg/m^3、750kg/m^{3}和 850kg/m^{3}泡沫轻质土浸泡64h 的吸水特性研究。

试件尺寸为 100mm×100mm×100mm，泡沫轻质土成型脱模后，标准养护 28d，吸水率测试前，需将试件放置（85±5）℃的烘箱中干燥 24h，称量其干密度质量为 m_0；然后将泡沫轻质土试样放于水中，水面浸没过试件顶面约 10cm，记录不同浸泡时间下试样的质量变化，实验结果如图 5.3-4 所示。

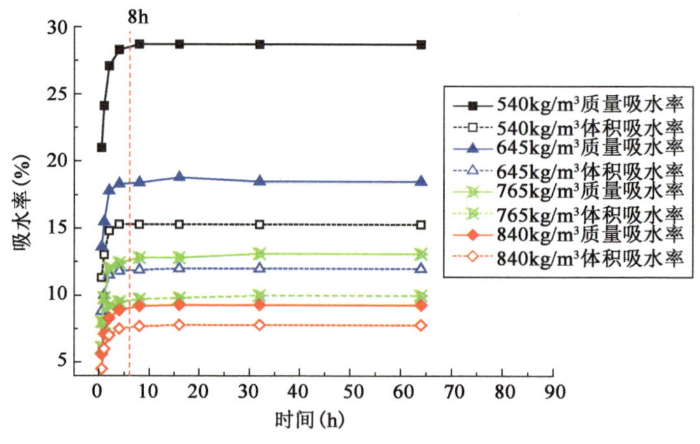

图 5.3-4　不同泡沫轻质土的吸水率曲线

由图 5.3-4 可知，不同质量的泡沫轻质土试样在浸水 8h 前几乎达到吸水饱和状态，各试样 8h 内质量上升迅速，之后质量变化较小并趋向于一个稳定值。测试结果表明，泡沫轻质土材料的吸水过程主要发生在浸水初期。同时，试样的干密度越小其吸水率越大，例如干密度为540kg/m^{3}的试样浸泡 8h 质量吸水率高达 28.7%（体积吸水率为 15.3%）；干密度越大其吸水率越小，例如干密度为840kg/m^{3}的试样在相同浸泡时间内的质量吸水率为9.2%（体积吸水率为 7.7%）。其原因是试样的密度越小单位体积泡沫含量越高，毛细孔和连通孔越高，表现为吸水能力越强，较早完成吸水饱和；反之，试样干密度越大，泡沫轻质土内毛细孔和连通通道较少，泡沫吸水能力相比较小，与低密度泡沫相比达到吸水饱和时间更长。换句话说，相同材料下，泡沫轻质土的干密度越小其吸水率越大，反之则越小。

就轻质材料而言，采用体积吸水率表示其吸水特征的物理意义更为准确。所谓的吸水率是表示物体在正常大气压下吸水程度的物理量，其中体积吸水率是指材料吸水饱和时，所吸水分的体积占干燥材料体积的百分数；而质量吸水率受材料的干燥密度影响较大，以相同体积（100mm×100mm×100mm）的四种不同干密度（550kg/m^3、650kg/m^3、750kg/m^{3}和 850kg/m^3）的试样为例，假设吸水质量均为 100g 时，按照式（5.3-1）计算的质量吸水率分别为 18.2%、15.4%、13.3%和 11.7%，而体积吸水率均为 10.0%。不难发现，用质量吸水率表征泡沫轻质土的吸水程度的物理意义更为科学合理。

5.3.3.2 疏水材料对泡沫轻质土吸水率影响

图5.3-5所示是干密度为650kg/m^{3}的泡沫轻质土试样，未经疏水处理、经内掺3%甲基硅烷(MSO)和内掺3%异辛基硅烷(ASO)疏水处理的水滴润湿情况。

a)空白试样俯视图　b)空白试样正视图
c)MSO试样俯视图　d)MSO试样正视图
e)ASO试样俯视图　f)ASO试样正视图

图5.3-5 水泥润湿泡沫轻质土微观照片

由图5.3-5可知，未做任何处理的泡沫轻质土表层水滴呈扁平状，润湿角小于45°，且水滴在约5min后润湿消失,泡沫轻质土表现出较强的吸水特性;经内掺3%甲基硅烷的泡沫轻质土,其表层水滴呈扁平状,润湿角小于90°,水滴可以在表层维持约20h,但是随着时间推迟,水滴形状扁平化,最终润湿消失;图5.3-5e)所示经内掺3%异辛基硅烷的泡沫轻质土,其表层水滴略呈椭球状,润湿角大于90°,经试验表明表层水滴可维持超过40h,最后水滴变小(仍然呈球状),最终消失。

综上可知,异辛基硅烷具有较强的防水功能,通过内掺硅油方式可以提高泡沫轻质土的防水特性,且同掺量下异辛基硅烷疏水能力强于甲基硅烷强。为了更加直观地反映疏水材料对泡沫轻质土吸水性能的影响,我们进行了内掺硅油泡沫轻质土和外喷涂硅油对泡沫轻质土吸水特性的影响研究,结果如图5.3-6所示。

从图5.3-6中可以看出,甲基硅烷和异辛基硅烷均能有效降低泡沫轻质土的吸水率,初始体积吸水率在2.0%~3.0%之间,即为空白试件吸水率的1/4倍。但是,随着水浸泡时间延长,泡沫轻质土的吸水率逐渐增大,其中相同防水材料下外喷涂方式耐水性较内掺差,例如,水浸泡720h空白试样体积吸水率为12%,内掺甲基硅烷体积吸水率为9.5%,外喷涂甲基硅油体积吸水率为10.2%;而另一组,内掺异辛基硅烷体积吸水率为仅为6.5%,外喷涂体积吸水率为8.3%。

为进一步分析防水材料掺量对泡沫轻质耐水性能的影响,研究了一组吸水率更大的泡沫轻质土(干密度为550kg/m^3)。

图5.3-7和图5.3-8分别给出了不同掺量甲基硅烷(MSO)和异辛基硅烷(ASO)的泡沫轻质土72h体积吸水率变化规律,图5.3-9给出了外喷涂甲基硅烷(MSO)和异辛基硅烷(ASO)的泡沫轻质土72h体积吸水率变化规律。

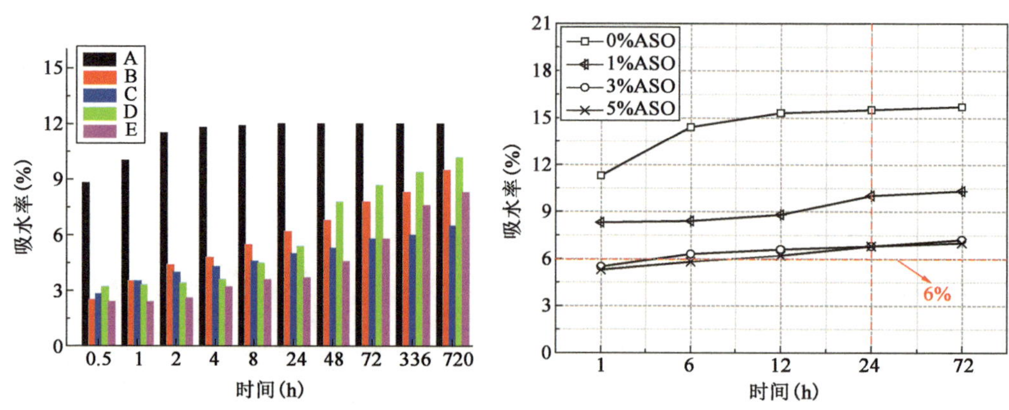

图5.3-6 不同疏水处理泡沫轻质土的体积吸水率　　图5.3-7 内掺甲基硅烷(MSO)对体积吸水率的影响

由图5.3-7和图5.3-8可知,甲基硅烷(MSO)和异辛基硅烷(ASO)可大幅降低泡沫轻质土的体积吸水率,且随着掺量增加,体积吸水率降低,并不是硅油掺量越高效果越明显。当甲基硅烷(MSO)掺量大于3%后,24h体积吸水率趋于平稳,异辛基硅烷(ASO)也有相同特征。疏水性分子(非极性基团)在水里通常会聚成一团,而水在疏水性溶液的表面时则会形成一个很大的接触角而成水滴状。一般来说,非极性区域(或称疏水基团)越多,面积越大,则疏水作用越强,异辛基硅烷(ASO)是二甲基硅烷中部分甲基被氨烃基取代后的产物,其非极性基团大于甲基硅烷(MSO)。对比图5.3-7~图5.3-9可知,外喷涂法也可改善泡沫轻质土的体积吸水率,但是,随着浸泡水溶液中浸泡时间延长,疏水效果显著降低。

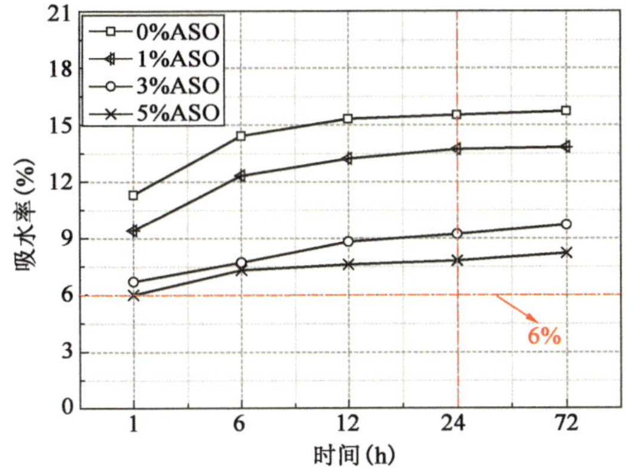

图5.3-8 内掺异辛基硅烷(ASO)对体积吸水率的影响

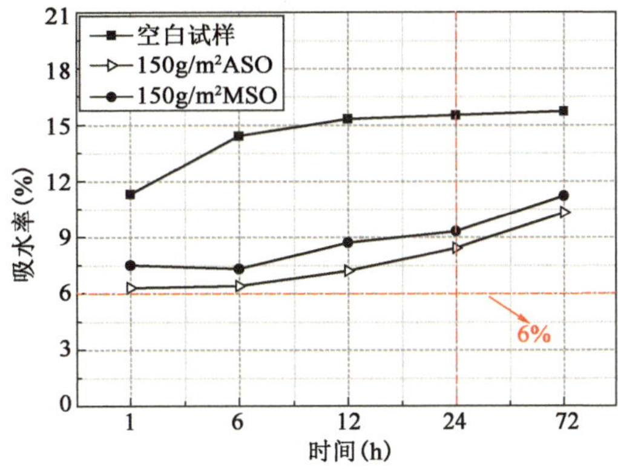

图5.3-9 外喷甲基硅烷(MSO)和异辛基硅烷(ASO)对体积吸水率的影响

因此对于实际工程,需要根据工程结构水环境,科学选择泡沫轻质土的防水方案。对于大体积泡沫轻质土,例如台背填筑可采用外喷涂+外包裹防水土工膜的复合形式,提高泡沫轻质土的防水能力;对于多雨地区的软基置换而言,宜采用内掺防水材料,从内在提高泡沫轻质土的抗水能力。

5.3.3.3 吸水率对泡沫轻质土抗压强度的影响

可采用强度损失率表示试样吸水后对其强度的影响,即标准养护28d后的试件,经水浸泡后强度损失率。为减少试样与试验数据的变异与误差,将不同浸水时间的试样与同龄期未浸泡试件相对比,结果见表5.3-4和图5.3-10。

不同密度泡沫轻质土浸水后强度损失率与水溶液pH值变化 表5.3-4

编号	干密度(kg/m^3)	时间(d)				
		3	7	28	90	180
1	550	0.77/0.87	0.75/0.90	0.68/0.94	0.64/0.93	0.60/0.94
		pH 10.3	pH 11.5	pH 12.8	pH 13.4	pH 13.5
2	650	1.23/1.34	1.15/1.33	1.04/1.35	1.05/1.38	0.95/1.42
		pH 10.2	pH 12.5	pH 13.6	pH 13.5	pH 13.5
3	750	1.53/1.65	1.38/1.68	1.30/1.71	1.27/1.73	1.24/1.75
		pH 10.2	pH 12.5	pH 13.6	pH 13.5	pH 13.5
4	850	2.27/2.34	2.24/2.45	2.10/2.53	2.07/2.55	2.00/2.67
		pH 11.2	pH 12.7	pH 13.4	pH 14.0	pH 14.0

从图5.3-10中可知,试件无侧限抗压强度随着浸泡水时间的延长强度均有损失,泡沫轻质土的密度越大损失值越小。试样强度降低主要发生在浸水初期的28d内。根据前面研究结

论可知,泡沫轻质土的干密度越小,其吸水率越大,反之则越小。吸水率越大,其强度损失率越大,如浸泡 28d 后干密度为 550kg/m^{3}的泡沫轻质土强度损失率为 27.7%,干密度为 650kg/m^{3}的泡沫轻质土强度损失率为 23.0%,干密度为 750kg/m^{3}的泡沫轻质土强度损失率为 24.0%,干密度为 850kg/m^{3}的泡沫轻质土强度损失率为 17.1%。但是,随着浸泡时间的延长,泡沫轻质土强度损失率发展逐渐减小,如浸泡 90d 时,泡沫轻质土密度由低向高其强度损失率分别为 31.2%、23.9%、26.6%和 18.8%,相比浸泡 180d,强度损失分别增加了 5.0%、9.0%、2.5%和 6.0%。结果表明,水对泡沫轻质土的溶蚀破坏能力较强。与此同时,对浸泡溶液 pH 值测试,发现随着浸泡时间的延长,溶液 pH 值逐渐增大,直至接近 14。由此可见,水对泡沫轻质土溶蚀破坏主要是使得泡沫轻质土碱度降低,氢氧化钙逐渐溶解在水溶液中,最终影响了混凝土强度,其破坏机理类似"碳化中和"反应。此次,试验的水为静态水,溶液盐浓度不断增大,对泡沫轻质土的溶蚀破坏能力逐渐降低,如工程中为流动水,则破坏更为剧烈。

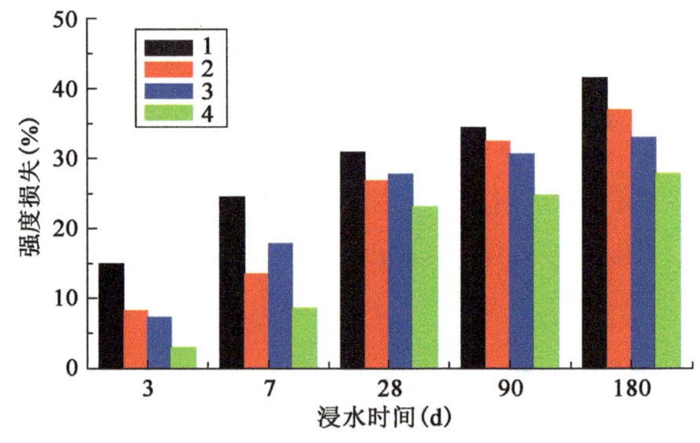

图 5.3-10　不同密度泡沫轻质土浸水后强度损失率

综上所述,泡沫轻质土在多雨渗水区域、地下水位以下或有流动水等直接与水接触结构时,应做相应的防水处理。

为此,在江西省地方标准《桥涵台背回填泡沫轻质土施工技术规程》(DB36/T 1134—2019)中,依据试验数据,将泡沫轻质土按体积吸水率划分为 5 个等级,采用符号 W_r 表示,见表 5.3-5。

泡沫轻质土体积吸水率等级划分　　表 5.3-5

吸水率等级	W5	W10	W15	W20	W25
体积吸水率 W_r (%)	$W_r \leq 5$	$5 < W_r \leq 10$	$10 < W_r \leq 15$	$15 < W_r \leq 20$	$20 < W_r \leq 25$

此外当填筑结构处于地下水位以上,且无渗水接触时,泡沫轻质土的体积吸水率等级不宜大于 W25;当填筑结构处于地下水位以上,有渗水接触,且有防水处理时,泡沫轻质土的体积吸水率等级不宜大于 W20;当填筑结构处于地下水位以上,有渗水接触,且无防水处理时,泡沫轻质土的体积吸水率等级不宜大于 W15;当填筑结构处于地下水位以下,有防水处理时,泡沫轻质土的体积吸水率等级不宜大于 W10;当填筑结构处于地下水位以下,无防水处理时,泡沫轻质土的体积吸水率等级不宜大于 W5。

5.3.3.4 吸水率对泡沫轻质土抗冻性的影响

试验采用慢冻法,试件采用尺寸为100mm×100mm×100mm的立方体。试件成型后脱模标准养护28d后,在试验前48h,从标养室取出,随后放在15~20℃水中浸泡48h,浸泡时注意试件顶面要用一定质量的物品压着,使得试件完全浸没于水中。浸泡完毕后,进行冻融试验前,用湿抹布擦除表面水分,称量饱和面干试件的初始质量,称量完毕后将试件放入冻融试验箱中,冻结温度应保持在(-20±2)℃之间,一次冻结不少于4h,完毕后升温至(20±2)℃,融化时间不少于4h,一次冻融循环周期为8h。

评价方法如下:试件质量损失率(M)超过5%时,停止试验。每3次循环测量一次试件的质量损失率。试件质量损失率按下式计算:

$$M = \frac{m_0 - \overline{m}}{m_0} \times 100\% \tag{5.3-4}$$

式中:M——试件质量损失率(%);

m_0——试件初始质量(g);

$\overline{m}$——某次冻融循环后质量(g)。

1)密度对泡沫轻质土抗冻性影响

试验采用粉水比为1.80,通过泡沫掺入量调节泡沫轻质土密度,分别制备了干密度为450kg/m³、550kg/m³、650kg/m³、750kg/m³和850kg/m³泡沫轻质土,进行抗冻试验,试验结果见表5.3-6。

抗冻试验结果　　表5.3-6

干密度(kg/m³)	初始质量(g)	循环次数(次)									质量损失(%)
		3	6	9	12	15	18	21	24	27	
450	622	625	614	605	587	—	—	—	—	—	5.6
550	685	692	684	677	670	662	651	—	—	—	4.9
650	778	785	780	774	768	760	754	742	730	—	6.2
750	842	854	848	840	837	833	820	811	803	784	6.8
850	955	995	995	968	952	945	934	930	917	905	5.2

泡沫轻质土的抗冻性较差,一般为30次循环左右,吸水饱和后其抗冻性更差。考虑到泡沫轻质土一般作为填筑土,所以在进行冻融试验时,应采用吸水饱和面干泡沫轻质土,更能反映工程应用实际工况。

由表5.3-6可知,泡沫轻质土抗冻性与密度相关,密度越大抗冻性越好。当泡沫轻质土干密度为450kg/m³时,其最大冻融次数仅为12次;当干密度为850kg/m³时,其最大冻融次数为27次。根据前面研究结果表明,密度越大,泡沫轻质土气泡含量越少,强度越高,孔间距增大,抵抗冻融破坏骨架越强,因此抗冻性越强;相反,密度越小泡沫孔壁越为薄弱,抗冻性越差。特别当材料吸水饱和后,单薄孔壁骨架难以承受冻胀应力反复作用。

2)粉煤灰掺量对泡沫轻质土抗冻性影响

试验采用粉水比为1.80、泡沫掺量为65%的泡沫轻质土,其粉煤等量取代水泥分别为0%、10%、20%、30%和40%,冻融作用质量损失试验结果见表5.3-7。

冻融作用质量损失实验结果 表 5.3-7

粉煤灰取代量(%)	初始质量(g)	循环次数(次)									质量损失(%)
		3	6	9	12	15	18	21	24	27	
0	822	830	824	820	814	801	793	785	762	—	7.3
10	835	841	840	834	822	817	808	804	796	—	4.6
20	840	850	842	835	830	824	815	809	804	798	5.2
30	842	853	845	830	824	800	—	—	—	—	4.9
40	846	853	843	840	823	804	—	—	—	—	5.0

由表 5.3-7 可知,随着粉煤灰掺量提高,泡沫轻质土的抗冻性能表现出先增大后减小的现象,这一结论与普通粉煤灰混凝土的抗冻性一致。适量粉煤灰(10% ~20%)提高了水泥混凝土的强度,并改善了孔结构,尤其是降低联通孔隙通道,降低了泡沫轻质土的吸水率,从而提高了抗冻性。为此,在设计泡沫轻质土的配合比时,可掺入适量粉煤灰改善泡沫轻质土的抗冻性能。

3)内掺防水材料对泡沫轻质土抗冻性的影响

试验发现,泡沫轻质土的抗冻性除了与密度、强度及孔结构相关外,更为重要的因素是吸水率。

为了分析吸水率对泡沫轻质土抗冻性的影响,采用粉水比为 1.8,泡沫体积掺量为 65%,内掺 0%、3% 异辛基硅烷和外喷涂 150g/m^2 异辛基硅烷的泡沫轻质土。每一大循环(3 次)结束后,泡沫轻质土均在水中浸泡 2h,进入下一轮循环试验,本试验结果见表 5.3-8。

吸水率对泡沫轻质土抗冻性的影响试验结果 表 5.3-8

48h 体积吸水率(%)	初始质量(g)	循环次数(次)							
		3	6	9	12	15	18	21	24
9.5	822	830	824	820	814	804	793	785	762
2.6	732(内掺)	735	735	734	731	727	720	716	710
3.1	745(外喷涂)	746	746	745	745	731	724	755	741

48h 体积吸水率(%)	初始质量(g)	循环次数(次)						质量损失(%)
		27	30	33	36	39	42	
9.5	822	—	—	—	—	—	—	7.3
2.6	732(内掺)	702	697	692	680	—	—	7.1
3.1	745(外喷涂)	713	700	—	—	—	—	6.0

图 5.3-11 所示为吸水率对泡沫轻质土冻融质量损失率的影响。由表 5.3-8 和图 5.3-11 可知,泡沫轻质土吸水率越小,其抗冻性能越好。其中,内掺 3% 异辛基硅烷的泡沫轻质土(体积吸水率 2.6%),最大冻融循环次数为 35 次;而外喷涂异辛基硅烷泡沫轻质土(体积吸水率 3.1%),最大冻融循环次数为 28 次。试验过程中出现质量剧增现象,其原因是表层防水膜破损,造成吸水率增大,冻融质量损失瞬间增大失效。

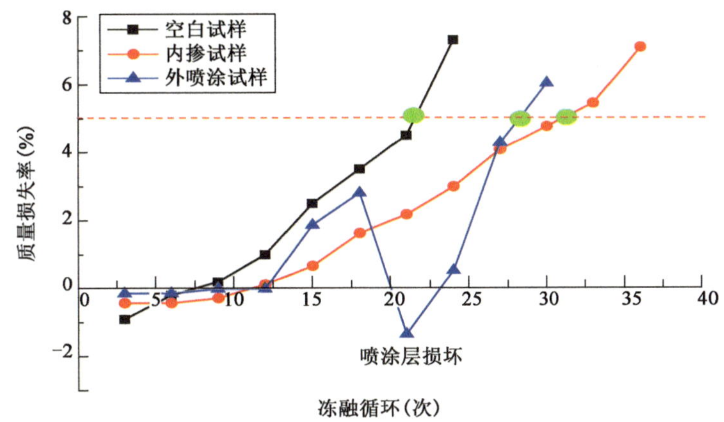

图 5.3-11 吸水率对泡沫轻质土冻融质量损失率影响

综合分析冻融循环对其耐久性能的影响表明：泡沫轻质土产生裂缝是因为其是一种多孔材料，制作养护后试件中含有水分，在温度处于零下的时候水冻结成冰，体积变大，孔壁遭到冰的膨胀破坏产生裂缝。这些裂缝伴着冻融次数的不断增加而继续扩展加深，致使轻质土的内部结构遭到破坏，其他性能随之下降。

泡沫轻质土的抗开裂性能与粉水比(*P/W*)、抗压强度、气孔含量、吸水率等密切相关，试样强度与冻融循环次数成反比；气泡掺量变化时，随着气泡的增多，试样内部结构气孔的含量增加，相应地薄弱结构点增多，冻融产生的裂缝相应地增多；相同密度下吸水率越小，吸水率对泡沫轻质土抗冻性影响最大，因此，泡沫轻质土不宜在北方地区使用，如果使用应重点考虑防水与抗冻等级设计。

5.3.4 内养护材料对高输水泡沫轻质土收缩性能的影响

讨论一种化学成分为聚丙烯酸盐的内养护材料“吸水-释水”特性，并探讨 SAP 对泡沫轻质土的自收缩及内部湿度的影响规律，为泡沫轻质土抗裂防裂提供理论支持。

5.3.4.1 试验材料

内养护剂@305 的基本性质见表 5.3-9。

内养护剂@305 基本性质　　表 5.3-9

化学成分	外观形状	pH 值	平均粒度(mm)	饱和吸收纯水量(g/g)	稳定性	水分释放	凝胶强度
聚丙烯酸盐和聚丙烯酰胺	白色透明	6.0~8.0	≤0.3	200~400	性能稳定	释水能力强	不易碎、吸水后颗粒分明有弹性

在环境温度(20±2)℃、相对湿度(60±5)%条件下，内养护剂@305 的吸水特性曲线如图 5.3-12 所示；在环境温度(20±2)℃、相对湿度(60±5)%条件下，内养护剂@305 的释水特性曲线如图 5.3-13 所示。

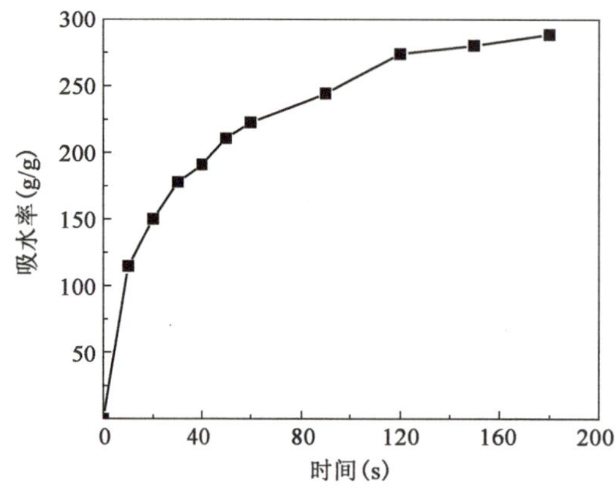

图 5.3-12 内养护剂@305 的吸水特性曲线

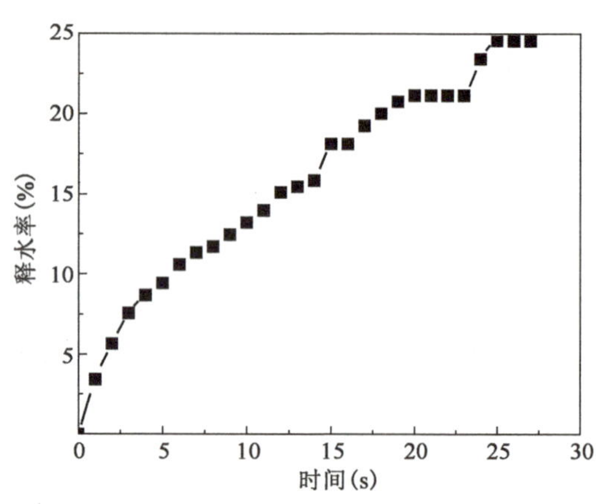

图 5.3-13 内养护剂@305 的释水特性曲线

5.3.4.2 试验方法

1)内部相对湿度测量方法

试验中选取湿度传感器插入法测定泡沫轻质土内部相对湿度。湿度传感器选用芬兰VAISALA公司生产的HMP 42型温湿度探头,直径为4mm,此传感器具有测量精度高、实时显示、长期稳定性好等特点。测试开始前,用分析纯氯化钾和去离子水配制过饱和氯化钾盐溶液,置于开口小、自由表面积大的容器中,由其作为湿度源,每个测试周期结束后对湿度传感器进行一次标定,如图5.3-14所示。

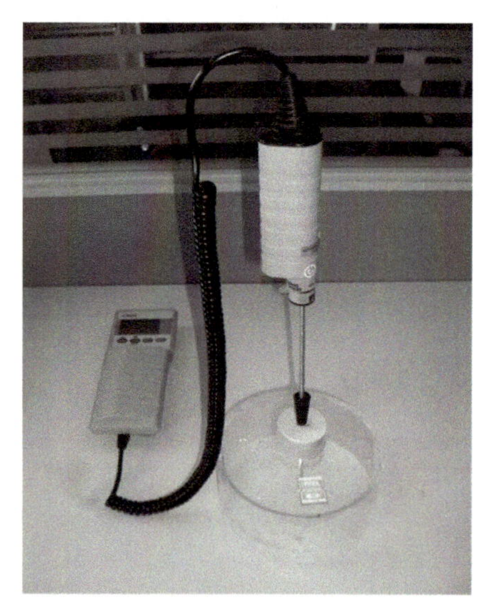

图 5.3-14 湿度传感器标定

试验采用的泡沫轻质土试件如图5.3-15所示,其尺寸为300mm×300mm×150mm。成型时预埋Φ6×75mm塑料管(预先放置不锈钢棒使塑料管内壁与钢棒紧密接触,不锈钢棒长度超出塑料管上下端各10mm,成型时保证塑料管上端高出试件上表面5mm)作为湿度测试孔,试件测试点分布如图5.3-16所示。

成型后24h拆模,取与成型表面垂直的4个侧表面中的任意一个300mm×150mm侧表面作为干燥面,其余5个表面用融化的石蜡密封(使水分扩散只能沿单轴方向进行)。而后将试件移至温度(20±2)℃、相对湿度(60±5)%的环境中,测定泡沫轻质土内部不同位置处相对湿度在各龄期的变化情况,所有数据均为3个试件的平均值。

2)自收缩测量方法

自行制作一侧预先切开的Φ100mm×420mm的PVC(聚氯乙烯)管材,内侧壁均匀涂抹润滑油(用于减小内壁与混凝土之间的摩擦力,减小试验误差),并将直径为Φ100mm、厚度为20mm的平整钢板,即底座装入试模,用胶带将切口与底座黏结密封为一整体,并用保鲜膜将整个模具除顶口外,密封包裹。试件竖直,顶端固定千分表测量竖直方向的长度变化量。

图 5.3-15 泡沫轻质土试件

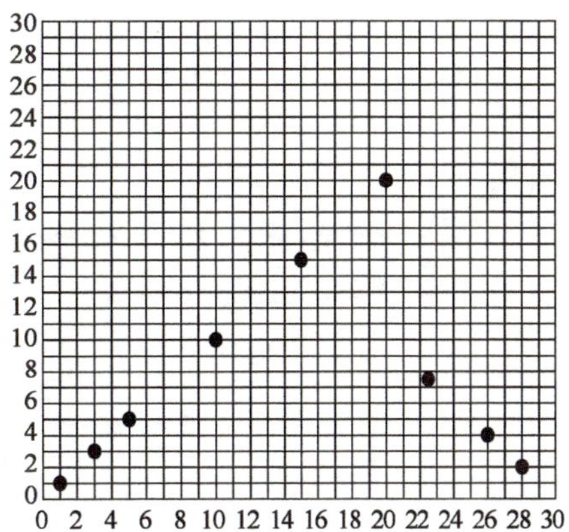

图 5.3-16 内部相对湿度测点分布

试件密封为自收缩测量，自收缩测试完毕后，除去试件表面的 PVC 管材、保鲜塑料薄膜，测量的变形量为干燥收缩。

$$\varepsilon_{\text{auto}} = \frac{|L_{a0} - L_{at}|}{400} \tag{5.3-5}$$

式中：$\varepsilon_{\text{auto}}$——测试龄期为 t 时刻的混凝土自收缩率，t 从开始加水算起；

L_{a0}——自收缩测试试件第 1 次测量时，千分表读数值(mm)，精确至 0.001mm；

L_{at}——自收缩测试试件 t 龄期时，千分表测量数值(mm)，精确至 0.001mm；

400——自收缩测试试件原始长度，为 400mm。

$$\varepsilon_{\text{dry}} = \frac{|L_{d0} - L_{dt}|}{D_{d0}} \tag{5.3-6}$$

式中：ε_{dry}——测试龄期为 t 时刻的混凝土自收缩率，t 从开始加水算起；

L_{d0}——干燥收缩测试试件第 1 次测量时，千分表读数值(mm)，精确至 0.001mm；

L_{dt}——干燥收缩测试试件 t 龄期时，千分表测量数值(mm)，精确至 0.001mm；

D_{d0}——干燥收缩测试试件的初始长度(mm)，精确至 1mm。

5.3.4.3 试验结果与讨论

1）内部湿度与养护龄期的关系

内养护剂@305 泡沫轻质土内部各点相对湿度与龄期之间的关系如图 5.3-17 所示。

由图 5.3-17 可知，泡沫轻质土内部相对湿度随着养护龄期的延长逐渐降低；而不同部位相对湿度的变化也呈现一定的规律，从距干燥表面 10mm 的最外侧点一直到距干燥表面 200mm 的最内侧位置，内部相对湿度降低幅度逐渐变缓。养护龄期在 10d 左右，内部相对湿度变化趋于平缓；掺量为 0.1% 的试件，内部相对湿度在 46d 时较 10d 降低了 2.1% ~ 9.1%；掺量为 0.2% 的试件，内部相对湿度值降低了 3.3% ~8.1%；掺量为 0.3% 的试件，内部相对湿度值降低了 1.6% ~8.1%；掺量为 0.4% 的试件，内部相对湿度值降低了 1.5% ~ 5.6%。

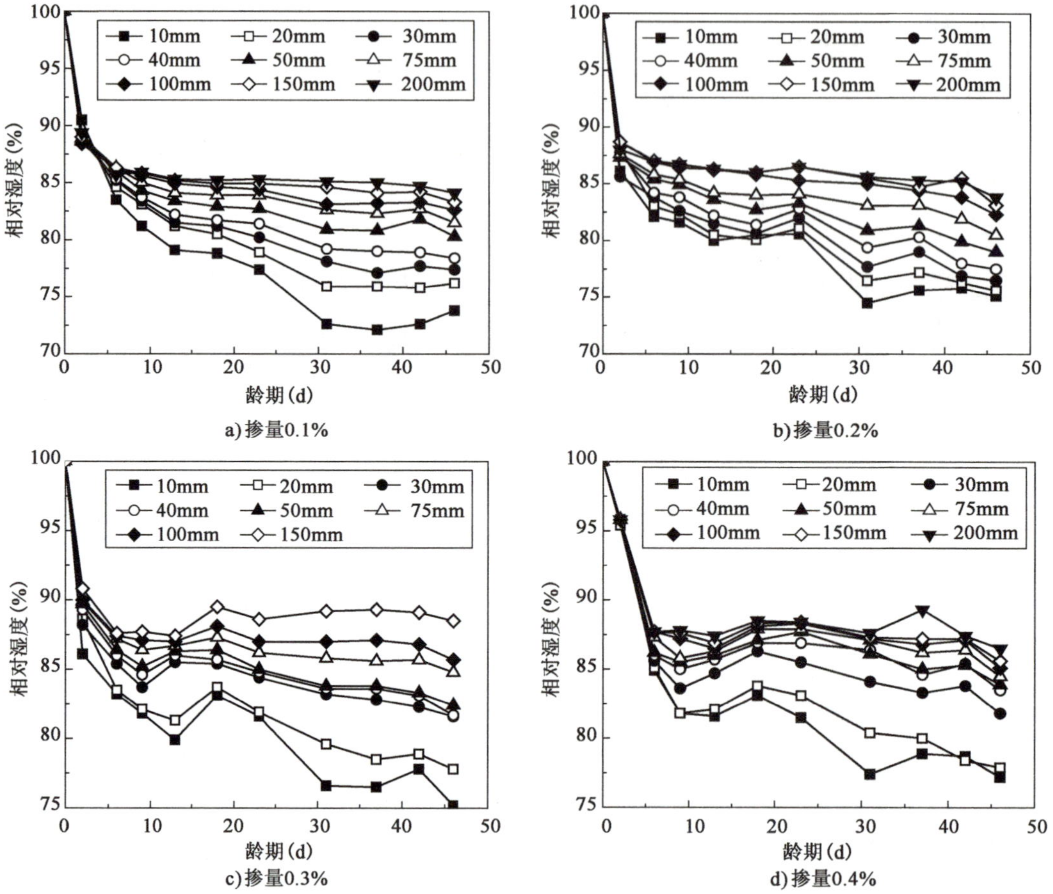

10mm
20mm
30mm
40mm
50mm
75mm
100mm
150mm
200mm
相对湿度(%)
龄期(d)
a)掺量0.1%
b)掺量0.2%
c)掺量0.3%
d)掺量0.4%

图 5.3-17 内养护剂@305 泡沫轻质土内部各点相对湿度与养护龄期的关系

2)内部相对湿度与干燥面厚度的关系

内养护剂@305 泡沫轻质土试件在不同内养护材料掺量下,相同部位内部相对湿度随龄期变化趋势如图 5.3-18 所示。

0.1%
0.2%
0.3%
0.4%
相对湿度(%)
龄期(d)
a)距干燥表面10mm位置
b)距干燥表面20mm位置

图 5.3-18

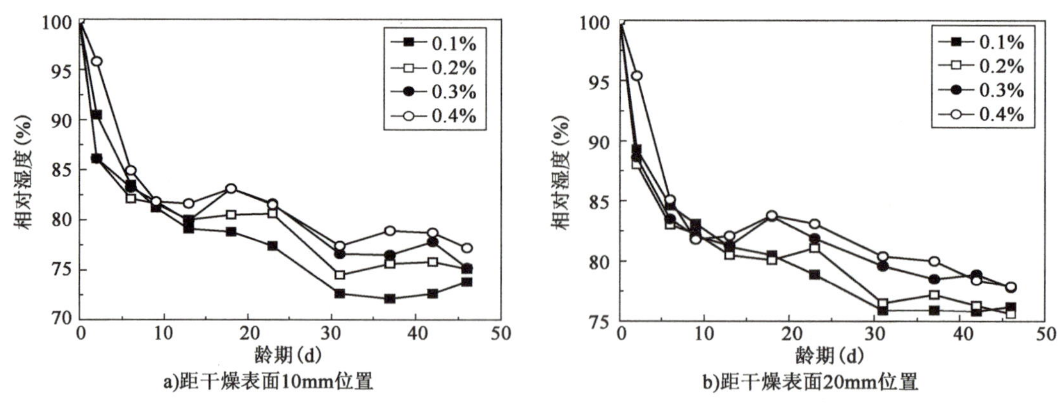

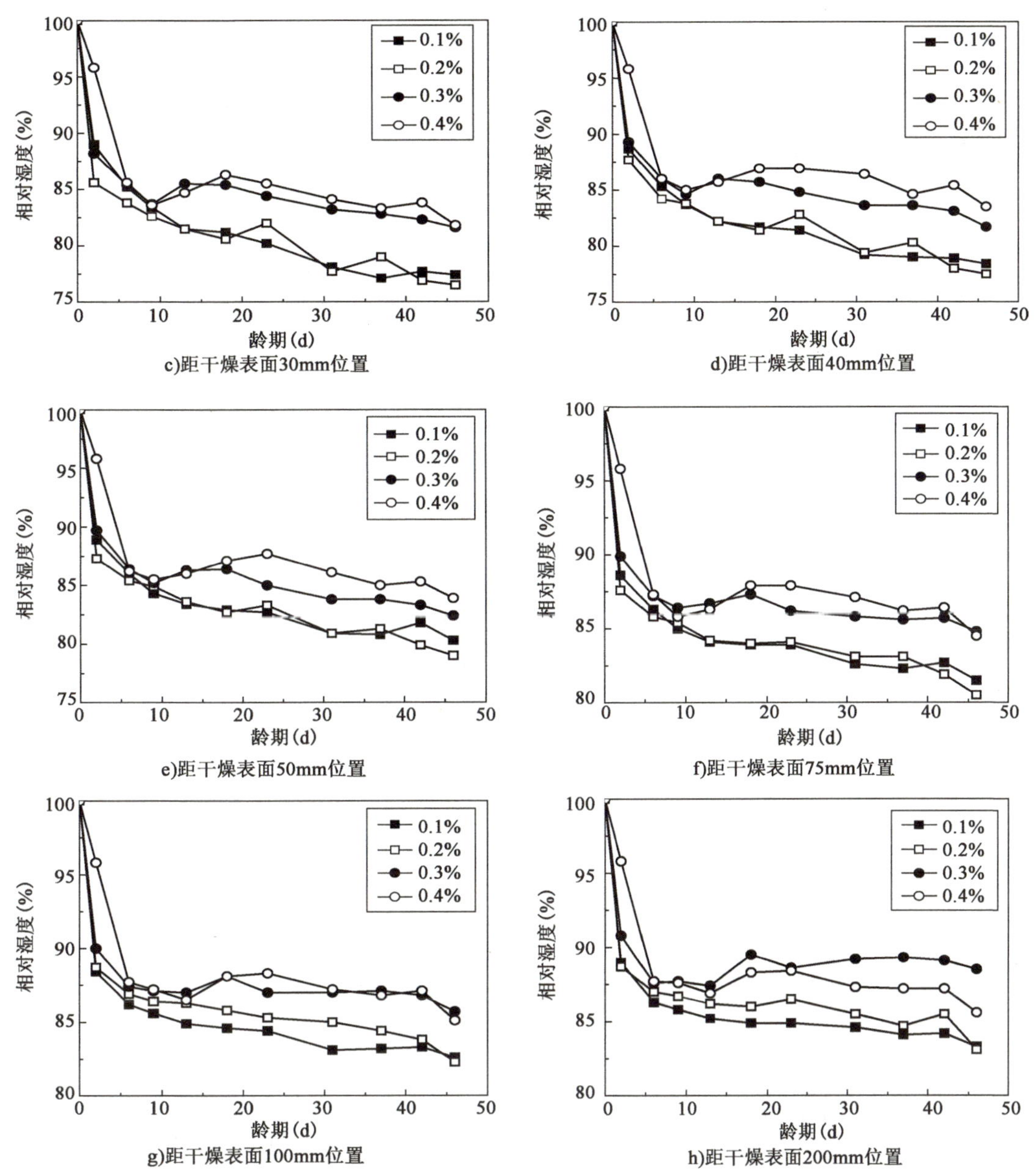

c)距干燥表面30mm位置
d)距干燥表面40mm位置
e)距干燥表面50mm位置
f)距干燥表面75mm位置
g)距干燥表面100mm位置
h)距干燥表面200mm位置

图5.3-18 内养护剂@305泡沫轻质土内部相对湿度与干燥面厚度的关系

由图5.3-18可知，无论测孔位置距离干燥表面的距离如何，相同位置初期内部相对湿度下降快，但是随着龄期的增长，以及内养护材料掺量增加，内部相对湿度降低值逐渐变小。这是因为在养护初期，胶凝材料发生水化反应，消耗大量内部自由水；而随着龄期的增长，水化反应逐渐变缓，消耗的水分少。在水化反应进行的整个过程中，当内部存在湿度梯度时，内养护材料就会释放内部储存的水分，抑制相对湿度的降低。内养护材料的掺量越高，对相对湿度降低起到的抑制作用越大。

内养护材料掺量对泡沫轻质土内部相对湿度的影响有一致的变化趋势，只是随着测孔位置距离干燥表面距离的增加,各个掺量对内部相对湿度影响程度逐渐增大,即内部相对湿度降低随龄期的增长变缓。这是因为距离干燥表面距离越远的测孔位置,其受到环境相对湿度的影响程度越小;甚至测孔位置距干燥表面达到某一距离时,内部相对湿度在养护前期根本不受外部环境的影响。

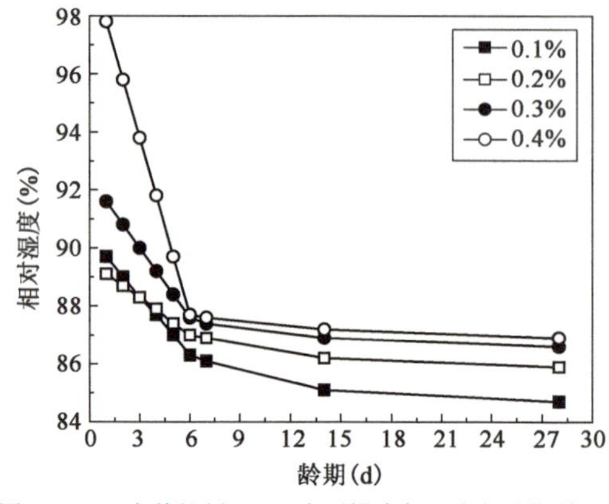

图5.3-19 内养护剂@305自干燥内部湿度与龄期关系

3)内部湿度与自收缩的关系

泡沫轻质土内部相对湿度变化影响其收缩值。随着水化反应的进行,泡沫轻质土内部水分逐渐消耗,体积缩小。在孔隙中因相对湿度降低,水分迁移,从而使孔隙中形成凹液面,产生拉应力,导致在硬化将体内部产生自收缩。

在相同条件下成型泡沫轻质土自收缩试件和内部相对湿度测定试件,测量自干燥状态下泡沫轻质土内部相对湿度变化,试验结果如图5.3-19所示。

泡沫轻质土中水化反应导致水分消耗从而产生自干燥,引起其内部相对湿度的下降,而相对湿度的降低又直接导致水泥浆体产生自收缩。对自干燥状态下泡沫轻质土各龄期相对湿度的降低值与相应龄期自收缩率之间的关系进行曲线拟合,拟合结果如图5.3-20所示。

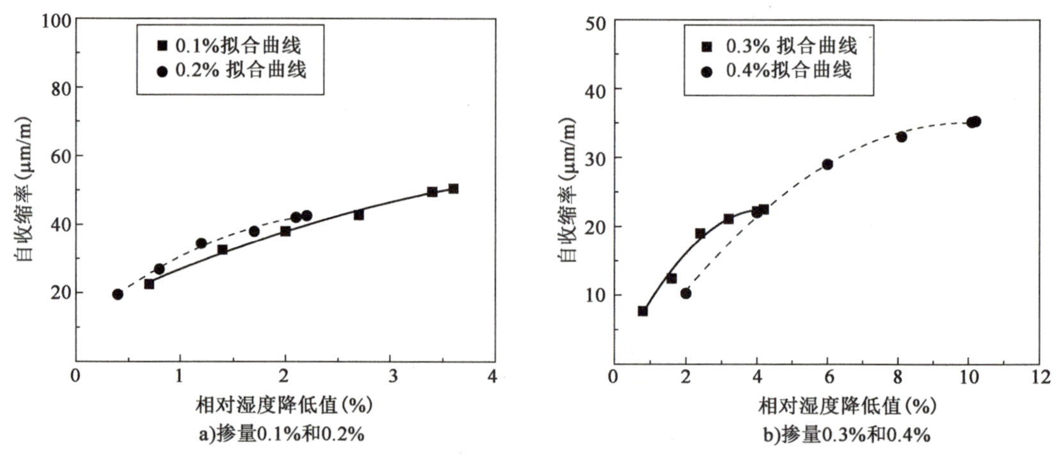

图5.3-20 不同掺量内养护剂@305相对湿度降低值与泡沫轻质土自收缩率的关系

由图5.3-20可知,不同内养护材料掺量成型的泡沫轻质土,其内部相对湿度降低值与自收缩率之间存在非常显著的相关性,如式(5.3-7)所示;不同内养护材料掺量泡沫轻质土的拟合曲线参数取值见表5.3-10。

$$\gamma = a + b(\Delta \mathrm{RH}) + c(\Delta \mathrm{RH})^2 \tag{5.3-7}$$

式中:a、b——常数;

γ——泡沫轻质土的自收缩率;

ΔRH——自干燥引起的泡沫轻质土内部相对湿度降低值。

泡沫轻质土内部相对湿度降低值与自收缩拟合曲线参数 表 5.3-10

拟合曲线参数	0.1% 掺量	0.2% 掺量	0.3% 掺量	0.4% 掺量
a	13.44513	10.44795	-0.63694	-3.23815
b	14.54707	24.62693	10.92494	7.68409
c	-1.19368	-4.61432	-1.29187	-0.38582
R^2	0.99066	0.99021	0.9797	0.99609

由图 5.3-20 和所得到的拟合结果可知：无论何种内养护材料掺量，泡沫轻质土自收缩率与内部相对湿度降低值之间存在显著的相关性。泡沫轻质土内部相对湿度降低值越小，泡沫轻质土自收缩率也越小；但是随着相对湿度降低值的提高，自收缩率随其变化敏感性逐渐变弱。这说明泡沫轻质土内部相对湿度与其自收缩关系密切，相对湿度的降低直接影响到自收缩率的变化。

图 5.3-21 给出了聚丙烯纤维、粉煤灰和高吸水树脂对泡沫轻质土自收缩和干燥收缩的影响曲线。

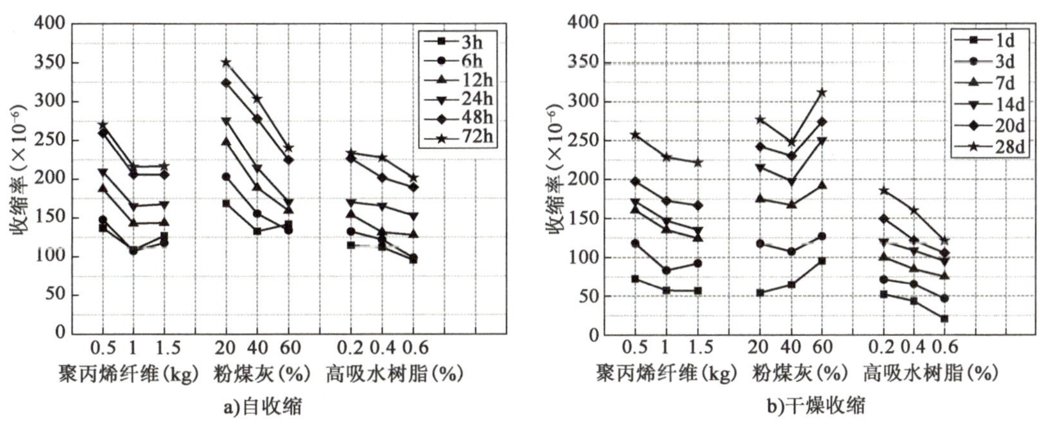

图 5.3-21 不同聚丙烯纤维、粉煤灰和高吸水树脂掺量对泡沫轻质土收缩的影响

由图 5.3-21a）可知，聚丙烯纤维、粉煤灰和高吸水树脂均可抑制泡沫轻质土的自收缩，相比之下聚丙烯纤维和高吸水树脂的抑制效果显著，且随着它们掺量的增大，抑制幅度增大，但纤维掺量大于 1kg/m³，抑制幅度降低。不管掺加何种抗裂剂，泡沫轻质土的自收缩量集中在前 48h，约占总量 70%。

由图 5.3-13b）可知，高吸水树脂可大幅降低泡沫轻质土的干燥收缩，这是由于高吸水树脂对水分的束缚力减缓了泡沫轻质土表面的水分挥发速率，当泡沫轻质土内部相对湿度下降时能缓慢向周围释水，补充内部水分消耗，使泡沫轻质土内部相对湿度能保持在较高水平，抑制干燥收缩的发生，从而有效降低泡沫轻质土的干燥收缩。掺入一定量粉煤灰可降低泡沫轻质土的干燥收缩，但粉煤灰掺量大于 40% 时，不利于抑制干收缩，这可能是由于泡沫轻质土自身强度较低（1～2MPa），而且表面连通孔道较多，当掺入粉煤灰过高时，泡壁早期强度不足以抵抗干缩应力。

图 5.3-22 所示为不同聚丙烯纤维、粉煤灰和高吸水树脂掺量对泡沫轻质土抗压强度的影响。从图 5.3-22 得出，聚丙烯纤维对泡沫轻质土抗压强度无明显影响，但粉煤灰和高吸水树

脂均对泡沫轻质土的抗压强度有影响，掺量越高，抗压强度降低幅度越大。

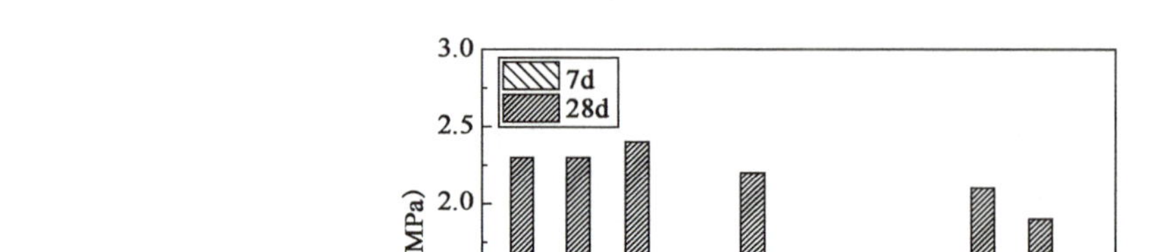

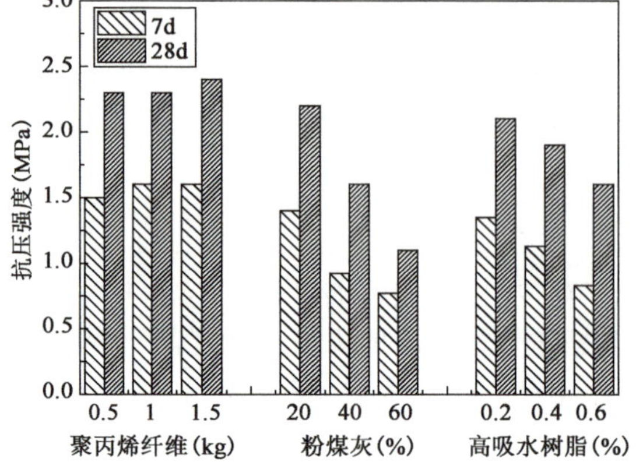

图 5.3-22　不同聚丙烯纤维、粉煤灰和高吸水树脂掺量对泡沫轻质土抗压强度的影响

因此，通过控制泡沫轻质土内部相对湿度间接抑制其自收缩这一思路是正确、有效的，尤其可以为大体积、大方量泡沫轻质土填筑体的收缩控制提供理论支撑。

5.4 超掺Ⅱ级粉煤灰泡沫轻质土性能研究

5.4.1 粉水比(*P/W*)对泡沫轻质土孔结构及力学性能的影响

分析泡沫体积掺量为 65% 条件下，不同粉水比(*P/W*)对泡沫轻质土孔结构和抗压强度的影响。针对每个粉水比(*P/W*)成型尺寸为 100mm × 100mm × 100mm 试块 40 组，其 28d 抗压强度结果见表 5.4-1。不同粉水比泡沫轻质土孔结构显微图如图 5.4-1 所示，孔径分布如图 5.4-2 所示。

不同粉水比(*P/W*)下泡沫轻质土抗压强度(泡沫体积掺量 65%)　　表 5.4-1

项　目	粉水比							
	2.0		1.8		1.6		1.4	
28d 抗压强度(MPa)	1.82	2.32	0.95	0.95	1.04	0.99	0.85	0.57
	1.98	1.65	1.21	1.21	0.98	1.21	0.78	0.82
	2.04	1.78	1.87	1.54	0.85	0.95	0.75	0.85
	2.12	1.68	1.45	1.22	0.78	0.92	0.85	0.89
	2.24	1.47	1.45	0.99	0.89	1.02	0.92	0.78
	2.64	2.04	1.57	1.24	0.95	1.12	0.84	0.99
	2.21	2.24	1.62	1.12	0.95	1.08	0.74	0.85
	1.87	2.34	1.24	1.18	0.85	0.95	0.88	0.82

续上表

项 目	粉水比							
	2.0		1.8		1.6		1.4	
28d 抗压强度（MPa）	2.72	1.98	0.98	1.5	1.12	0.98	0.82	0.74
	2.64	1.68	1.32	1.45	0.95	1.02	0.68	0.87
	2.41	2.25	0.97	1.32	0.87	0.87	0.84	0.87
	1.97	2.04	1.02	0.98	0.95	1.07	0.8	0.78
	2.04	1.98	1.24	1.74	1.12	0.89	0.72	0.72
	2.12	1.67	1.35	1.23	0.95	1.21	0.9	0.72
	2.64	1.87	1.24	1.45	0.78	0.88	0.86	0.79
	2.27	2.24	1.07	1.98	1.06	1.21	0.78	0.84
	2.02	2.65	0.98	1.57	0.82	1.14	0.82	0.92
	1.94	2.04	1.54	1.65	0.96	1.87	0.94	0.98
	2.32	2.05	1.44	1.47	0.95	1.56	0.82	0.89
	2.47	2.47	1.28	1.04	1.15	1.04	0.8	0.67
平均值	2.12		1.31		1.02		0.82	
方差	0.0955		0.0688		0.0400		0.0072	

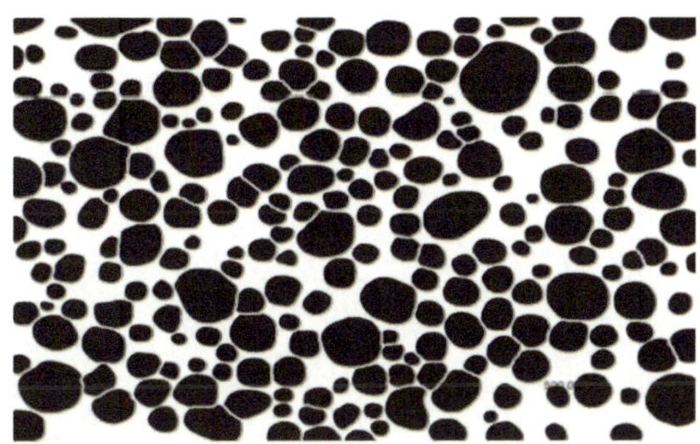

a）粉水比（P/W）为2.0

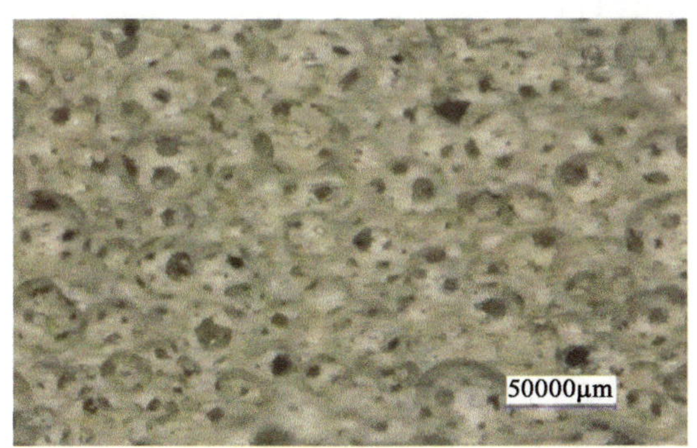

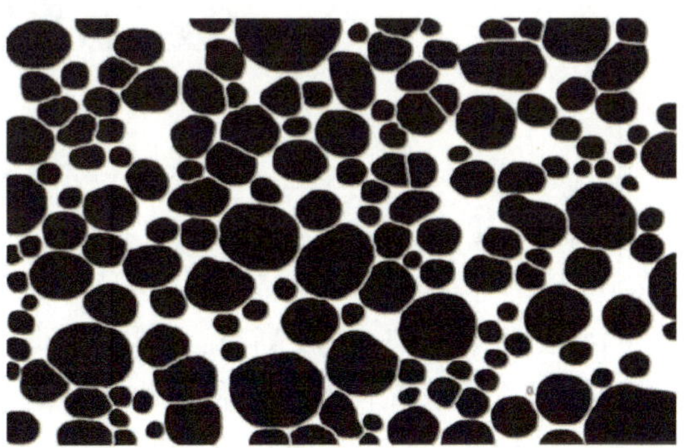

b）粉水比（P/W）为1.8

图 5.4-1

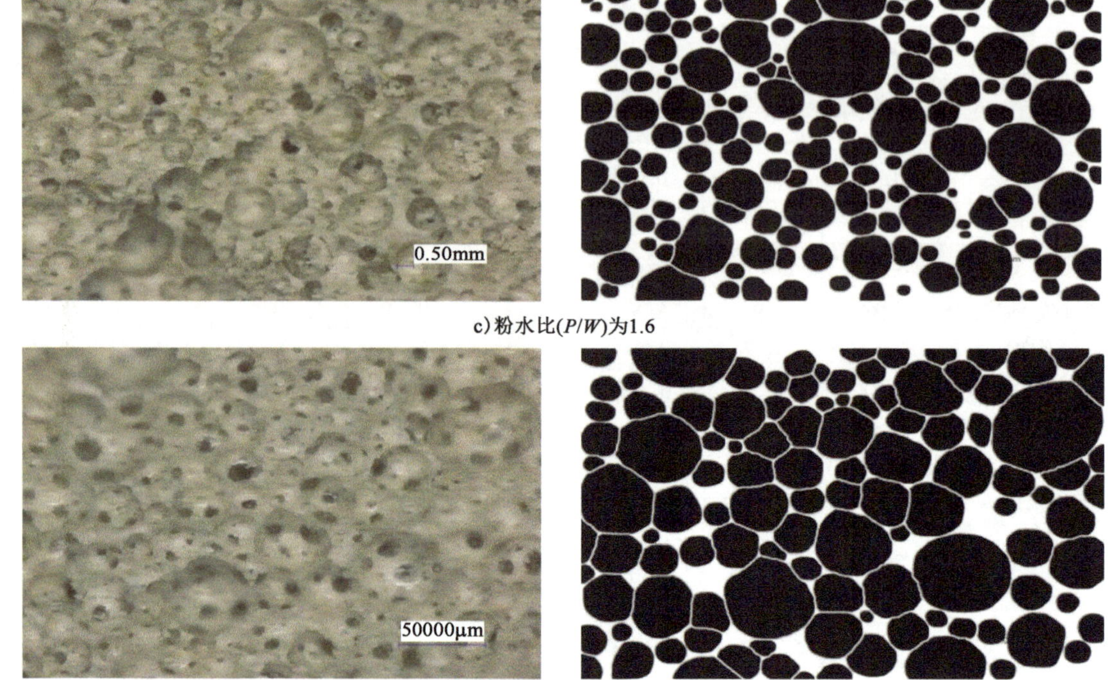

c)粉水比(P/W)为1.6

d)粉水比(P/W)为1.4

图5.4-1 不同粉水比泡沫轻质土孔结构显微图

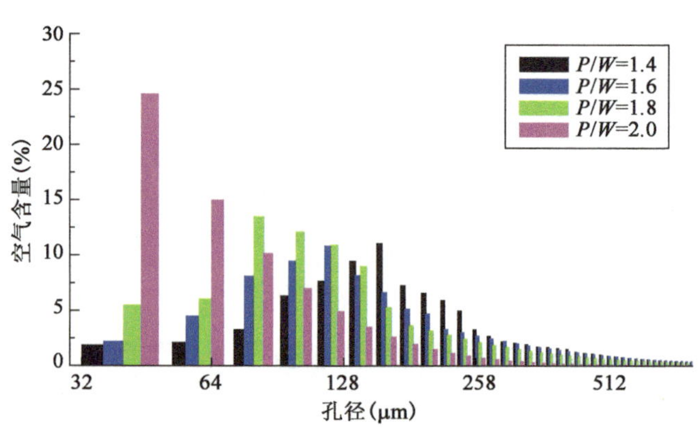

图5.4-2 不同粉水比泡沫轻质土孔径分布

由表5.4-1、图5.4-1和图5.4-2可知,同龄期泡沫轻质土的抗压强度随着粉水比(P/W)的减小而减小。这与普通混凝土水灰比与强度关系规律一致,水灰比越大,混凝土抗压强度越小。粉水比($P/W=2.0$)较高时,水泥稀浆屈服应力值为232.0Pa,动力黏度为56.4Pa·s,使得泡沫与水泥稀浆混合搅拌过程因水泥浆黏度大,气泡发生合并、聚合、膨胀等可能性降低,大量气泡维持原状,且200μm以上泡沫难以稳定存在而破灭。分析数据可以发现,高黏度水泥稀浆所形成泡沫轻质土的孔径分布与泡沫群(图5.4-3)孔径分布基本一致,90%孔径分布在0~150μm之间;粉水比($P/W=1.4$)较小时,水泥稀浆的静态屈服应力值较小,约为48.0Pa,

动力黏度仅为33.4Pa·s,泡沫在这种体系中经过搅拌混合,部分泡沫发生合并、聚合与膨胀,而大量尺寸为200~300μm的泡沫得以稳定存在。

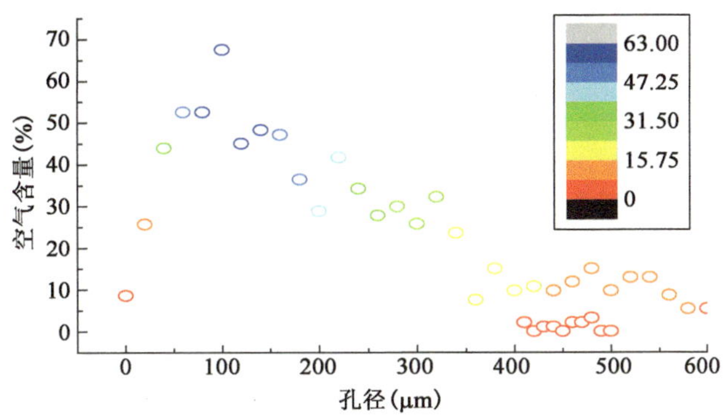

图5.4-3 泡沫群孔径分布(实测区累计分布)

因此,由图5.4-1和图5.4-2可知,随着水泥浆粉水比(P/W)降低,泡沫轻质土孔径分布呈增大趋势,粉水比(P/W)由2.0变化至1.4时,其结构50%孔径分布则由0~150μm扩大至0~300μm。

已有大量研究表明,气孔形状、尺寸及气孔壁组成成分、壁厚等性能决定了泡沫轻质土的物理性能。对比表5.4-1和图5.4-2可知,泡沫轻质土的抗压强度与粉水比(P/W)有密切关系,而粉水比(P/W)大小(浆体稠度)对气孔孔径分布影响显著。对于同密度等级的泡沫轻质土,孔径在100μm范围内的气孔比率越小,孔径在100~400μm范围内的气孔比率越大,平均孔径越大,则泡沫轻质土抗压强度越小。泡沫轻质土是靠孔壁的支撑作用产生强度的,该支撑作用是强度的主要来源。泡沫轻质土孔径越大,孔壁越薄,泡沫轻质土强度越小,即泡沫轻质土强度随其孔径增大呈减小趋势。

综上分析,水泥浆粉水比(P/W)对泡沫轻质土的湿密度、抗压强度及耐久性能影响显著,在配合比设计过程中应充分考虑粉水比(P/W)对设计结果的影响。

为此,项目课题组在编制江西省地方标准《桥涵台背回填泡沫轻质土施工技术规程》(DB36/T 1134—2019)过程中,根据试验数据,将配合比设计参数划分为4个等级,详细技术等级见表5.4-2。

水泥浆粉水比(P/W)的取值参考 表5.4-2

强度等级	CF 0.6~0.8	CF 0.8~1.0	CF 1.0~1.2	CF 1.2~3.0
粉水比	1.4	1.6	1.8	2.2

注:本表适用于湿密度范围在500~800kg/m^{3}之间的泡沫轻质土。

5.4.2 泡沫掺量对泡沫轻质土孔结构及力学性能的影响

当水泥稀浆的粉水比(P/W)为定值时,泡沫轻质土的湿密度、抗压强度和吸水率与泡沫掺量密切相关。

讨论粉水比(P/W)为1.65时,泡沫体积掺量分别为55%、60%、65%和70%下泡沫轻质土的孔结构及力学性能,试验结果见表5.4-3。

不同粉水比(*P/W*)下泡沫轻质土抗压强度(泡沫体积掺量65%)　　表5.4-3

编号	泡沫轻质土单方材料组分			理论湿密度(kg/m³)	水泥浆单方材料组分		水泥浆湿密度(kg/m³)	粉水比 *P/W*
	水泥(kg/m³)	水(kg/m³)	气泡率(%)		水泥(kg/m³)	水(kg/m³)		
1	487	295	55	800	1083	655	1738	1.65
2	433	262	60	700	1083	655	1738	1.65
3	379	229	65	600	1083	655	1738	1.65
4	325	197	70	500	1083	655	1738	1.65

编号	实测湿密度(kg/m³)	实测干密度(kg/m³)	7d抗压强度(MPa)	28d抗压强度(MPa)	50%孔径分布(μm)	体积吸水率(%)
1	815	710	1.47	2.37	20~100	10.4
2	723	640	1.05	1.52	20~150	12.8
3	645	535	0.76	1.12	20~200	13.1
4	555	435	0.43	0.78	50~300	16.5

一般情况下,泡沫轻质土的强度主要与泡沫含量、水泥用量、粉水比、掺和料、养护条件、外加剂等因素有关,其中强度受气泡含量最为明显。

由表5.4-3可知,当水泥浆粉水比(*P/W*)为1.65时,泡沫体积掺量分别为55%、60%、65%和70%,可配制湿密度分别为815kg/m³、723kg/m³、645kg/m³和555kg/m³的泡沫轻质土,随着泡沫掺量的增加,泡沫轻质土密度和强度逐渐减低,其中干重度由710kg/m³降低至435kg/m³,28d抗压强度由2.37MPa降低至0.78MPa。

图5.4-4所示为不同湿密度泡沫轻质土孔径分布情况。由图5.4-4可知,水泥浆粉水比(*P/W*)为1.65时,泡沫轻质土中90%的孔径分布在0~300μm范围内;随着泡沫体积掺量的增加,50%孔径尺寸分布范围依次增大,泡沫体积掺量为55%时,50%孔径尺寸分布在20~100μm的范围内;而当泡沫体积掺量为70%时,50%孔径尺寸分布在50~300μm范围内。由此可见,泡沫轻质土的孔径分布随着泡沫掺量提高而呈增大趋势。

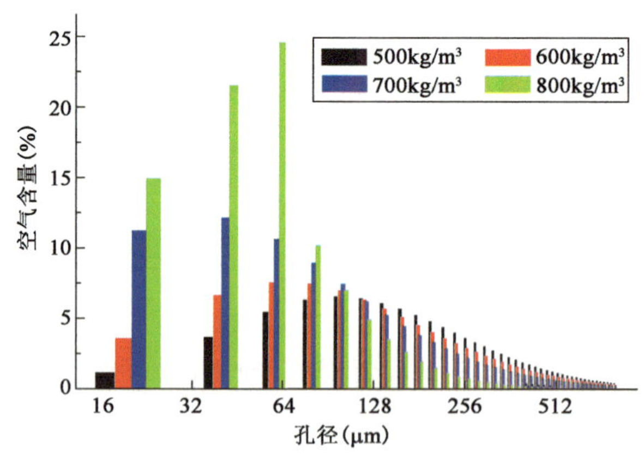

图5.4-4　不同湿密度泡沫轻质土孔径分布

同样,从表5.4-4可知,随着泡沫体积掺量的增加,泡沫轻质土的体积吸水率呈增大趋势,这是由于泡沫轻质土200μm以上泡沫含量增加,气泡尺寸越大,气泡的壁厚越薄,形成连通孔道可能性越高。因此,随着泡沫轻质土中大孔径泡沫含量增加,体积吸水率也增大。

5.5 泡沫轻质土台背回填施工技术

泡沫轻质土台背回填施工技术依托本项目编制的《桥涵台背回填泡沫混凝土施工技术规程》(DB36/T 1134—2019)进行,其主要内容如下。

5.5.1 原材料

1)水泥

水泥宜采用42.5级及以上的普通硅酸盐水泥,其性能应符合《通用硅酸盐水泥》(GB 175—2017)的规定。冬期施工时,宜采用42.5级及以上的硅酸盐水泥或早强型普通硅酸盐水泥。

2)矿物掺和料

粉煤灰宜采用Ⅱ级及以上的F类粉煤灰,其性能应符合《用于水泥和混凝土中的粉煤灰》(GB/T 1596—2017)中对F类的规定。粒化高炉矿渣粉宜采用S95及以上的粒化高炉矿渣粉,其性能应符合《用于水泥、砂浆和混凝土中的粒化高炉矿渣粉》(GB/T 18046—2017)的规定。采用其他矿物掺和料时,应符合国家相关标准的规定。

3)泡沫剂

(1)泡沫剂溶液的密度(D)应符合下列要求:

当$D>1.1$时,要求为$D\pm0.03$;

当$D\leqslant1.1$时,要求为$D\pm0.02$;

D为生产厂家提供的密度值。

(2)泡沫剂应对环境无影响,泡沫剂经发泡产生的泡沫应符合下列规定:

①泡沫密度应为$(50\pm5)\mathrm{kg/m^3}$。

②标准气泡柱静置1h的沉降距应小于5mm。

③标准气泡柱静置1h的泌水量应小于25mL。

④新拌泡沫混凝土静置1h的湿密度增加值应小于10%。

4)细集料

细集料宜为二区中砂,最大粒径不宜大于4.75mm,细度模数为2.3~2.9,其他性能应符合《建设用砂》(GB/T 14684—2011)的规定。

5)外加剂

泡沫混凝土掺入减水剂、早强剂、防冻剂等外加剂时,各外加剂应符合《混凝土外加剂》(GB 8076—2008)和《混凝土外加剂应用技术规范》(GB 50119—2013)的要求。

6)水

拌和用水应符合《混凝土用水标准》(JGJ 63—2006)的规定。

5.5.2 配合比

1)一般规定

泡沫混凝土配合比设计应满足强度、湿密度及工作性要求。采用体积法设计,单位体积泡沫混凝土所需泡沫体积按式(5.5-1)计算:

$$V_f = \left(1 - \frac{R_c}{\rho_c} - \frac{R_w}{\rho_w}\right) \tag{5.5-1}$$

式中:V_f——单位体积泡沫混凝土中泡沫体积含量(m^3);

R_c——单位体积泡沫混凝土中水泥的质量(kg);

R_w——单位体积泡沫混凝土中水的质量(kg);

ρ_c——水泥的表观密度(kg/m^3),一般取3000~3100;

ρ_w——水的密度(kg/m^3),取1000。

泡沫混凝土试配强度应满足式(5.5-2)的要求:

$$f_{cu,28d} \geqslant 1.15 f_{cu,k} \tag{5.5-2}$$

式中:$f_{cu,k}$——泡沫混凝土强度等级(MPa);

$f_{cu,28d}$——泡沫混凝土28d设计抗压强度(MPa)。

泡沫混凝土抗压强度试件尺寸为100mm×100mm×100mm的立方体。

2)配合比计算

根据设计要求确定泡沫混凝土的强度等级($f_{cu,k}$)和湿密度(R_{fw})。根据式(5.5-2),计算配合比设计强度($f_{cu,28d}$)。粉水比按式(5.5-3)计算,取值见表5.5-1。

$$b = \frac{R_c}{R_w} \tag{5.5-3}$$

泡沫混凝土粉水比的取值　　表5.5-1

强度等级	CF 0.6~0.8	CF 0.8~1.0	CF 1.0~1.2	CF 1.2~3.0
粉水比(b)	1.4	1.6	1.8	2.2

根据式(5.5-4),计算R_{fw}:

$$R_{fw} = \frac{\rho \cdot (R_w - \kappa \cdot \rho_t)}{(1+b) \cdot (\rho_c + \kappa \cdot \rho_t)} \tag{5.5-4}$$

式中:R_{fw}——泡沫混凝土的湿密度(kg/m^3);

κ——泡沫富余系数,夏季高温宜取上限1.4,冬季低温宜取下限1.1;

ρ_t——泡沫密度(kg/m^3),为45~55;

b——粉水比。

根据 R_w 和式(5.5-3),计算 R_c。根据 R_{fw}、R_w、R_c 和式(5.5-5),计算单位体积泡沫混凝土中泡沫质量 R_f。

$$R_f = R_{fw} - R_w - R_c \tag{5.5-5}$$

矿物掺合料掺量应根据泡沫混凝土的性能试验确定。一般大气环境作用下,用于泡沫混凝土中的矿物掺合料总质量的最大百分率(等质量取代)按表5.5-2控制。

泡沫混凝土中矿物掺合料取代水泥的最大用量　　表5.5-2

矿物掺合料	粉煤灰	矿渣粉	复合矿物掺合料
取代硅酸盐水泥(%)	35	40	50
取代普通硅酸盐水泥(%)	30	35	40

3)配合比试配与验证

根据式(5.5-1)计算水、水泥和泡沫的质量。当有矿物掺合料掺入时,按水泥等质量百分比取代计算。按配比称量水泥(矿物掺合料)和水用于水泥稀浆的制备,水泥稀浆制备应符合《公路工程水泥及水泥混凝土试验规程》(JTG E3430—2020)的规定。泡沫应在30min内与水泥稀浆均匀混合。浆料与泡沫混合时,宜采用高压混合器混合。当采用搅拌混合时,搅拌机转速不应小于90r/min,混合搅拌时间宜为3~5min。

应进行消泡试验,测定湿密度增加率及标准沉降距,如果湿密度增加率大于10%或标准沉降距大于5mm,则应调整水泥或泡沫剂,重新试配。泡沫混凝土抗压强度检验,龄期至少包含7d和28d抗压强度。强度、湿密度和流值均满足设计要求时,该配合比可作为施工配合比,否则,应该降低泡沫掺量,重新进行试配试验。

5.5.3　构造要求

基础和挡板应按10~15m间距设置沉降缝,其位置宜与填筑体沉降缝对应。基础应采用水泥混凝土现浇,强度等级不低于C15。挡板应满足安全、耐久和美观要求,宜采用水泥混凝土浇筑或预制,强度等级不宜小于C20。

1)填筑体沉降缝

当填筑体长度超过10m时,应在突变位置增设沉降缝,缝宽不宜小于10mm。沉降缝填缝材料宜采用20~30mm厚的聚苯乙烯板或10~20mm厚的夹板。

2)金属钢丝网

钢丝网可采用钢丝焊接而成,钢丝直径不宜小于3.2mm,孔径不宜大于100mm。

(1)当填筑高度小于5m时,应分别在填筑体底部、顶部0.5m以内位置设置一层钢丝网。

(2)当填筑高度为5~12m时,应分别在填筑体底部、顶部1m以内位置设置二层钢丝网。

(3)当填筑高度大于12m时,应每隔5m二层钢丝网。

(4)相邻两层钢丝网间距宜为30~50cm,搭接部位应错开50cm以上。相邻两块钢丝网的搭接宽度不宜小于20cm,宜采用钢丝绑扎。

3)防渗土工膜

根据地下水位及渗水作用,当有渗水作用或处地下水位以下时,应采用防渗土工膜包裹泡沫混凝土。防渗土工膜宜采用 GH-1 型聚乙烯土工膜,其性能指标应满足表 5.5-3 的要求。

防渗土工膜的技术要求　　表 5.5-3

序　号	技术指标	单　位	规定值
1	厚度	mm	≥0.5
2	密度	kg/m^3	≥900
3	破坏拉应力	MPa	>12
4	拉伸屈服强度(纵横)	N/mm	>7
5	拉伸断裂强度(纵横)	N/mm	>10
6	断裂伸长率(纵横)	%	>300
7	抗渗强度	—	在 1.05MPa 水压力时,48h 不渗水
8	渗透系数	cm/s	$<10^{-11}$

5.5.4 施工与养护

1)一般规定

(1)浇筑区与浇筑层。

浇筑区之间采用 10 ~ 20mm 厚的隔板作为模板进行分割,泡沫混凝土浇筑后隔板不再取出,分割缝兼作变形缝;单层立模高度为 1.2 ~ 1.5m,当浇筑高度距模板顶部小于 300mm 时,支护下一层分割模板。泡沫混凝土单层浇筑厚度以 0.5 ~ 0.8m 为准,浇筑层间应铺金属网。单个浇筑区内单个浇筑层,从开始浇筑到结束宜在 3h 之内,且单个浇筑层的浇筑方量不宜大于 $200m^3$。

(2)设备要求。

泡沫混凝土制备设备应具有原材料配料和自动化计量功能,其中胶凝材料和细集料计量偏差不宜大于 ±2%,水和外加剂计量偏差不宜大于 ±1%。水泥浆在储存装置中停滞时间不宜超过 2h。设备浇筑管口取料时,上管口与下管口取料湿重度偏差应小于 1%。泡沫与水泥浆应混合均匀,新拌泡沫混凝土在泵送设备、泵送管道中的停滞时间不宜超过 1h。每次施工完毕后应立即清洗设备。

2)施工

(1)泡沫混凝土施工。

浇筑施工前,应对浇筑区基底进行检查,确保基底无杂物、无积水;应通过发泡液控制系统和压缩空气控制系统调整泡沫的密度。

同一区段上下相邻浇筑层,当施工期气温不低于 15℃ 时,最短浇筑间隔时间可按 8 ~ 12h 控制;否则,浇筑间隔时间应不低于 2d。每一浇筑层应在水泥浆初凝时间内浇筑完毕,浇筑时间不宜超过 3h;水泥浆自制备完成到开始制备泡沫土的间隔时间最长不应超过 3h。采用单条浇筑管浇筑时,应沿浇筑区长轴方向自一端向另一端浇筑;采用多条浇筑管浇筑时,则可并排地从一端开始浇筑,或采用对角的浇筑方式。

浇筑过程中,出料口宜埋入泡沫混凝土内;进行扫平表面时,出料口离浇筑面的最大高差不应大于50cm。浇筑口流值的检测频率与湿密度保持一致。

浇筑接近结束时,应在浇筑层内按规定频率进行湿密度取样检测,当某一测点检测不合格时,应找出测点周围界限,进行局部处理。

(2)金属网施工。

金属铺设前,应检查其外观,不能采用有明显锈迹的金属网。金属网按照设计要求位置铺设。铺设时,应展开铺平,避免出现卷起现象,并采用U形钉进行锚固,纵向锚固间距2m,横向锚固间距1.0m。相邻幅的金属网平面位置应重叠搭接,搭接宽度不少于5cm,搭接处用铁丝绑扎连接并用U形钉锚固,相邻绑扎点间距不应超过10倍网眼边长。在变形缝位置,金属网应断开铺设。顶部两层金属网铺设时应按设计预留防撞栏立柱钻孔安装位置。

(3)防渗土工膜施工。

铺设前,应清除泡沫混凝土表层的尖锐物。防渗土工膜铺设在泡沫混凝土的顶面,铺设时,应注意尽量贴近下承层。相邻幅的土工膜,重叠搭接宽度不宜小于10cm,且应采取胶结方式进行搭接。

3)养护

泡沫混凝土浇筑至设计高程后,应及时铺设土工膜或塑料薄膜,进行保湿养护,且保湿养护不宜少于7d。

在养护期内,严禁在泡沫混凝土堆放重物或其他荷载,当泡沫混凝土强度大于0.4MPa时,方可堆放重物。

日平均温度低于5℃时,应采取必要的冬季施工措施。

5.5.5 质量检验

1)原材料

日常施工过程中原材料应按表5.5-4要求对水泥、粉煤灰、矿粉和泡沫剂的品质进行日常检验和复检。

泡沫混凝土用水泥、粉煤灰、矿粉和泡沫剂施工过程检验要求 表5.5-4

检验项目		日常检验		复检	
		项目	频率	项目	频率
水泥	比表面积	√	(1)同厂家、同出厂编号、同出厂日期的产品500t/批次,不足上述数量的也按照一批计; (2)出厂日期达3个月; (3)停工复工达1个月	√	(1)使用同一厂家、同一品种、同一规格的产品达6个月; (2)新换厂家、品种、规格的产品; (3)使用同一厂家、同一品种、同一规格的产品,停工复工达3个月
	凝结时间	√		√	
	强度	√		√	
	安定性	√		√	
	标准稠度用水量	√		√	
	碱含量			√	
	三氧化硫含量			√	
	氯离子含量			√	
	密度			√	

续上表

检验项目		日常检验		复检	
		项目	频率	项目	频率
粉煤灰	细度	√	(1)同厂家、同出厂编号、同出厂日期的产品200t/批次,不足上述数量的也按照一批计; (2)出厂日期达3个月; (3)停工复工达1个月	√	(1)使用同一厂家、同一品种、同一规格的产品达6个月; (2)新换厂家、品种、规格的产品; (3)使用同一厂家、同一品种、同一规格的产品,停工复工达3个月
	烧失量	√		√	
	需水量比	√		√	
	游离氧化钙含量	√		√	
	安定性	√		√	
	三氧化硫含量	√		√	
	碱含量			√	
	氯离子含量			√	
	氧化钙含量			√	
矿粉	密度	√	(1)同厂家、同出厂编号、同出厂日期的产品200t/批次,不足上述数量的也按照一批计; (2)出厂日期达3个月; (3)停工复工达1个月	√	(1)使用同一厂家、同一品种、同一规格的产品达6个月; (2)新换厂家、品种、规格的产品; (3)使用同一厂家、同一品种、同一规格的产品,停工复工达3个月
	比表面积	√		√	
	流动度比	√		√	
	活性指数	√		√	
	烧失量			√	
	碱含量			√	
	三氧化硫含量			√	
	氯离子含量			√	
	氧化镁含量			√	
泡沫剂	泡沫密度	√	(1)同厂家、同出厂编号、同出厂日期的泡沫剂30t/批次,不足上述数量的也按照一批计; (2)出厂日期达3个月; (3)停工复工达1个月	√	(1)使用同一厂家、同一品种、同一规格的产品达6个月; (2)新换厂家、品种、规格的产品; (3)使用同一厂家、同一品种、同一规格的产品,停工复工达3个月
	湿密度增加率	√		√	
	标准泡沫1h沉降距	√		√	
	标准泡沫1h泌水率	√		√	
	发泡倍率			√	

2)新拌泡沫混凝土

(1)每次新开盘或中断再浇筑。

(2)压力、配合比等变化时,自检一次。

(3)连续稳定浇筑每100m^3时,自检一次。

新拌泡沫混凝土试样应在浇筑管管口制取。新拌泡沫混凝土湿密度检验,湿密度与设计值偏差应小于10%。当同一个配比连续浇筑少于200m^3时,应按照每100m^3制取一组试件。当同一个配比连续浇筑大于200m^3时,应按照每200m^3制取一组试件。泡沫混凝土抗压强度试件尺寸采用100mm×100mm×100mm的立方体,试件脱模后,应进行重度和强度检验,并填写相应检验报告。

3)填筑实体

泡沫混凝土每一浇筑区的顶面,应无贯通纵、横裂缝。表面出现的非受力裂缝宽度应小于

3mm。表面蜂窝面积比例应小于1%。填筑实体允许误差应满足表5.5-5的规定，各项检验合格率不低于90%。

泡沫混凝土填筑实体允许误差　　表5.5-5

项次	检查项目	规定值或允许偏差	检查方法	检查频率
1	抗压强度(MPa)	≥设计值	施工中留件检测(同条件试件)	每100m³
2	体积吸水率(%)	≤设计值	施工中留件检测	每200m³
3	浇筑区顶面高程(mm)	±50	水准仪	每200m测4断面
4	中线偏位(mm)	50	经纬仪	每200m测4点
5	宽度(mm)	≥设计值	米尺	每200m测4处

5.6 广吉高速公路泡沫轻质土工程应用

泡沫轻质土试验段分为广吉C3、C4和C5，累计浇筑方量1.8万m^3。按设计图纸要求，设计配合比满足：离顶面距离0～0.80m时，湿密度控制在$R_{fw}\geq 650kg/m^3$；离顶面距离大于0.80m时，湿密度控制在$550kg/m^3\leq R_{fw}\leq 600kg/m^3$。试验检验项目包括流值、湿密度、消泡率、抗压强度指标。

设计湿密度为600kg/m³、650kg/m³，实测湿密度分别为591kg/m³、625kg/m³、565kg/m³、605kg/m³，符合设计要求；流值合格标准为160～200mm，实测流值分别为173mm、179mm、170mm、185mm，符合设计要求；消泡率设计要求为小于10%，实测最大消泡率分别为1.17%、1.33%，上述数值均小于10%，符合设计要求；设计要求泡沫轻质土7d龄期抗压强度不小于0.5倍28d龄期抗压强度。

广吉高速公路对泡沫混凝土主要原料及配制比例进行了合理设计，按设计图纸要求，设计配合比满足：离顶面距离0～0.80m时，湿密度控制在$600kg/m^3\leq R_{fw}\leq 650kg/m^3$；离顶面距离大于0.80m时，湿密度控制在$550kg/m^3\leq R_{fw}\leq 600kg/m^3$，上述设计解决了泡沫混凝土在现场浇筑过程中易出现的塌模、开裂等问题，在全线台背填土高度大于8m的桥台台背采用泡沫轻质土回填，累计浇筑方量1.8万m^3，减少了桥台跳车的质量隐患，提高了车辆通行的安全性。

广吉高速公路施工配合比见表5.6-1，台背面填处理示意图如图5.6-1所示，现场检测如图5.6-2所示。

广吉高速公路施工配合比　　表5.6-1

距离顶面距离(m)	泡沫轻质土单方材料组分(kg/m³)				泡沫轻质土湿密度(kg/m³)	水泥浆单方材料组分(kg/m³)		水泥浆湿密度(kg/m³)	水粉比
	水泥	水	粉煤灰	气泡率(%)		水泥	水		
0～0.8	417	223	0	66.6	650	1028	668	1696	0.65
>0.8	385	183	0	72.9	600	1028	668	1696	0.65
0～0.8	334	223	83	66.6	650	1028	668	1696	0.65
>0.8	308	183	77	72.9	600	1028	668	1696	0.65

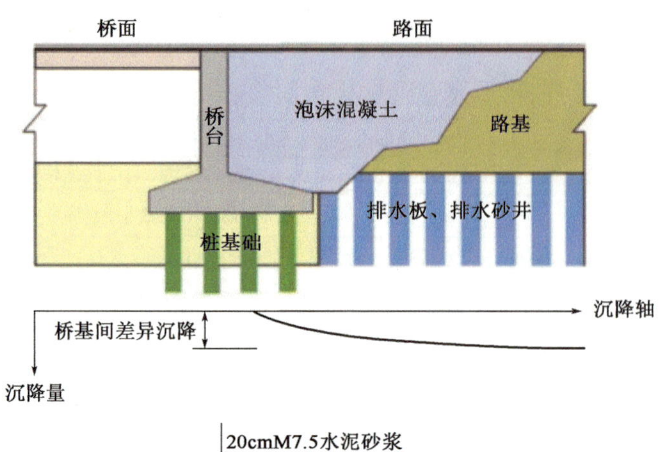

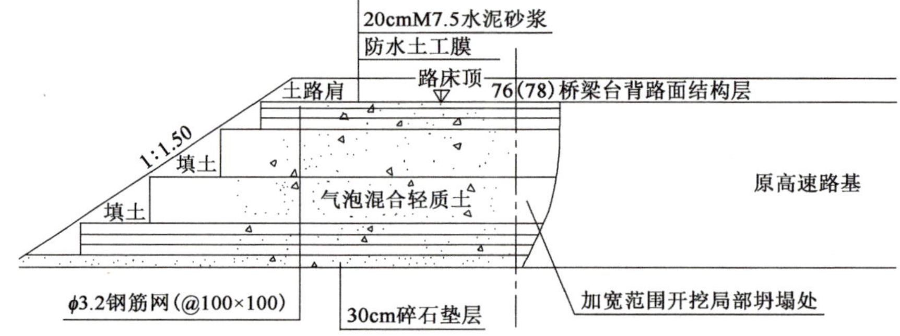

图 5.6-1　台背面填处理示意图

图 5.6-2　现场检测

Chapter 6

第6章

悬浇混凝土梁桥BIM技术

为实现广吉高速公路赣江特大桥工程在设计、建设、管理全过程的可视化、信息化和智能化，利用 BIM 技术辅助赣江特大桥工程的设计、建设及管理。

赣江特大桥主跨采用悬臂浇筑预应力混凝土连续箱梁，跨径(63 + 110 + 110 + 63)m，设计阶段采用 BIM 技术进行优化和完善设计；在施工阶段结合挂篮施工和施工监控，运用 BIM 技术进行施工指导。将 BIM 技术引入桥梁的设计建设，提高了桥梁工程建设的效率，减少了返工，缩短了工期，节约了成本。

6.1 桥梁 BIM 参数化建模系统应用研究

研究和制定 BIM 工程细分构件分类及编码方法，应用桥梁 BIM 参数化建模系统。

6.1.1 BIM 参数化建模系统应用建模

根据标准建立赣江特大桥数据库、构件库。采用 BIM 建模技术，建立赣江特大桥悬浇混凝土梁桥 BIM 结构模型、桥梁关键构件(变截面箱梁、T 梁、盖梁、承台、桥墩、桩基等部位)钢筋模型，利用 BIM 模型进行桥梁方案优化。

项目建模初期做好规划，形成构件库建立、部署、应用和管理体系。对每个建模后的构件按照 BIM 数据编码规则进行属性编码，方便后期模型的查询与浏览。

采用 BIM 应用软件和建模技术，根据要求建立悬浇混凝土梁桥 BIM 模型。

按分部分项的要求进行 BIM 模型构件的拆分，部分拆分标准如下。

桥梁：T 梁、小箱梁、变截面箱梁、连续段湿接缝、横隔梁湿接缝、翼缘板湿接缝、防撞栏、支座垫石、挡块、盖梁、墩柱、系梁、桩基、承台、盖梁、台身、耳背墙、锥坡、桥头搭板、路面面层、路面基层、桥面板、桩基等。

基于 REVIT 三维 BIM 平台和 Visual Studio 集成开发环境，开发通用型桥梁 BIM 参数化建模程序，通过该程序模块可以生成通用型桥梁 BIM 模型。

应用桥梁 BIM 参数化建模系统建立部分建模程序与模型，如图 6.1-1 ~ 图 6.1-6 所示。

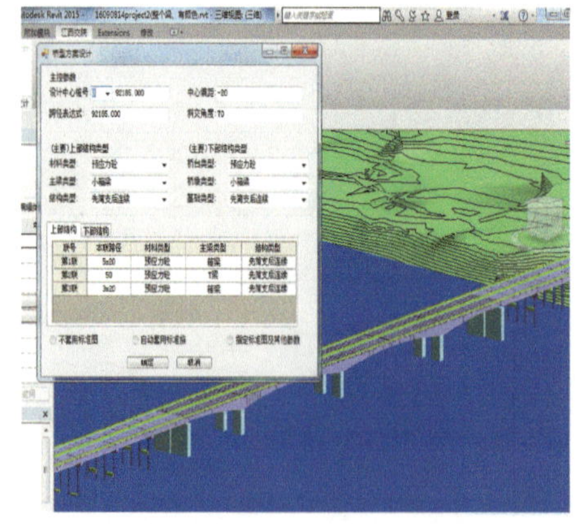

图 6.1-1 BIM 参数化建模 T 梁模型

	Z(mm)	箱梁高(mm)	底板厚(mm)	腹板厚(mm)	顶板厚(mm)
1	535965.757	3500	320	500	300
2	535853.843	3500	320	500	300
3	535797.800	3500	320	500	300
4	535685.544	3537	325	500	300
5	535573.065	3629	339	500	300
6	535460.3648	3768	359	500.000	300
7	535347.4475	3950	385	500.000	300
8	535248.4691	4143	413	500.000	300
9	535149.3288	4365	445	500.000	300

图 6.1-2 变截面箱梁参数化建模程序

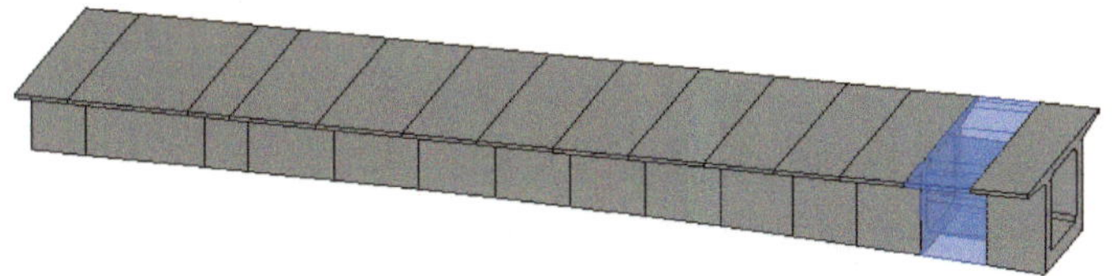

图 6.1-3 变截面箱梁 BIM 模型

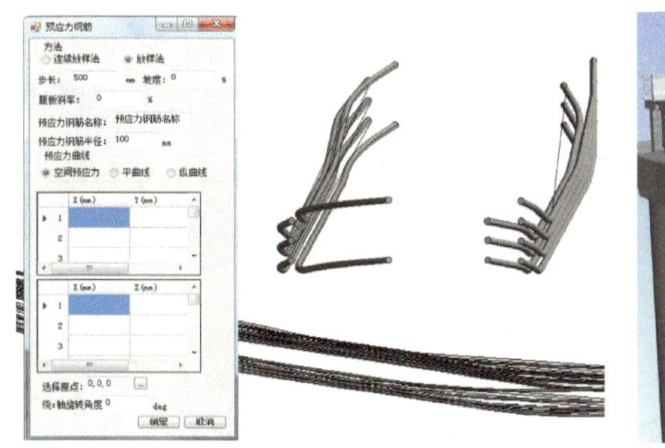

图 6.1-4 预应力钢筋建模程序及模型

图 6.1-5 赣江特大桥 BIM 模型

图 6.1-6 赣江特大桥 BIM 模型与地质模型

6.1.2 桥梁构件编码工作

对桥梁的构件类型编码进行了详细的编制，并在实际桥梁工程中进行应用。在桥梁项目设计建模、施工、运营等阶段需要采用和开发不同的系统对数据进行操作。

为了检验上述所制定桥梁工程信息模型类型编码的适用性和有效性，同时也为信息传递及语义表达的可行性进行探索和尝试，分别以 Revit、GIS 软件平台和 BIM 管理平台为基础，参照各软件支持分类系统的实现方式，采用制定的类型编码和分类名称对桥梁工程构件实体进行指定和关联，见表 6.1-1。

桥梁项目实体构件编码表 表 6.1-1

分区	第 1 区	第 2 区	第 3 区	第 4 区	第 5 区	第 6 区
编码	工程位置	工程分类	类型	结构	部件	构件
	桩号	构造物分类	构造物二级分类	构件分类	构件二级分类	构件三级分类
	起终点桩号	桥梁	梁式桥	上部结构	承重构件	箱梁
	K11 +265 ~ K12 +296	C	LSQ	SB	CZGJ06	XL62

BIM 模型信息创建需要由专业 BIM 软件来实现。目前，基于 BIM 的设计建模软件包括 Revit、Bentley 等系列软件。本项目在设计建模阶段采用的是 Revit 平台，在设计建模阶段将构件类型编码、实体构件编码及其他相关信息写入 BIM 模型构件，将 BIM 模型进行轻量化处理和 BIM 信息导出生成轻量 BIM 模型和模型数据库，通过构件类型编码、实体构件编码将轻量 BIM 模型中的构件与模型数据库里的构件信息相关联。

作为 BIM 领域通用建模设计软件，Autodesk Revit 通过族参数定义的方式，实现了实体几何模型与 OmniClass 编码及内容的关联。类似地，借助族类型参数编辑器，添加两个名为“桥梁类型编码”和“桥梁构件编码”的参数，以桥梁工程中桥梁专业中的“小箱梁”构件为例，指定其类型编码和构件编码(图 6.1-7)。

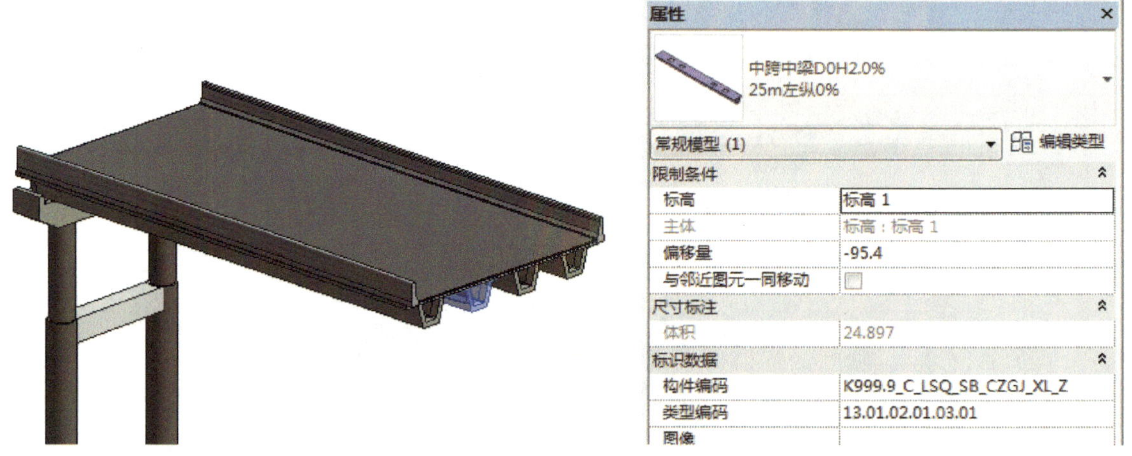

图 6.1-7　小箱梁桥信息模型在 Revit 中的实体构件编码、类型编码

将 Revit 制作的墩台导出为 IFC 文件进一步验证，在 IFC 实例文件中，上述自定义参数名称和对应参数值被记录为 IFC Property Single Value 类型的单值属性，表明小箱梁对应的桥梁工程类型编码和内容信息在格式转换中被正确地传递。然而，由于 IFC 的 Schema 文件中缺少对桥梁工程实体语义信息的定义和描述，对该信息表达和传递的试验仍停留在代理实体类型的属性层面。

桥梁 BIM 工程信息模型编码及数据处理是一项长期工作。本项目是在桥梁工程领域尝试对桥梁工程信息模型进行构件分类和实体构件编码工作。桥梁工程包含的专业领域广，内容繁杂，在缺少应用实践经验的前提下，想编制完成一个非常完善的、并能在桥梁工程全生命周期中应用的编码非常困难。因此，本次编码及数据处理、系统开发工作还在不断完善中，在实际应用过程中，仍有待进一步补充和完善。

6.1.3　BIM 辅助出图

利用 BIM 模型辅助出图、设计与建模关联，建模过程中完成辅助设计，生成任意位置剖面图和技术复核，如图 6.1-8 ~ 图 6.1-10 所示。

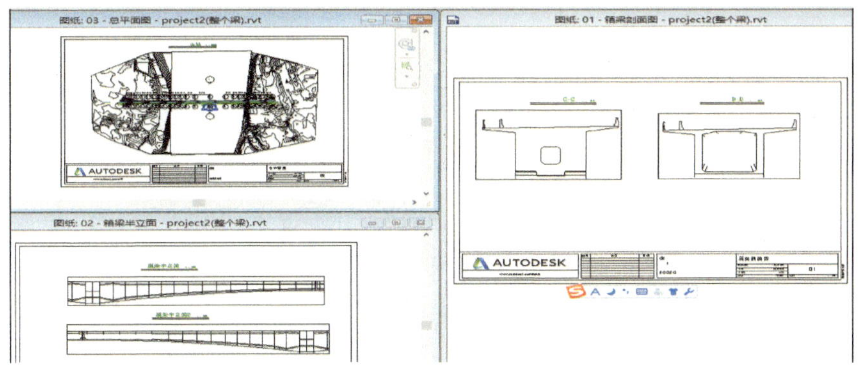

图 6.1-8　利用 BIM 模型生成剖面图

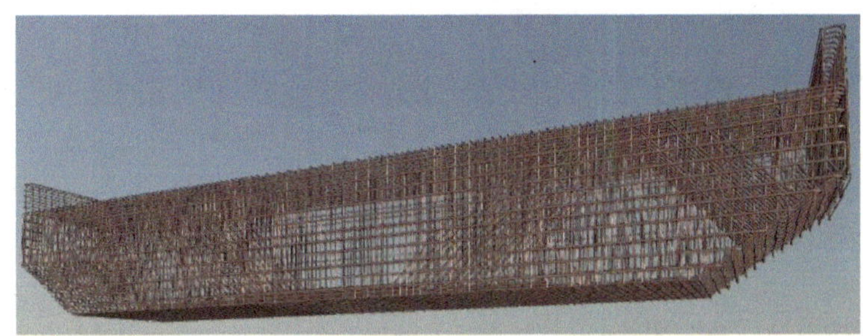

图 6.1-9　建立盖梁钢筋模型

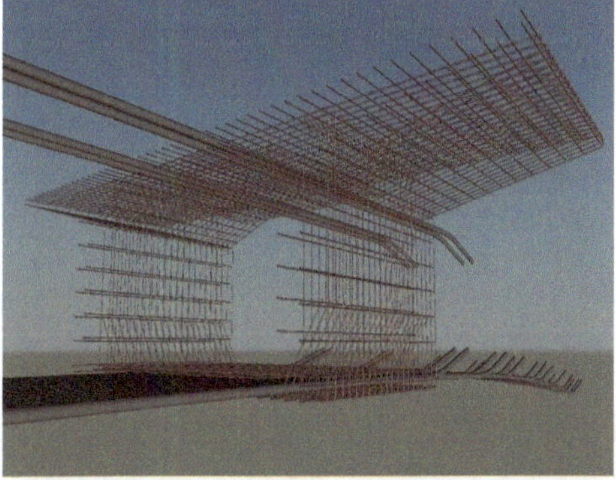

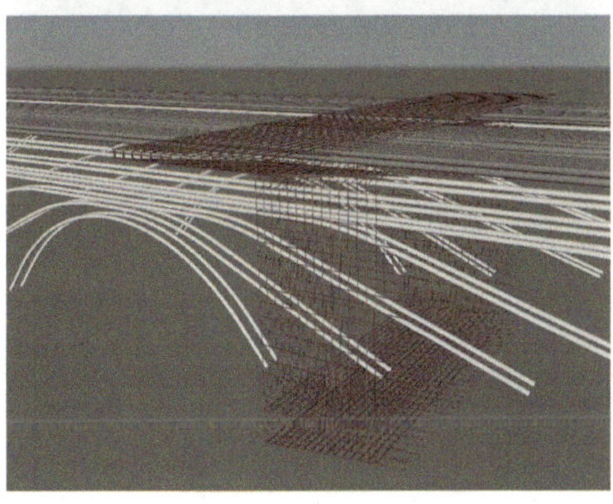

图 6.1-10　变截面箱梁钢筋模型

6.2 悬浇混凝土梁桥 BIM 技术研究

结合挂篮悬浇施工技术，开展悬浇混凝土梁桥 BIM 技术研究及应用。导入施工图设计 BIM 模型，加载 BIM 施工数据信息，形成 BIM 施工模型，进行挂篮悬浇施工模拟、桥梁施工 4D 工序模拟、局部施工工艺模拟、施工进度 4D 模拟以及施工阶段综合分析和模拟。利用 BIM 模型，根据施工需要进一步细化和完善施工方案，指导桥梁施工，消除冲突，减少返工。

6.2.1 利用 BIM 模型进行碰撞检测

N2 波纹管（预应力钢筋束）与钢筋发生碰撞的钢筋示意局部图如图 6.2-1 所示。

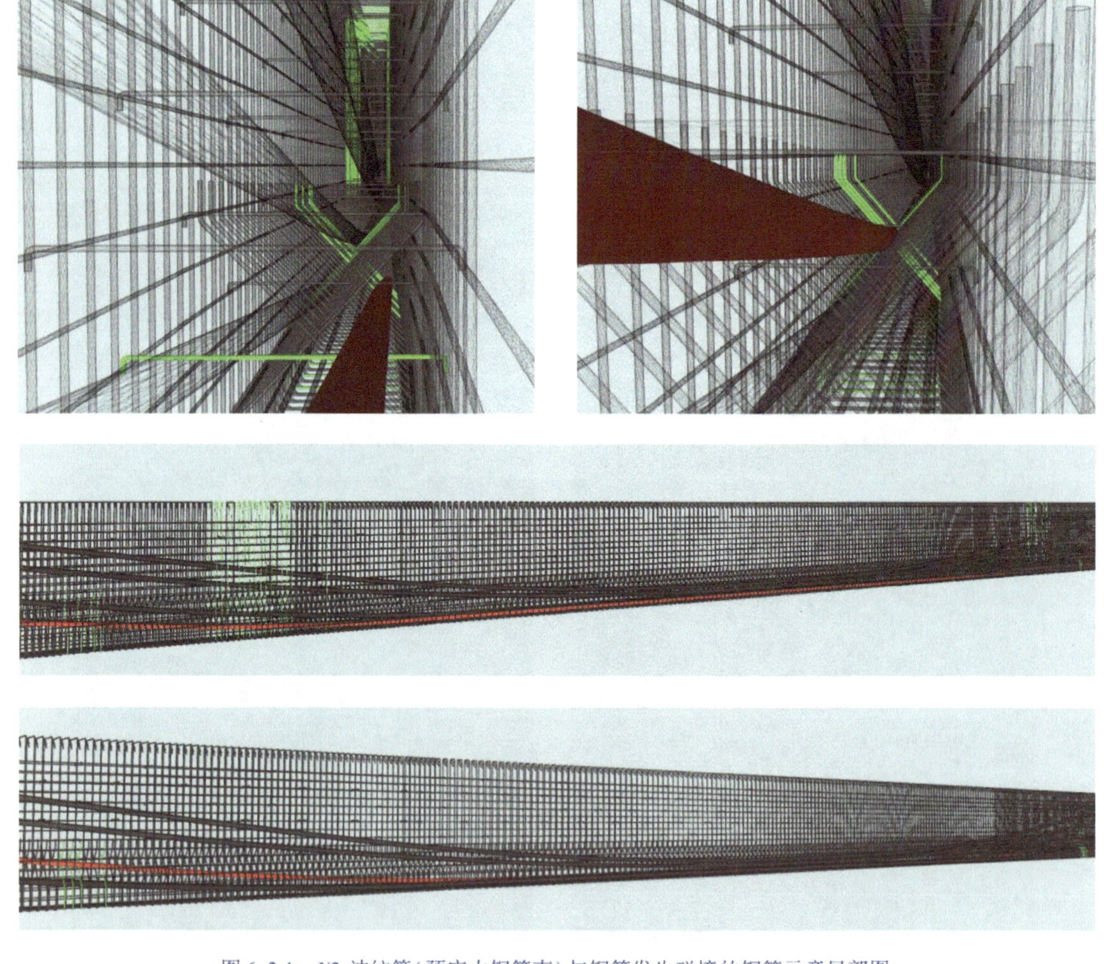

图 6.2-1 N2 波纹管（预应力钢筋束）与钢筋发生碰撞的钢筋示意局部图

6.2.2　利用 BIM 模型进行有限元分析

将 BIM 模型导入,并进行网格划分,定义接触与约束,在划分好的有限元模型中施加荷载,实现桥梁结构的桥梁模态分析、谐响应响应分析和结构动力响应分析。

模态是结构的固有特性,得到系统每一阶模态的频率和阵型,根据贡献最大的那一阶模态来设计隔振系统;根据阵型和共振频率设计激振系统,对桥梁结构进行模态分析。网格划分与模态分析图如图 6.2-2 所示。

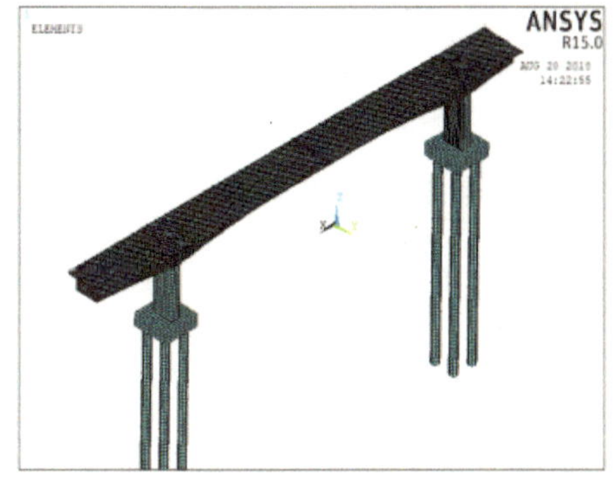

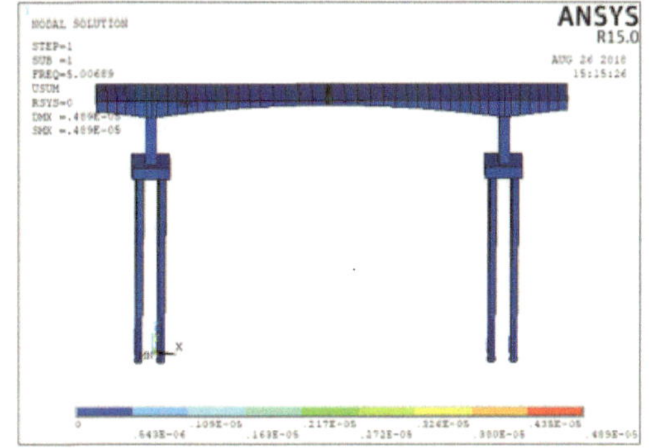

图 6.2-2　网格划分与模态分析图

对桥梁结构模型进行谐响应分析,得到位移、速度、加速度随频率的变化图(图 6.2-3),确定桥梁的共振频率以及结构对不同频率的响应特性。

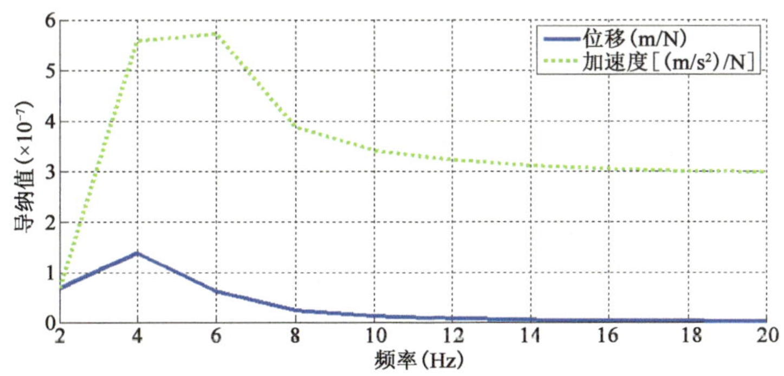

图 6.2-3　位移、加速度随频率的变化图

分析桥梁结构的振动特性，选取货车以 38t 的荷载、80km/h 的速度单轮匀速通过桥梁结构段，选取梁端结构关键点进行动力特性分析。桥梁结构关键点的垂向振动振动响应如图 6.2-4所示。

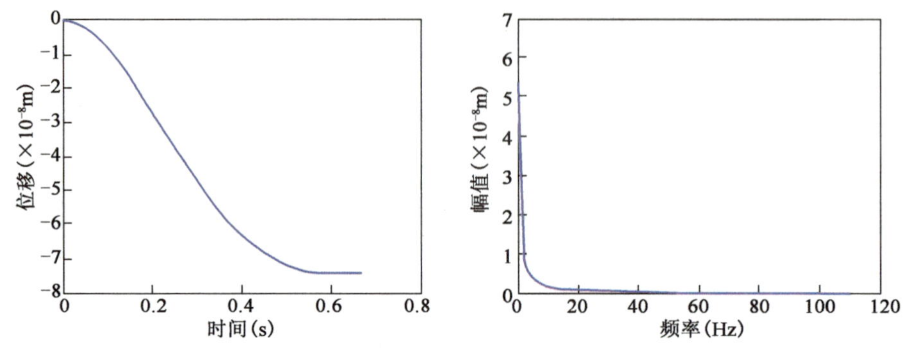

图 6.2-4　桥梁结构关键点的垂向振动振动响应

6.2.3　桥梁设计中的优化

桥梁工程设计主要包括桥梁工程的初步设计与技术、施工设计。传统的二维设计图纸在设计和解读环节存在诸多风险，三维建模技术能够克服二维设计图纸长期存在的缺陷，更准确、高效、直观地反映各构造项目之间的位置和尺寸关系，由于三维建模技术在桥梁施工应用中还不是很成熟，因此需要 BIM 技术将传统二维图纸转化三维模型，在此基础上完成桥梁工程设计的分析与优化。

图 6.2-5 展示了基于 BIM 技术的桥梁工程设计优化流程。首先，根据手机整理的二维图纸建立三维模型。然后利用 BIM 技术对三维模型展开比较或是检测分析，将相应的结果和问题反馈给相关人员。三维图纸会不断得到修整，直到 BIM 技术检测不到相关问题存在为止。通过这种方式，可以在施工未开始的阶段就将图纸可能产生的问题进行处理，从而减少返工和降低成本。

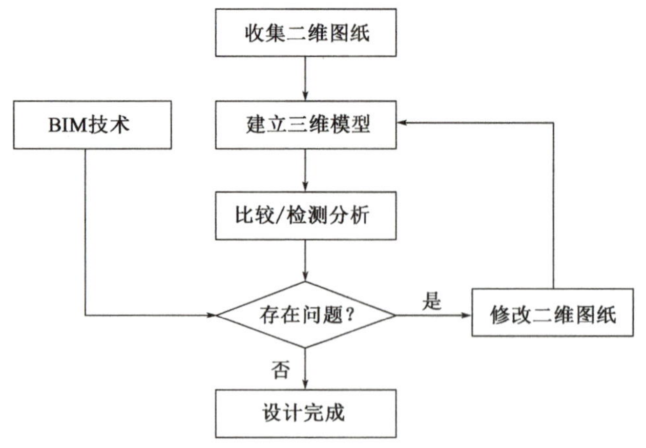

图 6.2-5　基于 BIM 技术的桥梁工程设计优化流程

6.2.4 BIM 初步设计

所谓初步设计,其主要任务就是明确桥式方案和总体结构,比如桥梁平面、立面、断面的布置,上述布置关系到桥梁的位置以及上下部结构等问题。在方案的选择与确定中,不同决策主体会出现分歧,影响决策效率。利用 BIM 技术,设计师可根据各种设计构想,进行数字化、参数化三维建模。通过 BIM 技术生成的平面图、立面图和断面图等多样表达,可更方便直观地对比出方案的优缺点。此外,BIM 技术可为参与方提供沟通与协作的平台,在场外便可分析讨论这些设计构想的可行性。

6.2.5 BIM 与技术、施工设计

技术与施工设计是初步设计的延续,即通过对已确定好的方案开展施工。BIM 模型逻辑提供了高效的优化手段,利用 BIM 软件的设计冲突分析功能所生成分析报告,可以直接发现设计问题,方便后期的图纸修改、再建模、再检测,直至全部解决设计问题。整个设计优化过程是一个设计→建模→检测→修改(设计)的设计过程,这将大大减少设计人员的重复劳动和错误率。

6.2.6 基于 BIM 的桥梁工程施工优化

BIM 技术和模拟技术的综合利用,能有效将三维模型与施工方法进行结合,完成桥梁施工工序的模拟。整个过程中,能够及时进行施工方案修改与再模拟,直至在施工之前获得可行的、高效的施工方案,从而确保施工的顺利进行,保证工程质量。

BIM 技术和模拟技术的综合利用,将桥梁三维模型和进度计划集成起来,实现基于时间维度的施工进度模拟。其一,以不同长度的时间为单位,对工程施工进度进行模拟,根据实际情况制订施工方案;其二,可以有效针对工程重难点部分采用可视化模拟,协同各部门分工安排,在保证施工进度的同时,达到资源优化配置的目的。

1)施工管理优化

首先,BIM 技术改变了传统的被动管理,即之前的管理模式是在施工过程中发现计划与施工漏洞,然后再去实施补救措施,这将严重造成工期拖延,增加施工成本,浪费宝贵资源。BIM 技术的引进可以在图纸设计环节中就及时发现问题并予以修改,做到问题早发现、早解决。

其次,BIM 技术的可视化施工过程可对施工过程给予实时指导,从工艺、流程,到各部门之间的协作及安全隐患的排查,在提高施工管理水平和安全水平的基础上,更高效地完成施工计划。

2)挂篮悬浇施工模拟

进行挂篮悬浇施工模拟(图 6.2-6),桥梁施工 4D 工序模拟、局部施工工艺模拟、施工进度 4D 模拟(图 6.2-7)以及施工阶段综合分析和模拟。利用 BIM 模型(图 6.2-8),根据施工需要进一步细化和完善施工方案,指导桥梁施工,消除冲突,减少返工。

图 6.2-6 挂篮悬浇施工模拟

图 6.2-7 赣江特大桥施工进度模拟

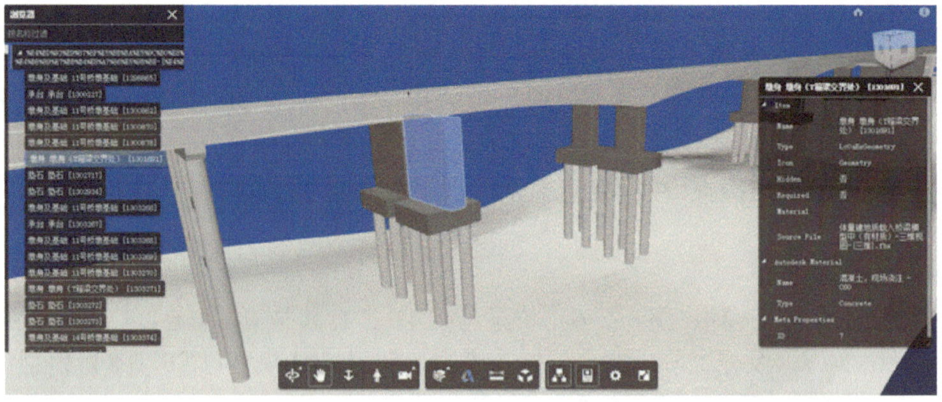

图 6.2-8

图6.2-8　桥梁 BIM 设计

赣江特大桥12号墩悬臂梁2号块混凝土浇筑现场如图6.2-9所示，赣江特大桥13号墩右幅5号块钢筋检查现场如图6.2-10所示。

图6.2-9　赣江特大桥12号墩悬臂梁2号块混凝土浇筑现场

6.2-10　赣江特大桥13号墩右幅5号块钢筋检查现场

6.3 BIM 模型动态信息管理系统研发与应用

研究开发赣江特大桥 BIM 模型动态信息管理系统，建立桥梁 BIM 模型的完整信息数据库，开展桥梁项目 BIM 信息协同工作，对 BIM 信息进行动态管理，实现各专业间 BIM 数据信息的传递和共享，最大限度减少错、漏、碰、缺等质量通病，提高质量和效率。利用特大桥 BIM 模型动态信息管理系统实现了进度管理、质量管理、安全管理、工程量管理、工序管理等。应用 BIM 技术、信息技术、网络技术实现桥梁 BIM 施工动态控制系统，系统总体设计指导思想基于桥梁建设施工过程，以质量安全控制为目的，开发基于 B/S 架构下的质量安全控制 BIM 系统平台，并以信息采集和传输为服务对象，开发具有面向服务架构的管理控制应用系统。

平台及数据架构为 B/S 架构下的 Web 平台，数据资源存储在服务器端，客户端无须安装、初次加载资源少，数据资源大都以分布加载的形式动态加载到客户端，通过一系列调度算法进行调度。单纯的展示数据以资源包的形式直接存储在服务器中,交互数据以及需要动态配置的数据存储于服务器的数据库中。该版本较为灵活、方便展示,不局限于某一平台,只要有网络和浏览器就可以使用。Web 平台架构如图 6.3-1 所示。

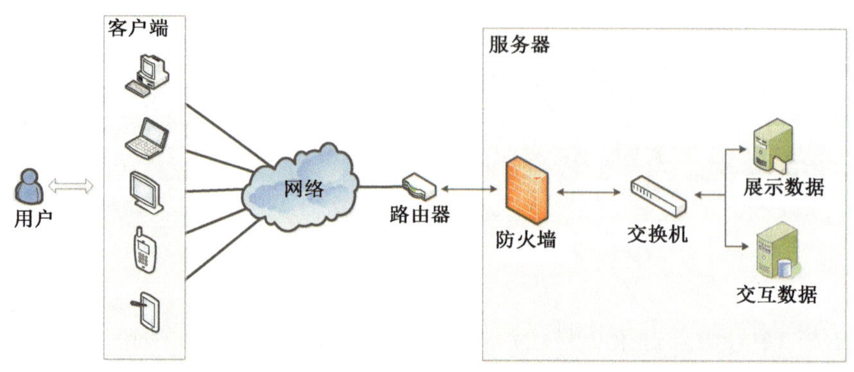

图 6.3-1　Web 平台架构

桥梁施工动态控制平台的系统分析和总体设计,包括硬件平台选择、软件平台建设、系统结构设计和系统功能设计。结合桥梁工程施工特点,整合桥梁施工管理关键点信息,研发应用大容量施工信息数据高效采集及处理技术。

桥梁施工管理系统的应用包含进度管理、质量管理、安全管理、工程量管理、工序管理等(图 6.3-2)。

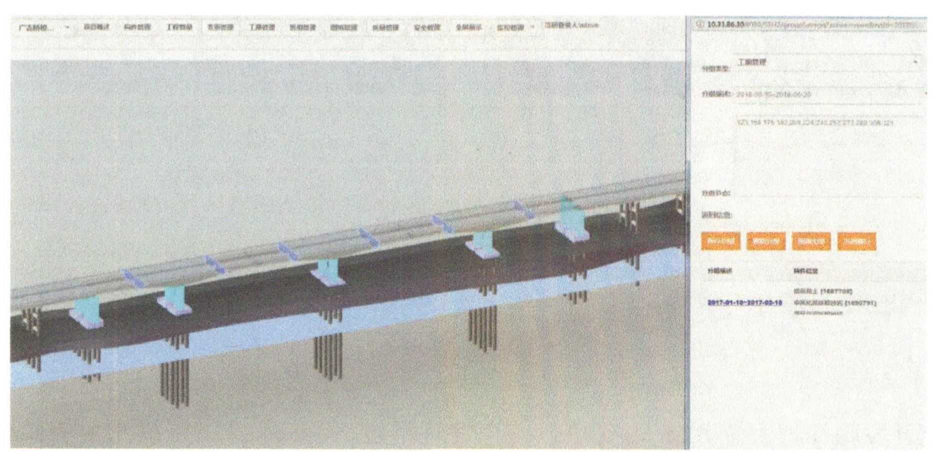

图 6.3-2　利用特大桥 BIM 模型动态信息管理系统进行进度管理

公路项目工程在施工的过程中面临最大的问题就是施工工期过长,工期一旦变长,在施工的过程中就会受到多种因素的干扰,所以在施工之前就可以通过 BIM 系统技术来提升项目施工的效率和质量。所以在项目施工之前,就必须对项目过程中遇到的各种问题进行有效的预测,从而保障项目工程的施工进度和施工质量。传统的项目工程施工管理方法已经不足以满足现在复杂的工程施工项目的要求,为了适应现在复杂的项目工程项目要求,最终行业者将目光集中在 BIM 系统技术上,可以通过虚拟施工的功能,发现并完善项目的设计、规避项目的风险。与此同时,还可以通过各种信息数据的交互,通过联合的指导,对项目施工的质量进行严格的把关(图6.3-3、图6.3-4)。

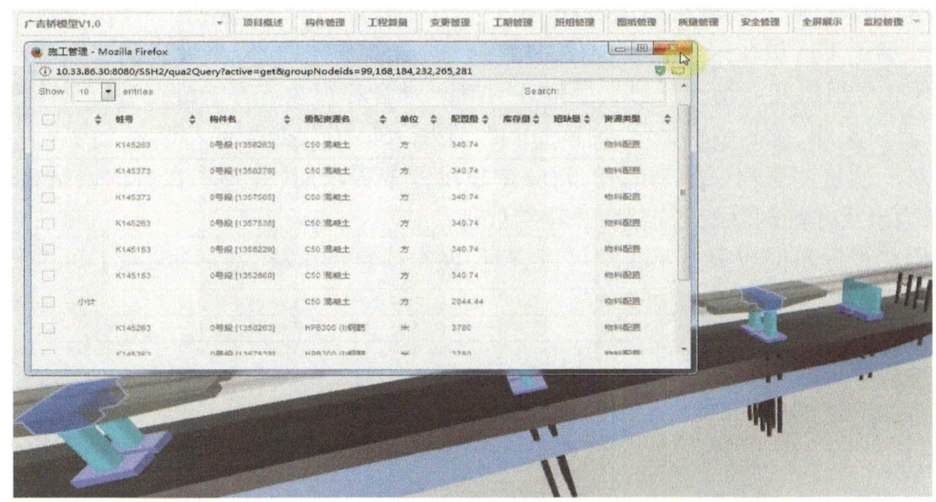

图6.3-3　利用特大桥 BIM 模型动态信息管理系统进行工程量计算

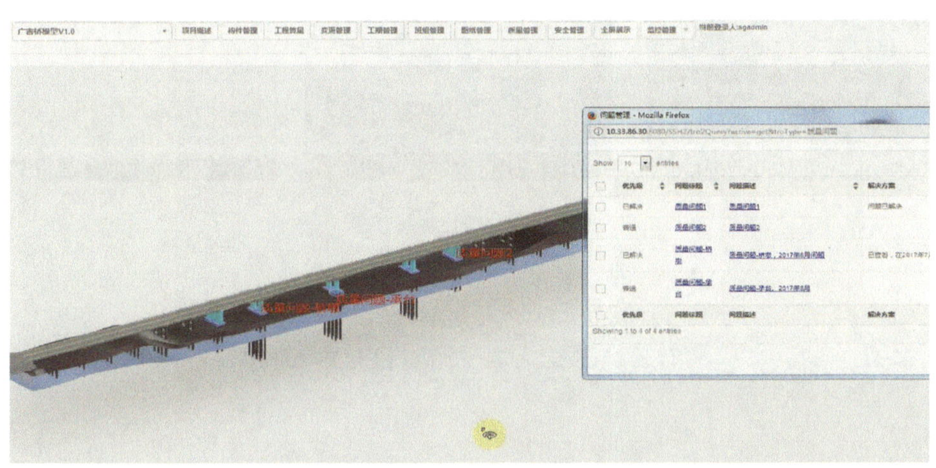

图6.3-4　利用特大桥 BIM 模型动态信息管理系统进行质量问题管理

利用 IPAD 端、手机端进行项目协同管理,BIM 系统可为各参与单位提供实时信息协同服务(图6.3-5)。

BIM 系统的功能及应用流程如下:

(1)桥梁 BIM 模型建模,桥梁 BIM 模型构件的拆分工作需要和质量系统的 WBS 分部分项划分情况一致。

(2)BIM 模型编码工作,模型按照江西省地方标准的要求进行构件编码,构件编码的格式与质量管理系统一致。

(3)BIM 模型导入工作,模型构件编码可以在导入系统的过程中被自动读取。

(4)结合施工质量管理规范,施工管理人员在系统中定义桥梁名称和选择桥梁类型,根据桥梁类型将本项目分解为多个层级,进行划分并导入模板。

(5)在施工过程中,现场施工人员通过手机终端在线上对各分解构件质量控制关键点实时采集和添加有关质量数据信息,并上传至服务器共享,形成质量动态控制模型,该模型数据可根据时间、部位、缺陷等进行归类统计。

(6)现场施工人员在采集和输入有关质量数据信息过程中,按照可追溯、真实和便于现场操作的原则,可根据实际情况通过文字描述、拍照、录音和视频等方式进行数据采集和发布,数据应反映质量实体、量测结果显示、时间、位置、在场人员和数据发布人等有关内容。

(7)对于质量隐患信息数据的发布,应单独设置警告功能,并要求在后续质量整改过程中直至消除隐患后才能消除警告信息,并建档处理。

(8)用户根据不同权限在手机端可以查看、发布信息和审核,在PC端除了可进行查看、发布信息、审核之外,还可以编辑处理等。

图6.3-5 项目协同管理

6.4 BIM系统与现场监控结合应用技术

在BIM模型动态信息管理系统基础上加载现场监控数据,结合施工监控指导桥梁施工,利用BIM系统进行赣江特大桥整体施工进度4D管理,实现施工过程的可视化模拟和施工方案优化。

项目BIM系统也可以和监控系统结合使用,利用项目动态信息的交互、模型数据与实际情况的对比,可方便地对项目安全和文明施工情况进行管理(图6.4-1)。

系统采用一种新型方式,实现对各地项目(跨区域)集中、在线、跟踪式的全过程管理,通过BIM信息化平台和手机终端相结合,进行施工过程监控,应用信息技术、网络技术实现桥梁施工动态控制。

项目参与方众多,而且工作地点不同,既有内业工作,也有现场工作。基于统一的BIM模型可保证在不同办公地点、不同单位的所有人员能够协同高效地工作,将项目全面过渡到电子化流程控制,全方位提高建设管理的效率和质量,形成电子化档案。

图 6.4-1 BIM 模型动态信息管理系统结合现场监控

6.5 BIM 系统与 VR 技术的研究应用

利用广吉高速公路赣江特大桥 BIM 模型,以计算机仿真技术、计算机图形学、人机接口技术、多媒体技术、传感技术和网络技术等多种技术为基础,开发以 HTC VIVE 为主要硬件支持的虚拟现实产品,以及 VR/AR(虚拟现实/增强现实)解决方案的研发。

利用 BIM 与 VR 技术实现施工工艺模拟、安全培训,保证施工安全,实现虚拟漫游、现场浏览和构件信息查看。研究桥梁 BIM 模型及数据导入 VR 模拟系统的流程和方法。利用桥梁动态模拟系统可以在施工前模拟桥梁的整个施工过程,从而尽早发现可能出现的问题。BIM 与 VR 技术相结合,让使用者不仅可以看到这个模型,还可以深入其中,身临其境,对实际施工情况进行模拟(图 6.5-1)。将桥梁 BIM 模型及信息导入桥梁 VR 模拟系统,利用 BIM + VR 技术实现工艺模拟,安全培训,保障施工安全。利用 BIM + VR 技术实现虚拟漫游,现场浏览,查看桥梁各构件信息等操作。

图 6.5-1　BIM 与 VR 技术结合

Chapter 7

第7章

高速公路绿色服务区建设技术体系及标准

7.1 高速公路绿色服务区评价指标体系

以“人与自然和谐共生”为指导思想，结合地方自然地理及气候特点，将“最大限度地节约资源（节能、节地、节水、节材）、保护环境”（四节一环保）转向“最大限度地实现人与自然和谐共生的高质量服务设施”评价方法，重构绿色服务区评价标准体系。

7.1.1 国内外绿色建筑/服务区评价体系

7.1.1.1 绿色建筑的概念和发展

1）绿色建筑发展与内涵

绿色建筑是一个有机的整体概念，“绿色”或“可持续”的观念应贯穿建筑物的规划、设计、建造、使用以至消亡的全过程，覆盖建筑物的整个生命周期，应该注重与周围自然系统的和谐以及强调建筑材料与能源的有限性及其节约。

绿色建筑与现代一般建筑有着本质的区别。时任住房和城乡建设副部长仇保兴博士将绿色建筑与一般建筑的区别概括为以下六个方面：

第一，一般建筑在结构上趋于封闭，在设计上生力求与自然环境的完全隔离，室内环境往往不利于健康；而绿色建筑的内部与外部采取有效的连通方式，会对气候变化自动进行自适应调节，同时也使室内环境品质大大提高。

第二，一般建筑随着建筑设计、生产和用材的标准化、批量化，促进了大江南北建筑形式的一律化、单调办公化，造成了“千城一面”；而绿色建筑推行本地材料，尊重地方历史文化传统，有助于汲取先人与大自然和谐共处的聪明才智，造就“凝固的音乐、石头的史诗”，使得建筑随着气候、资源和地区文化的差异而重新呈现不同的风貌。

第三，一般建筑是一种以追求利润为主要目标的商品，建筑形式往往不顾环境资源的限制，片面追求或盲目迎合市场即期消费的住宅和办公楼，这往往是与资源节约和环境友好背道而驰的；而绿色建筑则被看作是一种全面资源节约型的建筑，可最大限度地减少不可再生的能源、土地、水和材料的消耗，产生最小的直接环境负荷。建筑及其城市发展都将以最小的生态和资源为代价，在广泛的领域获得最大的利益。

第四，一般建筑追求“新、奇、特”，追求自我标志效应，难免造成欧陆风或某某风的盛行；而绿色建筑的建筑形式是从与大自然和谐相处中获得灵感。随着绿色建筑的发展，建筑学中有了新的美学哲学，美存在于以最小的资源获得最大限度的丰富性和多样性，这使得生态美的展示充满生命力和创造性。

第五，一般建筑尽管采取节能设计，但综合能耗仍然居高不下。随着生活水平的提高，在现代社会中，建筑业往往或正在成为最大的耗能和污染行业；而绿色建筑因广泛利用可再生能源而极大地减少了能耗，甚至自生产生和利用可再生能源，有可能实现“零能耗”和“零排放”的建筑。

第六，一般的建筑仅在建造过程或者是使用过程中对环境负责，是狭义的人地和谐；而绿色建筑是在建筑的全寿命周期内，为人类提供健康、适用和高效的使用空间，最终实现与自然共生。绿色建筑以循环经济的思路，实现从被动地减少对自然的干扰转到主动创造环境丰富性、减少对资源需求上来，从狭义的“以人为本”转移到对子孙后代和全人类的以人为本。这是真正的绿色建筑革命和科学发展观的含义。

2）绿色服务区

高速公路服务区，是指坐落在高速公路沿线上，为车辆、驾乘人员提供服务的设施，它包括停车、休息和辅助设施三部分，是专门为人和车服务的场所和建筑设施范围的总称。它的数量、规模以及在高速公路上的分布情况要结合道路使用者的生理、心理需求和车辆性能的要求，并结合当地环境和道路景观而精心规划和设计。

高速公路服务区具有3个显著特点：

（1）专一性高速公路是全封闭的，服务区处在高速公路沿线，其服务对象就是在高速公路上的车辆和人员，因此，服务区的布局以及设施，应以满足服务对象的需求为宗旨。

（2）公益性高速公路是现代化的体现，是社会公益事业，服务区的布局以及设施应该以社会效益为主导，并且要有利于环境保护和自然资源的充分利用。

（3）经营性高速公路服务区的建设需耗大量资金，只有通过合法的经营，不断提高服务质量，才能吸引更多的驾乘人员，创造更好的经济效益，用以偿还建设贷款和扩大经营。

国外有关服务区建筑设计的研究多集中于建筑内部空间服务设施的设置及建筑物外部造型与环境的结合等方面。虽然有关绿色建筑理念下的高速公路服务区建筑设计的研究并不多，但是国外在绿色建筑方面的一些研究都可以作为我们进行研究的参考。例如，奥戈亚在《设计结合气候建筑地方主义的生物气候研究》中提出了“生物气候地方主义”的设计理论，认为建筑设计中应当遵循“气候—生物—技术—建筑”的设计过程；德国建筑师托马斯·赫尔佐格提出生态建筑，将生态设计精神和生态技术建立在高水准工艺技术基础上，把生态技术与建筑创作结合起来，并在太阳能利用和节能建筑设计方面取得了一定的研究成果；马来西亚建筑师杨经文在《热带的城市地方主义》中针对热带城市建筑生态可持续性的研究和努力成果，真正反映出了当代建筑师对城市类型建筑生态问题的理性思考；布兰达·威尔和罗伯特·威尔在《绿色建筑》中把焦点集中在建筑的低能耗上，提出绿色建筑设计原则，从节约能源、设计考虑气候、能源和材料的循环利用等出发，推动了一种整体设计方法的发展。

目前，我国高速公路服务区的规划建设还未跟上路网发展的需要，而且与人们日益增长的生活文化要求还有一定差距。我国对高速公路服务区的研究还不够广泛，许多问题还缺乏理论依据。

根据美丽中国、绿色交通的发展理念要求，打造资源节约、环境友好、人民满意的绿色服务区建设，围绕建设让人民满意的交通强国建设要求，邵社刚提出了基于我国绿色公路特征的“五化”绿色服务区，包括个性化、人性化、智能化、低碳化、海绵化，突出了绿色服务区服务本质，提升交通发展建设质量。

7.1.1.2 国外绿色建筑评价标准体系

各国在绿色生态建筑评价方式中所采用的评价机制不完全相同，一般包括以下三个方面：首先确定评价指标项目，即根据当地的自然环境（包括地区需求、气候因素、绿色类型等）以及建筑因素(包括建筑形式、发展阶段、地区实践)等条件,确立在当地(或本国)适用的建筑评价指标项目的详细构架。其次对以上确立的各项指标项目确定评价标准。这些标准可以是定性的,也可以是定量的,但一般都以现行的国家或地区规范以及公认的国际标准作为最重要的参照和准则。现行规范中没有规定的项目,则根据地区实践的实际水平和需要,组织专家进行编订。在有些评价工具中,评价标准还被设为标尺的形式,用来动态地反映地区实践的最佳水平和最新进展。

国外代表性的评价方法有:英国建筑研究组织环境评价法(BREEAM)、美国绿色建筑协会 LEED、日本绿色建筑委员 CASBEE、澳大利亚绿色建筑委员会 Green Star、新加坡建设局 Green Mark、加拿大绿色建筑挑战 GBTool 等,此外还有许多国家都在绿色建筑评价领域进行着自己的研究工作,包括荷兰的 ECO QUANTUM、德国的 ECO-PRO、法国的 EQUER 等,其各自都有不同的特点。由于受到知识和技术的制约,各国对于建筑和环境的关系认识还不完全,评价体系也存在着一些局限性:一是某些评价因素的简单化,二是标准权衡的问题,即对于可以量化的指标,对其评分的分值占总分值的比例是否与其对建筑的影响相符。

上述评价方法的优势在于:

(1)BREEAM、CASBEE、Green Star、Green Mark 等的评价对象划分细致且广泛,根据不同的建筑功能、生命周期阶段、规模和地域等设置在评价内容方面有针对性的标准;

(2)BREEAM、LEED、CASBEE 等采用加权求和的综合评价方法,可突出各体系中对应的不同环境性能指标大类的重要程度,提高计算过程的科学性,使评价结果更有针对性;

(3)BREEAM、LEED、Green Star、Green Mark 等体系设置了创新类指标,引导建筑实现更高的环境性能,且 BREEAM 和 Green Star 设置了管理大类指标,可考察建筑的全生命周期管理工作;

(4)BREEAM、Green Star 等的评价框架简洁、开放、透明,可根据建筑的功能、阶段和地域等特征调整评价指标权重和内容;

(5)BREEAM、LEED、CASBEE 等的条款式指标体系,以及指标分级打分形式,使评价工作的操作简洁,评价结果易于被认可。

上述评价方法的局限性在于:

(1)BREEAM、CASBEE、Green Star、Green Mark 等体系都是基于各自的国情开发的,没有考虑到地域特征给绿色建筑环境性能带来的影响,对我国适应性差;

(2)LEED、CASBEE、Green Mark 等体系注重建筑运行阶段对建筑环境的影响,没有对建筑全生命周期的管理工作给予重视;

(3)BREEAM、LEED 等 6 个体系的指标设置很少涉及美观和经济效益。

上述评价方法的发展趋势如下:

(1)评价对象向多元化发展。

评价对象向公共建筑分成办公、商业、医院、学校等详细建筑类型发展。通过 BREEAM、LEED 体系发展的历程可以发现,它们的评价对象的分类越来越细致,且根据建筑类型有针对性地设置指标权重和内容,例如 BREEAM 将公共建筑划分为办公、医疗、学校、数据中心等不同版本,LEED 发布了超市、商业、医院、数据中心等不同版本。

评价对象属性和规模扩展。BREEAM、LEED、CASBEE 等体系都已经开始制订关于社区或者城市评价标准。绿色建筑评价体系的评价对象已经由以建筑为主衍生到社区及城市。其原因是:绿色建筑仅是实现建筑生态、环境与资源等多方面可持续发展的目标之一。

评价时评价对象所处阶段的拓展。从评价对象所处的生命周期的角度来看,评价对象越来越包含了建筑所处的不同生命周期阶段。建筑的生命周期包含了材料和构件的生产、建造、运行、改建、拆除和再利用6个阶段。绿色建筑评价的内容基本覆盖了以上6个阶段,并在评价对象的划分上有所体现,例如新建建筑产品是对设计和建造阶段的评价,既有建筑产品是对运行阶段的评价。

(2)注重建筑的全生命周期管理。

BREEAM、LEED等绿色建筑评价体系越来越关注建筑的全生命周期环境性能,在评价新建建筑时,关于建筑的材料、水资源、土地、能源等性能都是从建筑的全生命周期的角度出发,包括被动节能设计、材料的采购、施工与运行阶段节能措施和行为等内容,基于全生命周期分析理论建立的评价体系是绿建评价工作的一个重要趋势。

(3)加强建筑对气候变化的适应性,减少建筑对环境产生的负荷。

通过对BREEAM、LEED等体系最新变化的分化可以发现,国外绿色建筑评价标准关注建筑对气候变化的适应性,以及减少建筑对环境产生的负荷。BREEAM引导项目团队预测因气候变化引起的极端天气对建筑可能造成的影响,并提议通过合理设计结构与材料的弹性来应对极端天气产生的影响,尽量降低损失;同时它鼓励项目团队采取可行措施,提高建筑的环保性能,降低建筑对气候变化的影响。

与此同时,上述评价方法仍存在一些体系差异。

①评价对象。

国外绿色建筑评价体系针对不同的评价对象设置了不同版本的标准,即在统一的评价框架下,调整评价指标的权重、分值和内容,使评价标准更加具有针对性。评价对象分类的依据主要有3个方面:建筑类型、建筑生命周期和建筑规模(表7.1-1)。

国外评价对象汇总表　　表7.1-1

评价体系	建筑类型	生命周期阶段	建筑规模
BREEAM	办公、商业、工业、医疗、学校、法庭、监狱、数据中心	设计、建造、翻新、运行	单体建筑、建筑群、社区
LEED	办公、数据中心、学校、商业、医疗、零售、住宅	设计、装修扩建、运行	单体建筑、建筑群、社区
CASBEE	住宅建筑和非住宅建筑	新建建筑、已建建筑和改造建筑	单体建筑、建筑群、城市
Green Star	办公建筑、宾馆、零售中心、教育设施、工业建筑、医疗建筑以及多单元住宅	项目选址、设计、施工和运营维护等	—
Green Mark	住宅类、非住宅类、学校、餐厅、公园	既有建筑、新建建筑、建筑装修	—

②评价内容。

国外绿色建筑评价体系的内容一般包括能源、水资源、材料、生态与土地利用、室外环境和室内环境质量6大方面内容,其中BREEAM和Green Star将室外环境影响分成交通、废弃物、污染3个大类指标，并设置了管理和创新内容；LEED将室外环境影响分成趣味、交通和可持续场地3个大类指标，并设置了创新与区域优先内容；CASBEE将室外环境指标分成施工现场内环境质量和施工现场外的环境质量。

③评价方法。

国外绿色建筑评价体系的评价方法大致有3种。

第一种方法是加权求和，如BREEAM和Green Star（图7.1-1）。

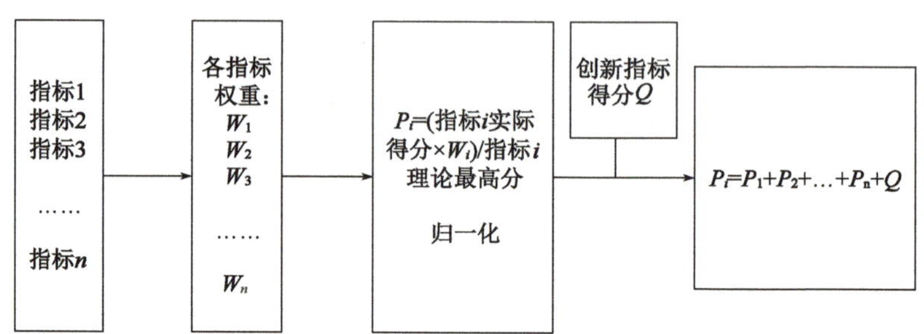

图7.1-1　BREEAM和Green Star评价方法

图中$i<n$。在BREEAM中，$n=9$，分别为管理、健康和舒适、能源、运输、水、材料、废弃物、土地利用与生态、污染指标；在Green Star中，$n=9$，分别为管理、室内环境质量、能源、交通、水资源、材料、生态与土地利用、气体排放指标。

第二种方法是各项指标得分累积求，如LEED和Green Mark（图7.1-2）。

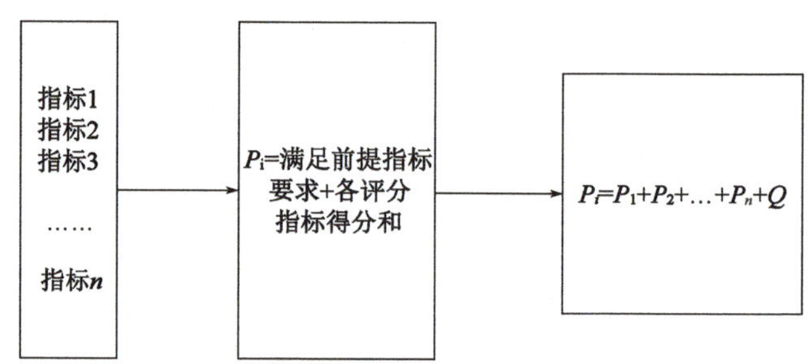

图7.1-2　LEED和Green Mark评价方法

图中$1<i<n$。在LEED中，$n=8$，分别代表区位与交通、可持续场地、水资源效率、能源与大气、材料与资源、室内环境质量、区域及创新指标；在Green Mark中，$n=5$，分别代表能源、水资源、环境保护、室内环境质量和创新指标。

第三种方法是利用建筑自身环境性能比上建筑对外部环境造成的负担，例如CASBEE（图7.1-3）。

7.1.1.3　我国《绿色建筑评价标准》内容发展变化

党的十九大把“坚持人与自然和谐共生”纳入新时代坚持和发展中国特色社会主义的基本方略，标志着社会主义生态文明建设进入新境界。我国《绿色建筑评价标准》（GB/T 50738—2019）也在2019年进行了修订，相比2014年版标准，2019年版标准的修订具体体现了习近平总书记提出的发展新时代中国特色社会主义中人与自然和谐共生的基本方略。2014年版《绿色建筑评价标准》与2019年版《绿色建筑评价标准》的主要不同见表7.1-2。

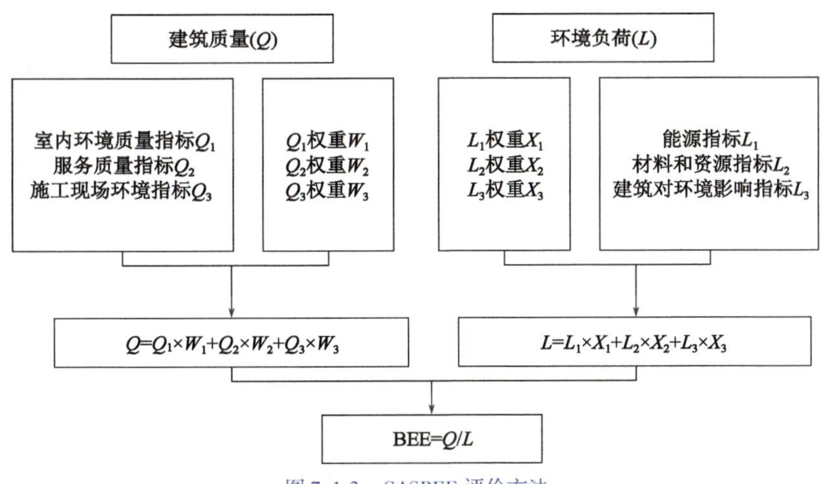

图 7.1-3　CASBEE 评价方法

2014 年版《绿色建筑评价标准》与 2019 年版《绿色建筑评价标准》的主要不同点　表 7.1-2

序号	主要不同点	2014　年　版	2019　年　版
1	评价体系围绕“业主感知”制定	由节地与室外环境、节能与能源利用、节水与水资源利用、节材与材料资源利用、室内环境质量、施工管理、运营管理、提高与创新 8 个章节内容组成	由安全耐久、健康舒适、生活便利、资源节约、环境宜居、提高与创新 6 个章节内容组成
2	最后评价阶段提前	“设计评价”和“运行评价”(投用 1 年后)	“预评价”和“评价”(竣工后)
3	评价等级增加基础级	“一星级”“二星级”“三星级”	“基础级”“一星级”“二星级”“三星级”
4	各评价等级分数提高	一星级:控制项全部满足,每类指标≥40 分,总得分≥50 分;二星级:控制项全部满足,每类指标≥40 分,总得分≥60 分;三星级:控制项全部满足,每类指标≥40 分,总得分≥80 分	基本级:控制项全部满足;一星级:控制项全部满足,各类指标评分项得分不应小于其总分值的 30%,总得分≥60 分;二星级:控制项全部满足,各类指标评分项得分不应小于其总分值的 30%,总得分≥70 分;三星级:控制项全部满足,各类指标评分项得分不应小于其总分值的 30%,总得分≥85 分
5	条文数量减少	条文数 140 条	条文数 112 条
6	计分方式简化	各条文分为得分、不得分、不参评项; 评价指标每类指标总分 100 分,指标各自的评分项得分 Q 按参评建筑该类指标的评分项实际得分除以适用于该建筑的评分项总分值再乘以 100 分计算,权重比 w 按标准表格取值	各条文分为得分、不得分

(1)内容变化。重新定义“绿色建筑”,评价技术指标体系以人为本,拓展“绿色建材”的内涵,评价方式和阶段的变化,星级划分的变化——新增“基础级”,明确一、二、三星需全装修,增加了对不同星级的强制性技术要求,采用 SI 体系提高耐久性,室内空气品质评分项变重,停车场充电设施应为标配,推动土建装修一体化,新增绿色金融的说明,BIM 技术大应用评价总分值提高至 15 分。

(2)评分变化。增加“全装修”等基本要求,部分2014年版评分项变为控制项,部分2014年版地标评分项技术要求提高(无障碍要求提升、配套设施要求提升、人均用地指标节地要求提升、场地噪声环境要求提升),新增“安全设计”技术内容,增加“建筑产业化”评价内容,增加“智慧建筑”评价内容,增加“健康建筑”评价内容,增加“绿色金融”评价内容。

《绿色建筑评价标准》修订的变化,体现了我国生态文明建设的战略性地位,高速公路服务区作为建筑的一种特殊形式,在进行绿色评价时,也需要根据新时代中国特色社会主义生态文明发展的需求,体现人与自然和谐共生的基本方略。

7.1.1.4 我国绿色服务区现行评价标准

我国于2018年颁布了《绿色交通设施评估技术要求　第2部分:绿色服务区》(JT/T 1199.2—2018),该标准对我国绿色服务区评估提出了具体评价的内容和方法,并提出按照“节地与室外环境、节能与能源利用、节水与水资源利用、节材与材料资源利用、环境保护、绿色服务、保障措施”7大类对绿色服务区进行评价,其标准体系借鉴引用了《绿色建筑评价标准》(GB/T 50378—2014)。

绿色服务区评估指标体系由7类一级指标构成,各一级指标下设若干二级和三级指标(表7.1-3)。服务区必须符合各项控制条件的要求,任一条件不满足则无资格进行绿色服务区的评估。

绿色服务区评估指标体系　　表7.1-3

一级指标	二级指标	三级指标
节地与室外环境	节约用地	废地利用
		同址合建
		空间利用
	室外环境	透水铺装
		竖向设计
		场地绿化
		景观提升
节能与能源利用	建筑与围护结构	热工性能
		气密性
		通风遮阳
		自然采光
		被动房
	通风空调	机组能效
		运行控制
		热回收
	照明电气	电气设备
		控制措施
	能源利用	新能源
		能耗计量

续上表

一级指标	二级指标	三级指标
节水与水资源利用	非传统水源利用	污水处理回用
		雨水收集利用
	节水系统	管路系统密闭
		供水压力合理
		用水计量
	节水器具与设备	节水卫生器具使用
		节水灌溉方式应用
		节水设备应用
节材与材料资源利用	材料节约	土建节材
		装修节材
		永临结合
	材料再利用	材料循环利用
		原有建筑再利用
		原有设备再利用
环境保护	水污染防治	排水分流
		应急防控
	空气污染防治	扬尘控制
		停车设置
	声环境污染防治	室内防控
		室外防控
	固体废物处理	垃圾收集处理
		废物处置
	资源保护	表土保护
		自然植被保护
		水体保护
绿色服务	安全措施	消防安全措施
		车辆安全措施
		监控装置
	交通组织	车行流线
		停车管理
		人行服务
	服务品质提升	人性化服务
		车辆服务
		信息技术应用
		旅游服务

续上表

一级指标	二级指标	三级指标
保障措施	制度保障	管理体系认证
		施工组织
		运营规程
		公众宣传
	人员保障	人员配置
		教育培训
	技术保障	环境监测
		巡查维护
		新技术应用
	资金保障	资金安排
		投资渠道

绿色服务区评估总分为 100 分,7 类一级指标单项满分均应为 100 分,各一级指标权重及计算方式,见表 7.1-4。

绿色服务区一级指标权重 表 7.1-4

一级指标	节地与室外环境 W_1	节能与能源利用 W_2	节水与水资源利用 W_3	节材与材料资源利用 W_4	环境保护 W_5	绿色服务 W_6	保障措施 W_7
权重	0.10	0.21	0.14	0.11	0.15	0.17	0.12

$$E = \sum_{i=1}^{7} W_i Q_i \tag{7.1-1}$$

式中:E——绿色服务区评估总得分;

i——一级评估指标序号;

W_i——第 i 类一级指标的计分权重,7 类指标的计分权重和等于 1;

Q_i——第 i 类一级指标的得分。

7.1.2 评价技术方法和原理

7.1.2.1 综合评价法概述

通过一定的数学模型,将服务区分解成为多个相互联系、相互作用的评价指标,按照一定的层次结构组成有机整体,计算绿色服务区评价整体综合评价值。综合评价法是指运用多个指标对多个参评单位进行评价的方法,其基本思想是将多个指标转化为一个能够反映综合情况的指标来进行评价。现代综合评价方法包括主成分分析法、数据包络分析法、模糊评价法等。

根据一般原则,综合评价问题需要具备 5 个要素:

(1)被评价对象。

被评价对象就是综合评价问题中所研究的对象,或称为系统。通常情况下,在一个问题中被评价对象是属于同一类的,且个数要大于1,不妨假设一个综合评价问题中有 n 个被评价对象(或系统),分别记为 $S_1, S_2, \cdots, S_n(n>1)$。

(2)评价指标。

评价指标是反映被评价对象(系统)的运行(发展)状况的基本要素。通常的问题都由多项指标构成,每一项指标都是从不同的侧面刻画系统所具有某种特征大小的一个度量。一个综合评价问题的评价指标一般可用一个向量表示,即称为综合评价的指标体系。

指标体系的原则包括系统性、科学性、科比性、可测性(即可观测性)和独立性。不妨设系统有 m 个评价指标(属性),分别记为 $X_1, X_2, \cdots, X_m(m>1)$,则评价指标向量为 $\boldsymbol{x}=(x_1, x_2, x_3, \cdots, x_m)^{\mathrm{T}}$。

(3)权重系数。

针对某种评价目的,各评价指标之间的相对重要性是不同的,这种相对重要性的大小用权重系数来刻画。如果用 w_j 来表示 $x_j=(j=1,2,\cdots,m)$ 的权重系数,则应有 $w_j \geqslant 0\ (j=1)$,且 w_j 的总和为1。

当被评价对象和评价指标值确定后,综合评价就完全依赖权重系数,即权重系数确定的合理与否,关系到评价结果的可信度,甚至影响到最后决策的正确性。

(4)综合评价模型。

通过建立数学模型将多个评价指标综合成为一个整数指标,作为综合评价的依据,得到综合评价结果。

(5)评价者。

评价者是直接参与评价的人,是某一个人或某一个团体。评价内容的选择、评价指标的确定、评价模型的建立和权重系数的确定都与评价者有关。

综合评价的一般流程如图7.1-4所示。

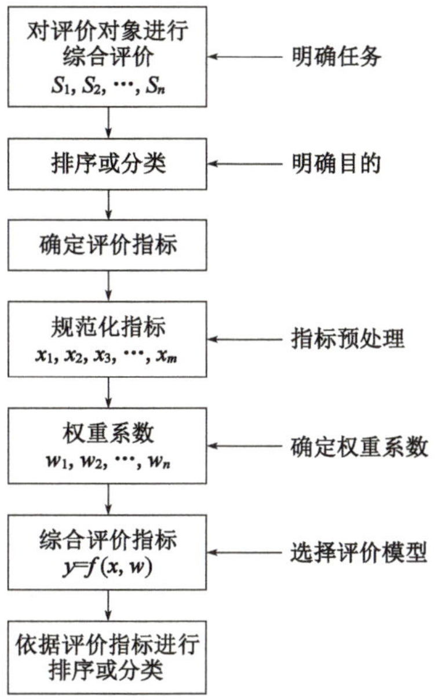

图7.1-4　综合评价一般流程图

7.1.2.2　评价指标预处理

综合评价的方法一般是主客观结合的,方法需基于实际指标数据情况选定,其中最为关键的是指标的选取以及指标权重的设置。

在多指标综合评价中,有些是指标值越大评价越好的指标,称为正向指标(也称效益型指标或望大型指标);有些是指标值越小评价越好的指标,称为逆向指标(也称成本型指标或望小型指标);还有些是指标值越接近某个值越好的指标,称为适度指标。在综合评价时,首先必须将指标同趋势化,一般是将逆向指标和适度指标转化为正向指标,该过程也称为指标的正向化。

不同评价指标往往具有不同的量纲和量纲单位,直接将它们进行综合是不合适的,也没有实际意义。所以必须将指标值转化为无量纲的相对数。这种去掉指标量纲的过程,称为指标的无量纲化(也称同度量化),它是指标综合的前提。在多指标评价实践中,常将指标无量纲化以后的数值作为指标评价值,此时,无量纲化过程就是指标实际值转化为指标评价值(即效用函数值)的过程,无量纲化方法也就是指如何实现这种转化。从数学角度讲,就是要确定指标评价值依赖于指标实际值的一种函数关系式,即效用函数 f_j。因此,指标的无量纲化是综合评价的一项重要内容,对综合评价结果有重要影响。

指标的正向化和无量纲化都有多种方法,应用时,应根据实际情况选择合适的方法,否则将会使综合评价的准确性受到影响。

指标的正向化方法有倒数法、最小阈值法、最大阈值法、绝对值倒数法、距离倒数法和倒扣逆变换法。

无量纲化的方法很多,如综合指数法、极差变换法、高中差变换法、低中差变换法、均值化法、标准化法、比重法、功效系数法、指数型功效系数法、对数型功效系数法、正态化变换法等。

7.1.2.3 指标权重设置方法

多因素的评价决策问题具有广泛的理论和实际应用背景,解决多因素决策问题的许多方法都需要关于因素权重的信息,因此如何确定权重是评价决策的关键之一。目前在有关权重确定的方法中,有经验打分法[德尔菲(Delphi)法]、两两比较法、层次分析法、比率法、特征向量法、最小平方和法、熵值法、模糊聚类分析法、主成分分析法、多目标最优化方法等。

7.1.2.4 综合评价方法

将多指标进行综合的方法主要有四大类,即线性综合法、几何综合法、混合综合法和模型综合法,简单来说就是加权求和、加权几何平均、线性加权与几何综合结合。其中,模型综合法较为复杂,各个指标与综合指数间除却上述三种较为简单的关系以外,还有各种复杂的函数和相关关系,通过某种关系得到综合评价数值,该关系必须为描述对象间的清晰关系,可以用合适的数学式表达。

7.1.3 绿色服务区评价指标体系

7.1.3.1 绿色服务区评价指标

构建绿色服务区评价指标体系,就是利用综合评价方法分析服务区绿色技术因素的量化信息,达到绿色服务区评判的数量化、定性化目标。具体来说,作为反映服务区“绿色”程度的评价指标体系,其应具备界定、说明功能,评判、评价功能,以及监测、预测功能。为了使设计出的绿色服务区评价体系能够反映出高速公路服务区的真实情况,必须按照可持续性、系统性整体性、可操作性、地域性和针对性的原则来构建绿色服务区评价体系。

1)一级指标

考虑到一级指标偏重绿色建筑概念,服务区作为功能性特点突出建筑的一种,故一级指标在宏观上以《绿色建筑评价标准》(GB/T 50783—2019)为依据。

下面考虑 2014 年版《绿色建筑评价标准》、2019 年版《绿色建筑评价标准》和 2018 年发布的《绿色交通设施评估技术要求 第 2 部分:绿色服务区》(JT/T 1199.2—2018)在一级评价指标上的差异。2014 年版《绿色建筑评价标准》评价分为两个阶段,分别是设计评价阶段和运行评价阶段。设计评价应在建筑工程施工图设计文件审查通过后进行,运行评价应在建筑通过竣工验收并投入使用一年后进行。2019 年版《绿色建筑评价标准》中则改为绿色建筑评价应在建筑工程竣工后进行,而在建筑工程施工图设计完成后,可进行预评价。同时 2019 年版《绿色建筑评价指标》中对绿色金融也作了说明,要求申请绿色金融服务的建筑项目,应对节能措施、节水措施、建筑能耗和碳排放等进行计算和说明,并应形成专项报告。《绿色建筑评价标准》修订前后的总体变化如图 7.1-5 所示。

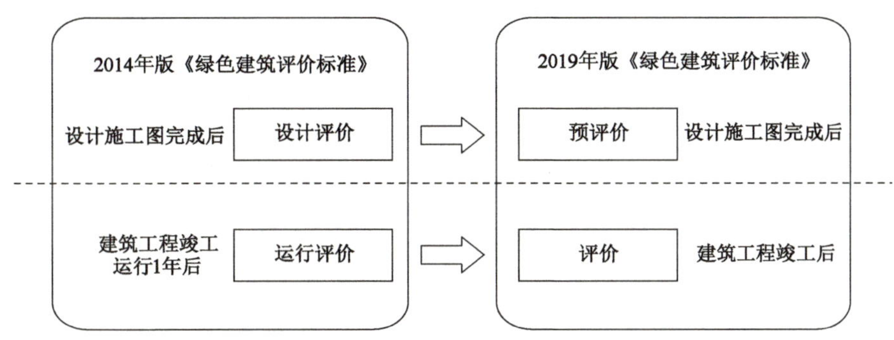

图 7.1-5 《绿色建筑评价标准》修订前后总体变化

而《绿色交通设施评估技术要求 第 2 部分:绿色服务区》(JT/T 1199.2—2018)在指标评价体系框架上,借鉴了 2014 年版的《绿色建筑评价标准》,并结合服务区的特点进行了一些修改,但是总体上以 2014 年版《绿色建筑评价标准》中"四节一环保"为核心内容。

《绿色交通设施评估技术要求 第 2 部分:绿色服务区》(JT/T 1199.2—2018)与 2014 年版《绿色建筑评价标准》一级指标体系的对比如图 7.1-6 所示。评价技术指标体系从"以人为本"的建筑性能出发,将开发者视角转变为使用者视角,从居民视角来设计,以增进建筑使用者对绿色建筑的体验感和获得感。由原来的从"四节一环保"以及施工管理、运营管理框架打分,变为按"安全耐久、健康舒适、生活便利、资源节约、环境宜居"五大指标体系和"提高与创新"一大加分项打分。

在 2019 年版《绿色建筑评价标准》中,要求绿色建材选择在全寿命期内可减少对资源的消耗、减轻对生态环境的影响,具有节能、减排、安全、健康、便利和可循环特征的建材产品。本次修订在 2014 年版规定的星级基础上,增加了"基本级"。绿色建筑划分为基本级、一星级、二星级、三星级 4 个等级。新版标准要求更加严格,要求更高。与送审版相比,2019 年版《绿色建筑评价标准》对一星、二星、三星级项目,分别增加了强制性的技术要求,包括围护结构热工或空调负荷优化、严寒和寒冷地区住宅项目外窗传热系数、节水器具、住宅建筑隔声、室内空气污染物浓度和外窗气密性。

此前,对绿色建筑的评价分为设计评价和运行评价,设计评价应在建筑工程施工图设计文件审查通过后进行,运行评价应在建筑通过竣工验收并投入使用一年后进行。而新标准则要求绿色建筑评价应在建筑工程竣工后进行,在建筑工程施工图设计完成后,可进行预评价。这一变化能有效约束绿色建筑技术落地,对模拟计算的结果准确性要求更高,对施工图设计审查的影响相对较小,但对评价标识证书影响很大。

《绿色建筑评价标准》修订前后指标变化如图 7.1-7 所示。

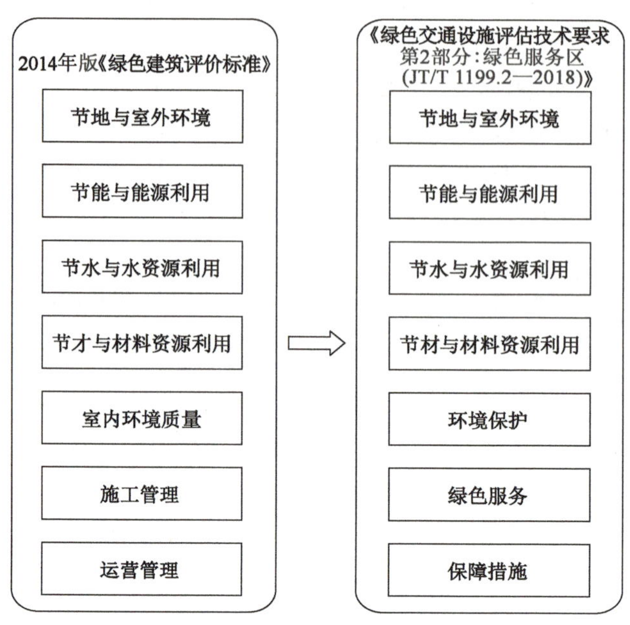

图 7.1-6　现行绿色服务区评价一级评价指标来源

2019 年版《绿色建筑评价标准》特别重视对住宅工业化的实际推进，工业化内装在长租公寓、酒店领域已有广泛应用，涉及的整体卫浴、整体厨房、快装地面、墙面材料企业成长速度较快。2019 年版《绿色建筑评价标准》的实施，对于建筑绿色性能的要求更高，避免建筑成为技术的堆砌，而真正为使用者创造价值。

综上所述，基于 2019 年版《绿色建筑评价标准》和《交通设施评估技术要求　第 2 部分：绿色服务区》(JT/T 1199.2—2018)评价标准的内容以及发展方向，结合“五化”绿色服务区的功能特点，本项目设立 5 个一级指标及 1 个提高创新加分项，一级指标分别为：安全耐久、健康舒适、服务高效、资源节约、环境友好，加分项为提高创新，如图 7.1-8 所示。

2)二级指标

(1)安全耐久。

安全耐久在所评价的绿色服务区满足场地、结构承载力、建筑使用功能、外部服务设施、紧急疏散要求和安全引导防护的基础上，分为安全和耐久两个二级指标。安全指标包括抗震减振性能、安全防护措施、场地防滑措施和场地照明措施；耐久指标包括服务区建筑适变性、部品部件耐久性、建筑结构材料耐久性和装饰建材耐久性，如图 7.1-9 所示。

(2)健康舒适。

健康舒适在满足《室内空气质量标准》(GB/T 18883—2002)、《生活饮用水卫生标准》(GB 5749—2006)、《民用建筑隔声设计规范》(GB 50118—2010)、《建筑照明设计标准》(GB 50034—2013)、《LED 室内照明应用技术要求》(GB/T 31831—2015)、《民用建筑供暖通风与空气调节设计规范》(GB 50736—2012)、《民用建筑热工设计规范》(GB 50176—2016)的基础上，分为室内空气品质、水质、声环境、光环境、室内湿热环境 5 个二级指标，如图 7.1-10所示。

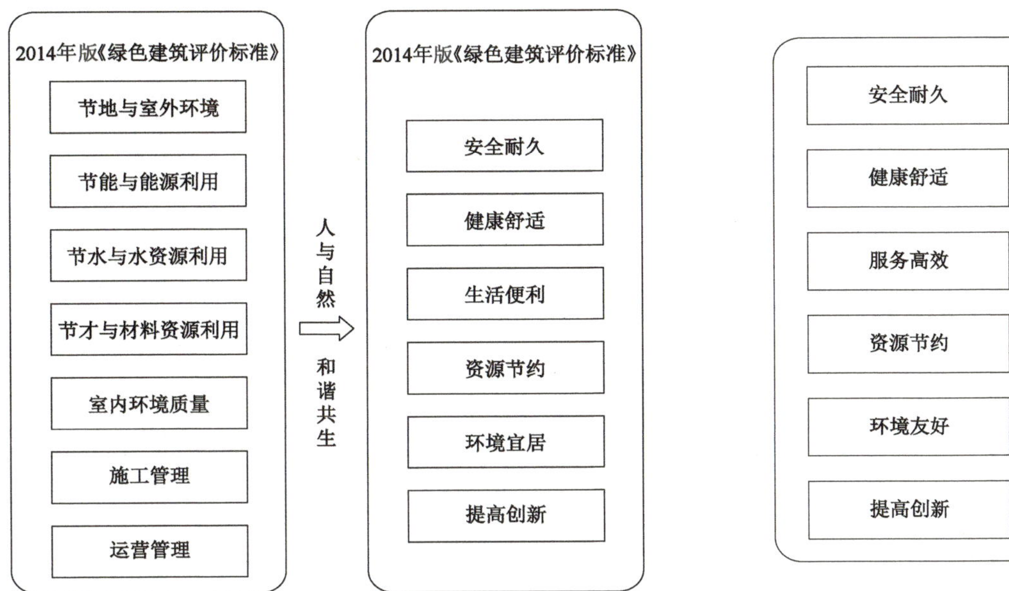

图 7.1-7　《绿色建筑评价标准》修订前后指标变化　　图 7.1-8　绿色服务区一级评价指标

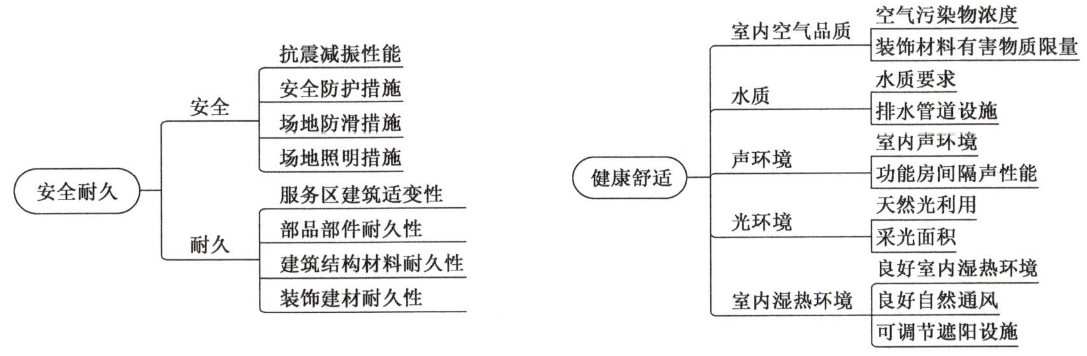

图 7.1-9　安全耐久二级指标　　图 7.1-10　健康舒适二级指标

(3)服务高效。

服务高效在满足服务区建筑物、室外场地、公共绿地、加油站等站所之间的连续无障碍步道、电动汽车充电设施和无障碍停车位、自动监管系统和信息网络系统基础上,分为交通组织、服务设施、智慧运营和管理保障 4 个二级指标,如图 7.1-11 所示。

(4)资源节约。

资源节约应结合自然条件和服务区功能,综合考虑供暖、空调、照明、冷热源、输配系统、水资源循环利用、建筑结构、造型和材料等基础上,分为节地与土地利用、节能与能源利用、节水与资源利用、节材与绿色建材 4 个二级指标,如图 7.1-12 所示。

(5)环境友好。

环境友好应在考虑服务区建筑规划布局、考虑室外热环境、服务区绿化覆盖率、场地海绵化、引导和标识系统、污染源排放控制、垃圾分类处理和景观融合协调的基础上,分为场地生态和景观、室外物理环境两个二级指标,如图 7.1-13 所示。

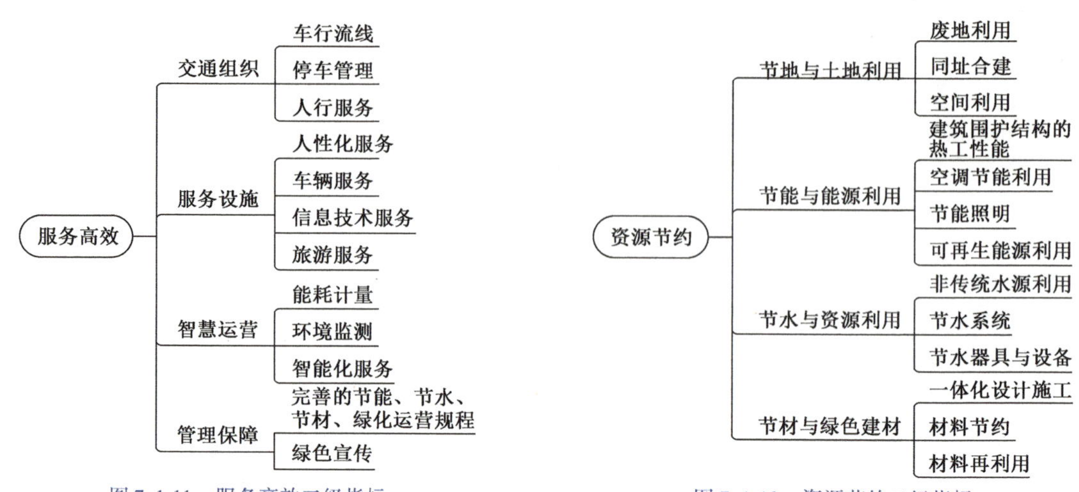

图 7.1-11　服务高效二级指标

图 7.1-12　资源节约二级指标

(6)提高与创新。

绿色服务区提高与创新体现在：

①利用 BIM 技术进行设计、施工及管理；

②安装驶入车辆计数设备、进入服务区的匝道设置限速标志及车速检测显示系统；

③采取节约能源资源、保护生态环境、保障安全健康的其他创新技术措施，且效益明显；

④采用适宜地区特色的建筑风貌设计，因地制宜传承地域建筑文化。

提高与创新二级指标如图 7.1-14 所示。

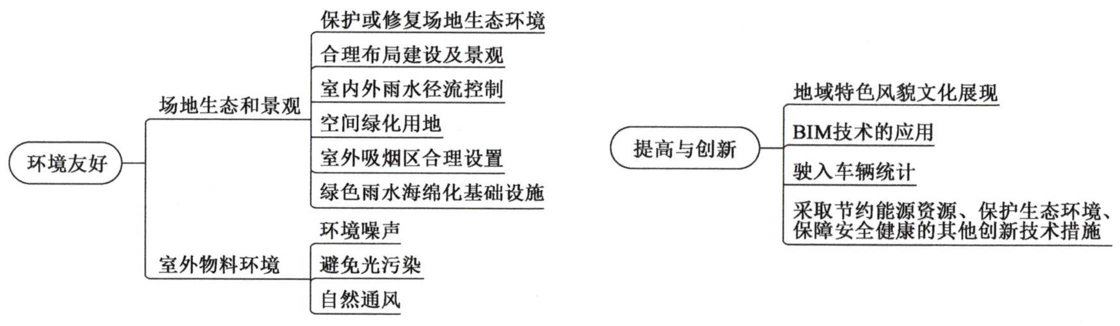

图 7.1-13　环境友好二级指标

图 7.1-14　提高与创新二级指标

绿色服务区二级评价指标体系如图 7.1-15 所示。

3)基本控制项

绿色服务区评价基本控制项分属 5 类，控制项的评定结果应为达标或不达标。服务区必须符合各项控制条件的要求，任一条件不满足则无资格进行绿色服务区的评价。

(1)安全耐久。

①落实安全生产责任制，制订服务区的消防安全制度、危险化学品事故等应急预案；

②服务区设施设备运行正常，运行记录完整；

③施工工程质量应符合《公路工程质量检验评定标准　第一册　土建工程》(JTG F80/1—2017)和《建筑工程施工质量验收统一标准》(GB 50300—2013)的规定，服务区交工或竣工验收综合评分等级合格。

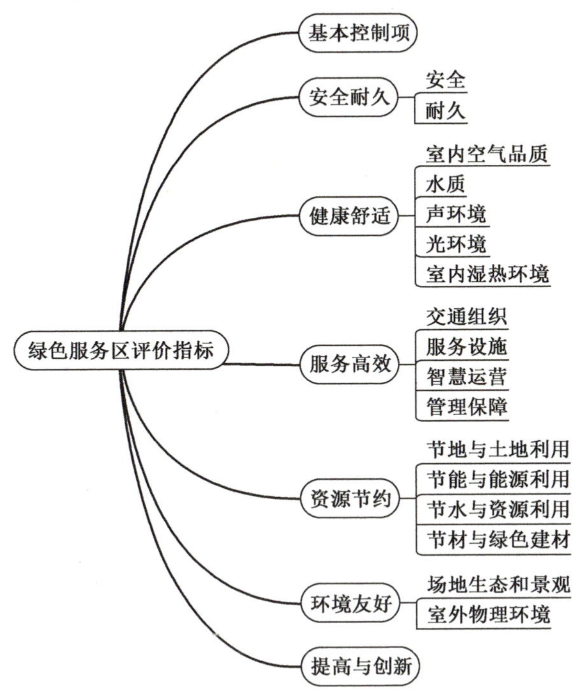

图 7.1-15　绿色服务区二级评价指标体系

(2)健康舒适。

①服务区建设严禁使用国家和地方禁止和限制使用的建筑材料及制品,室内环境达到《室内空气质量标准》(GB/T 18883—2002)的有关规定;

②服务区给水采用自备井水源时,采用地下水应经当地水务主管部门批准,且给水水质应达到《生活饮用水卫生标准》(GB 5749—2006)的要求;

③运营过程中产生的废气污染物的排放应符合《锅炉大气污染排放标准》(GB 13271—2014)、《饮食业油烟排放标准》(GB 18483—2001)等相关标准的要求;

④服务区污水排入市政管网系统应符合《污水排入城镇下水道水质标准》(GB/T 31962—2015)的要求;当无法排入市政管网时,应建设污水处理设施,排放水质须达到《污水综合排放标准》(GB 8978—1996)的要求,当有地方水污染物排放标准时,须达到地方标准要求。

(3)服务高效

①服务区交通组织合理,主车流不得出现交叉和逆行;专用停车位不应夹杂在其他类型停车位中间设置;

②服务区无障碍设计满足《无障碍设计规范》(GB 50763—2012)的要求。

(4)资源节约。

①服务区不采用电直接加热的设备作为供暖空调系统的供暖热源和空气加湿热源;

②服务区冷热源、输配系统和照明等各部分能耗应进行独立分项计量,并配备相应的能耗计量设备;

③服务区内各功能房间或场所的照明功率密度值应符合《建筑照明设计规范》(GB 50034—2013)的要求;

④服务区运营单位制订节能、节水、环保、绿化管理制度。

(5)环境友好。

①服务区建设用地应符合《公路工程项目建设用地指标》(建标〔2011〕124 号)的规定或相关用地批复;

②服务区的选址、建设规模及功能设置应符合所在区域公路及服务设施规划;

③施工期的污水、噪声和空气污染应分别满足国家规定。

7.1.3.2 评价指标体系

1)评价得分与等级

绿色服务区评估按两种情况来进行考虑,考虑与《绿色建筑评价标准》(GB/T 50783—2019)接轨,一级评价指标及综合评价方法,采用按基础控制项、各评价指标和提高与创新加分项总得分来计算,绿色服务区评价应在服务区竣工后进行。绿色服务区评价分值见表 7.1-5。

绿色服务区评价分值　　表 7.1-5

项目	控制项基础分值	评价指标评分项满分值					提高与创新加分项满分值
		安全耐久	健康舒适	服务高效	资源节约	环境友好	
评价分值	400	100	100	100	200	100	100

绿色服务区评价总得分按下式计算:

$$Q = \frac{Q_0 + Q_1 + Q_2 + Q_3 + Q_4 + Q_5 + Q_A}{10} \tag{7.1-2}$$

式中:Q——总得分;

Q_0——基础控制项分值,当满足所有控制项的要求时取 400 分;

Q_1——安全耐久分值;

Q_2——健康舒适分值;

Q_3——服务高效分值;

Q_4——资源节约分值;

Q_5——环境友好分值;

Q_A——提高与创新附加分。

绿色服务区评价等级划分为基本级、一星级、二星级、三星级 4 个等级。当满足全部控制项要求时,绿色建筑等级应为基本级。当总得分分别达到 60 分、70 分、85 分且满足表 7.1-6 所列技术要求时,绿色服务区等级分别为一星级、二星级、三星级。

星级绿色服务区技术要求　　表 7.1-6

要　求	星　级		
	一星级	二星级	三星级
围护结构热工性能的提高比例,或建筑供暖空调负荷降低比例	围护结构提高 5%,或负荷降低 5%	围护结构提高 10%,或负荷降低 10%	围护结构提高 20%,或负荷降低 15%
节水器具用水效率等级	3 级	2 级	
室内主要空气污染物浓度降低比例	10%	20%	
外窗气密性能	符合国家现行相关节能设计标准的规定,且外窗洞口与外窗本体的接合部位应严密		

2)层次分析法确立多级指标权重

二级指标及三级指标采用层次分析法(Analytic Hierarchy Process,AHP),构建判断矩阵 $\boldsymbol{P}$,计算重要性排序后得到具体计分分值。根据层次分析法计算的多级指标权重见表7.1-7。

根据层次分析法计算的多级指标权重　　表7.1-7

一级指标	二级指标	二级权重	三级指标	三级权重
安全耐久(100分)	安全	0.53	抗震减振性能	0.07
			安全防护措施	0.33
			场地防滑措施	0.05
			场地照明措施	0.08
	耐久	0.47	服务区建筑适变性	0.18
			部品部件耐久性	0.10
			建筑结构材料耐久性	0.10
			装饰建材耐久性	0.09
健康舒适(100分)	室内空气品质	0.20	空气污染物浓度	0.12
			装饰材料有害物质限量	0.08
	水质	0.25	水质要求	0.17
			排水管道设施	0.08
	声环境	0.18	室内声环境	0.08
			功能房间隔声性能	0.10
	光环境	0.12	天然光利用	0.09
			采光面积	0.03
	室内湿热环境	0.25	良好室内湿热环境	0.08
			良好自然通风	0.08
			可调节遮阳设施	0.09
服务高效(100分)	交通组织	0.44	车行流线	0.16
			停车管理	0.16
			人行服务	0.12
	服务设施	0.27	人性化服务	0.12
			车辆服务	0.04
			信息技术服务	0.03
			旅游服务	0.08
	智慧运营	0.11	能耗计量	0.02
			环境监测	0.03
			智能化服务	0.06
	管理保障	0.08	完善的节能、节水、节材、绿化运营规程	0.06
			绿色宣传	0.02

续上表

一级指标	二级指标	二级权重	三级指标	三级权重
资源节约（200分）	节地与土地利用	0.2	废地利用	0.05
			同址合建	0.075
			空间利用	0.075
	节能与能源利用	0.3	建筑围护结构的热工性能	0.075
			空调节能利用	0.05
			节能照明	0.075
			可再生能源利用	0.10
	节水与资源利用	0.25	非传统水源利用	0.015
			节水系统	0.05
			节水器具与设备	0.05
	节材与绿色建筑	0.25	一体化设计施工	0.04
			材料节约	0.11
			材料再利用	0.10
环境友好（100分）	场地生态和景观	0.70	保护或修复场地生态环境	0.20
			合理布局建筑及景观	0.10
			室内外雨水径流控制	0.10
			空间绿化用地	0.10
			室外吸烟区合理设置	0.10
			绿色雨水海绵化基础设施	0.10
	室外物理环境	0.30	环境噪声	0.10
			避免光污染	0.10
			自然通风	0.10

3）计分方法

（1）安全耐久。安全耐久指标计分方法见表7.1-8。

安全耐久指标计分方法　　表7.1-8

一级指标	二级指标	三级指标	计分方法
安全耐久（100分）	安全	抗震减振性能	采用基于性能的抗震设计并合理提高建筑的抗震性能，得10分
		安全防护措施	（1）服务区设有加水站点满足大型货车制动系统降温需求，得8分； （2）山区道路服务区设有降温池，得4分； （3）在室内公共场所、停车广场、加油区等场所设置视频监控装置，得5分； （4）危险化学品停车位附近设有消火栓及沙池，得7分； （5）加油站区域雨水经过油水分离处理后汇入雨水系统，得4分； （6）危险化学品运输车辆停车位距服务区的建筑物和加油站大于30.0m，距其他车辆大于6.0m，得5分

续上表

一级指标	二级指标	三级指标	计分方法
安全耐久（100分）	安全	场地防滑措施	建筑室内外活动场所采用防滑地面，防滑等级达到现行行业标准《建筑地面工程防滑技术规程》（JGJ/T 331）规定的 A_d、A_w 级，得5分
		场地照明措施	步行道和行车道有充足照明，8分
	耐久	服务区建筑适变性	（1）采取通用开放、灵活可变的使用空间设计，或采取建筑使用功能可变措施，得7分； （2）建筑结构与建筑设备管线分离，得7分； （3）采用与建筑功能和空间变化相适应的设备设施布置方式或控制方式，得4分
		部品部件耐久性	（1）使用耐腐蚀、抗老化、耐久性能好的管材、管线、管件，得5分； （2）配件选用长寿命产品，并考虑部品组合的同寿命性；不同使用寿命的部品组合时，采用便于分别拆换、更新和升级的构造，得5分
		建筑结构材料耐久性	满足下列条件之一，得10分： （1）对于混凝土构件，提高钢筋保护层厚度或采用高耐久混凝土； （2）对于钢构件，采用耐候结构钢及耐候型防腐涂料； （3）对于木构件，采用防腐木材、耐久木材或耐久木制品
		装饰建材耐久性	（1）采用耐久性好的外饰面材料，得3分； （2）采用耐久性好的防水和密封材料，得3分； （3）采用耐久性好、易维护的室内装饰装修材料，得3分

（2）健康舒适。健康舒适指标计分方法见表7.1-9。

健康舒适指标计分方法　　表7.1-9

一级指标	二级指标	三级指标	计分方法
健康舒适（100分）	室内空气品质	空气污染物浓度	室内主要空气污染物的浓度低于《室内空气质量标准》（GB/T 18883—2002）规定值的10%，得6分；低于20%，得12分
		装饰材料有害物质限量	装饰装修材料满足国家现行绿色产品评价标准中对有害物质限量的要求，选用满足要求的装饰装修材料达到3类及以上，得5分；达到5类及以上，得8分
	水质	水质要求	（1）直饮水、集中生活热水、采暖空调系统用水、景观水体等的水质满足国家现行有关标准，得8分； （2）使用符合国家现行有关标准要求的成品水箱，得4分；采取保证储水不变质的措施，得5分
		排水管道设施	所有给水排水管道、设备、设施设置明确、清晰的永久性标识，得8分

续上表

一级指标	二级指标	三级指标	计分方法
健康舒适（100分）	声环境	室内声环境	室内噪声级满足《民用建筑隔声设计规范》（GB 50118—2010）中的低限标准限值，得4分；达到高要求标准限值，得8分
		功能房间隔声性能	主要功能房间的空气隔声性能和撞击隔声性能良好，满足《民用建筑隔声设计规范》（GB 50118—2010）中的低限标准限值，得6分；达到高要求标准限值，得10分
	光环境	天然光利用	采光照度值不低于采光要求的小时数平均不少于4h/d，得3分；不少于6h/d，得6分；不少于8h/d，得9分
		采光面积	采光面积占60%面积比例区域，得3分
	室内湿热环境	良好室内湿热环境	（1）采用自然通风或复合通风的建筑，建筑主要功能房间室内热环境参数在适应性热舒适区域的时间比例达到30%，得2分；每再增加10%，再得1分，最高得8分； （2）采用人工冷热源的建筑，主要功能房间达到现行国家标准《民用建筑室内热湿环境评价标准》（GB/T 50785）规定的室内人工冷热源热湿环境整体评价Ⅱ级的面积比例，达到60%，得5分；每再增加10%，再得1分，最高得8分
		良好自然通风	过渡季典型工况下主要功能房间平均自然通风换气次数不小于2次/h的面积比例达到70%，得5分；每再增加10%，得1分，最高得8分
		可调节遮阳设施	可调节遮阳设施占外窗透明部分的25%～35%，得3分；比例达35%～45%，得5分；比例达45%～55%，得7分；比例达55%以上，得9分

（3）服务高效。服务高效指标计分方法见表7.1-10。

服务高效指标计分方法　　表7.1-10

一级指标	二级指标	三级指标	计分方法
服务高效（100分）	交通组织	车行流线	（1）在服务区入口处采取硬隔离，渠化行车道，组织不同类型车辆进入各自的停车区、汽修间、加油站等功能区，得8分； （2）服务区内设置符合现行《道路交通标志和标线》（GB 5768）要求的交通标志标牌引导车辆按规定线路行驶，得8分
		停车管理	（1）各种车辆分类分区停放，各分区之间有隔离措施，得10分； （2）停车位设置车位状况显示系统，得6分
		人行服务	在人流穿行车行道的部位，设置人行斑马线，得8分，并设置行人优先按钮式信号灯，得4分

续上表

<table>
<tr><th>一级指标</th><th>二级指标</th><th>三级指标</th><th>计分方法</th></tr>
<tr><td rowspan="10">服务高效
(100 分)</td><td rowspan="4">服务设施</td><td>人性化服务</td><td>(1)设置母婴室,得 1 分;母婴室面积不小于 10m²,并设置温湿度调节及空气净化装置,得 3 分;
(2)设置潮汐卫生间,并配置紧急呼叫系统,得 3 分;
(3)公共卫生间服务半径小于 100.0m,得 2 分;
(4)加油站设置公共卫生间,得 1 分;
(5)设置无障碍客房,得 2 分;
(6)设有客运换乘服务,得 1 分</td></tr>
<tr><td>车辆服务</td><td>(1)设置电动汽车充电桩,得 1 分;
(2)设置汽车加气站,得 1 分;
(3)设有物流转运服务,得 1 分;
(4)在公路两侧相对的服务区之间设置车辆通道,并设标识站,得 1 分</td></tr>
<tr><td>信息技术服务</td><td>(1)在公共区域提供免费无密码的无线网络服务,得 2 分;
(2)设置交互式 App 系统,开展远程服务,得 1 分</td></tr>
<tr><td>旅游服务</td><td>(1)合理设置观景台,得 2 分;
(2)设置自驾车房车营地,得 3 分;
(3)提供旅游接驳服务,得 3 分</td></tr>
<tr><td rowspan="3">智慧运营</td><td>能耗计量</td><td>服务区采取分区、分功能能耗计量措施,得 2 分</td></tr>
<tr><td>环境监测</td><td>开展环境监测,定时记录或报送环境监测数据,得 3 分</td></tr>
<tr><td>智能化服务</td><td>(1)具备安全报警、建筑设备控制、工作生活服务其中 2 种,得 2 分;
(2)具有远程监控,得 2 分;
(3)具有接入智慧城市(社区)功能,得 2 分</td></tr>
<tr><td rowspan="2">管理保障</td><td>完善的节能、节水、节材、绿化运营规程</td><td>制订了水污染风险防范和应急预案,得 3 分;制订了节能、节水、节材、环保、绿化的操作规程,得 3 分</td></tr>
<tr><td>绿色宣传</td><td>设置介绍绿色服务区的宣传栏,得 1 分;设置公众参与渠道,开展公众满意度调查和意见征集,得 1 分</td></tr>
</table>

(4)资源节约。资源节约指标计分方法见表 7.1-11。

资源节约指标计分方法　　表 7.1-11

<table>
<tr><th>一级指标</th><th>二级指标</th><th>三级指标</th><th>计分方法</th></tr>
<tr><td rowspan="2">资源节约
(200 分)</td><td rowspan="2">节地与土地利用</td><td>废地利用</td><td>选用石砾地、陡坡地、盐碱地、沙荒地、废窑坑、仓库与工厂弃置地等废弃场地进行建设,得 10 分</td></tr>
<tr><td>同址合建</td><td>在满足技术、经济、运行管理要求的条件下,服务区与收费、监控通信、养护、互通等设施同址合建或者采用主线上跨式服务区,得 15 分</td></tr>
</table>

续上表

一级指标	二级指标	三级指标	计分方法
资源节约（200分）	节地与土地利用	空间利用	(1)服务区内设施的布置利用原地形高差，优化总图设计和建筑空间形态，得10分； (2)建设地下、半地下、架空等立体停车场或屋顶停车场，得5分
	节能与能源利用	建筑围护结构的热工性能	优化建筑围护结构的热工性能，评价总分值为15分，并按下列规则评分： (1)围护结构热工性能比国家现行相关建筑节能设计标准规定的提高幅度达到5%，得5分；达到10%，得10分；达到15%，得15分； (2)建筑供暖空调负荷降低5%，得5分；降低10%，得10分；降低15%，得15分
		空调节能利用	(1)供暖空调系统的冷、热源机组能效均优于现行国家标准《公共建筑节能设计标准》(GB 50189)的规定以及现行有关国家标准能效限定值的要求，得7分； (2)采取有效措施降低供暖空调系统的末端系统及输配系统的能耗，得3分
		节能照明	(1)主要功能房间的照明功率密度值达到现行国家标准《建筑照明设计标准》(GB 50034)规定的目标值，得8分； (2)采光区域的人工照明随天然光照度变化自动调节，得3分； (3)照明产品、三相配电变压器、水泵、风机等设备满足国家现行有关标准的节能评价值的要求，得4分
		可再生能源利用	结合当地气候和自然资源条件合理利用可再生能源，评价总分值为20分： (1)由可再生能源提供生活热水比例达20%～35%，得2分；比例达35%～50%，得4分；比例达50%～65%，得6分；比例达65%～80%，得8分；比例达80%以上，得10分； (2)由可再生能源提供空调用冷量和热量比例达20%～35%，得4分；比例达35%～50%，得8分；比例达50%～65%，得12分；比例达65%～80%，得16分；80%以上，得20分； (3)由可再生能源提供电量占服务区用电总量比例达10%～15%，得4分；比例达15%～20%，得8分；比例达20%～25%，得12分；比例达25%～30%，得16分；比例达30%以上，得20分
	节水与资源利用	非传统水源利用	(1)绿化灌溉、车库及道路冲洗、洗车用水采用非传统水源的用水量占其总用水量的比例不低于40%，得5分；不低于60%，得10分； (2)冲厕采用非传统水源的用水量占其总用水量的比例不低于30%，得5分；不低于50%，得10分； (3)冷却水补水采用非传统水源的用水量占其总用水量的比例不低于20%，得5分；不低于40%，得10分

续上表

一级指标	二级指标	三级指标	计分方法
资源节约（200分）	节水与资源利用	节水系统	(1)对进入室外景观水体的雨水，利用生态设施削减径流污染，得5分； (2)利用水生动、植物保障室外景观水体水质，得5分
		节水器具与设备	(1)全部卫生器具的用水效率等级达到2级，得2分；50%以上卫生器具的用水效率等级达到1级且其他达到2级，得3分；全部卫生器具的用水效率等级达到1级，得6分； (2)绿化灌溉及空调冷却水系统采用节水设备或技术，得4分
	节材与绿色建筑	一体化设计施工	服务区建筑所有区域实施土建工程与装修工程一体化设计及施工，得8分
		材料节约	(1)合理选用建筑结构材料与构件，评价总分值为10分，并按下列规则评分： ①混凝土结构，按下列规则分别评分并累计： a. 400MPa级及以上强度等级钢筋应用比例达到85%，得5分； b. 混凝土竖向承重结构采用强度等级不小于C50混凝土用量占竖向承重结构中混凝土总量的比例达到50%，得5分。 ②钢结构，按下列规则分别评分并累计： a. Q345及以上高强钢材用量占钢材总量的比例达到50%，得3分；达到70%，得4分； b. 螺栓连接等非现场焊接节点占现场全部连接、拼接节点的数量比例达到50%，得4分； c. 采用施工时免支撑的楼屋面板，得2分。 (2)施工期供水管线及设施，永久与临时相结合，得6分。 (3)施工期供电管线及设施，永久与临时相结合，得6分
		材料再利用	(1)可再利用材料及构件、可再循环材料使用量占单体建筑同部位、同类型建材用量的10%以上，得5分，15%以上，得10分； (2)对服务区范围内原有的、尚可使用的建筑物、构筑物加以保留和利用，得5分； (3)在保证能效的前提下，对服务区范围内原有的设备加以保留和利用，得5分

(5)环境友好。环境友好指标计分方法见表7.1-12。

环境友好指标计分方法 表7.1-12

<table>
<tr><th>一级指标</th><th>二级指标</th><th>三级指标</th><th>计分方法</th></tr>
<tr><td rowspan="8">环境友好
(100分)</td><td rowspan="6">场地生态和景观</td><td>保护或修复场地生态环境</td><td>(1)保护场地内原有的自然水域、湿地、植被等,保持场地内的生态系统与场地外生态系统的连贯性,得5分;
(2)采取净地表层土回收利用等生态补偿措施,得2分;
(3)根据场地实际状况,采取其他生态恢复或补偿措施,得3分;
(4)实行垃圾有效分类收集和处理,得10分</td></tr>
<tr><td>合理布局建筑及景观</td><td>(1)采用人工湿地作为污水处理工艺的服务区,人工湿地与绿地统筹布设,得5分;
(2)利用连廊、庭院、绿化、水景、小品等元素提升景观品质,为驾乘人员营造宜人的休憩空间,得5分</td></tr>
<tr><td>室内外雨水径流控制</td><td>场地年径流总量控制率达到55%,得5分;达到70%,得10分</td></tr>
<tr><td>空间绿化用地</td><td>(1)采用屋顶绿化或者垂直绿化形式,得2分;其中屋顶绿化的面积不少于屋面总面积40%的,得3分;
(2)绿地率达到25%以上,得3分;达到40%,得5分</td></tr>
<tr><td>室外吸烟区合理设置</td><td>室外吸烟区与绿植结合布置,并合理配置座椅和带烟头收集的垃圾桶,从建筑主出入口至室外吸烟区的导向标识完整、定位标识醒目,吸烟区设置吸烟有害健康的警示标识,得4分</td></tr>
<tr><td>绿色雨水海绵化基础设施</td><td>(1)下凹式绿地、雨水花园等有调蓄雨水功能的绿地和水体的面积之和占绿地面积的比例达到40%,得2分;达到60%,得3分;
(2)衔接和引导不少于80%的屋面雨水进入地面生态设施,得2分;
(3)衔接和引导不少于80%的道路雨水进入地面生态设施,得3分;
(4)硬质铺装地面中透水铺装面积的比例达到50%,得2分</td></tr>
<tr><td rowspan="2">室外物理环境</td><td>环境噪声</td><td>环境噪声值大于2类声环境功能区标准限值,且小于或等于3类声环境功能区标准限值,得5分;环境噪声值小于或等于2类声环境功能区标准限值,得10分</td></tr>
<tr><td>避免光污染</td><td>(1)玻璃幕墙的可见光反射比及反射光对周边环境的影响符合《玻璃幕墙光热性能》(GB/T 18091—2015)的规定,得5分;
(2)室外夜景照明光污染的限制符合现行国家标准《室外照明干扰光限制规范》(GB/T 35626)和现行行业标准《城市夜景照明设计规范》(JGJ/T 163)的规定,得5分</td></tr>
</table>

续上表

一级指标	二级指标	三级指标	计分方法
环境友好（100分）	室外物理环境	自然通风	(1)在冬季典型风速和风向条件下,按下列规则分别评分并累计： ①建筑物周围人行区距地高1.5m处风速小于5m/s,户外休息区、儿童娱乐区风速小于2m/s,室外风速放大系数小于2,得3分； ②除迎风第一排建筑外,建筑迎风面与背风面表面风压差不大于5Pa,得2分。 (2)过渡季、夏季典型风速和风向条件下,按下列规则分别评分并累计： ①场地内人活动区不出现涡旋或无风区,得3分； ②50%以上可开启外窗室内外表面的风压差大于0.5Pa,得2分

(6)提高与创新。提高与创新指标计分方法见表7.1-13。

提高与创新指标计分方法　　表7.1-13

一级指标	计分方法
提高创新（100分）	(1)地域特色风貌文化展现,因地制宜传承地域建筑文化,得20分； (2)BIM技术在建筑的规划设计、施工建造和运行维护阶段中的一个阶段应用,得5分;在两个阶段应用,得10分;在三个阶段应用,得15分； (3)驶入车辆统计,安装驶入车辆计数设备,进入服务区的匝道设置限速标志及车速检测显示系统,得5分； (4)采取节约能源资源、保护生态环境、保障安全健康的其他创新技术措施,且效益明显,评价总分值为60分;每采取一项,得10分,最高得60分

7.2 高速公路绿色服务区建设技术体系

绿色是生命的象征、大自然的底色,更代表了美好生活的希望、人民群众的期盼。交通运输业不仅要做发展的“先行官”,更应做绿色发展的“先行官”。绿色服务区建设是贯彻生态文明战略、践行绿色发展理念、助力美丽中国建设的必然要求,也是推进交通行业供给侧结构性改革的关键举措,具有重要的战略意义。

7.2.1 绿色服务区建设目标定位

1)突出服务本质,建设人民满意服务区

服务区作为高速公路上的“驿站”和“窗口”,是高速公路安全、便捷、舒适出行的保障,也是高速公路服务能力、管理水平的综合体现。高速公路服务区的服务内容和质量,越来越引起社会和公众的关注。应突出服务区服务的本质,把交通设施建设得更完备,使老百姓出行更便捷、更安全、更舒适、更有获得感,建设人民满意的服务区。

2)提升发展质量,实现资源节约、环境友好

绿色发展是建设美丽中国的必由之路。绿色服务区的构建是服务区发展的转型升级和发展趋势,是节约资源和生态发展的必然要求。服务区高质量绿色发展,为广大旅客创造高品质出行环境,让高速公路服务区更加休闲、更有温度。围绕提高资源利用率,以“减量化、再利用、资源化”为核心,探索高速公路绿色服务区建设新思路、新方法,整合服务区规划及工程、新能源、水处理、废弃物处理、设施设备、信息技术、景观设计、生态种植等领域资源,将各分项技术集成为功能模块。

7.2.2 绿色服务区服务供给侧分析

1)绿色服务区服务对象及需求侧识别

通过调查分析发现,服务区的服务对象主要包括人、车、社会,其中人的层面对服务区的需求主要体现在三个方面:便捷的服务、舒适的室内外空间和健康的环境;车的层面对服务区的需求主要体现在三个方面:安全的引导系统、高效的通行服务和发达的信息网络;社会层面对服务区的需求主要体现在三个方面:不同交通形式便利接驳、满足多元需求的服务功能和独特的建筑风格和服务特色。

2)基于供需平衡的绿色服务区服务供给侧研究

鉴于上述使用者对服务区的需求,服务区在规划设计及运营中,应着重从以下方面加以提高:为满足人的使用需求,服务区应布局合理、设施完备、环境优美、服务优质;为满足车的使用需求,服务区应流线通畅、标识明晰、信息发达;为满足社会使用需求,服务区应接驳便利、路地共享、主题鲜明。

7.2.3 基于“五化”理念的绿色服务区建设技术体系

7.2.3.1 个性化

高速公路房建设计的发展过程,也就是设计手法由早期的“粗放型”设计逐渐转变为根据个体差异而进行的“精细化”设计的过程。这里的“个体差异”,主要指设计环境的差异。例如:物化的环境条件差异、社会化的环境条件差异等。充分挖掘建筑设计的“个体差异”,进行“个性化设计”,不但可以创造出千姿百态的高速公路房建作品,更能够为社会创造更多的物质与精神财富。“个性化设计”重点体现在以下几方面:

(1)紧密结合自然环境进行建筑布局。因地制宜地进行建设用地范围选择与建筑布局,不但可以使建筑与自然环境取得最优化结合,取得最佳景观效果,而且能够体现“集约化”设计思想,保护原有地形地貌,减少土石方,降低工程造价。对于与环境结合这一设计要素,不应仅停留在概念上,而要确实落实在工程实例中。从建设用地的选择、建筑物位置、广场及停车场布局到道路的设置,均能够体现紧密结合自然环境的个性化设计理念。

(2)建筑造型与地方自然、人文特点紧密结合。筑造型是体现建筑个性化设计的主要方面。我们提倡的建筑造型个性化,不是照搬照抄的舶来品,而是源自建筑物所处的物化环境与社会化环境。高速公路建筑犹如一个个沿线城市与乡村的窗口,最能够体现当地的自然风貌、

人文特点。建筑造型的设计需考虑不同地区的审美差异、城市与乡村的环境景观差异以及项目所在地区的自然、文化背景差异等,这样的建筑作品才能更加生动而感人。

(3)挖掘地方特色经济拓展建筑功能。高速公路服务区在功能设置上不能千篇一律,而是根据项目所在的位置挖掘地方特色经济,来拓展建筑功能。如充分利用服务区所在地的区域经济资源,统筹设计融景观与实用为一体的服务区建筑,拓展服务区的服务范围和能力,可以极大地方便游客,为今后服务区乃至地方经济的持续发展打下良好的基础。如高速公路服务区利用丰富的水产资源,在湖中统筹设计了融景观与实用为一体的水产市场和码头;再比如高速公路服务区充分利用其地理位置和自然环境的优越性,增加宾馆、会议功能,取得良好的社会经济效益。这便是挖掘地方特色经济拓展建筑功能的成功典范。

7.2.3.2 低碳化

低碳化服务区是指符合绿色建筑技术要求,在规划、设计、施工及运营等各个阶段内,最大限度地节约资源(节能、节地、节水、节材)、保护环境和减少污染,为驾乘人员出行提供便捷、舒适的服务,与自然和谐共生的服务区。绿色(低碳)服务区的建设技术由公路服务设施合理规模与布局技术、绿色建筑技术及绿色出行服务与管理技术等组成,其中:公路服务设施合理规模与布局技术包括公路服务运营模式选择、服务设施选址、服务功能配置及总体布局等内容,绿色建筑技术主要包括节地与室外环境、节能与能源利用、节水与水资源利用、节材与材料资源、室内环境质量和运营管理技术等。绿色出行服务与管理技术包括基于触摸屏的多媒体出行者交通信息服务系统和电子自动标识技术等。

7.2.3.3 海绵化

2014 年 10 月,住房和城乡建设部印发了《海绵城市建设技术指南——低影响开发雨水系统构建(试行)》,以指导各地建设自然积存、自然渗透、自然净化的“海绵城市”。推广和应用低影响开发建设模式,加大城市径流雨水源头减排的刚性约束,优先利用自然排水系统,建设生态排水设施,充分发挥城市绿地、道路、水系等对雨水的吸纳、蓄渗和缓释作用,使城市开发建设后的水文特征接近开发前,有效缓解城市内涝、削减城市径流污染负荷、节约水资源、保护和改善城市生态环境,为建设具有自然积存、自然渗透、自然净化功能的“海绵城市”提供重要保障。

服务区在空间结构和功能用途等方面与城市有诸多相近之处,可视作“海绵城市”的缩小版。屋顶、非机动车道、行车道、绿地等是构建“海绵城市”的重要模块,因此可以利用高速公路服务区的屋顶、路面、绿化等模块,并结合相应配套设施,构造一种具有收集、存储、净化、回用的海绵服务区,以有效解决服务区路面积水问题,提高水资源利用率,提升服务体验。

7.2.3.4 智能化

经济社会的迅速发展,人们生活水平的提高,人均车辆保有量快速增长,大众自驾出行旅游需求旺盛,对服务区的承载能力和服务水平等提出更高要求和巨大挑战。在未来的高速公路智慧服务区建设中,将充分运用物联网、云计算、大数据等众多新理念、新技术,充分发挥高速公路服务区的特性,将“点多、线长、面广”的管理劣势通过信息化的技术转变成为该产业的优势,将智慧化建设与服务区日常运营管理融合发展,积极建设"互联网+"服务区,实现智慧化、产业化、人性化、现代化的同步发展,全力将服务区打造成为集商超、停车、加油、修理、餐饮、娱乐、住宿、物流等一站式服务的"温馨旅岛"。

7.2.3.5 人性化

建筑大师M·雅马萨齐说:"我们今日的建筑就是要表现今日的时代,我们需要爱、温存、喜悦、宁静、美丽、希望……。建筑就是给予一个这样的环境。"美好的建筑设计意味着使建筑更富人情味,同时也意味着一种比单纯技术产品更为广泛的功能主义,这一目标仅能通过建筑手法来实现。人性化设计作为高速公路建筑设计的重要方面,应该通过更加细致入微的创新设计手法来实现。

(1)场区内各种功能分区、人车流线的优化。建筑的功能分区、人车流线的设计往往是设计成败的基础,对于服务区来说更是如此。如何通过建筑的功能分区、人车流线的设计,来合理引导服务区内人的行为活动,创造更加合理有序的服务区空间,并且为驾乘人员提供更加舒适的人性化场所,是高速公路服务区设计需要不断研究的课题。服务区设计在功能分区、场地人车流线的设计方面,在总结以往成功经验的基础上不断地优化,从细节上入手,组织出更具人性化的功能分区以及人车流线设计方案,为驾乘人员提供更加优质的服务。

(2)场地总体布局上对自然景观的利用。在场地总体布局方面充分考虑对自然景观的利用,是建筑人性化设计的另一重要方面。服务区的场地总体布局设计需充分考虑对场地周围自然水体、山体等自然景观的利用,并在设计手法上不断推陈出新,才能创造出更富人情味的高速公路服务区空间。

高速公路绿色服务区建设技术体系框架如图7.2-1所示。

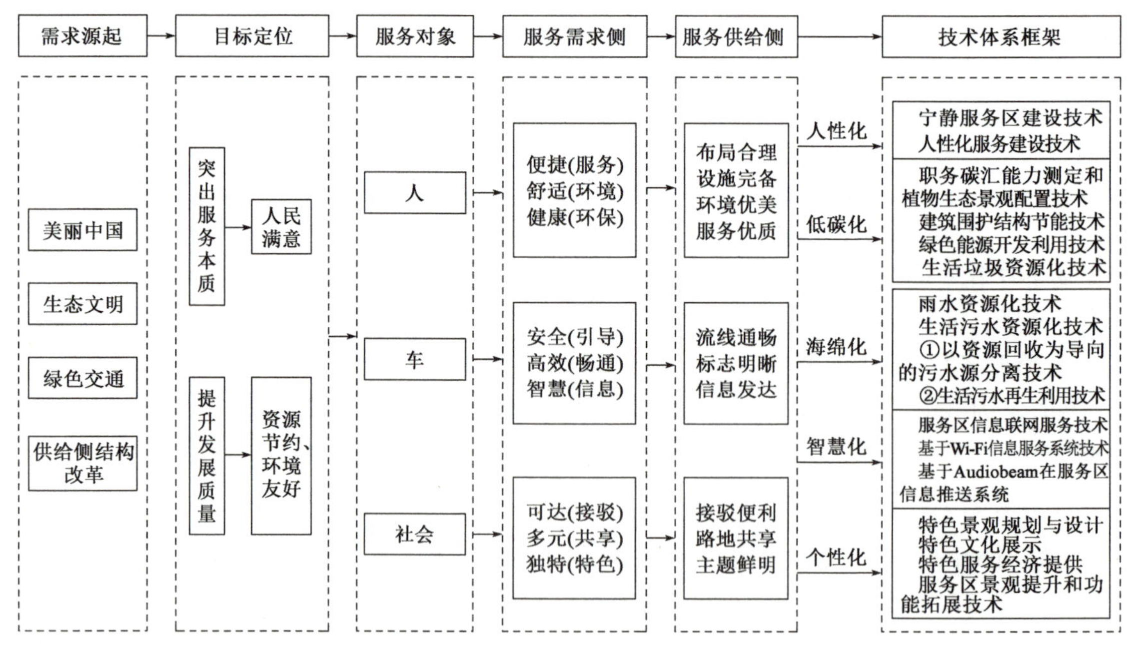

图7.2-1 高速公路绿色服务区建设技术体系框架

7.2.4 “五化”服务区建设技术体系框架

7.2.4.1 人性化服务区打造技术

(1)宁静服务区建设技术。宁静服务区建设技术包括服务区低噪声路面技术、服务区交通噪声控制技术、服务区建筑隔声技术等。

(2)人性化服务设施建设技术。人性化服务设施建设技术包括儿童娱乐设施、母婴室、ATM(Automated Teller Machine,自动取款机)机、Wi-Fi 全覆盖等体现人文关怀的绿色服务设施,安装监控系统,对服务区进行24h 全方位监控。

7.2.4.2 低碳化服务区打造技术

(1)建筑围护结构节能技术。建筑围护结构节能技术包括混凝土空心砌块填充墙外墙、架空式保温屋面、废旧混凝土生物发泡保温材料等建筑围护结构节能技术。

(2)绿色能源开发利用技术。绿色能源开发利用技术包括地源热泵系统(土壤源、水源)技术、太阳能光伏发电技术、光伏建筑一体化技术、风力发电技术、太阳能风光互补供电技术、太阳能光热利用技术等。

(3)生活垃圾资源化技术。生活垃圾资源化技术包括应用生态粒子垃圾处理技术,实现生活垃圾资源化。处理垃圾时不用油、不用气、不用任何燃料,只是自动上料,尾气处理时二燃室用少量电;处理后的残渣是处理前废物的3% ~5%,垃圾不需要二次运输,可节省大量的运输费用;不需要填埋,可节省土地,避免二次污染,处理后的残渣可以作为肥料利用;可实现在垃圾的源头就近处理,无须收集转运,集中处理,节约土地资源;安装一台 GKFYS-1500 垃圾处理机,只需 20m×8m 的面积,钢架结构使用轻钢屋面即可。

高速公路绿色服务区建设技术体系如图 7.2-2 所示。

7.2.4.3 海绵化服务区打造技术

开展以雨水资源化、生活污水资源化为主要内容的海绵化服务区建设技术研究。

(1)雨水资源化技术。雨水资源化技术遵循“渗、滞、蓄、净、用、排”六大方法并举的原则,包括透水路面、渗透性生态停车场、绿色屋顶及下沉式景观绿地等。雨水收集系统由屋面雨水收集系统和地面雨水径流收集系统组成,其中地面雨水径流收集系统又包括渗透表面、植被水道、低势绿地等组成。

(2)生活污水资源化技术。

①以资源回收为导向的污水源分离技术:将高浓度的人类粪尿与其他杂排水分离,从人类粪尿中回收能量和资源。源分离手段包括不冲水的堆肥干厕、尿液分离的冲水厕具、极少量冲水的负压厕具或尿液分离负压厕具。

②生活污水再生利用技术:包括膜生物反应器(MBR)、人工湿地系统、土壤渗滤系统及纳米高渗超低压膜污水处理技术(MTR)等工艺,处理后的中水回用于服务区绿化灌溉、道路清扫、消防、冲厕、车辆冲洗等杂用水或服务区景观用水。

7.2.4.4 智能化服务区打造技术

(1)服务区信息联网服务技术。集成运用互联网 + GIS(Geographic Information System,地

理信息系统）+ Wi-Fi 技术，开展基于智能手机终端、大屏、触摸屏等多种终端的智能化信息服务的信息服务工程示范建设；通过服务区联网信息服务对进入服务区的大型货车、大型客车驾驶员进行安全联网信息检测，保障其上路安全，对影响行车安全的驾驶行为和潜在威胁进行及时处理和信息备案，通过信息服务构建可追溯和可预测的安全服务机制。

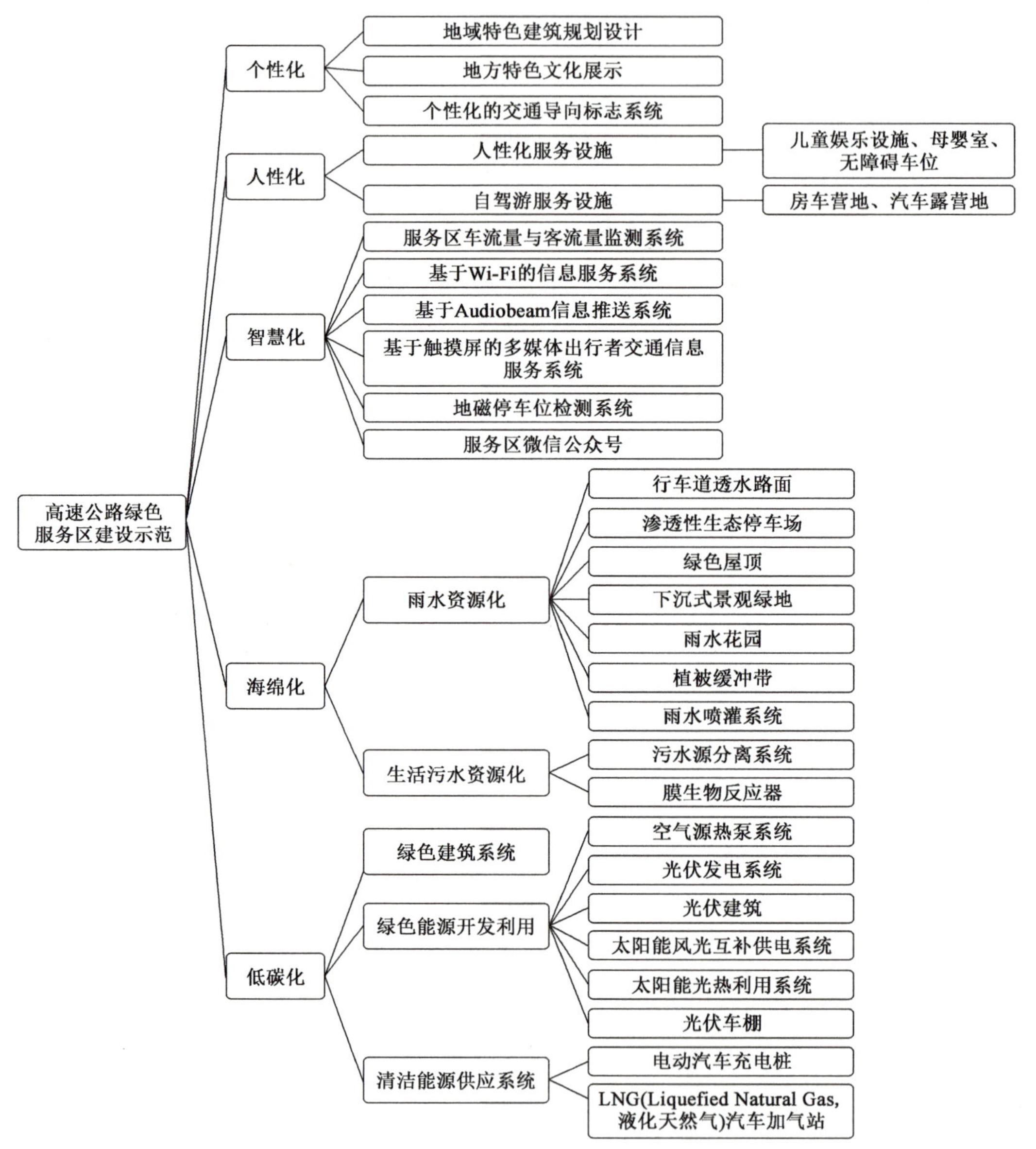

图 7.2-2　高速公路绿色服务区建设技术体系

（2）基于 Wi-Fi 的信息服务系统技术。通过在服务区实施 Wi-Fi 覆盖，为公众提供无线接入互联网服务，同时为高速公路交通信息服务的发布提供手段，有利于示范工程 App、微信等的传播；对没有安装 App 的用户，用户也可以通过接入 Wi-Fi 点击页面的方式，强制用户浏览有关交通、广告等信息。同时，通过分析连接 Wi-Fi 系统的手机 MAC 信息，能够协助管理者分析服务区的用户聚集度,结合服务区服务能力发出相关预警信息,便于管理者合理布局设施、设备和人力,加快有关隐患的疏导等。

(3)基于 Audiobeam 的服务区信息推送系统技术。利用 Audiobeam 技术,向距离服务区一定距离范围内及拟进入服务区的车辆推送车位数量及分布、加油及其他特色服务信息(如旅游信息、特色产品介绍等)。

7.2.4.5 个性化服务区打造技术

(1)特色景观规划与设计。特色景观规划与设计是指结合公路沿线自然旅游资源及传统的民族文化资源对服务区建筑及环境景观进行专项规划设计。

(2)特色文化展示。特色文化展示是指以文化景观、建筑风格、绿化工程、工程外观等为载体,展现公路文化、民族文化、历史文化、地域文化和自然生态文化,以书画、文学、雕塑、文化墙、碑刻、民族民居、绿化美化等形式展现文化内涵。

(3)特色服务经济提供。特色服务经济提供是指通过土特产、特色旅游商品、特色休闲度假消费等方式,积极适应公众出行需求新变化,创新公路服务区服务方式,增加服务载体,丰富服务内涵,扩大服务范围;增加出行服务体验的多样性,做强"过路经济",鼓励旅客在服务区的在途消费,为公众提供良好的在途服务、中途补给服务,以及应急救助等服务。

(4)个性化的交通导向标志系统。

7.3 绿色服务区关键技术研究

7.3.1 海绵化服务区建设关键技术

低影响开发指在开发建设过程中采用源头削减、中途转输、末端调蓄等多种手段,通过渗、滞、蓄、净、用、排等多种技术,实现良性水文循环,提高对径流雨水的渗透、调蓄、净化、利用和排放能力,维持或恢复城市的"海绵"功能。开展海绵服务区建设理念、建设标准及设计技术研究是贯彻落实党的十八届五中全会提出的绿色发展理念的体现,也是完善绿色公路服务区技术体系的一个重要方面。通过研究,将形成海绵服务区建设理念与建设标准,同时研究还将揭示海绵服务区系统的构成与支持技术体系,为广吉高速公路泰和北服务区海绵服务区的规划、设计及建造提供系统化的技术指导。

依据城市、居住小区及建筑给水排水的有关设计原理,并结合广吉高速公路泰和北服务区的实际情况,制定广吉高速公路服务区雨水利用总体方案,提出适宜高速公路自身特点的海绵服务区建设技术。根据雨水资源化潜力分析原则和方式,从雨水资源化理论潜力和雨水资源化可实现潜力两个方面,分析泰和北服务区雨水利用潜力的大小。

研究主要以泰和北高速公路服务区为依托工程,开展雨水综合利用为目的,实现雨水资源化,减少地面径流,减少排水压力,增加可利用水源,涵养地下水,保护服务区区域生态环境,并以此形成服务区海绵化中的低影响开发技术体系,指导今后同类工程的雨水资源化建设。

泰和北服务区平面设计如图7.3-1所示。

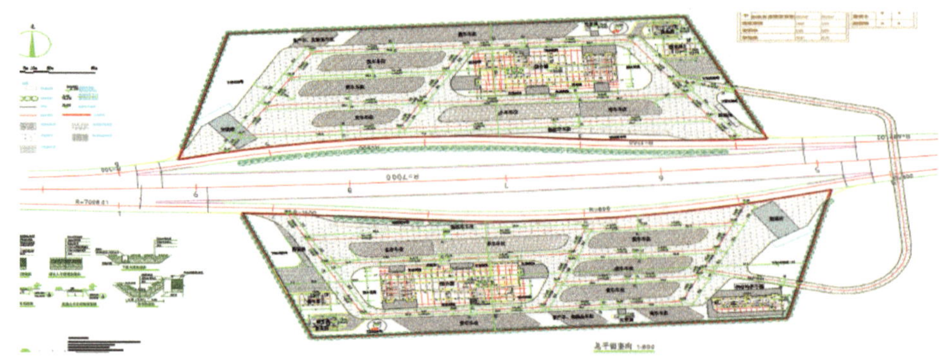

图7.3-1 泰和北服务区平面设计

1)渗透路面

渗透路面是指路面各层均具有较大孔隙率,雨水可通过面层下渗。渗水路面一般由三部分组成:面层、基层和垫层。按照面层的铺装不同,渗水路面又分为两大类:一种是透水性混凝土路面,包括透水性沥青混凝土和透水性无砂混凝土;另一种是透水砖路面。当采用透水路面时,面层和基层之间需设置找平层。渗透地面具有良好的渗水性和保湿性,既满足硬化地面的使用要求,又可通过自身性能接近天然草坪和土壤地面的生态优势,减轻非硬化地面对大自然的破坏程度,提高土壤的透水性及透气性,并最大限度消减雨水径流量,补充地下水,体现了与环境共生的可持续发展理念。

高速公路服务区来往大型货车较多,因此对地面的承载力要求比较高,不宜采用渗水路面,一般采用混凝土及沥青路面。渗透路面主要针对高速公路服务区广场及人行道设置,根据设计文件资料,泰和北服务区广场铺地面积达到4685m²,面积较大,具有一定的研究利用价值。

(1)透水砖。

透水砖由于路面结构施工简单,材料美观大方,并可通过工业固体废料为原料加工制得,因此在服务区改扩建工程中的广场及人行道地面铺设时采用(图7.3-2)。

图7.3-2 透水砖及透水砖铺设的路面

工程所采用的透水砖应满足在具备一定透水性的同时,具有良好的防滑功能及装饰效果,物理性能应符合《透水砖》(JC/T 945—2005)和《混凝土路面砖》(JC 446—2000)标准中优等品要求，最小抗压强度不应小于35MPa，单块最小抗压强度不小于31MPa，抗折强度平均值不小于3.5MPa。透水砖铺设的广场横坡度不宜小于1.0%，在实际设计中结合其他排水设施进行修正。

(2)透水混凝土。

透水混凝土是由欧美、日本等发达国家和地区针对原城市道路的路面缺陷开发使用的一种优良的铺装材料，它能让雨水流入地下，有效补充地下水，缓解城市地下水位急剧下降等城市环境问题，并能有效地消除地面上油类化合物等对环境污染的危害；同时可以保护地下水、维护生态平衡、缓解城市热岛效应。透水混凝土有利于人类生存环境的良性发展，在城市雨水管理与水污染防治等工作上具有特殊的重要意义。

透水混凝土系统拥有系列色彩配方，配合设计的创意，针对不同环境和个性要求的装饰风格进行铺设施工，这是传统铺装和一般透水砖不能实现的。

透水混凝土在美国从20世纪七八十年代就开始研究和应用，不少国家都在大量推广，如德国预期要在短期内将90%的道路改造成透水混凝土，改变过去破坏城市生态的地面铺设，使透水混凝土路面取得广泛的社会效益。

透水混凝土的技术指标分为拌合物指标和硬化混凝土指标。拌合物指标有：坍落度(与普通混凝土不同，透水混凝土无坍落度要求)；凝结时间(初凝不少于2h)；浆体包裹程度(包裹均匀，手攥成团，有金属光泽)。硬化混凝土指标有：强度(C15～C30)；透水性(不小于1mm/s)；孔隙率(10%～20%)；抗冻融循环一般不低于D100。

屋顶绿化在城市雨水利用中已经得到了较多的应用，可消减雨水径流量，有利于防洪排涝，相对提高防洪标准，同时可减少雨水资源的流失，调节自然循环和平衡。

屋面雨水污染负荷主要包括两部分：降雨污染负荷和屋面径流污染负荷。降雨污染负荷是降雨过程中雨水与大气中污染物质接触所形成的污染负荷，屋面径流污染是雨水在屋面汇流冲刷过程中所形成的污染负荷。未经绿化的屋面径流雨水尤其是初期径流污染会比较严重，主要污染物是COD和SS。

2)下凹式绿地

从提高自净功能出发，依据绿色集雨消尘环境系统理论，产生了城市集雨绿色生态系统，即下凹式绿地雨水蓄渗系统。下凹式绿地是指低于周边地面的绿地，它可使周围地面径流流入绿地，利用绿地良好的入渗性能增加入渗量，减少排水，涵养水分。该系统由绿地、建筑、硬化路面、排水系统四大要素共同构成，绿地在其中占据核心地位。其竖向设计格局为：绿地在整个系统中的标高最低，建筑及路面等硬化面的标高高于绿地，排水系统(雨水口)设置在绿地中，设置标高低于硬化路面但高于绿地。建筑物屋面雨水及硬化路面雨水先进入绿地，由于绿地标高较低，可集蓄部分雨水，并提高对雨水的渗透和截留能力，若雨水量较大，超量的雨水将经绿地内的雨水口溢流至排水系统。

雨水流经绿地过程中，经渗透、沉淀、截留作用，径流水量被削减、径流中污染物得到部分去除。因而下凹式绿地具有滞留利用雨水与控制城区污染负荷的双重作用，构成具有高效自净能力的城市生态系统的一部分。

当雨水量小于下凹式绿地的储渗能力时，雨水被全部截留在下凹式绿地内得到消化；当雨水量较大时，超出下凹式绿地的渗透能力及储存容积，雨水经铺设在绿地内的渗透雨水井溢流入渗排一体化系统。影响下凹式绿地的储渗能力的主要因素是土壤的入渗率。入渗速率不能过大，入渗速率过大容易造成雨水在到达地下水区位之前没有足够的停留时间得到净化，一般认为，绿地土壤渗透系数应大于 10^{-3}m/s；入渗速率过低，将使集蓄在绿地内的雨水停留时间过长，使渗透区出现厌氧环境，而长时间的厌氧环境对绿地植物和微生物的截留转化都是有害的。一般认为，绿地土壤渗透系数应小于 10^{-6}m/s。下凹式绿地剖面设计如图 7.3-3 所示。

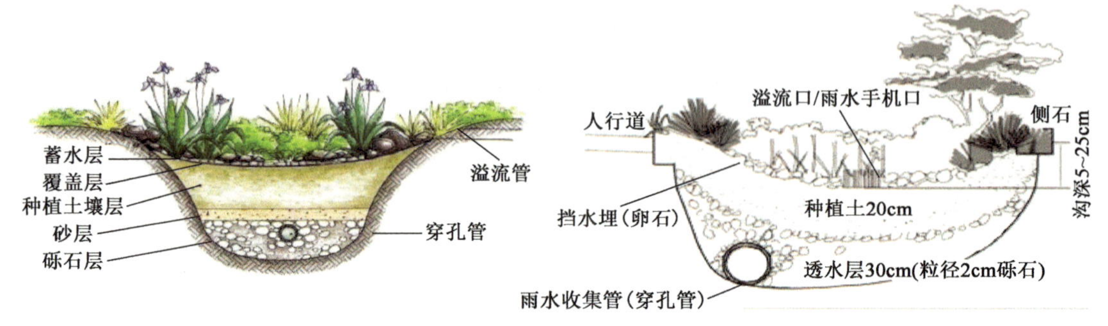

图 7.3-3 下凹式绿地剖面设计

7.3.2 生活污水资源化技术

1)江西省高速公路服务区污水特征分析

高速公路服务区附属设施污水主要包括餐厅、公共卫生间、停车住宿产生的污水，以及工作人员产生的日常生活污水。部分服务区和养护工区也产生含油废水，洗车废水所含污染物以泥沙颗粒物、石油类为主，车辆维修站排水则以石油类为主。高速公路附属设施所排放的加油、洗车、修车废水数量较少，一般经隔油池预处理后与生活污水混合进入后续处理设施，具有污水有机物浓度不高的水质特点。污水中的主要污染物为悬浮物、碳氢化合物、蛋白质、动植物油、氮和磷的化合物、表面活性剂、微生物和无机盐等，其水质接近典型生活污水。选取横市服务区与泰和北服务区作为原水水质参数，服务区废水基本上以化学需氧量(COD)、五日生化需氧量(BOD_5)污染为主，悬浮物(SS)则主要由洗车的废水产生，石油类污染主要以洗车废水为主。废水中氨、氮含量较高，这是由于生活污水，尤其是冲厕废水较多造成的。服务区原水水质情况见表 7.3-1。

服务区原水水质情况 表 7.3-1

项目名称	COD	BOD_5	SS	NH-N	pH
数值范围	270 ~ 860	120 ~ 310	40 ~ 57	9 ~ 94	7 ~ 9
平均值	407	142	49	37	7.8

本研究调查的服务区，主要污水来源是交通客流产生的生活污水，污水量随客流波动较大。污水量因附属设施的规模、建筑性质、使用功能不同而差别很大。《建筑给水排水设计标准》(GB 50015—2019)中对公共卫生间和绿化用水没有明确的说明，而测定各类建筑物排水量是比较困难的，设计人员一般按给水量的 80% ~ 90% 计算，也有按《建筑给水排水设计标准》(GB 50015—2019)中居住区生活污水量标准进行设计的，但实践表明该标准偏低，且附属

设施污水主要发生源的来往交通流停驻具有很大的随机性，因此计算水量也表现出较大的波动性和不确定性。总体上看，水量不稳定是高速公路附属设施一个突出特点，但因污水量与交通流相关，因此污水水量大致呈现昼高夜低、节假日高的波动趋势。高速公路服务区的污水是餐饮、洗浴、如厕、洗车、修车、加油产生的污水，污染物为悬浮物、碳氢化合物、蛋白质、动植物油、氮和磷的化合物、无机盐、少量表面活性剂和泥沙、微量石油油污，污水性质较复杂。

2）服务区出水水质要求

出水水质要求有机物和氨、氮去除率高，服务区的再生水可利用场合为区内绿化、道路洒水降尘、如厕冲洗与车辆清洗和冷却，若要节约清水、实现节能、最大限度利用废水循环，需要污水处理满足绿化、冲厕、车辆清洗等的用水水质标准，即符合《公路服务区污水再生利用　第1部分：水质》（JT/T 645.1—2016）对中水回用水质的要求（表7.3-2）。该要求需要实现COD、BOD_5和氨、氮的高去除率。

《公路服务区污水再生利用　第1部分：水质》（JT/T 645.1—2016）主要指标　表7.3-2

序号	指　标	冲　厕	道路清扫	绿　化	消　防
1	pH	6.0～9.0			
2	色度（度）	≤30			
3	嗅	无不快感			
4	浊度（NTU）	≤5	≤10	≤10	≤10
5	溶解氧	≥1.0			
6	化学需氧量（COD）（mg/L）	≤50			
7	溶解性总固体（mg/L）	≤1500	≤1500	≤1000	≤1500
8	五日生化需氧量（BOD_5）（mg/L）	≤10			
9	氨氮（mg/L）	≤10	≤10	≤20	≤10
10	石油类（mg/L）	≤1.0			
11	动植物油（mg/L）	≤1.0			
12	阴离子表面活性剂（mg/L）	≤1.0	≤1.0	≤1.0	≤1.0
13	总余氯（mg/L）	接触30min后≥1.0，管网末端≥0.2			
14	总大肠菌群（个/L）	≤3			

3）江西省高速服务区污水处理与中水回用设施方案优选

根据服务区的管理情况和污水排放的特点，废水主要来源为车辆服务废水、工作人员和流动人员的生活污水。车辆服务废水主要来自车辆冲洗废水及少量机修废水；生活污水为过往旅客、驾驶员及工作人员产生的生活污水。服务区由于特殊的服务职能，其污水的流量波动大。因此服务区常年清洁用水量大、日耗水量大和污水排放量大，导致水资源大量浪费。

4）备选方案概况及比选

（1）A/O-MBR处理工艺。

该工程技术采用"A/O法"（其中好氧工艺采用接触氧化法）和MBR（生物膜处理技术）相耦合的技术，设备采用碳钢材料，具有防酸、防碱、防腐蚀、防冲击优点，无二次污染，因此，A/O-MBR生化中水回用处理技术无论从技术还是设备方面，均具有一定的先进性。经该技术处理后的出水经消毒处理，进入中水储存槽，经新建回用管网系统回用于服务区卫生间冲厕和绿化。

(2)SBR 法处理工艺。

SBR 法是近年发展起来的一种较为先进的活性污泥处理法，该处理工艺集曝气池、沉淀池为一体，连续进水，间歇曝气，停气时污水沉淀撇除上清液，成为一个周期，周而复始。SBR 法不设沉淀池，无污泥回流设备，但 SBR 法为间歇运行，需设多个处理单元，进水和曝气相互切换，造成控制较为复杂。为了保证溢流率，SBR 法对滗水器设备制造要求高，制作时必须精益求精，否则极易造成最终出水水质不达标。国内目前还没有质量较好的滗水设备，进口设备采购麻烦，且价格昂贵，同时后期维修费用也高。SBR 法池内污泥浓度由浓度仪测定，以便控制排出多余污泥量，目前国内由于浓度仪技术不成熟等原因易造成 SBR 污泥排放控制困难等问题。

上述两种工艺均可达到污水回用的目的，但是从采用技术可行性、经济合理性以及处理工艺等方面考虑，A/O-MBR 处理工艺的方案具有明显技术、经济优势。A/O-MBR 处理工艺为服务区生活污水处理及中水回用的推荐方案。

针对江西省高速公路服务区污水特征，本项目研究的 A/O-MBR 污水处理新技术可适应高速公路服务区出水水质要求有机物和氨、氮去除率高、服务区污水量波动大、服务区污水性质较复杂、无专业管养等污水的特点，实现污水处理达到相应中水回用标准。

A/O-MBR 污水处理工艺是年来得到国内外广泛关注的新型处理工艺，该工艺与生物膜处理紧密结合，具有处理效率高、出水水质稳定、流程简化、装置紧凑、设备控制自动化程度高等优点，在污水回用中表现出显著的优势。

如图 7.3-4 所示，A/O-MBR 污水处理系统工艺基本上是采用物理作用预处理 + 生物作用深度处理 + 物理作用澄清。A/O-MBR 污水处理技术特点如下：

①工艺简单，故障率低，易于维护；

②处理效果好，污染物去除率高，BOD_5 的去除率较高可达 90% ~95% 以上，脱氮效率达 70% ~80%；

③剩余污泥量少，污泥负荷低；

④出水水质好且稳定(采用 0.1 ~0.4μm 孔径滤膜)；

⑤节能环保，无须添加药剂；

⑥运行费用低，每吨污水处理费用不足 1 元；

⑦MBR 膜的使用寿命长，可达 7 ~8 年。

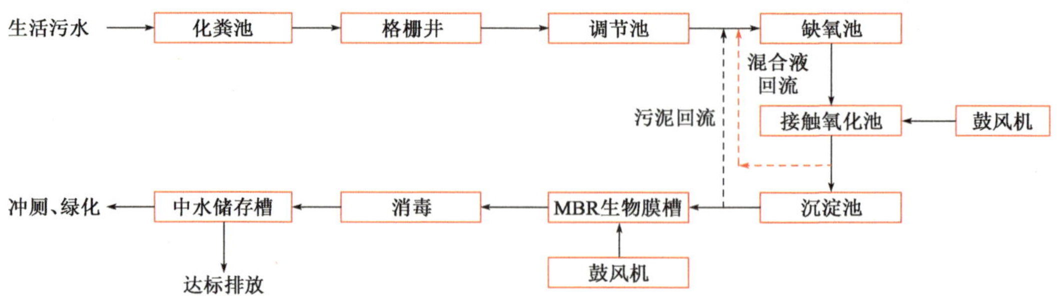

图 7.3-4　A/O-MBR 污水处理系统工艺流程简图

5)A/O-MBR 污水处理机理分析

A/O-MBR 的核心构件是 MBR 膜生物反应器。膜生物反应器是近年来得到国内外广泛关注的新型处理工艺，该工艺将膜分离与生物处理紧密结合，具有处理效率高、出水水质稳定、流程简化、装置紧凑、设备控制自动化程度高等优点，在污水回用中表现出显著的优势。

(1)MBR 膜材料的性质。

MBR 膜材料的性质包括膜的材质、构造、孔隙率、孔径、亲/疏水性、粗糙度和电荷性质等。Choo 等研究得出在厌氧 MBR 中膜通量变化与膜的类型无关；并指出聚砜膜、纤维素膜、聚偏氟乙烯膜三种材质的及其孔径尺寸对膜内部污染程度的影响，结果表明：膜内部污染是影响膜通量减小一个重要方面；不同材质的膜因吸附、堵塞引起的膜污染有很大差别，且孔径在 0.1μm左右时膜污染的趋势最小。因此，目前 MBR 工艺大多数采用 0.1～0.4μm 孔径的膜材料。有文献介绍，膜构造中对称结构的微滤膜比不对称结构更易被堵塞。孔隙率与纯膜阻力 R_m 成反比关系，疏水性越强的膜受污染越严重。为此，学者们进行了通过各种方式来加大对膜的亲水性研究。膜表面粗糙度影响污染物的吸附和水流扰动程度，进而引发膜污染。选择膜面与胶体微粒带相同电荷的膜不易污染，多数 MBR 工艺选用带负电的膜材料，因为一般水溶液中胶体微粒带负电。

(2)膜生物反应器的特点。

MBR 膜由于膜组件的强效分离作用，其固液分离效率高，相较传统污水处理工艺，其具有以下特点：

膜组件的截留作用可以避免损失反应器中的微生物，从而保持较高活性污泥浓度；耐冲击负荷能力强；可以保持污泥较长泥龄，使反应器中发生污泥硝化，减小剩余污泥量；操作管理方便。相较传统活性污泥法，MBR 膜工艺具有成本较高、能耗和运行费用较高、易遭到膜污染等缺点。正是膜生物反应器的这些缺点制约了 MBR 的应用，不过，相信随着膜材料和膜技术的进步，MBR 膜的缺点也将会变得越来越少。

6)工艺设计要点

(1)充分的水量调节功能。

为了适应服务区污水水量波动大的特点，本项目选用的 A/O-MBR 工艺停运后启动恢复时间短，可适应间歇运行的模式，出水水质稳定。调节池停留时间按 12～15h 进行设计。

该类型设备污水由集水井提升泵送入调节池，提升泵设为一用一备。污水水量低于或等于设计水量时启动一台泵，水量高峰期时两台泵同时启动。调节池有效容积设计充分，提供了充分的缓冲空间，提高了系统的抗冲击性能。当短时间无污水进入系统时，仍能向生化处理单元继续输送污水，保证系统的正常运行。

当水量长时间远低于设计流量时，A/O-MBR 反应器采用间歇运行的模式。A/O-MBR 反应器中接种的工程菌通过与活性基团的键合作用固定于级配填料表面生长，细菌活性高、不易流失。工程应用结果表明，A/O-MBR 能够适应间歇性进水的运行模式，出水水质稳定达标。

(2)PLC 自动化控制，全自动运行，污泥转运工作强度低。

高速公路服务区常驻工作人员少，无法配备专职人员对污水处理装置进行管理、维护。目前国内常见的生活污水处理装置，在缺少人工操作管理的条件下，难以长期维持稳定的处理效果。

充分考虑服务区无人管理、无人维护的特点，采用 PLC（Programmable Logic Controller，可编辑逻辑控制器）控制系统，对 A/O-MBR 污水处理装置的监控、运行、管理进行全自动控制，系统的冲洗过程可通过工艺管道上的自控阀门实现定时自动冲洗。系统增加了人机交换界面，更好地实现了系统的过程监控、时间设置、人工干预等功能，所有仪表检测信号、机泵运行状态均可在操作界面集中显示。A/O-MBR 一体化污水处理装置的产泥量仅为活性污泥工艺的 10% ~20%，产生的少量剩余污泥排入化粪池，污泥转运周期不超过每年 3 次。

（3）设备容积负荷高、占地面积小，外形美观，无臭气、噪声污染。

A/O-MBR 一体化污水处理装置可实现较高的有机物去除负荷［最高可达 20kgCOD(m^3 · d)］，且生化处理单元后无须设置二次沉淀池，节省了占地面积，充分适应了高速公路服务区布局紧凑的特点。

A/O-MBR 一体化污水处理装置设备外形美观，可埋入地表以下，设备上部可种植花木、草坪，也可设置在室内。水泵、风机分别置于液下、设备间内，室外噪声低于 50dB，不影响周边生产生活。西海服务区 A/O-MBR 污水处理喷淋灌溉装置如图 7.3-5 所示。

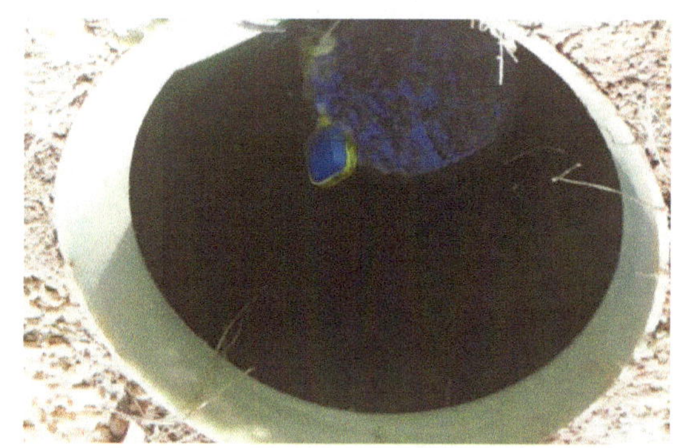

图 7.3-5　西海服务区 A/O-MBR 污水处理喷淋灌溉装置

A/O-MBR 反应器是由生物菌种和 MBR 膜组合作用的综合系统，在分别优化菌种和填料的基础上，进一步研究组合后形成的 A/O-MBR 反应器优化效果。结合实际运行情况，A/O-MBR反应器优化效果体现在对污染物处理及冲击耐受和对停启运行变化耐受两个方面。

7.3.3　服务区定向诱导声信息推送技术系统研发

1）定向诱导声信息的硬件设计方案

项目基于 16 位定点 DSP 芯片 TMS320VC5509A 设计了一种指向性扬声器系统。定点 DSP 芯片 VC5509A 具有高性能、低功耗、低成本等优点，可以灵活实现复杂的数字信号处理算法、精确生成载波信号，提高系统的稳定性、可靠性和精度。信号处理算法是在传统双边带调制方法的基础上加入了固定调制比控制，使用固定的调制比可以减少过量超声载波的输出，将调制比控制在合适的范围内以得到较好的音质。软件实现时使用双采样率，减小了系统的计算量，在使用复杂信号处理算法时保证系统的实时性。

在指向性扬声器系统的设计上，以前大多以纯模拟电路来实现。由于算法的复杂性，使得电路设计的难度相当大，同时纯模拟电路调试不方便、开发周期过长，这些问题都制约着指向性扬声器研究的进展。研究成果基于参量阵原理,以 TMS320VC5509A 数字信号处理器为核心设计了指向性扬声器系统,能够将音频信号向指定方向发射,形成一束很窄的声波束。指向性扬声器工作原理如图 7.3-6 所示。

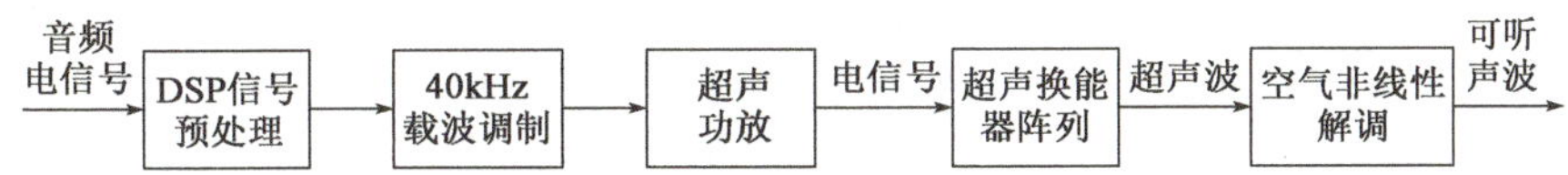

图 7.3-6　指向性扬声器工作原理

首先通过 VC5509A 数字信号处理器对音频信号进行预处理,然后将其调制在 40kHz 的高频载波信号上,再将该信号经功率放大后,驱动超声换能器阵列产生一束超声波。由于空气的非线性声学效应,载有音频信号的超声波在传播过程中能够将音频信号自解调出来,从而被人耳听到。由于超声波的超指向性和参量阵效应,其载有的音频信号解调出来沿特定方向传播,实现了扬声器的指向性。

2)超声功放设计

超声功率放大器用于将调幅信号进行功率放大以驱动超声换能器阵列。由于超声换能器的中心频率为 40kHz,而普通音频功放的频响范围 20～20000Hz,因此需设计专门的功率放大电路。

本设计中功放模块具有 20Hz～150000Hz 频率响应范围,通频带增益为 30.5dB,具有延时启动和过载保护等功能。当负载为 4Ω 时,最大输出功率可达 250W。其中采用的环形变压器可输出 ±30V 和 +15V 电压信号,±30V 是功放的供电电压,15V 是继电器工作电压,30V 输出功率可达 400W,15V 输出功率为 20W。

3)超声换能器阵列设计

根据阵列排列形状,可分为线阵列、矩形平面阵、环形平面阵、六边形平面阵等。一般来说,换能器阵列设计要求阵列的主瓣比较窄、主旁瓣比较大。由于六边形排列方式进行了平滑使得这种阵型旁瓣明显降低,所以本设计选用六边形的排列方式,设计实物如图 7.3-7 所示。

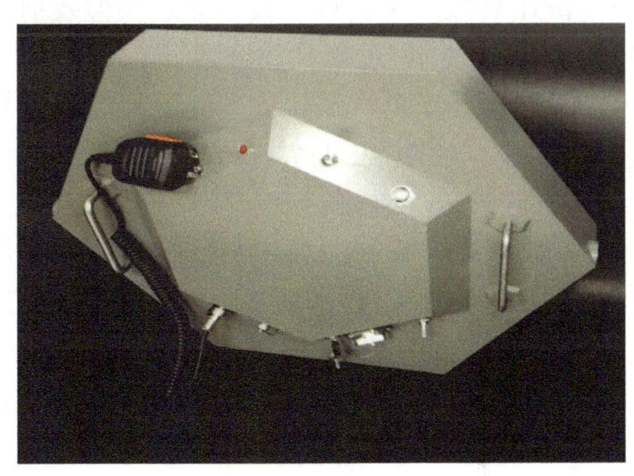
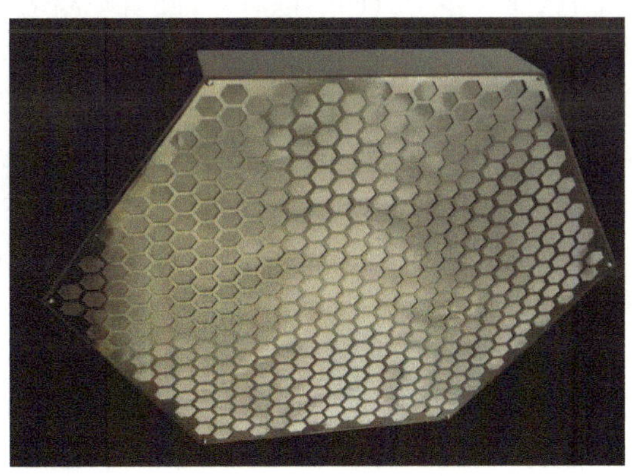

图 7.3-7　换能器阵列设计实物

本设计中,超声换能器选用了上海尼赛拉公司的 ZT40-16P 开放式超声换能器,所选用换能器均在出厂时经过一致性测试,避免由于换能器特性的不一致而导致换能器阵列性能的下降。

4)指向性声信息提示系统

指向性声系统(图7.3-8)使得提示声信息沿一定方向传播,能够在对目标进行有效声信息提示的同时,降低对无关目标的干扰。该系统相较普通扬声器可以产生强声,并且使产生声音形成波束沿一个主要方向进行传播,提示声音传播有效声压级衰减较慢,传播距离更远,同时在声音传提示目标过程中,可避免对非提示目标的噪声干扰。

指向性声信息提示系统与普通道路用扬声器的对比见表7.3-3。

图7.3-8　指向性声信息提示系统成品

指向性声信息提示系统与普通道路用扬声器对比　　表7.3-3

主要性能参数	指向性声信息提示系统	一般扬声器
最大声压级(dB)	148	125
有效距离(m)	50~250	<50
指向性角(°)	<20	75

普通大功率扬声器一般为近似360°全向式,正向的声波能量占比不超过55%,且能量不集中,从前方多个方向扩散,声音随着距离的增加会快速衰减。指向性声技术原理类似发射电磁波的相控阵雷达,采用阵列发射技术,结合多种旁瓣抑制技术,可以在扬声器正前方形成声波波束,如设计合理,波束可达20°左右。但该技术对扬声器阵列单元和功率放大器的一致性和器件稳定性要求较高,普通的扬声器单元受到工艺和成本的限制,无法有效组阵。本产品采用特殊材料,结合多种高精度测试和优化技术进行定制设计和加工。

对设计的指向性扬声器进行音质测试和试验,给出了试验数据和分析。指向性扬声器的理想试验测试环境是全消声实验室,限于实验室条件,研发试验在普通实验室内进行,试验测试时采取措施尽可能降低实验室中声反射、背景噪声等因素的影响,测试实验室背景噪声大约为35dB。研发中对指向扬声器的音质进行测试,测试信号为单频信号。对所设计的信号处理算法进行试验,试验所用信号为音乐信号。试验测试系统主要由计算机、Cool Edit音频处理软件、SpectmLAB软件频谱分析仪、USB(Universal Serial Bus,通用串行总线)声卡、电容传声器(含前置放大)、恒流源驱动放大器和示波器组成。恒流源驱动放大器用于传声器供电和信号调理,传声器测得信号送入恒流源进行信号调理,调理后的信号通过同轴电缆输入USB声卡,然后接入计算机,并使用SpectmLAB分析软件进行分析。

通过试验数据分析和人耳感觉可知，声源音质受调制比的影响。随着调制比增大，解调期望频率成分声压级增大，谐波成分的声压级也随之增大，但增长速度比期望频率成分快。随着调制指数的增大，指向性声源的音量会增大，但音质会变差。试验测试结果表明，固定调制算法能够有效控制系统的调制比。

5）指向性声信息提示系统的特点

指向性信息提示系统采用声阵列技术形成高指向性波束，有效距离远；能量集中，反方向的声能量占总声能的比例不超过1%，普通扬声器反向能量超过45%；发声效率高，功耗低。采用降额设计，可靠性高；强声发射换能器小型化、模块化；拓扑优化，高效组阵，旁瓣抑制，指向性出色；低失真、低损耗的功率放大模块，电声效率高；支持多级音源。

7.4 广吉高速公路绿色服务区建设

广吉高速公路依托泰和北服务区的建设，开展了绿色服务区建设技术专题研究，按照“绿色建筑”、清洁能源及节能技术等行业技术标准，结合江西省高速公路服务区以往成功经验，在江西省高速公路服务区建设史上首次按照绿色建筑标准行设计打造，达到了“一星”等级绿色建筑标准；借鉴“海绵城市”建设理念，通过渗、滞、蓄、净、用、排等多种技术的应用，将泰和北服务区打造成全国首个海绵服务区。

7.4.1 泰和北服务区概况

泰和北服务区位于泰和县万合镇樟坑西村附近，占地120亩，沿山体走向对称布置，位于构造剥蚀丘陵地形，有谷间U形冲沟及水库，地形起伏较大，地面标高在70～98m之间，地表多为荒山、旱地，局部改造为水塘、水库，以丘陵地形为主，植被发育一般，多以松树、灌木丛为主。主线平曲线半径为3000m，路线最大纵坡为1.17%，进出服务区设置贯通车道，减速车道采用直接式，加速车道采用平行式，按要求设置渐变段。服务设施从功能方面主要分为六大部分：贯穿车道、停车场、人流服务区、车辆服务区、休闲广场绿化景观区、室外标志及设施等，设有停车场、休息、小卖部、水电配套设施、加油站、公共卫生间、住宿和汽车旅馆，为高速公路使用者提供餐饮、住宿、购物、休息、娱乐和通信等服务，并提供加油和零配件供应，以解决旅途需要。除此之外，服务区还提供各种路况信息、天气、地理情况和医疗救助等。

泰和北服务区采取下行停车场分别布置在高速公路两侧的形式。北侧服务区划分为三个功能分区：东部为加油区，南部为管理区，北部为旅客生活公共服务区；南侧服务区设置加油站一座，加油区，北部为管理区，东部为旅客生活公共服务区。服务区服务于车辆交通运输，方便车辆维护加油、驾驶员休息，提供路途中的饮食、购物、盥洗，同时布置设备工程所需用地，设置控制、管理设备。

泰和北服务区实景如图7.4-1所示。

图 7.4-1　泰和北服务区实景

7.4.2　泰和北绿色服务区设计思路和理念

7.4.2.1　基于地域文化特色的个性化服务区建设思路

(1)依据场地内原有地形进行规划布局,节省投资,实现设计与自然环境和谐的目的。

(2)建筑创作首先要传承当地民居所体现的传统文化特色,如高大的民居体量、坡屋顶、马头墙等建筑元素,以达到展示当地地域文化的目的;其次,对于成套的建筑类型,风格既要交相呼应也要有所区别,多变的元素也能够起到分散人流的作用。

(3)建筑材料,选取于当地民居,如红砂岩、青石等材料在体现地方文化的同时,还需要配合现代的材料以及技术以体现时代特色,如玻璃、废弃的混凝土、以前装食物用的钢桶等现代材料等方面的运用。

(4)功能划分上,既要充分体现以人为本的理念,进行人性化设计,也要体现功能多元化的原则,以满足旅客的生理和心理需求。首先,功能应配备有吃饭、停车、加油、盥洗等功能,对这些功能进行细分。其次,在设计时应融入本地的古代文物和生活器具等元素。再次,服务要全面、周到,多方位为旅客考虑,既要储备其长途劳累所必需的生活用品,还要能够缓解其旅途中的疲劳,提供一些必需的休闲服务,如具有健身功能和娱乐功能的休闲广场、舒缓身心的观赏园地等;最后,场地的停车区要明确,能够产生联系但不会交叉干扰。

(5)在选用服务区的绿化树种时,要尽可能使用其所在地的特色植物树种,如樟树、枫香树、毛竹等树种,不但可以表现出服务区所在地独特的地域特色,而且实现了整体风格协调统一的设计原则。其次,工农业产品可以增强地域文化,不仅可以推广本土产品,也可以增强服务区的可识别性。

7.4.2.2　基于地域文化特色的个性化服务区建设理念

1)泰和北服务区各功能空间总体布局

通过对大量服务区设计方案进行调研与分析后,发现旅客对于服务区提供的设施项目的使用频率是有高有低的:使用频率最高的是停车场与卫生间;其次是加油站、休息区;再次是餐饮与商店;使用频率最低的为住宿、娱乐等服务设施。

根据各功能之间的关系，将功能设施配备规划为综合楼、高速公路路政、维修中心、停车场、加油站、文化石牌、景观广场及房车营地休闲中心。这样的设施设置保证了旅客的使用方便性，另还设有十分齐全的服务设施满足于有特殊需求的使用对象，如服务区内设有关注老人及儿童的休闲中心等设施，使服务对象能够充分地享受到服务；其次，把使用频率较低的功能和使用频率较高的功能分别集中在一侧，例如停车区（包括大型车辆、小型车辆、挂车以及危险品运输车辆）集中设置距离高速公路较近的位置，且靠近服务区入口、出口、地下通道处，交通组织便利。服务区出口处便是加油站，加油站附近就是维修中心，达到加油维修一体服务的便利。停车场以北便是综合楼，方便旅客下车后寻找餐厅、卫生间等使用频率高的设施，避免了重复建设。而观赏园地以及休闲中心使用频率较低的功能设施则设置于综合楼的北处。

2）泰和北服务区设计总体布局

交通组织设计形成人流、车流各自独立的交通系统，有联系却不干扰。合理划分停车场不同车型行车路线，避免车流之间交叉，整个交通流线清晰。人行主动线随着建筑物四周的出入口，从停车场到综合楼，再到卫生间、高速公路路政、维修中心等，所有的穿越动线都无障碍；人行次步道则是由穿越道、综合楼内中庭区和交通广场的连接而成；游步道路从文化广场开始通过穿越道和综合楼后部区域抵达休闲中心和交通广场（图7.4-2）。

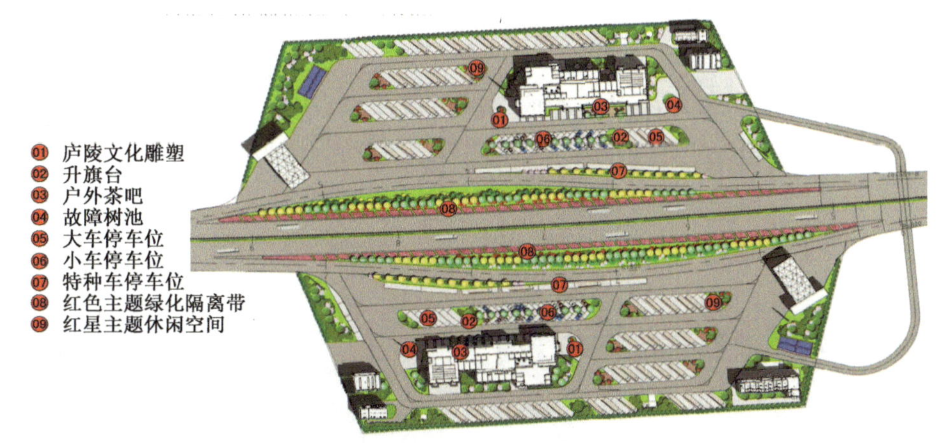

图7.4-2　泰和北服务区总体设计布局图

停车场是供车辆停车的场所。首先，分别设置不同车型停车区域，客车停车区域临近综合楼，这样的设置是为了方便群体性旅客下车后能马上识别卫生间、餐厅等使用频率高的设施。小型车辆临近卫生间以及休息区停放。其次，停车场的设置采用分流岛和绿化隔离带隔离，达到美化遮阳的效果。最后，停车场满足大型车辆的停车空间需要，同时尽量减少车辆在服务区内大幅度转弯和倒车，其车位和车道合理组合，充分考虑车辆的停放形式。

休息区主楼位置是根据总平面总体规划来确定的。首先，考虑结合大小车停车位的布置来布局主楼，主楼设置于场地中间地带，将大小车布置于主楼前方，可向来往驾乘人员展示其形象。其次，主楼配备有餐饮、休息、商店、卫生间等建筑，达到紧凑利用建筑面积的目的。再次，主楼入口、前广场、交通广场等活动路线的设置，将场地各分区有机联系起来，形成统一整体。最后，对于餐厅、卫生间等使用频率高的建筑，设置在停车场附近，且餐厅设有大面积的玻璃窗,使就餐者拥有舒适的环境且便于很好地眺望周围环境(图7.4-3)。

图7.4-3　停车场设置

房车营地紧靠在综合楼以东,这样的设置可方便驾乘人员识别。同时,在此驻扎房车休闲时,驾乘人员能够欣赏到泰和北服务区丰富的景观,在服务区设计时注入新的需求元素,注重细节考虑,达到"求同存异"的个性化建设要素。

加油区设于出口处,采取旅客先停车休息再加油的服务模式,也可以使驾乘人员有时间对车辆进行检查,待维修过后再加油驶出服务区。

维修区主要是提供车辆检修、调整等服务,设置于加油区以北,这样方便进行车辆服务,维修过后便可以及时加油。

泰和北服务区地处庐陵文化区域,在服务区内设计"二十四孝文化墙",很好地增添了文化感染的效果,同时也是融合当地特点的个性化建设理念的体现(图7.4-4)。

图7.4-4　泰和北服务区二十四孝文化石牌

绿化景观园地设置于综合楼北部。首先是景观美化功能,通过当地树种的配置,增加了服务区的地域文化特色,使整个区域风景美丽;其次是交通功能,综合楼内的中庭设计提供了开放空间,达到引导视线的功能(图7.4-5)。

7.4.2.3　个性化服务区建设体现

泰和北服务区建筑群造型采用坡屋顶形式,一方面延承了南方典型的建筑风格,另一方面也避免了南方雨季由于屋面排水不畅而造成的局部积水现象。在总平面布置图中,大体量简洁统一的水平向划分不仅突出了建筑的雄伟,也对区域环境进行了功能上的划分。竖向坡屋面的采用,使得区内建筑群高低错落有致;建筑外墙面采用小型的浅灰色外墙饰面砖和建筑檐口、墙边采用大块面石材的封边处理,充分结合地形的特点,把建筑放置地形的最低端,满足使用者的不同要求,创造一个幽雅的环境,美化环境、陶冶情操,坚持“以人为本”,充分体现现代的生态环保型的设计思想。设计之中道路力求通顺、流畅、方便、实用,并适当安置园林小品,小品设计力求在造型、颜色、做法上有新意,使之与建筑相适应。周围的绿地不仅可以对小品起到延伸和衬托的作用,又可独立成景,使全区的绿地形成以集中绿地为中心的绿地体系。平面设计围绕服务区的特点采取线形布置,门厅处一个大的横跨坡顶雨棚,立面设计建筑设计风格为了体现建筑的小巧和反映所处环境的特征,采用玻璃与黄百叶相结合的现代特点,显得大气与舒适。

图7.4-5　泰和北服务区当地树种为主的绿化广场

综合楼建筑设计以体现传统文化特色为要点,对复杂功能进行合理规划,保留特色建筑风貌和空间格局,内部区域包含特色小吃、卫生间、特色专卖、客房、员工宿舍等区域。

综合楼在空间布局上处于场地偏后部,前部设为广场和停车区域。在平面组合方式上,考虑到合理组织空间,融入地域文化,明确动静和内外分区。在建筑风格上,将江西省传统民居的坡屋顶运用到综合楼的屋顶上,为了达到与卫生间、文化石牌等建筑的高低搭配,在综合楼主入口的屋顶处还设计有极具特色的马头墙。在窗户的设计上结合现代玻璃的设计手法,达到界面上的虚实对比,以及在构图和立面上的均衡效果。同时在色彩上不做夸张处理,使得建筑更容易融入周边的绿化之中。卫生间的外立面看似两层的建筑,实际为高空建筑,因卫生间具有隐私性的特点,故一层不设置窗户,而在二层的位置设置了大片玻璃窗,在达到关注隐私性的同时还解决了卫生间除味和去湿的作用。

建筑风格依然保持本土民居特色,屋面出檐短。除了曲线优美、平缓舒展的坡式屋顶,还设有五山式的马头墙(图7.4-6)。泰和北服务区的马头墙几乎都是平行阶梯式跌落的造型,是对当地民居的屋面处理加以提炼、抽象的效果,给人以简洁明快、素雅大方之感。满足使用条件的情况下,很好地体现了独特的人文景观,遵循基于地域文化特点的建设要求。

高速公路路政是交通系统的一支执法队伍,主要负责依法保护路产路权,检查监督公路养护作业、道路施工等工作,建筑外立面仍是采用坡屋顶、马头墙、外墙粉饰以及营造通透之感的玻璃材质,唯一有所区别的是,风火墙没有保持平行阶梯式,与综合楼、卫生间建筑有所区别,于变化之中又能看到统一。

图 7.4-6　泰和北服务区马头墙本土民居特色建筑

加油站主要是提供加油的服务。服务区加油站的设计布置于出口处,结合场地的宽度,设计出长矩形平面形式来适应场地,并能够增加给车加油的车辆数。车辆在上高速公路前加油,利于场地的合理布局及安全。

维修中心主要承担路上发生故障或事故车辆的维修。维修中心的设置靠近加油站区,便于车辆进行维修后可以及时加油。一层提供专门停车的位置,方便车辆进行维护。从入口通过楼梯通往二层的各个房间。建筑保留马头墙的做法,但是马头墙并没有处于山墙处,而是处于外墙处。

7.4.2.4　泰和北绿色服务区设计方案

泰和北服务区设计主题为"红色文化、庐陵文化",运用带状、序列式的红叶石楠灌木带,给人以强烈的红色冲击力,充分渲染苏区红色文化氛围;设置工农文化雕塑及庐陵文化雕塑,凸显地域文化;落实海绵服务区设计理念。

7.4.3　泰和北绿色服务区建设

泰和北绿色服务区建设主要包括节能建筑、清洁能源利用、固体废物处理和利用、海绵化服务区及生态绿化等方面。

7.4.3.1　节能建筑

服务区采用被动房建设技术。①外墙、屋面增加保温层厚度,材料传热系数为 0.15W/(m^2·℃);②外窗、外门采用三玻两中空,传热系数为 0.85W/(m^2·℃);③建筑内对一切热桥进行阻断处理;④建筑内部设置一层气密层;⑤设置热回收通风机组提供新风;⑥冬季供暖采用太阳能供暖,空气源热泵作为辅助冷热源;⑦常年使用太阳能提供生活热水;⑧室内采用 LED 灯具节约能源。

7.4.3.2　清洁能源利用

如图 7.4-7 所示,采用风能和太阳能发电,实现风光互补发电,通过方案的设计,尽量实现服务区能源的自给,减少外界能源的供给。泰和北服务区清洁能源利用效果如图 7.4-8 所示。

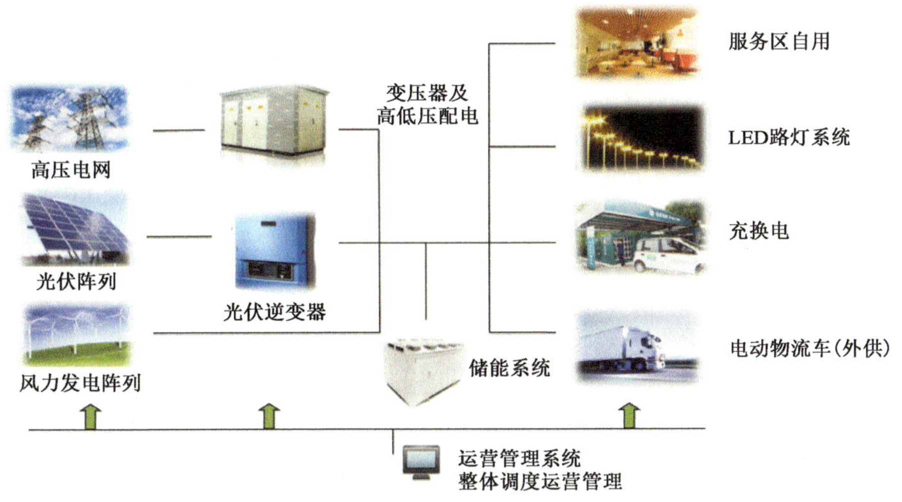

图7.4-7　清洁能源利用总体方案

图7.4-8　清洁能源利用

7.4.3.3　固体废物处理和利用

服务区废弃物分类收集处理，粪便、厨余垃圾进行厌氧发酵堆肥处理，产出的有机肥就地利用于周边植被养护或绿植，不能利用的废物由专门车辆外运至城市进行垃圾集中处理。

如图 7.4-9 所示，将收集的粪便经固液分离，将固态与稻壳混合物的含水率调到 60% 左右，利用生物发酵升温杀菌，制得有机肥，液态经厌氧发酵后作为液态农肥。

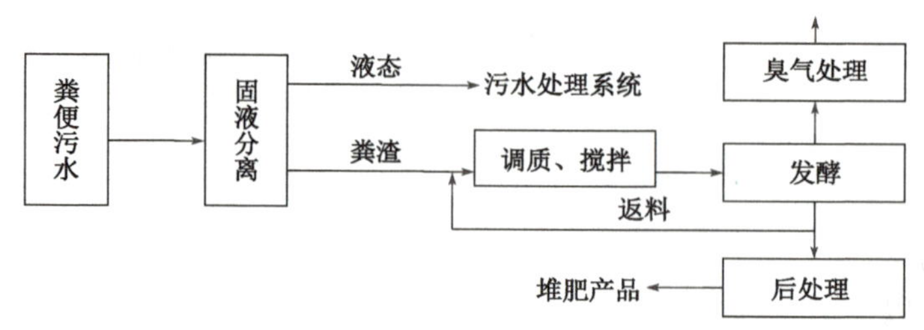

图 7.4-9　粪便堆肥流程

如图 7.4-10 所示，采用厨余垃圾生化堆肥一体化设备处理厨余垃圾，主要包括以下功能模块：自动进料系统、破碎系统、主传动系统、主控系统、净化系统、辅助系统。

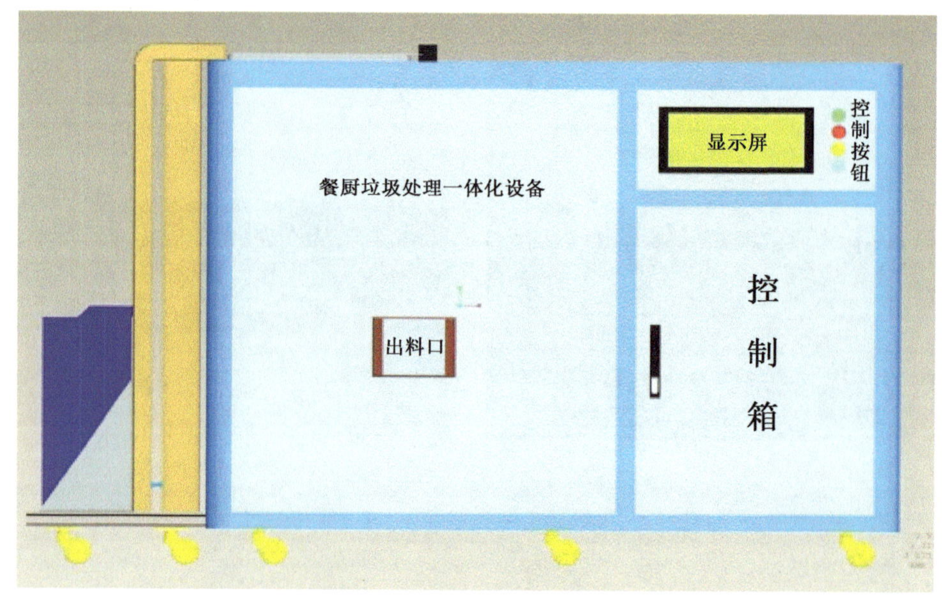

图 7.4-10　厨余垃圾处理设备

7.4.3.4　海绵化服务区建设

服务区在空间结构和功能用途等方面与城市有诸多相近之处，可视作海绵城市的缩小版。屋顶、非机动车道、行车道、绿地等是构建海绵城市的重要模块。泰和北服务区靠近吉安城区，并且与泉南高速公路石吉段较近，驻足停留的车辆多，人流量大，对用水需求和环保设施要求较高，因此选择泰和北服务区作为海绵服务区示范点。利用服务区的屋顶、路面、绿化等模块，并结合相应配套设施，构造一种具有收集、存储、净化、回用的海绵服务区，以有效解决服务区路面积水问题，提高水资源利用率，提升服务体验。

1）雨水资源化技术

遵循“渗、滞、蓄、净、用、排”六大方法并举的原则，设计透水路面、渗透性生态停车场、绿色屋顶及下凹式景观绿地等。雨水收集系统由屋面雨水收集系统和地面雨水径流收集系统组成,其中地面雨水径流收集系统又包括渗透表面、植被水道、低势绿地等。

为收集雨水,增加雨水滞留概率和雨水滞留量,减少路面雨水径流量,在服务区屋顶选用当地不同植物进行搭配,在小型车辆停车区和室外人行道处设置透水砖,在大型车辆停车区和行车道设置排水沥青路面,并集中规划绿化带,将功能区、停车区以外的绿化区域修筑成下凹式绿地。借助设置的绿色屋顶、透水砖、排水沥青路面和下凹式绿地的物理特性及生物特性,去除雨水污染物,经初步过滤后的雨水可存储至蓄水池。同时在服务区设置中央雨水回收系统,使净化处理的雨水与一般处理的污水共同回用于服务区绿化灌溉、道路清扫、消防、冲厕、车辆冲洗等方面,以期实现服务区用水自给率50%以上(图7.4-11)。

图7.4-11　泰和北服务区屋顶雨水收集与储水井

2)生活污水资源化技术

生活污水资源化技术可用于人工湿地系统、土壤渗滤系统等,处理后的中水回用于服务区绿化灌溉、道路清扫、消防、冲厕、车辆冲洗等杂用水或服务区景观用水。

江西地区交通活动规模大,洗车需求较大,而江西雨水充沛,适合在服务区建设雨水智能洗车设施。洗车废水水循环处理系统示意图如图7.4-12所示。

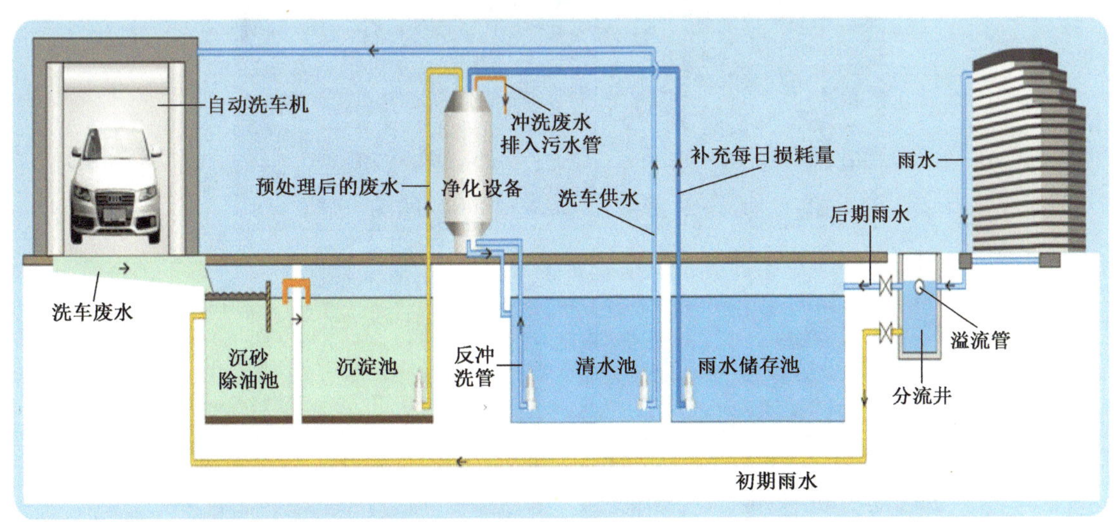

图7.4-12　洗车废水水循环处理系统示意图

采用 ASBF ®活性污泥滤床污水处理工艺进行服务区污水的处理，综合利用了 AO 技术、生物絮凝技术、活性污泥滤床技术和气等技术，大幅提高了活性污泥浓度，节约了能源且出水结果稳定。

7.4.3.5　生态绿化

在服务区内除功能区、停车区以外的地面种植各种乔木、灌木，地面覆盖草坪，间植各种草本花卉，实施地面绿化工程（图 7.4-13）。

图 7.4-13　服务区绿化

停车区利用绿色植物吸尘减噪，提升景观品质，同时达到为车遮阴、降低车内温度、减少能源消耗、增加使用者舒适感的目的。此外，还使用透水材料使雨水回归地下，调节地面温度，减少排泄量，提升地下水位（图 7.4-14）。

图 7.4-14　透水停车位

参考文献

[1] 刘小滔,王旭东,周兴业,等.用于应力吸收层使用的沥青混合料配合比设计方法研究[J].路基工程,2012(1):4.

[2] 王旭东.低噪音沥青路面结构设计研究[J].道路科技信息,2002(2):4.

[3] 杨志峰,李美江,王旭东.废旧橡胶粉在道路工程中应用的历史和现状[J].公路交通科技,2005,22(7):19-21.

[4] 王延国.废胶粉改性沥青及沥青混合料的研究[D].长春:吉林大学,2005.

[5] 郭朝阳.废胎胶粉橡胶沥青应用技术研究[D].重庆:重庆交通大学,2008.

[6] 肖川,凌天清.废旧橡胶粉改性沥青材料在道路工程中的应用与研究[J].公路工程,2009(4):49-53.

[7] 孙祖望,陈飙.橡胶沥青技术应用指南[M].北京:人民交通出版社,2007.

[8] 杨人凤,党延兵,李爱国.橡胶沥青质量评价指标研究[J].公路,2009(6):174-178.

[9] 石先成.不同废旧硫化橡胶粉改性沥青性能研究[D].济南:山东大学,2008.

[10] 王静.废橡胶粉改性沥青的室内加工工艺研究[D].西安:长安大学,2010.

[11] 武立超.橡胶沥青在 SMA 中的应用[D].重庆:重庆交通大学,2009.

[12] 张泽鹏,王钊.高温多雨地区橡胶沥青粘度技术指标的试验研究[J].公路交通科技,2010(6).

[13] 李明亮.废轮胎胶粉改性沥青材料的路用性能研究[D].大连:大连理工大学,2007.

[14] 查旭东,陈兆坤,季文广.胶粉改性沥青配比及性能试验研究[J].长沙交通学院院报,2008(3):24-30.

[15] 江国帅,朱海涛.公路桥梁建设与工程项目管理[D].北京:中国出版集团,现代出版社,2017.

[16] 朱海涛,许兵,钟昆志.桥梁项目管理系统 BIM 构件编码应用研究[J].公路交通科技,2018,1(1):229.

[17] 刘占省,赵雪峰.BIM 技术与施工项目管理[M].北京:中国电力出版社,2015.

[18] 张爱霞,范莹莹,赵发祥.荷兰和比利时的双层排水沥青路面[J].中外公路,2008,28(06):75-79.

[19] 陈锋,季天剑,解建光.排水性沥青路面的排水性能研究[J].南京航空航天大学学报,2017,49(04):568-573.

[20] 王月华,包中进,王斌.基于 Flow-3D 软件的消能池三维水流数值模拟[J].武汉大学学报(工学版),2012,45(04):454-457,476.

[21] 李刚,廖公云,汤赞成,等.双层排水沥青路面孔道自洁性能模拟[J].中外公路,2019,39(05):39-43.

[22] 肖鑫,张肖宁.基于工业 CT 的排水沥青混合料连通空隙特征研究[J].中国公路学报,2016,29(08):22-28.

[23] CHU L, FWA T F. Functional sustainability of single-layer and double-layer porous asphalt

pavements[J]. CONSTRUCTION AND BUILDING MATERIALS,2019(197):436-443.

[24] DONAVAN P R. Tire Noise Generation and Propagation over Porous and Nonporous Asphalt Pavements[J]. TRANSPORTATION RESEARCH RECORD,2011(2233):135-144.

[25] SANDBERG U,EJSMONT J A. Tyre/road noise reference book[M]. Harg SE-59040 Kisa, Sweden:Informex,2002.

[26] 王宏畅,黄晓明,廖公云,等. 双层多孔隙沥青路面吸音降噪有限元分析[J]. 环境工程学报,2011,5(12):2910-2914.

[27] 祝斯月,陈拴发,秦先涛,等. 透水性沥青路面高粘改性沥青动态力学性能[J]. 武汉理工大学学报,2012,34(12):52-56.

[28] 熊子佳,程金梁,邓成,等. 高黏改性剂对沥青及 OGFC 混合料性能的影响[J]. 大连交通大学学报,2017,38(05):94-97.

[29] 邢明亮,陈拴发,陈华鑫,等. 级配组成对排水性混合料空隙率影响研究[J]. 武汉理工大学学报,2009,31(17):62-65.

[30] AFONSO M L, FAEL C S, DINIS-ALMEIDA M. Influence of clogging on the hydrologic performance of a double layer porous asphalt [J]. INTERNATIONAL JOURNAL OF PAVEMENT ENGINEERING,2020,21(6):736-745.

[31] HU J,MA T,MA K. DEM-CFD simulation on clogging and degradation of air voids in double-layer porous asphalt pavement under rainfall[J]. JOURNAL OF HYDROLOGY,2021,595.

[32] HU J,MA T,MA K,et al. Three-dimensional discrete element simulation on degradation of air voids in double-layer porous asphalt pavement under traffic loading[J]. CONSTRUCTION AND BUILDING MATERIALS,2021,313.

[33] 王毅,唐国奇,魏娟,等. 双层排水路面在遂资眉高速公路工程中的应用[J]. 交通科技,2014(02):80-83.

[34] 李政,黄小鹏,李明亮,等. 排水沥青路面在浙江省金丽温高速公路的工程适应性研究[J]. 公路交通科技(应用技术版),2017,13(09):77-79.

[35] 徐子苹,刘少瑜. 英国建筑研究所环境评估法 BREEAM 引介[J]. 新建筑,2002(1):55-58.

[36] 王诚. 高速公路绿色服务区评价体系研究——以陕西省高速公路服务区为例[D]. 西安:长安大学,2011.

[37] 孔杰辉,崔洪军. 高速公路服务区规划设计[M]. 北京:中国建材工业出版社,2009.

[38] 陈培. 高速公路服务区布局与合理规模研究[D]. 天津:河北工业大学,2011.

[39] 李昂. 地域文化视野下的高速公路服务区规划与设计理念研究[D]. 汕头:汕头大学,2011.

[40] 张劲泉,王昭春,易振国,等. 绿色公路建设关键技术研究与实践[M]. 北京:人民交通出版社,2014.

[41] 李慧玲. 绿色建筑理念下的高速公路服务区建筑设计研究[D]. 西安:长安大学,2011.

[42] 易振国,沈毅,晏晓林,等. 公路交通环境保护[M]. 北京:人民交通出版社,2011.

[43] 交通运输部公路科学研究院. 我国高速公路服务区生活污水现状调研报告[R]. 北京:交

通运输部公路科学研究院,2014.

[44] 李彦伟.城市雨水管网优化与初期雨水污染控制研究[D].天津:天津大学,2010.

[45] 徐亮,任雪松,王栋,等.高速公路绿色可持续发展服务区建设的探讨研究[J].工业安全与环保,2017,43(2):77-79.

[46] 周永潮.水力模型在城市排水系统设计与管理中的应用研究[D].上海:同济大学,2008.

[47] 张健,章菁,高世宝,等.资源型排水系统的探索与工程实践[J].给水排水,2011,37(11):155-159.

[48] 杜兵,司亚安,孙艳玲.生态厕所的类型及粪污处理工艺[J].给水排水,2003,29(5):60-62.

[49] 贺艺,刘华林,江海鑫.基于污水源分离的分散式处理系统应用探讨[J].水处理技术,2019,45(02):6-11.

[50] 马鹏辉.灌区微灌独立管网系统优化设计研究[D].咸阳:西北农林科技大学,2016.

[51] 段海澎,黄健敏,程温莹.污泥与垃圾堆肥在高速公路边坡绿化中的应用研究[J].公路,2008(6):204-207.

[52] 谭强.宝汉高速公路建设固体废物处理与处置研究[D].西安:长安大学,2012.

[53] 赵建勋,乔娟.高速公路服务区生活垃圾及污泥混合堆肥特性研究[J].公路交通科技(应用技术版),2013(4).

[54] 陈书雪,刘宝双,张峻峰.高速公路服务区分散式污水处理技术研究[J].中国资源综合利用,2011,29(9):45-48.

[55] FERNIE K J, LETCHER R J. Waste-water treatment plants are implicated as an important source of flame retardants in insectivorous tree swallows (Tachicyneta bicolor). [J]. Chemosphere,2018(195):29.